인프라 담론과
공간 정치

이 저서는 2025년 대한민국 교육부와 한국연구재단의 지원을 받아 수행된 연구임 (NRF-2025S1A6B5A02003910)

18
y
nities
blage

인프라 담론과
공간 정치

이진형 이 정 배상희 허유선 이미애 구동현 김화자 홍유진 임보미

앨피

모빌리티인문학 Mobility Humanities

모빌리티인문학은 기차, 자동차, 비행기, 인터넷, 모바일 기기 등 모빌리티 테크놀로지의 발전에 따른 인간, 사물, 관계의 실재적·가상적 이동을 인간과 테크놀로지의 공-진화co-evolution라는 관점에서 사유하고, 모빌리티가 고도화됨에 따라 발생하는 현재와 미래의 문제들에 대한 해법을 인문학적 관점에서 제안함으로써 생명, 사유, 문화가 생동하는 인문-모빌리티 사회 형성에 기여하는 학문이다.

모빌리티는 기차, 자동차, 비행기, 인터넷, 모바일 기기 같은 모빌리티 테크놀로지에 기초한 사람, 사물, 정보의 이동과 이를 가능하게 하는 테크놀로지를 의미한다. 그리고 이에 수반하는 것으로서 공간(도시) 구성과 인구 배치의 변화, 노동과 자본의 변형, 권력 또는 통치성의 변용 등을 통칭하는 사회적 관계의 이동까지도 포함한다.

오늘날 모빌리티 테크놀로지는 인간, 사물, 관계의 이동에 시간적·공간적 제약을 거의 남겨두지 않을 정도로 발전해 왔다. 개별 국가와 지역을 연결하는 항공로와 무선 통신망의 구축은 사람, 물류, 데이터의 무제약적 이동 가능성을 증명하는 물질적 지표들이다. 특히 전 세계에 무료 인터넷을 보급하겠다는 구글Google의 프로젝트 룬Project Loon이 현실화되고 우주 유영과 화성 식민지 건설이 본격화될 경우 모빌리티는 지구라는 행성의 경계까지도 초월하게 될 것이다. 이 점에서 오늘날은 모빌리티 테크놀로지가 인간의 삶을 위한 단순한 조건이나 수단이 아닌 인간의 또 다른 본성이 된 시대, 즉 고-모빌리티high-mobilities 시대라고 말할 수 있다. 말하자면, 인간과 테크놀로지의 상호보완적·상호구성적 공-진화가 고도화된 시대인 것이다.

고-모빌리티 시대를 사유하기 위해서는 우선 과거 '영토'와 '정주' 중심 사유의 극복이 필요하다. 지난 시기 글로컬화, 탈중심화, 혼종화, 탈영토화, 액체화에 대한 주장은 글로벌과 로컬, 중심과 주변, 동질성과 이질성, 질서와 혼돈 같은 이분법에 기초한 영토주의 또는 정주주의 패러다임을 극복하려는 중요한 시도였다. 하지만 그 역시 모빌리티 테크놀로지의 의의를 적극적으로 사유하지 못했다는 점에서, 그와 동시에 모빌리티 테크놀로지를 단순한 수단으로 간주했다는 점에서 고-모빌리티 시대를 사유하는 데 한계를 지니고 있었다. 말하자면, 글로컬화, 탈중심화, 혼종화, 탈영토화, 액체화를 추동하는 실재적·물질적 행위자agency로서의 모빌리티 테크놀로지를 인문학적 사유의 대상으로서 충분히 고려하지 못했던 것이다. 게다가 첨단 웨어러블 기기에 의한 인간의 능력 향상과 인간과 기계의 경계 소멸을 추구하는 포스트-휴먼 프로젝트, 또한 사물 인터넷과 사이버 물리 시스템 같은 첨단 모빌리티 테크놀로지에 기초한 스마트 도시 건설은 오늘날 모빌리티 테크놀로지를 인간과 사회, 심지어는 자연의 본질적 요소로 만들고 있다. 이를 사유하기 위해서는 인문학 패러다임의 근본적 전환이 필요하다.

이에 건국대학교 모빌리티인문학 연구원은 '모빌리티' 개념으로 '영토'와 '정주'를 대체하는 동시에 인간과 모빌리티 테크놀로지의 공-진화라는 관점에서 미래세계를 설계하기 위한 사유 패러다임을 정립하려고 한다.

‖ 차례 ‖

인프라 담론과 공간 정치

| 이진형 |

20여 년 전 존 어리John Urry가 기존 사회과학의 '비-이동성'을 비판하고 '새 모빌리티 패러다임'을 제안했을 때 '인프라'는 '모빌리티'만큼이나 핵심적인 키워드였다. 사회과학은 그동안 걷기, 운전하기, 자전거 타기 같은 이동 형태들이 사람들의 삶에서 갖는 중요성을 간과해 왔고, 그런 만큼 그런 이동 형태들을 패턴화하고 또 뒷받침하는 인프라에 관해서도 주목하지 않았다는 게 어리의 문제의식이었다. 이후 많은 모빌리티 연구자들은 어리의 문제의식을 이어받아 다양한 형태의 모빌리티 못지 않게 그를 가능하게 하는 (비)물리적 인프라 또한 주요 연구 대상으로 삼고 있다.

대다수 모빌리티는 일상적 사회생활을 가능하게 하는 대규모의 부동 인프라를 기반으로 한다. 이러한 부동 인프라는 보행로, 철로, 공용도로, 전신선, 송수관, 전화교환국, 송신탑, 하수 시설, 가스관, 공항, 라디오 안테나, 텔레비전 안테나, 이동전화 기지국, 위성, 지하 케이블 등을 망라한다(Graham, Marvin 2001; Sheller, Urry 2006a). 계급, 젠더, 민족, 국민, 연령에 따른 사회적 결속이 이러한 인프라와 만나서 강요된 정착과 강제적

이동까지 포함하는 다양한 모빌리티를 편성한다(Ray 2002 참조).[1]

어리가 (모빌리티) 인프라에 대한 연구자들의 관심을 촉구했던 2000 년대 중반, 일군의 학자들은 이미 인프라가 인간의 삶과 사회적 관계에서 갖는 중요성을 인식하고 그에 대한 연구를 진행하고 있었다. 과거 인프라가 특정한 기능을 수행하기 위해 제작된 한낱 기술적 대상이나 사물로 인식되었다면, 그들에게 인프라는 사회적 관계의 형성, 유지, 해체를 (불)가능하게 하는 행위자로 그 의미가 확장되었다. 그리고 인프라의 건설, 유지, 보수 같은 기술적 관심사를 대신해서 "도로, 공항, 디지털 정보 시스템 같은 인프라들이 어떻게 함께 모여서 복잡한 방식으로 그리고 보통은 예기치 못한 효과를 낳으면서 정치적·경제적 힘을 발휘하는지", 또는 인프라가 "사회 세계의 형성과 사회적 관계의 역동적 형성"에서 어떤 기능을 수행하는지가 새롭게 연구자들의 관심을 끌게 되었다.[2] 이 무렵 브라이언 라킨Brian Larkin은 인프라가 그 기술적 기능과 구분되는 심미적 형식으로서 정치적 힘을 발휘한다는 데 주목함으로써 인프라 연구의 범위를 근본적으로 확장시켜 놓았다.[3]

새롭게 부상한 인프라 연구는 특히 인프라가 젠더, 인종, 식민주의, 포스트식민성, 계급 같은 사회구조들의 작동에 어떻게 참여하는지 관심을 갖는다. 로런 벌랜트Lauren Berlant는 인프라를 "삶을 조직하는 것의 살아

---

1 존 어리,《모빌리티》, 김태한 옮김, 앨피, 2022, 46쪽.

2 Penelope Harvey, Casper Bruun Jensen, and Atsuro Morita, "Introduction: Infrastructural Complications," *Infrastructures and Social Complexity: A Companion*, Harvey, Penelope, Casper Bruun Jensen, and Atsuro Morita eds., 2016, Routledge, p. 2.

3 Brian Larkin, "The Politics and Poetics of Infrastructure." *Annual Review of Anthropology* 42(1), 2013.

있는 매개체"[4]로 정의한 바 있는데, 여기에는 그와 같은 사회구조들이 그 자체로서가 아니라 인프라를 통해 매개됨으로써 작동한다는 통찰이 담겨 있다. 누구나 깨끗한 물이 나오는 상수도를 마음대로 이용할 수 있는 것은 아니고, 전 세계 사람들 모두가 친환경 전력망의 혜택을 받으며 살아가는 것도 아니다. 매년 강수의 범람으로 피해를 입으면서도 거주지를 옮기지 못하는 사람들이 있는가 하면, 폭력과 범죄의 위험 때문에 도시 보행로를 마음 편히 걷지 못하는 지역민들도 있다. 더 나아가서는 각종 편의시설과 함께 첨단 보안 시스템 또한 구비하고 있는 최신 국제공항에서 인종, 성별, 국적, 계급 등이 노골적으로 실천되는 것을 경험할 수도 있고, 경우에 따라서는 세계 여러 나라에서 쏘아 올린 수많은 인공위성들이 새로운 제국주의 통치 장치로 기능하는 것을 목격할 수도 있다. 요컨대 "인프라는 사회적 삶의 리듬과 성층화成層化를 형성"하고, 계급, 젠더, 인종 같은 사회 구조는 "인프라에 대한 차별화된 접근을 통해서 굴절"되어 작동한다.[5]

데보라 코웬Deborah Cowen이 말한 것처럼, 인프라는 "정치적인 것이라기보다는 기술적인 것처럼 보이는 시스템상 부정의를 견고하게 함"으로써 "그런 관계들을 자연화하는 데 기여"하곤 한다.[6] 게다가 "인프라는

---

4 Lauren Berlant, "The Commons: Infrastructures for Troubling Times," *Environment and Planning D: Society and Space* 34-3, 2016, p. 393.

5 Hannah Appel, Nikhil Anand, and Akhil Gupta, "Temporality, Politics, and the Promise of Infrastructure," *The Promise of Infrastructure*, Anand, Nikhil, Akhil Gupta, and Hannah Appel eds., Duke University Press, 2018, p. 6.

6 Deborah Cowen, "Infrastructures of Empire and Resistance," 2017. 01. 25, Verso. https://www.versobooks.com/en-gb/blogs/news/3067-infrastructures-of-empire-and-resistance?srsltid=AfmBOoojI5K5SFd1-iNniCReI__LqUqMJk1CCXLZ8rbUYE7Z5-hLiyB6 (접속일 2025년 8월 20일)

존재하는 불평등을 단순히 반영하는 데 그치지 않고 새로운 형태의 불평등을 만들어 내서 견고하게 할 수도 있다."[7] 이는 여러 도시이론가들이 "계획된 폭력planned violence"라는 의제 아래 주목하는 부분이다. 구조적 폭력 형태들은 보통 "현대 도시생활의 공간적·인프라적 배치 내부에 깊숙이 자리 잡고"[8] 있어서 잘 보이지 않는데, 바로 그 때문에 은밀하면서도 지속적으로 그 영향력을 발휘하게 된다. 물론 인프라 발전의 공적 토대란 '공론장public space'에 직접 상응하는 것임을 주장하는 연구자들도 있다. 공론장은 민주주의 정치 참여를 위한 시민 플랫폼으로 기능하는 도시 인프라들로 가득할 수 있다. 그래서 그 공론장을 구성하는 공공 소유 인프라는 사회적으로도 공간적으로도 정의로운 도시에 대한 권리를 구성하는 근본 요소가 된다.[9] 이와 같은 인프라의 이중성 또는 역설성 때문에 인프라의 공간적 차원은 "국가, 시민, 범죄, 에스니시티, 계급 같은 광범위하고도 추상적인 사회질서가 일상적 실천의 수준에서 구체적으로 어떻게 전개되는지", "그런 권력·위계 관계가 감지 가능한 물리적·정서적 피해 형식으로 어떻게 번역되는지" 보여 주는 이상적 장소가 된다.[10]

최근 인문사회학자들은 생명체의 취약성과 그에 따른 인프라 의존성을 강조함으로써 인프라 연구의 범위를 인간-너머more-than-human로 확

---

7 Deborah Cowen, "Infrastructures of Empire and Resistance."

8 Elleke Boehmer and Dominic Davies, "Planned Violence: Post/Colonial Urban Infrastructures, Literature and Culture," *Planned Violence: Post/Colonial Urban Infrastructures, Literature and Culture*, Elleke Boehmer and Dominic Davies eds., Palgrave Macmillan, 2018, p. 9.

9 Elleke Boehmer and Dominic Davies, "Planned Violence: Post/Colonial Urban Infrastructures, Literature and Culture," p. 10-11.

10 Dennis Rodgers and Bruce O'Neill, "Infrastructural Violence: Introduction to the Special Issue," *Ethnography* 13-4, 2012, p. 402.

장시켜 놓았다. "신체가 삶의 인프라적·환경적 조건에서 완전히 떨어 나오기란 불가능하다"[11]는 주디스 버틀러Judith Butler의 인식은 그를 압축 적으로 보여 준다.

그러므로 인프라 지원에 대한 인간 및 다른 피조물들의 의존성은 우 리가 지닌 특정한 취약성을 폭로한다. 우리가 그 지원을 받지 못할 때, 우리의 사회적·정치적·경제적 삶을 특징짓는 그런 인프라적 조건이 와 해되기 시작할 때, 또는 우리가 불안정성의 조건 아래서든 분명한 위협 의 조건 아래서든 스스로가 지원받지 못함을 발견할 때 말이다.[12]

이와 같은 버틀러의 통찰은 우리 시대를 '생명의 재생산'에 '결함 glitch'이 발생한 "혼돈의 시대troubling times"로 진단하고, 그 결함의 본질 을 "인프라의 실패infrastructural failure"에서 찾는 벌랜트의 인식과도 상통 한다.[13] 여기서 인프라는 사회구조의 작동을 (불)가능하게 하는 것일 뿐 만 아니라 지구 위 모든 생명체의 존속 또한 (불)가능하게 하는 것으로 서 이해된다. 따라서 인프라 연구는 인간의 사회적 삶뿐만 아니라 지구 상 모든 생명체의 생존 또한 논의의 범위에 포함한다.

그렇다면 우리는 다음과 같은 질문을 던질 수 있을 것이다. 사회적 관계의 정의로운 형성과 지구상 생명체의 안정적인 존속을 보장할 수 있는 인프라의 (재)편성은 가능한가, 그리고 그것은 과연 어떻게 실현

---

11 Judith Butler, "Rethinking Vulnerability and Resistance," *Vulnerability in Resistance*, Judith Butler, Zeynep Gambetti, and Leticia Sabsay eds., Duke University Press, 2016, p. 19.

12 Judith Butler, "Rethinking Vulnerability and Resistance," p. 19.

13 Lauren Berlant, "The Commons: Infrastructures for Troubling Times," p. 393.

될 수 있는가?《인프라 담론과 공간 정치》는 이와 같은 물음을 염두에 두고 기획되었다. 여기에 실린 논문들은 각각 역사학, 과학학, 미디어학, 박물관학, 사회학, 도시학, 법학 등 서로 다른 분과학문을 배경으로 저술되었지만, 인프라의 현재에 대한 비판적 인식 위에서 미래지향적 인프라 논의를 전개한다는 점에서 이렇게 한 권의 책으로 묶였다.

◆ ◆ ◆

우선 1부 '인프라의 개념적 다종성'은 〈기반시설, 혹은 사회생태 기간망을 통한 생태적 역사학〉, 〈느린 재난의 인프라: 넝마주이와 연탄재가 떠받친 난지도 쓰레기 매립지〉, 〈디지털 미디어 플랫폼과 디지털 윤리학: 플랫폼 시대의 윤리적 과제를 고민하다〉, 〈제국의 유산에서 현대적 문화 인프라로: 일본 역사박물관이 걸어온 길〉로 구성되어 있다. 여기서는 생태역사학적 관점에 입각한 인프라의 개념화, 느린 재난의 인프라에 관한 통시적 고찰, 인프라로서의 디지털 미디어 플랫폼에 대한 윤리적 문제화, 현대적 문화인프라로서의 일본 역사박물관 연구 등이 이루어진다.

이정의 〈기반시설, 혹은 사회생태 기간망을 통한 생태적 역사학〉은 1990년대 말부터 이루어진 해외의 인문학적 인프라 연구 동향을 개괄적으로 검토한 뒤 인프라에 관한 생태역사학적 접근이 갖는 세 가지 가능성을 논의한다. 이는 인프라의 물질적 실체성에서 비롯한 '물질적 전회'와의 확장적 접속 가능성, 해방을 약속한 근대 인프라의 복잡한 궤적을 통해 근대적 시공간을 더 자유롭게 횡단할 가능성, 자연과 사회가 얽힌 인프라의 특성에 기초해서 인공과 자연의 어우름을 상상할 더 생태적인 역사학의 가능성을 말한다. 이와 같은 논의를 토대로 저자는 인프라 대신 '사회생태 기간망ecological backbone networks'이라는 용어의 사용을 제안한다.

　우선, 인문학적 인프라 연구와 '물질적 전회'의 만남은 지금까지의 정치적인 것을 낯설게 만들고 다시 생각할 틀을 제공해 준다. 이는 물질의 힘, 그리고 물질과 밀착된 행위자들의 힘이 드러나는 새로운 정치 지형을 조명해 주고, 과학기술적 관점에 의해 가려져 있던 유지보수와 사용자의 중요성을 부각하며, 물질, 사회, 환경, 과학기술 변화를 모두 새롭게 연결해서 사유하게 해 준다. 다음으로 저자는 과학기술사와 환경사라는 역사적 관점에서 근대 인프라의 복잡한 역사적 과정을 국가의 경계 너머에서 비교하는 한편, 기반시설이 상징해 온 진보의 약속을 되물음으로써 표면적 성장과 발전이라는 근대적 가치에 대한 재고를 요청한다. 이는 근대/전근대, 선진/후진 등 근대가 만든 인위적 경계 너머 다른 시대와 사회의 다름을 선후와 우열로 가르지 않고 긴 흐름 속에서 살핌으로써 (탈)근대에 관한 더 자유로운 상상력을 가능하게 해 준다. 그리고 저자는 환경사학자 크로논William Cronon의 저작을 토대로 생태적 역사학의 가능성을 검토한다. 자연과 어우러지는 인프라를 꿈꾸는 역사학, 즉 생태적 역사학은 도시적 삶 속에 깊숙이 들어와 있는 인프라와 인간 모두를 '한낱 자연'임과 동시에 '경이로운 자연'으로 간주하도록 해 줄 것이다. 저자는 이와 같은 세 가지 가능성을 검토한 뒤 '사회생태 기간망'("자연과 인간이 얽혀 늘 상호작용하는 가운데 하나하나 이루어진 연결이 전체를 떠받치는 사회생태 기간망")이라는 용어를 제안한다. 이는 "물질적 실체와 더불어 그것을 가능하게 한 생태, 사회, 지식적 맥락을 생각하게 하고, 기반시설에 새로운 상상의 힘을 불어넣기" 위함이다.

　국내의 경우 인문학적 인프라 연구가 이제 겨우 발흥하고 있음을 고려할 때, 이정의 논문은 기존 연구 동향을 개괄하고 인문학적 관점에 입각한 인프라 연구의 가능성을 적극적으로 탐구한다는 데 그 의의가 있다. 이와 관련하여 '사회생태 기간망'이라는 용어는 그 파급력과 무관하게 그 문제의식만으로도 인프라의 내포와 외연에 관한 심화된 연구를 위해서 시사하는 바가 크다.

다음으로 배상희의 〈느린 재난의 인프라: 넝마주이와 연탄재가 떠받친 난지도 쓰레기 매립지〉은 난지도 매립지를 '버려진 땅'이 아닌 지속적 유지·보수를 통해 관리된 '도시 인프라'로 간주하고 분석함으로써 난지도 매립지 복원과 과학기술의 관계에 관한 논의를 전개한다. 특히 저자는 롭 닉슨Rob Nixon의 '느린 폭력' 개념과 스콧 가브리엘 놀즈Scott Gabriel Knowles의 '느린 재난' 개념을 토대로 난지도 매립지라는 인프라의 재난 풍경이 지닌 지연된 시간성에 초점을 맞춘다. 그리고 저자는 특정 개인, 기업, 국가 같은 행위 주체를 환경재난의 원인으로 지목하는 대신, 여러 행위자들의 관계 속에서 재난이 새롭게 출현하거나 사라지는 모습, 또는 가시화되거나 비가시화되는 모습을 추적함으로써 매립 실행이 어떤 물질적·사회적 관계들의 배치 속에서 일상화되는지 보여 준다.

이 논문은 우선 난지도 매립지의 주요 구성 요소로서 '쓰레기'와 여기서 가장 활발하게 활동하는 '인간 행위자(넝마주의)' 사이의 관계를 다룬다. 특히 인간 노동의 역할을 새롭게 조명하고 '인프라로서의 인간'에 주목하는 가운데, 인간 노동이 물적 조건에 제한을 받으면서도 인프라의 필수불가결한 구성 요소로서 정치적 권력에 맞선 조직화와 투쟁을 가능하게 해 준다는 데 주목한다. 다음으로 저자는 국가와 과학기술의 관계를 논의한다. 구체적으로는 공학자들이 정부에 제출한 매립지 관련 기술 계획 보고서를 비교 분석함으로써 과학기술의 전문성과 국가의 통치 기술 간 관계가 어떻게 넝마주이와 연탄재의 실행에서 중첩되는지 검토한다. 저자는 또한 도시와 농촌의 관계가 매립 실행에 관여했음을 지적한 후, 도농 간 불균등한 교환 관계가 서울 도심과 난지도의 관계를 서울과 수도권의 관계로 확장시키며 존속했음을 주장한다. 이와 같은 논의를 통해 저자는 난지도 매립지를 "위태롭고 불안정한 관계들의 특수한 배치를 통해 일상적으로 재난을 끊임없이 생산해 내는 동시에 그러한 재난을 일상적이고 정상적인 것으로 만들어 버리는 '느린 재난의 인프라'"로 규정한다.

배상희의 논문은 난지도 매립지를 대상으로 느린 재난의 인프라가 행위자들 또는 구성 요소들의 특정한 배치를 통해서 어떻게 형성되고, 유지되고, 관리되고, 보수되는지 잘 보여 준다. 이는 인프라의 아상블라주적 구성에 관한 흥미로운 논의로서 인프라의 정의로운 재구성 또는 재조직을 사유하는 유의미한 방식이 될 수 있다.

허유선의 〈디지털 미디어 플랫폼과 디지털 윤리학: 플랫폼 시대의 윤리적 과제를 고민하다〉는 오늘날 인간의 행동과 의사소통이 대부분 디지털 미디어 플랫폼Digital Media Platform을 통해서 이루어진다는 데 주목한다. 말하자면, 디지털 미디어 플랫폼은 우리의 삶을 짜는 기본 무대가 되었다는 것이다. 이에 저자는 인공지능 윤리라는 현재의 의제를 인공지능이 작동하는 플랫폼 전체 환경(디지털 미디어, 디지털 플랫폼, 알고리즘, 데이터 등)과 그 사회적 영향 또한 함께 고려함으로써 확장할 필요가 있음을, 그리고 이를 위해 기술·경제적 차원과 사회·윤리적 차원을 모두 포함하는 개념으로서 '디지털 미디어 플랫폼'이 긴요함을 주장한다.

이 논문에서 저자가 문제로 삼는 것은 인공지능과 디지털 플랫폼의 결합이다. 그 둘은 서로 결합해서 정보의 우선순위를 재구성하고 사회적 의제를 (재)배치하는 '미디어적 기능'을 실질적으로 수행하게 되는데, 이러한 수행이 어떤 윤리적 기준이나 사회적 합의가 아닌 상업적 목적과 불투명한 시스템에 의해서 이루어진다는 것이다. 이와 관련하여 저자는 디지털 미디어 플랫폼이 아무리 인공지능에 의해서 작동하는 것처럼 보인다고 하더라도 '인간의 개입 및 영향력'을 전적으로 배제하기란 불가능하다는 데서 그를 둘러싼 사회적 책임 논의의 정당성을 찾는다. 이 논문에서 디지털 미디어 플랫폼의 윤리학은 새로운 기술의 위험성과 그 대응 논의를 넘어서는 것으로서, 기술과 인간의 관계를 재검토하고 인간에게 중요한 가치 및 개념을 재정립하는 작업을 의미한다. 디지털 윤리학은 새로운 기술매체, 인간, 사회 간 상호관계·변화를 검토하고 근본적인 가치 변형과 재구성을 비판적으로 고찰함으로써 궁극적으로 좋은 삶, 좋은 공동체를 위한 가치와 실천 방향을 새롭게 제안할 수 있어야 한다는 것이다. 이와 같은 논의에 기초해서 저자는 디지털 윤리학에서 바라본 디지털 미디어 플랫폼의 윤리적 과제를 제시한다. 디지털 미디어 플랫폼의 윤리는 새로운 기술이 야기하는 사회적 영향과 윤리적 문제들을 이해하는 한편 그에 대응하는 행위 지침을 제시해야 한다는 것, 디지털 미디어 플랫폼과 함께 형성·변화하는 인간 능력, 가치, 근본적 개념을 성찰하고 재구성해야 한다는 것, 과학기술 거버넌스를 뒷받침하는 기술적·제도적 권고를 제시해야 한다는 것 등이다.

오늘날 인공지능과 이를 구현한 다양한 디지털 미디어 플랫폼들은 인간의 사회적 삶뿐만 아니라 생물학적 삶 또한 규정하는 인프라로서 점점 더 그 힘을 강화하고 있다. 이러한 과정이 앞으로 더욱 급속하게 진행되리라는 것은 누구나 짐작할 수 있다. 여기에 이 논문이 갖는 의의가 있다. 디지털 미디어 플랫폼은 한낱 도구나 수단이 아니라 인프라로서 다루어져야 하고, 그런 한에서 그에 걸맞는 관심과 논의가 필요할 것이기 때문이다. 지금도 그렇지만 앞으로는 더욱더 그럴 것이다.

다음으로 이미애의 논문 〈제국의 유산에서 현대적 문화인프라로: 일본 역사박물관이 걸어온 길〉은 역사박물관을 국가의 역사 인식과 정체성을 구성하는 동시에 시민교육과 지역사회의 지속가능한 발전에 기여하는 핵심적 문화인프라로 규정한다. 박물관은 지식의 전달자이자 사회적 기억의 형성자일 뿐만 아니라 국가권력과 담론이 교차하는 전시적 공간이기도 하다는 것이다. 이 관점에서 저자는 근대 일본의 박물관이 국가주의적 역사관과 식민지 지배를 정당화하는 문화인프라로서 어떻게 기능했는지, 제2차 세계대전 이후 일본에서 박물관의 내러티브가 사회교육과 민주주의라는 새로운 가치 아래 어떻게 재구성되었는지, 그리고 2022년 「박물관법」 개정(2023년 4월 시행)과 더불어 일본 박물관이 문화인프라로서 어떻게 재정의되었는지 역사적으로 고찰한다.

저자는 우선 근대 초기 일본 박물관의 탄생부터 다이쇼 시기 박물관 설립, 전쟁 시기 일본을 비롯한 조선, 만주 등지의 식민지 박물관 설립 과정을 연대기적으로 살펴본다. 그리고 제2차 세계대전 이후 1951년 「박물관법」이 제정되면서 박물관이 교육 시설이라는 법적 지위를 갖추게 되는 제도적 변화와 더불어 국립역사민속박물관을 비롯한 일련의 박물관이 설립되는 과정을 서술한다. 이어서 1990년대 초 박물관이 학술·연구 중심 기능에서 벗어나 관람객의 참여와 즐거움을 중시하는 엔터테인먼트형 기관으로 변모하고, 가상 박물관을 비롯한 다양한 형태의 박물관이 등장했음을 지적한다. 특히 저자는 2022년 4월 일본 「박물관법」의 전면 개정이 이루어지면서 박물관 운영과 사회적 역할에 새로운 전환이 일어났음을 강조한다. 이후 박물관은 한낱 전시·교육기관이 아니라 지역 문화의 거점으로서 관광·도시재생·복지 등과 연계된 복합적 역할을 요구받게 되었다는 것이다. 이러한 일련의 과정은 일본에서 박물관이 단순한 전시 공간을 넘어 국가의 이데올로기와 사회적 내러티브를 반영하는 문화인프라로 기능해 왔음을 보여 준다. 즉, 박물관은 메이지 시기 문명화된 근대국가로서의 일본을 시각적으로 구성하는 공간이었고, 식민지박물관은 피식민지인을 '타자화'하고 제국의 질서를 정당화하는 도구로 기능했으며, 전후에는 평화국가로서의 일본을 상징하는 교육적 공간으로 재구성되었다. 그리고 오늘날 박물관은 관광과 지역 활성화, 산업적 활용 등 다양한 사회적·경제적 기능과 연계된 문화인프라로서 기능하고 있다.

이미애의 논의는 일본 박물관의 역사적 전개 양상에 관한 역사적 고찰을 통해 박물관이 문화적 인프라로서 담당해 온 문화정치적 기능을 논의한다. 특히 정치적 상황이나 사회 구성의 변화에 상응하여 변화한 박물관의 인프라적 기능은 박물관을 비롯한 다양한 형태의 문화적 인프라가 어떻게 사회적·정치적 상황 변화와 더불어, 그런 상황 변화를 형성하면서, 때로는 그런 상황 변화와 충돌하면서 변모하는지 보여 주는 사례라고 할 수 있다.

◆ ◆ ◆

2부 '인프라와 공간 정치'에는 〈인프라적 공간을 배회하는 신자유주의라는 유령: 자유화와 시장화를 추동하는 신자유주의의 모빌리티에 대한 비판적 검토〉, 〈인문적 스마트시티로서 친환경 스마트시티의 공공성: 프랑스 사례를 중심으로〉, 〈국내외 도시축소 연구의 논의 비교 및 시사점: 언어네트워크 분석 및 토픽 분석을 중심으로〉, 〈일본 동물원의 제도적 위상과 인프라적 의미: 「박물관법」의 제·개정사를 중심으로〉 등 총 네 편의 논문이 실려 있다. 여기서는 도시를 중심으로 인프라가 공간을 형성하는 방식을 살펴본다. 구체적으로는 인프라의 물질성을 매개로 한 신자유주의의 초국적 이동, 도시의 건축 인프라를 통한 친환경 콤팩트시티 구상, 인구 감소 시대 축소도시 담론, 일본 동물원이 도시에서 갖는 인프라적 의의 등을 논의한다.

구동현의 〈인프라적 공간을 배회하는 신자유주의라는 유령: 자유화와 시장화를 추동하는 신자유주의의 모빌리티에 대한 비판적 검토〉는 신자유주의를 지리적·역사적으로 특수한 사회 공간에서 기원한 사유 양식으로 규정한 후, 신자유주의가 어떻게 국민국가의 경계 너머 새로운 사회 공간으로 이동하고 물질적 효과를 발생시키는지 논의한다. 여기서 저자가 강조하는 것은 인프라의 물질성과 그 실행에 연루되어 있는 다종다기의 실천들이다. 즉, 인프라의 물질성과 함께, 이 물질성에 연루되어 있는 자본주의 정신(신자유주의)을 현실화하는 윤리적 실천 또한 중요하게 고려해야 하는 것이다. 그리고 저자는 이와 같은 "기술적·윤리적 실천들이 이루는 하이브리드한 레짐"을 통해 인프라의 기술적 세부 사항에 권력관계, 문화적 규범, 사회적 상상, 윤리, 정동 등이 기입됨을, 그리고 인프라의 기술적·윤리적 매개를 통해 신자유주의가 국경을 넘어 이동하게 됨을 주장한다.

이 논문은 크게 세 부분으로 구성되어 있다. 첫 번째로 신자유주의에 의한 국민국가 쇠퇴라는 명제를 재검토함으로써 기존의 자유화·시장화 논의가 자본이 상상하는 동질화된 시공간을 현실로 오인하게 할 위험이 있음을 비판한다. 다음으로는 신제도주의 경제사회학과 비판적 지리학 등이 그리는 신자유주의의 공간과 탈식민주의 인류학 및 과학기술학이 그리는 이질성의 공간을 대비하는 가운데, 이질적 관계, 물질, 윤리 등과 신자유주의 사이의 마주침이 낳는 변이들을 고찰한다. 이를 통해 신자유주의가 이동하는 이질성의 공간은 혼란으로 가득함을, 그리고 이 현실의 혼란은 이론의 추상화로 환원될 수 있는 이상적 상태가 아님을 주장한다. 끝으로 저자는 인프라와 이를 실행하는 사회기술적 실천들에 대한 분석이 그와 같은 경험 세계의 혼란을 이해하는 데 기여하는 바를 검토한다. 특히 인프라를 매개로 한 신자유주의 이해가 2008년 금융위기 이후 되풀이되는 포스트-신자유주의 시대 선포와 신자유주의 회귀 선언을 해명하는 데 강점이 있음을 주장한다. 저자에 따르면, 인프라에 대한 문화기술지는 자본이 상상하는 매끄러운 인프라 공간 아래에서 울려 퍼지는 여러 이질적 목소리를 들을 수 있게 해 주기 때문에, 신자유주의가 자유지상주의 이념, 극우주의적 정상가족 이데올로기, 포드주의 사회정책에 대한 회고적 정동 등과 더불어 포스트-신자유주의의 변종들을 창출하는 과정을 경험적으로 추적하게 해 준다.

구동현의 논문은 인프라의 힘과 그 기술적·윤리적 실천이 어떻게 세계의 (재)형성 과정에 참여하는지뿐만 아니라 그 과정에서 어떤 일이 벌어지는지에 관해서도 잘 보여 준다. 특히 인프라의 물질적 힘이 특정 이데올로기의 물질적 힘과 결합하는 양상을 비판적으로 논의하는 것은 그 둘의 간극 또는 이격에 대한 사유, 더 나아가서는 대안적 형태의 정치적 공간을 현실화하기 위한 인프라의 기술적·윤리적 실천에 대한 사유를 촉진한다는 데 그 의의가 있다.

김화자의 〈인문적 스마트시티로서 친환경 스마트시티의 공공성: 프랑스 사례를 중심으로〉는 오늘날 세계 주요 도시들이 추구하는 지능형 초연결 플랫폼 기반 스마트시티가 편익만을 추구한 나머지 '문화적·실존적 시간과 공동체의 의미'를 간과하고 있음을 비판하고, '저밀도 콤팩트시티'(압축도시)로 기획된 프랑스 포르디씨Fortdissy의 사례를 검토함으로써 '인문적 미래도시'의 가능성을 점검한다. 이를 위해 르코르뷔지에Le Corbusier의 건축관과 데카르트의 사유를 검토함으로써 성장과 소유 기반 근대 이념이 근대 도시계획 패러다임에 어떻게 반영되어 있는지 논의하는 한편, 유하니 팔라스마Juhani Pallasmaa의 '감각적 건축론'에 기초해서 프랑스의 친환경 콤팩트시티 기획이 지닌 감성적·공공적 의미를 탐구한다.

저자는 우선 르코르뷔지에의 근대 도시계획을 '표준화된 기계적 생산모델'로 특징짓는다. 르코르뷔지에는 근대 주택을 '살아 있는 기계'로 정의하고, 건축과 도시계획을 표준화, 기능, 효율성을 강조하는 격자형 기계모델로 설정하여 그 상품적 가치의 중요성을 강조했다. 예를 들어, 콘크리트 입방체로 설계된 그의 근대 도시계획은 자연을 불변의 법칙으로 해석하고 기하학적 질서로 규격화해서 조직한 것이었다. 이와 같은 건축관은 데카르트의 기계적 세계관에 나타난 근대적 시공간 개념을 구현한 것이기도 했다. 그에 반해, 팔라스마는 르코르뷔지에의 근대건축과 도시계획이 데카르트식 투시도법에 의존해 건축을 감성보다 인식의 대상으로 간주했음을 비판한다. 르코르뷔지에의 근대 도시계획은 시각중심주의 관점에서 촉각적 경험(다감각적 불규칙성)보다 거리를 두고 관찰하는 시각적인 '정면성'의 경험을 강조했다는 것이다. 저자는 메를로퐁티 Maurice Merleau-Ponty의 현상학적 지각 및 '살' 이론에 근거해 건축을 '감각적 복합체'로 정의하고, 건축의 과제란 '세계 속 실존의 구조화'임을 주장한다. 건축은 "지각이 활성화되고 몸이 체화되는 공간"이므로 감각을 통해 세계와 몸의 조화를 추구해야 한다는 것이다. 이와 같은 논의를 거쳐 저자는 프랑스의 콤팩트형 스마트시티 기획이 생산적 효율성과 성장 패러다임을 대표하는 근대도시의 특징에서 벗어나 질적(문화적공 공적) 의미와 가치(감성적 공동체의 공공성 가치)를 중심에 둔 미래 인문적 스마트시티의 사례가 될 수 있음을 주장한다. 저자가 볼 때, 프랑스 포르디씨의 콤팩트 구역은 주거와 일터의 구분이 사라지고 도보에 의한 접근성이 허용되는 지역으로서 건축, 주민, 자연이 몸을 매개로 상호교류하는 감각적 '살'의 관계가 구현된 도시계획의 성공적 사례다.

이 논문에서 김화자는 건축 및 도시계획을 사례로 도시 인프라의

(재)조직이 인간의 삶과 사회적 관계의 형성, 그리고 인간, 자연, 사물 간 관계의 (정의로운) 재편성과 관련하여 어떤 식으로 구체화될 수 있는지 논의한다. 이 연구는 도시계획 이념과 그 구체적 실천 사례를 제시함으로써 정의로운 미래 사회를 상상하고, 구상하고, 실현하고자 하는 모든 연구자들, 정책결정자들, 실천가들에게 시사하는 바가 크다.

홍유진의 〈국내외 도시축소 연구의 논의 비교 및 시사점: 언어네트워크 분석 및 토픽분석을 중심으로〉은 초저출산 문제와 그에 따른 전국적 인구 감소 문제를 다루려면 지방 중소 도시 소멸 그 자체보다 도시 전반의 축소를 체계적으로 관리할 방안이 필요함을 주장한다. 특히 도시축소 현상을 먼저 겪고 그에 따른 도시 관리 경험 또한 먼저 쌓은 외국의 연구 사례들을 우선 검토할 필요가 있다는 문제의식 아래, 도시축소 문제와 관련하여 외국에서 이루어진 다양한 논의들을 국내 연구 사례와 비교함으로써 향후 관련 정책 개발 논의를 위한 시사점을 제시한다. 이를 위해 저자는 텍스트 마이닝 기법, 그 가운데서도 언어네트워크 분석과 토픽 모델링을 활용해 도시축소 관련 주요 개념들을 찾아내고 개념들 간 연결 고리를 구축한다.

저자는 우선 지역별로 도시축소의 원인과 대응 방식이 매우 다름을 지적한다. 독일을 중심으로 한 유럽의 경우 논의는 초기 동독 도시의 과잉 인프라 철거 중심에서 거버넌스와 삶의 질에 대한 관심으로 옮겨 갔다. 최근 유럽연합 차원에서 진행된 '유럽 맥락 내 수축 거버넌스Shrink SMART'는 인구 감소 현상부터 제도 및 의사 결정 과정에 이르기까지 광범위한 연구를 진행했다. 미국의 경우는 탈산업화에 의한 제조업 대도시 쇠퇴 문제를 중심으로 논의가 이루어졌고, 일본의 경우는 교외 지역과 농촌의 저출산·고령화 문제가 논의의 주요 관심사였다. 미국과 일본의 경우는 도시의 물리적 환경 개선에 좀 더 치중한다는 점에서 유럽의 경우와 구별된다. 그와 동시에, 저자는 스코퍼스Scopus와 한국학술지인 용색인KCI의 데이터베이스를 대상으로 언어네트워크 분석 및 토픽 분석 방법을 활용해서 2001년 1월부터 2024년 4월까지 생산된 문헌들을 검토한다. 국내외 연구 동향에 대한 검토 결과를 토대로 저자는 국내외 축소도시 연구의 중심 주제와 키워드를 시각화한다. 외국의 경우 중심 주제는 도시축소 대응을 위한 거버넌스 과정, 축소도시의 인구학적 변화 특성과 원인, 도시축소에 대응하는 다양한 계획, 축소도시에서의 녹화 전략과 부가적 문제, 도시축소에 따른 사회적 불평등, 축소도시에서의 빈집 철거 및 적정규모화 등이고, 국내의 경우는 축소도시 유형화 및 특성 분석 연구, 축소도시 및 지방 소멸 관련 연구, 축소도시의 주택 정책 및 도시계획 관련 연구, 일본 등 해외 도시축소 정책 관련 사례 연구 등이다. 끝으로 저자는 이와 같은 분석 결과가 도시축소 현상에 대한 다각적 분석의 필요성, 지역 특수성을 고려한 통합적 접근 필요성, 다양한 도시축소 대응책 마련 필요성을 시사함을 주장한다.

　김화자의 논문이 삶의 질 향상을 위한 도시 인프라 재편성 논의를 담고 있다면, 홍유진의 논문은 인구 감소 시대 도시 인프라 재편성에 관한 근본적 재성찰 및 방향 전환의 필요성을 함의한다. 도시 인프라의 디자인과 건축에 상당한 시간과 비용이 소요됨을 고려할 때, 이와 같은 미래지향적 논의는 미래 인프라를 예측하고 정책적으로 개발하기 위해서 반드시 필요한 작업일 것이다.

　마지막으로 임보미의 〈일본 동물원의 제도적 위상과 인프라적 의미: 「박물관법」의 제·개정사를 중심으로〉는 지금까지 동물원 연구가 주로 윤리철학이나 동물권 논의의 차원에서 이루어진 결과 그 사회적·제도적 위상에 관해서는 충분한 연구가 이루어지지 못했다는 문제의식에서 출발한다. 그리고 동물원의 법제화 사례로서 일본의 동물원이 「박물관법」하에서 어떻게 제도적 위상을 획득하고 유지해 왔는지 인프라 인문학적 관점에서 분석한다.

저자는 우선 동물원을 둘러싼 기존의 윤리학적 논의를 토대로 그 한계를 검토하고, 인프라 인문학적 접근이 갖는 의의를 설명한다. 기존의 윤리학적 접근이 그 비판적 성격에도 불구하고 동물원의 존속 이유에 관한 충분한 설명을 제공하지 못했다면, 인프라 인문학적 접근은 동물원을 '동물을 가두는 공간'이 아니라 인간 중심 사회의 도시 인프라, 즉 제도적 질서, 사회적 감각 체계, 그리고 법적·행정적 운영 구조의 일부로 기능하는 인프라로 이해함으로써 그러한 설명을 가능하게 해 준다. 특히 동물원을 법과 제도를 통해 고정된 사회적 인프라로 이해하는 것은 동물원에 대한 한낱 윤리적 비판에 그치지 않고, 동물원의 제도적 구조와 사회적 역할을 재구성할 수 있는 이론적 기반이 된다는 점에서 중요하다. 이 관점에서 저자는 일본 동물원이 「박물관법」의 하위 유형으로 제도화되어 있다는 데 주목한다. 이와 같은 제도화는 동물원이 문화적·교육적 장치로서 '전시 가능한 생명'을 구성하고 유지하는 제도적 틀에 속함을 의미하고, 그로 인해 법률적 정의가 특정 존재의 사회적 위상을 어떻게 고정하고 어떤 존재론적 위계를 만들어 내는가라는 문제를 제기한다는 것이다. 이 맥락에서 저자는 독일·영국·한국·일본의 법제를 비교함으로써 서로 다른 동물원의 법적 위상과 일본의 입법적 특수성을 살펴보고, 일본 「박물관법」의 제정 과정과 동물원 편입 과정을 역사적으로 고찰함으로써 제도 설계자들의 인식과 가치관이 동물원의 법적 지위를 어떻게 형성했는지 논의한다. 여기에는 최근 일본동물원수족관협회JAZA: Japanese Association of Zoos and Aquariums의 활동과 「박물관법」 개정 논의 등이 지닌 한계에 대한 검토 작업도 포함된다. 그리고 저자는 최종적으로 동물원이 동물을 생태적 주체로 인정하고 그 복지와 권리를 제도적으로 보장하는 인프라로서 제도적으로 재구성될 필요가 있음을 주장한다.

　임보미의 논문은 동물원을 사례로 법적으로 제도화된 사회적 인프라가 어떻게 생명을 정의하는지 잘 보여 준다. 이는 생명윤리적 문제를 다루는 방식에서 인프라적 문제 제기 또는 인프라 연구가 갖는 의의를 잘 보여 준다. 윤리적 비판과 그에 따른 행동 방식 변화보다 인프라의 (제도적) 재구성이야말로 어쩌면 그와 같은 생명윤리적 문제에 대한 직접적·실질적 해법으로 기능할 수 있을 것이기 때문이다.

◆ ◆ ◆

이 책에 실린 논문들은 인프라라는 문제틀이 생태적 역사, 느린 재난, 디지털 미디어 플랫폼, 문화인프라, 신자유주의 이데올로기, 인문적 스마트시티, 도시축소 담론, 동물원 제도 등을 가로지르며 인간 및 인간과–다른–존재other-than-human being로 이루어진 우리 사회의 현재와 미래에 관한 사유를 촉진함을 잘 보여 준다. 이 점에서 인프라 연구란 "새로운 경험적·정치적 지형에서 젠더, 인종, 식민주의, 탈식민성, 계급을 다시 힘 있게 다루는 것"[14]이라고도 말할 수 있다. 인프라가 사회적 관계와 세계의 (재)형성에 물질적 힘을 갖고 참여하는 것이라면, 인프라 연구는 바로 그 사회적 관계와 세계의 안전하면서도 정의로운 재편을 논의하기 위한 중요한 장소가 될 수 있을 것이다. 이 책이 그와 같은 논의에 조금이라도 기여할 수 있기를 바란다.

14　Hannah Appel, Nikhil Anand, and Akhil Gupta, "Temporality, Politics, and the Promise of Infrastructure," p. 14.

참고문헌

존 어리, 《모빌리티》, 김태한 옮김, 앨피, 2022.

Appel, Hannah, Nikhil Anand, and Akhil Gupta, "Temporality, Politics, and the Promise of Infrastructure," *The Promise of Infrastructure*, Anand, Nikhil, Akhil Gupta, and Hannah Appel eds., Duke University Press, 2018.

Berlant, Lauren, "The Commons: Infrastructures for Troubling Times," *Environment and Planning D: Society and Space* 34-3, 2016.

Boehmer, Elleke, and Dominic Davies, "Planned Violence: Post/Colonial Urban Infrastructures, Literature and Culture," *Planned Violence: Post/Colonial Urban Infrastructures, Literature and Culture*, Boehmer, Elleke and Dominic Davies eds., Palgrave Macmillan, 2018.

Butler, Judith, "Rethinking Vulnerability and Resistance," *Vulnerability in Resistance*, Butler, Judith, Zeynep Gambetti, and Leticia Sabsay eds., Duke University Press, 2016,

Cowen, Deborah. "Infrastructures of Empire andResistance," 2017. 01. 25, Verso. https://www.versobooks.com/en-gb/blogs/news/3067-infrastructures-of-empire-and-resistance?srsltid=AfmBOoojI5K5SFd1-iNniCReI__ LqUqMJk1CCXLZ8rbUYE7Z5-hLiyB6 (접속일 2025년 8월 20일)

Easterling, Keller, *Extrastatecraft: The Power of Infrastructure Space*, Verso, 2016.

Harvey, Penelope, Casper Bruun Jensen, and Atsuro Morita, "Introduction: Infrastructural Complications," *Infrastructures and Social Complexity: A Companion*, Harvey, Penelope, Casper Bruun Jensen, and Atsuro Morita eds., Routledge, 2016.

Larkin, Brian, "The Politics and Poetics of Infrastructure," *Annual Review of Anthropology* 42-1, 2013.

Rodgers, Dennis, and Bruce O'Neill, "Infrastructural Violence: Introduction to the Special Issue," *Ethnography* 13-4, 2012.

Star, Susan Leigh, "The Ethnography of Infrastructure," *American Behavioral Scientist* 43, 1999.

1부

인프라의 개념적 다종성

기반시설, 혹은 사회생태 기간망을 통한
생태적 역사학

| 이정 |

이 글은 《개념과 소통》 제33집(2024)에 게재된 원고를 수정 및 보완하여 재수록한 것이다.

기반시설은 인프라스트럭쳐infratructure를 번역한 말이다. 물, 에너지, 사람, 자원, 정보, 상품 등 지구상 모든 것을 유통하는 거대한 과학기술 체제로서의 기반시설은 그 단어와 마찬가지로 19세기 후반에 등장했다. 구글 엔그램Ngram 사용 추이를 살펴보면 이 단어가 실제로 통용되는 것은 1945년 이후인데, 2000년대 출판물에서 급격한 상승을 보였다(그림 1).[1] 국립국어원은 1995년 이 말을 인프라라는 외래어로 쓰는 것을 허용했고, 실제 기반시설이라는 말만큼 인프라라는 말이 흔히 쓰인다. 지금은 널리 통용되는 기반시설 혹은 인프라란 말은 이렇게 역사가 짧다.

기반시설은 대개 시간, 공간, 고된 노동으로부터의 해방을 약속하며 20세기 전후로 각 사회에 등장했고, 철도, 항만, 도로, 상하수도, 각종 발전과 송전 체제, 광케이블과 인공위성 등 과학기술적 구조물로 이루

| 그림 1 | 인프라스트럭처 사용 추이

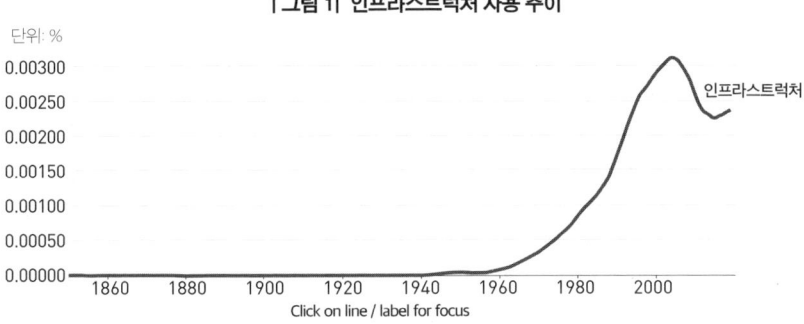

출처: Google Ngram, https://books.google.com/ngrams/ (2024. 3. 21. 접속)

---

1   역사학이 주가 아닌 현재의 기반시설 연구에서는 이 단어와 개념의 역사성에 주목하지 않았다. 엔그램이 정확한 사용 추이를 반영하지 않는다 해도, 그 짧은 역사성은 뚜렷하다. 어원사전에 따르면 영어 infrastructure는 1887년 처음 사용되었다. 1875년 도입된 같은 철자의 프랑스어를 가져온 것이고, 원래 군사 작전과 연관되어 쓰였다. https://www.etymonline.com/word/infrastructure#etymonline_v_6466 (접속일 2024년 3월 5일)

어진다. 공학 책, 개발 기획, 경제 기사에서는 무시할 수 없는 주제였지만 인문학자가 크게 관심을 기울이지는 않았다. 1990년대 말 기반시설에 대한 인문학적 분석을 앞장서 촉구한 것은 과학기술학STS: Science and Technology Studies연구자 수전 레이 스타Susan Leigh Star였다. 스타는 "이 논문은 지루한 것을 공부하자는 제안이다. 기반시설의 많은 부분은 특출나게 따분하다"라고 시작했다.[2] 따분한 것을 공부하자는 이 제안은 과학기술과 인문 융합 학제인 과학기술학 분야만이 아니라 놀라울 정도로 다양한 분야에서 호응을 얻었다. 도시 기반이나 통신과 관련된 도시학urban studies, 개발학development studies, 매체학media studies은 물론이고 인류학anthropology, 인문지리학human geography, 환경인문학environmental humanities에서도 기반시설 논의가 증가하고 있다. 최근에는 다양한 공학 분야도 인문 융합적인 기반시설 논의에 가세했다.

기반시설은 대개 곤경에 빠졌을 때 이런 관심을 받는다. 실제로 속에 감춰져 있거나, 아래에 깔려 있거나, 아득한 공중에 있어서 잘 보이지 않는 기반시설은 탈이 나서 우리 일상을 뒤흔들 때 그 존재감을 드러낸다. 전화와 신용카드가 먹통이 되고, 지하철이 멈추고, 출근하던 이가 지하차로에서 빠져나오지 못하고, 싱크홀이 무너지는 일들이다. 기반시설이 특히 21세기로 접어드는 시점에 주목의 대상이 된 것도 그런 딱한 사정이다. 노후화, 기후변화, 공공성 위기가 겹친 삼중고라고 할 수 있다. 상당수 기반시설이 낡아 가는 데다 기후변화의 도전이 겹쳤고, 공공 사업이던 기반시설 사업이 민영화로 겪어 온 변화도 논란을 낳고 있다. 물과 전기조차 공공재의 지위를 잃고 취약층의 건강을 위협해도 좋은

---

2 Susan Leigh Star, "The Ethnography of Infrastructure," *American Behavioral Scientist* 43-3, 1999, pp. 377-391, p. 377.

가? 생성형 인공지능 등 신기술의 거대 기반시설에 공적 투자가 편중되고 기초 기반시설이 보수되지 않아도 좋은가?

이 글은 기반시설에 대한 다양한 학제적 연구를 검토함으로써 지구적으로 경험되는 기반시설의 곤경을 가늠해 본 다음, 기반시설에 대한 역사적 접근의 세 가지 가능성을 짚어 보고자 한다. 첫째는 기반시설의 물질적 실체성에서 비롯되는 '물질적 전회'와의 확장적 접속 가능성이다. 둘째는 해방을 약속한 근대 기반시설의 복잡한 실제 궤적을 살펴봄으로써 근대 시공간을 더 자유롭게 횡단할 가능성이다. 셋째는 자연과 사회가 얽힌 기반시설의 특성에 기대어 새롭게 인공과 자연의 어우름을 상상할 더 생태적인 역사학의 가능성이다. 이를 위해 기반시설 대신 '사회생태 기간망ecological backbone networks'이라는 새로운 이름도 제안해 본다. 기반시설은 흔히 자연과 별개인 과학기술적 인공물로 인식되곤 하는데, 일상의 물질적 조건으로서의 기반시설에 진작부터 주목해온 환경사, 특히 고전인 윌리엄 크로논William Cronon의 저작은 이 인공물 속에 늘 역동하고 있는 자연의 사회생태적 함의를 잘 드러내 줄 것이다.

기반시설,
더 이상 묻어 둘 수 없었던 것들

무엇이 기반시설이고 아닌지를 가늠할 수 있는 간단한 척도는 너무 당연해서 생각할 필요가 없다고 여겨지는 것이라고 한다.[3] 우리는 수

---

[3] Deb Chachra, *How Infrastructure Works: Inside the Systems That Shape Our World*, New York: Riverhead Books, 2023, p. 16.

도꼭지를 틀면 차가운 물, 따뜻한 물이 나오는 것에 대해 깊이 생각하거나, 스위치만 켜면 불이 켜지는 것에 대해 매번 감탄하지 않는다. 그런데 이들이 당연하지 않음을 상기시키는 사건은 늘고 있다. 2018년의 KT 아현지사 화재나 2022년의 카카오톡 먹통 사태 등이다. 원인이 충분히 밝혀지지 않은 이런 사고는 한국만의 일이 아니다. 그 목록은 끝이 없겠지만 미국에서는 '8월 14일 대정전'이라고 불리는 2003년의 대규모 정전 사태가 충격을 가져왔다. 미국 중북부, 동북부, 캐나다 남부의 약 5,500만 명에게 영향을 미쳤고, 완전한 복구에 며칠이 걸렸던 이 정전 사태 이후 《뉴욕 타임스》는 "구닥다리"가 된 "우리 전기망"은 "심각한 현대화"가 필요하며 초강대국 미국이 "제3세계 전기망"을 가졌다고 탄식했다.[4] 이들 사고는 기반시설의 고도로 중첩된 연결 상태도 뚜렷이 드러냈다. 어느 한 지점의 문제가 광범위한 지역의 교통, 통신, 상하수도, 냉난방, 행정망, 결제 등 삶의 전 영역에 파급효과를 가져온다.

그동안 우리는 이런 초연결사회를 만들기 위한 신기술에 관심을 기울였을 뿐 그것을 떠받치는 기반시설에는 무심했다. 이는 투자액에서도 드러난다. 8월 14일 정전 사태 이후의 분석에 따르면 미국에서 전기 분야의 연구개발비는 전체 과학기술 예산의 0.0025퍼센트가 되지 않았고, 전기회사 매출에서 연구개발에 투자되는 비중은 0.01퍼센트가 되지 않았다. 신기술 분야의 10퍼센트 정도와 비교가 되지 않는다.[5] 과학기술학자들은 기반시설에 대한 이런 무관심을 "혁신 망상"이라고까지 부를 수 있는 새로운 것에 대한 "파국적 집착"에 돌려 왔다. 새것의 발명과 혁신

---

4 Stephen Graham and Nigel Thrift, "Out of order: Understanding repair and maintenance," *Theory, Culture & Society* 24-3, 2007, pp. 1-25, p. 20에서 재인용.

5 Stephen Graham and Nigel Thrift, "Out of order," p. 20.

에 투자가 집중되면서 유지보수가 필요한 오래된 것, 일상적으로 사용 중인 것의 관리가 홀대받게 되어 "느린 재난"을 만들어 왔다는 것이다.[6] 스타도 지적했듯 기반시설은 단숨에 지어질 수 없고, 언제나 있던 것 위에 더해지며 중첩된다. 100년 전의 터널에 50년 전, 30년 전의 기계장치, 20년 전의 구리, 10년 전의 광케이블이 이질적으로 복잡하게 얽힌다. 쓰리마일 핵발전소 사고 원인을 조사했던 찰스 페로우Charles Perrow는 이런 시스템에서의 사고를 "정상 사고normal accident"라고 부른다. 일어날 만한 사고라는 것이다. 혁신에 치우친 관점에서는 이런 예견된 사고의 위험을 줄일 엄격한 유지보수는 단조로운 노동, 필수적이지 않은 비용으로 취급되어 문제를 키운다. 세계 최고 수준의 산업재해를 자랑하는 한국만의 일이 아니다. "혁신 망상" 대신 "유지보수"와 "사용"을 중심으로 과학기술을 보자는 제안이 세계적으로 제기되어 온 이유이다.[7]

서서히 쌓인 문제가 임계점에 달하며 발생하는 느린 재난의 사례이자 위급성을 더하고 있는 것이 기후변화이다. 잦아진 기후재난에 대한 기반시설의 취약성은 수년째 기록을 경신한 가뭄, 폭우, 폭설, 홍수, 화재로 세계 각지에서 여러 도시가 정전과 단수 사태를 겪은 데서 드러난다. 2019년 고성과 속초의 산불도 사상자와 재산 피해는 물론 정전 사

6 David Edgerton, "From Innovation to Use: Ten Eclectic Theses on the Historiography of Technology," *History and Technology* 16-2, 1999, pp. 111-36; David Edgerton, "Innovation, Technology, or History: What Is the Historiography of Technology About?" *Technology and Culture*, 51-3, 2010, pp. 680-697. 데이비드 에저턴, 《낡고 오래된 것들의 세계사 – 석탄, 자전거, 콘돔으로 보는 20세기 기술사》, 박민아 등 옮김, 휴머니스트, 2015; Lee Vinsel and Andrew L. Russell, *The Innovation Delusion: How Our Obsession with the New Has Disrupted the Work That Matters Most*, New York: Currency, 2020.

7 David Edgerton, "From Innovation to Use," 《낡고 오래된 것들의 세계사》; Vinsel and Russell, *The Innovation Delusion*; Stephen Graham and Nigel Thrift, "Out of order," pp. 13-9, p. 10.

태, 통신망 두절, 도시가스 차단 등의 피해를 가져왔다. 2024년 3월 18일 감사원이 발표한 기후위기 적응 및 대응 실태 감사 결과는 "정부가 홍수와 해수면 상승, 폭염 등 기후변화의 미래 위험에 대한 충분한 예측 없이 배수시설 등 주요 사회 기반시설 사업을 추진"했다고 진단했다. 이러한 취약성에 더해 기반시설은 현재 탄소 배출량의 3분의 2 정도를 차지한다. 산업 및 가정용 전기 생산이 25퍼센트, 교통이 30퍼센트 정도이고, 요리와 난방용 가스 등이 추가된다.[8] 재생 가능한 에너지원으로 전환하면서 기반시설의 효율을 높이는 것은 기후변화 대응의 중요한 과제이다.

하지만 기후변화나 그에 취약한 기반시설보다 훨씬 더 주목을 받은 것은 역시 생성형 인공지능 챗GPT^{Chat GPT} 등의 신기술이다. 기반시설 연구자들은 '무선', '지능', '가상'처럼 비물질성을 내세우는 신기술이 이런 말로 거대한 기반시설을 의도적으로 숨긴다고 지적한다. '무선'을 내세우는 5세대 이동통신은 스마트폰과 무선 기지국 사이의 통신을 제외한 나머지 구간은 유선망에 의존하고, 전파의 직진성이 강하고 도달 거리가 짧아 오히려 더 많은 기지국을 세워야 한다. 경쟁적으로 쏘아 올려진 통신위성은 우주쓰레기로 돌아온다. 인공지능 데이터센터 하나의 전력 소모는 호놀룰루 규모의 도시와 맞먹고, 이런 시설을 다수 필요로 하는 첨단 기업이 있는 도시는 전력난을 겪는다. 인공지능을 통한 기반시설의 지능적 유지보수가 해답으로 제안되지만, 24시간 전력 공급이 핵

---

8 Deb Chachra, *How Infrastructure Works*, pp. 22-23; 〈"'이것' 하지 않으면 시흥은 물바다" 감사원의 충격 보고서〉, *OhmyNews*, 2024. 03. 20. https://omn.kr/27w5j (접속일 2024년 3월 20일); Hannah Appel, Nikhil Anand, and Akhil Gupta, "Introduction: Temporality, Politics, and the Promise of Infrastructure," *The Promise of Infrastructure*, Durham: Duke University Press, 2018, pp. 1-38, pp. 8-20.

심이 되는 이러한 장비의 추가는 시스템의 복잡성과 에너지 소비를 더욱 높인다.[9] 가상현실은 물리적 현실로부터 탈출하는 공간도 아니고, 가상도 아니다. 엄청난 물리적 기반시설에 기댄 또 다른 물리적 공간으로의 값비싼 이동이다.

이런 비판에 대응해 일부 첨단 기업은 자체 발전소를 짓겠다고 약속하지만 첨단 기업을 유치하고 싶은 각급 정부는 이를 공적 자금으로 지원한다. 첨단 산업의 공적 혜택이 분명하다는 태도이다. 비용 절감을 내세우며 에너지와 수도 등의 필수 공공재도 민간사업자에 맡겨온 것과 반대된다.[10] 기반시설 연구자들은 기반시설 투자의 구조적 문제가 가중되고 있다고 지적한다. 기반시설의 공적 투자가 기업 이익을 극대화하는 상품 유통 인프라에 치중되고, 물처럼 생명 유지에 필수적인 자원도 공공재의 성격을 잃어 왔다는 것이다. 기업은 이런 기반시설의 각종 혜택을 입지만, 그 이익에 대한 공적 회수는 기업 이익에 대한 침해인 양 행동한다. 나아가 첨단 상품의 생산과 유통 과정에서 오염된 물과 공기를 처리하는 데는 공적 자원이 동원되는 반면 기업은 근본 문제를 오히려 악화시키는 마스크, 정수기, 공기청정기 등 '재난 산업'의 혜택을 누린다. 이렇게 사적 영역이 늘어나며 사회 격차와 갈등이 높아지는 상황은 우리 일상을 떠받치는 기반시설에 대한 인문학적 관심과 정치적 논의가 부재했던 결과라고 이들은 지적한다.[11] 따분한 줄 알았던 기반시설

---

9 Stephen Graham and Nigel Thrift, "Out of order," pp. 17-19; 이희은, 〈5G 이동통신과 미디어 테크놀로지의 물질성: 인프라로서의 미디어 네트워크를 향한 탐색적 연구〉,《문화와 정치》6-2, 2019, 233~262쪽, 250쪽.

10 Hannah Appel, Nikhil Anand and Akhil Gupta, "Introduction: Temporality, Politics, and the Promise of Infrastructure," p. 1.

11 Edgar Pieterse, *City Futures: Confronting the Crisis of Urban Development*, London: Zed Books, 2008, Introduction; Colin McFarlane and Jonathan Rutherford, "Guest Editorial:

은 이렇게 노후화, 기후변화, 공공성 논쟁 등의 삼중고 속에 상당히 뜨거운 주제로 부상하고 있다.

자연, 사회, 과학기술이 얽힌
물질적 전회의 최전선

현실적 곤경 속에 주목받게 된 기반시설은 그 부정하기 힘든 물질적 실체 덕분에 신유물론new materialism 혹은 물질적 전회material turn라고 불리는 최근의 인문학적 논의와 만난다. 그리고 물질적 실체를 넘어서 역사, 사회, 문화까지 연결되는 존재 양상 덕분에 신유물론에 대한 비판에도 나름의 해답을 내놓는다. 물질적 전회의 이론적 논의를 검토한 학자들은 '물질적 전회'의 난점으로 "물질의 성격과 역량을 구체적으로 어떻게 규정하는가, 특히 개별적인 실체인가 관계인가"를 둘러싼 합의되지 않는 이견과 각 경향이 보일 수 있는 환원주의, 그리고 정치적 분석과 전망을 둘러싼 불투명성 등을 지적했다.[12]

기반시설은 이러한 이론적 논의에서는 전형이 아닌 존재 양상 덕분에 물질성에 매몰된 논쟁 구도에 갇히거나 정치성을 몰각할 위험에서 자유로운 편이다. 기반시설이라는 현재의 용어는 이를 거대한 인공물로만 생각하게도 하지만, 도로 노선 하나도 지형적 조건에만 따르지 않음

Political Infrastructures – Governing and Experiencing the Fabric of the City," *International Journal of Urban and Regional Research* 32-2, 2008, pp. 363-374.

12 황정아, 〈'물질적 전회'와 그에 대한 불만〉,《개념과 소통》29, 2022, 205~234쪽, 209쪽. 신유물론의 다양한 입장과 그 정치적 한계 비판에 대한 관계론적 입장 나름의 대답은 김은성, 〈서론: 사회과학의 감각적, 물질적 전환〉,《감각과 사물》갈무리, 2022, 12~46쪽.

은 경부고속도로 건설 이래 뚜렷한 일이다. 호수의 물과 땅속의 석유는 수도관과 송유관에 들어오기까지 이미 여러 과학기술적 지식, 장치, 기준, 절차를 통해 정제되며 거듭 새로운 물질성을 얻고, 이는 다시 국제 표준을 포함한 복잡한 사회적 논의와 협상을 거쳐 국경을 넘는 연결망을 통과한 후에 각 가정과 사용자에게 도달된다. 기반시설의 구성원은 자연물이면서 동시에 인공물이며, 사물이면서 사회, 제도와 분리되어 존재하지 않는 "다중성"과 "혼종성"을 갖는다.[13] 기반시설을 연구하는 일은 기반시설 구성원들의 복잡하게 얽힌 궤적을 따라 '물질적 전회'를 확장하는 길이 된다.

기반시설 연구가 거의 어김없이 언급하는 스타의 정의에서부터 기반시설의 복잡하게 얽힌 특성은 강조되었다. 스타는 기반시설의 특성을 9가지로 짚었다. ① 어딘가에 내장되어 쉬 드러나지 않고, ② 쓰는 방식은 대개 자명하며, ③ 일회적이거나 국지적이지 않고, ④ 어딘가에 소속되어 학습되고, ⑤ 실행 관습과 연결되고, ⑥ 표준을 구현하고, ⑦ 이미 설치된 것 위에 더해지며, ⑧ 고장이 나면 보이고, ⑨ 단번에 전체적으로 고쳐지지 않고 조금씩 보수된다는 것이다.[14] 수도꼭지를 틀어서 물을 얻는 일은 수도관이 내장된 사회에 태어난 이들에게는 문화적으로 당연하고 반복되는 일상일 뿐이지만, 다른 사회에 속한 이들에게는 낯설고, 이것이 작동하기 위해서는 모든 수도관이 표준규격을 따라야 하며, 내 집의 수도관은 대개 오래된 지하도에 다른 관, 선들과 중첩되어 깔려 있고, 수도꼭지를 틀거나, 당기거나, 올리는 방식은 변하는 관습과 연결

---

13 Brian Larkin, "The Politics and Poetics of Infrastructure," *Annual Review of Anthropology* 42, 2013, pp. 327-343, p. 329; 이희은, 〈5G 이동통신과 미디어 테크놀로지의 물질성〉, 236쪽.

14 Susan Leigh Star, "The Ethnography of Infrastructure," pp. 381-382.

되고, 고장이 나면 전체를 들어내고 교체할 수는 없다.

스타의 논의는 자연스럽게 과학기술학의 기술 시스템Technological System 접근법이나 행위자연결망 이론Actor-Network Theory과 친연성을 보이며 확장되어 왔다. 토머스 휴즈Thomas Hughes가 주창한 기술 시스템 접근은 에디슨을 발명가가 아닌 시스템 구축자system builder로 제시한다. 그의 성공한 발명품은 개별 발명품의 우수성이 아니라 그것이 사용되기 위한 관련 기술, 사회체제의 성공적 구축에 힘입었다는 것이다. 에디슨의 전구만 해도 발전시설, 송배전 표준과 장비, 금융, 투자, 요금 제도 등이 갖춰져서 성공한 발명품이 되었다.[15] 인류학자 브라이언 라킨Brian Larkin은 휴즈 접근의 두 가지 장점을 행위자연결망 이론과 연결해서 짚었다. 첫째, 기술 시스템 접근은 전구와 필라멘트 같은 개개 기술물만이 아니라 비기술적이라고 할 수 있는 모든 사회적 요소를 아울러 보게 하며 모든 행위자(인간, 사물)의 관계를 고려하는 행위자연결망 이론과 만난다. 둘째, 두 접근 모두 완성된 구축물보다 구축 과정의 협상에 분석의 초점을 맞추며, 기술이 결정된 경로를 따르는 것이 아니라 역사적으로 구성되는 과정의 역학 관계를 드러낸다. 각 사회의 기반시설은 "생태적, 법률적, 정치적, 산업적"인 다수 행위자들의 상호작용에 따라 특정한 진화를 해 간다는 것이다.[16]

지리학과 매체학에서도 이런 방법론을 흡수하며 기반시설에 대해 진

---

15 토마스 휴즈, 〈거대 기술 시스템의 진화 : 전등 및 전력 시스템을 중심으로〉, 위비 바이커 외 지음, 《과학기술은 어떻게 사회적으로 구성되는가?》, 송성수 편역, 새물결, 1999, 123~172쪽.

16 둘의 차이를 분석하는 것도 가능하겠지만, 둘의 공통된 장점을 연결함으로써 기반시설에 대한 경험 연구를 풍부하게 하려는 시도일 것이다. Brain Larkin, "The Politics and Poetics of Infrastructure," p. 330. 행위자 연결망 이론에 대해서는 브뤼노 라투르 등, 《인간 사물 동맹》, 홍성욱 편역, 이음, 2010.

지한 관심을 보여 왔다. 이들은 과학기술학적 기반시설 논의에 각 분야의 장점을 살린 새로운 시각도 더한다. 지리학자 캐스린 펄롱Kathryn Furlong은 공간을 새롭게 구성하고 연결하며 공간 경험에 지대한 영향을 미치는 도로, 수로, 항만 등 각종 기반시설에 지리학이 충분한 주의를 기울이지 않았다고 말한다. 그저 주어진 과학기술적 산물로 보았다는 것이다. 펄롱은 시스템 접근과 행위자연결망 이론을 확장해 적용한 기반시설 지리학을 제안했다. 나아가 지리학적 관점에서 이들 접근에 대한 두 가지 보완점을 제안한다. 첫째는 지리적 공간에 대한 고려가 부족해서 강·산맥·연안·바다 등 자연적 요소나 산물에 대해서 잘 언급하지 않는 점, 둘째는 마을·도시·국가·대륙 등 다양한 층위와 규모 scale의 정치적 논의를 분석하는 데 차별화와 정교함이 부족한 점이다. 이를 지리학적 전망을 통해 보완할 수 있다는 것이다.[17] 매체학 역시 각종 매체를 작동시키는 기술적 연결망을 당연시했던 것에서 벗어나 매체 기반시설을 진지하게 논의하고 있다. 이희은은 인터넷과 소셜미디어의 시대에 매체 기반시설은 "우리가 발 딛고 있는 우리 존재 조건의 환경"이고, 이러한 현실에서 "기계와 테크놀로지 장치를 마치 인간이 의도한 대로 다룰 수 있는 수동적인 것으로 여기는 것은 오판"이라며 신유물론과 과학기술학의 논의를 끌어온다. 이를 통해 매체학은 종이·라디오·TV·인터넷 등 변하는 매체에서 소통되는 말을 분석하는 데 그치지 않고 매체 기반시설이 형성되고, 형성해 가는 '사회기술적sociotechnical'

17　과학기술학의 시스템 접근이나 행위자연결망 이론이 기술적 결정성을 내포한다는 Furlong의 해석에는 이견의 여지가 있다. Kathryn Furlong, "Small Technologies, Big Change: Rethinking Infrastructure through STS and Geography," *Progress in Human Geography* 35-4, 2011, pp. 460-482, pp. 461-2.

기반을 함께 탐구하는 방향으로 확장된다.[18] 매체 연구는 사용자와 상호
작용하며 형성되는 디지털 인프라 분석이나 개발자의 의도를 전용하는
매체 수용자 문화에 대한 분석으로 과학기술학적 논의를 확장한다.

  인류학, 지리학, 매체학의 이러한 학제적 접근에 더해 기반시설의 정
치적 측면을 첨예하게 드러내는 분야는 도시학, 개발학 분야이다. 기반
시설의 정치성에 주목하는 이들은 기반시설이 따분하고 고장이 나야
보인다는 스타의 말에 이견을 보인다.[19] 신공항, 신도시, 철도, 도로, 다
리, 터널, 케이블카 등에 대한 선거철의 쏟아지는 공약은 기반시설의 정
치적 힘에 대한 믿음을 보여 준다. 하지만 이런 공약은 완공된 기반시설
의 일시적 존재감을 정치화할 뿐 기반시설 건설과 유지 과정의 지속적
이고 복잡한 협상을 오히려 정치 영역 바깥으로 밀어내기도 한다.[20] 도
시의 지상, 지하, 공중에서 늘 일어나고 있는 기반시설을 둘러싼 지속적
작업은 강, 산, 들, 건설자, 개발자, 설계자, 주민, 공사 인력, 수리 인력,
청소 인력, 불도저, 레미콘 등을 아우르는 다양한 구성원이 설치 장소,
형태, 재원, 비용, 수혜자, 용도, 지식, 기술은 물론 환경과 사회적 영향을
포함한 모든 것을 놓고 협상하는 정치적 과정이다. 이 과정을 통해 기반
시설에 대한 접근권과 비용의 격차가 차별을 만들거나 강화해 왔고, 사
회관계와 환경에 변화를 가져왔다. 기반시설의 공공성을 논하려면, 기
반시설을 둘러싼 이런 정치 과정이 밝혀져야 한다.[21]

  도시학, 개발학 연구자들은 기반시설에 대한 정치적 논의를 확장할

---

18 이희은, 〈5G 이동통신과 미디어 테크놀로지의 물질성〉, 246쪽, 253쪽.

19 Brian Larkin, "The Politics and Poetics of Infrastructure," p. 336.

20 Hannah Appel, Nikhil Anand and Akhil Gupta, "Introduction: Temporality, Politics, and the
    Promise of Infrastructure."

21 Colin McFarlane and Jonathan Rutherford, "Guest Editorial: Political Infrastructures," p. 366.

방편으로 기반시설의 "사용"과 "유지보수"에 관심을 기울인다.[22] 도시학자 스티븐 그레이엄Stephen Graham과 나이절 스리프트Nigel Thrift는 기반시설 연구가 사용과 유지보수에 관심을 기울일 수밖에 없는 다섯 가지 이유를 제시했다. 첫째, 모든 사물은 시간과 함께 변형, 손상된다는 사물의 법칙을 무시할 수 없다. 둘째, 이 사물이 대개 "다중문화적pluricultural"인 실체로 일상의 지속성에 중요하다. 셋째, 기반시설을 이루는 사물이 끊임없는 번영을 이룬 결과 더욱 복잡다단한 물질적 조합을 이루고 있어 유지보수가 증가해 왔다. 넷째, 기반시설의 중단이 일상의 기반을 흔드는 "실존적" 측면이 유지보수를 긴요하게 만든다. 다섯째, 유지보수의 대상이 물질적 실체에 그치지 않고, 그것을 둘러싼 사회질서를 아우른다.[23] 한 사회에서 특정 문화를 영위하며 살기 위해 늘 돌보지 않으면 안 되는 것이 기반시설이고, 이 과정을 재평가하고 가시화하는 정치적 논의가 필요하다는 것이다.

기반시설 설계와 개선을 위해 일해온 공학자들도 '유지보수'와 '사용'에 관심을 돌리자는 호소에 함께하며 정치적 목소리를 더한다. 혁신 중심 전망이 소수의 '혁신적' 기술 엘리트에게 명예와 이익이 초집중되도록 함으로써 대다수 기술자, 공학자를 소외시키고, "비행기를 탄 채로 그 비행기를 만들고 있는(building the plane while flying it)" 것과 같은 검증되지 않은 신기술을 양산하며 사회적, 환경적 문제를 가중해 왔다는 성찰이다. 이들은 실패로도 엄청난 관심을 끄는 로켓 발사와 달리 "아무 일도 일

---

22 Stephen Graham and Colin McFarlane eds., *Infrastructural Lives: Urban infrastructure in context*, New York: Taylor & Francis, 2014, p. 6; Hannah Appel, Nikhil Anand and Akhil Gupta, "Introduction: Temporality, Politics, and the Promise of Infrastructure," p. 12, p. 27.

23 Stephen Graham and Nigel Thrift, "Out of order," pp. 5-6.

어나지 않는 것"이 가장 이상적인 결과인 유지보수가 "진정한 창의력"이 요구되는 흥미진진한 과제라고 강조한다. 수 세대의 다른 기술 시스템이 다른 수명을 가진 재료를 사용해 이뤄 놓은 복잡하고 거대한 기반시설을 효율적으로 개선하고, 기후재난 속에도 안정적으로 작동하게 하는 일은 새것을 발명하는 것보다 훨씬 더 창의적인 일이라는 것이다. 공학자 뎁 차크라Deb Chachra는 이런 어려움에도 불구하고 전환을 위한 공학적 해답은 쌓여 있다며 방향 전환과 우선순위 조정을 위한 사회적 합의가 필요함을 지적한다.[24] 공학자의 정치적 중립이나 객관성이 아닌 정치적 참여가 기반시설의 공학적 개선을 가능하게 할 수 있다는 인식이다.

혁신보다 '유지보수'와 '사용'에 관심을 돌리게 하는 기반시설의 특성은 기반시설을 둘러싼 정치에 지금까지 큰 주목을 받지 못했던 주체들을 불러온다. 사물, 현장 전문가, 사용자 등이다. 기반시설이 기존의 시스템 위에 더해지는 방식으로 현장에서 완성되는 점은 우선 현장의 물적 조건과 그곳에서 일하는 다수의 기술 인력을 부각한다. 복잡하고 이질적인 기반시설 시스템에 대해 전체적 지식을 가진 전지적 공학자는 없다. 그 구축과 작동은 부분적인 지식을 가진 여러 전문가의 협력에 의존하고, 그 부분적 지식도 현장에 놓인 물질의 다양한 물질성과 만약의 사태contingencies로 인해 늘 수정을 거친다. 언제나 주변 환경과 물질에 밀착된 기지機智가 발휘되어야 하고, 이는 현장의 중간 관리인 혹은 하위 기술자가 실행을 통해 정교하게 체화한 지식에 의존한다.[25] 만약의 사태를 만드는 물질, 단순노동자로 경시되던 현장 인력의 역할이 재평가되는 것이다. '사용자'도 기반시설 정치의 강력한 참여자가 될 수 있

---

24 Deb Chachra, *How Infrastructure Works*, p. 155, p. 22.

25 이정,《장인과 닥나무가 함께 만든 역사, 조선의 과학기술사》, 푸른역사, 2023, 23~27쪽.

다. 일반 상품의 경우 소비하지 않는 것으로 분산된 정치적 선택권을 행사한다면 비싸고 품질이 나쁘다고 물과 전기를 사용하지 않을 수는 없다. 그레이엄과 스리프트가 말한 대로 '실존'을 흔드는 필수재의 문제는 평범한 시민을 정치의 장으로 이끈다. 2004년 유색인 거주 지역의 수돗물이 납중독과 전염병을 일으킨 미국 미시건주의 사례, 하수구 냄새가 진동하는 런던 템즈강의 사례 등이다.[26]

기반시설은 어느 하나의 물질이나 기계장치, 관계, 제도로 환원될 수 없다. 기반시설은 그것이 놓인 자연환경과 사회제도, 문화적 관습 전반이 얽혀서 오랜 기간에 걸쳐 조금씩 만들어지고 작동된다. 그것이 비교적 잘 작동되고, 그 파급효과가 특정 부분과 지역에 국한되던 지난 세기 말까지 기반시설은 사회적, 인문학적 관심을 크게 받지 못했다. 하지만 그 "아무 일도 일어나지 않는" 상태를 위해 애써 온 조용했던 구성원들이 뚜렷한 움직임을 보이기 시작했다. 그 움직임을 주도한 것이 부식되고, 재난에 노출되어 새거나 연결이 끊어지는 다양한 물질이었기에 기반시설에 대한 인문학적 접근은 '물질적 전회'와 우선 만났다. 하지만 기반시설의 물질적 구성원들은 깔끔하게 하나로 규정되지 않고 사회, 문화와 복잡하게 얽혀 상호작용한다. 어쩌면 생겨날 수도 있는 환원주의를 그 존재 양상이 용납하지 않는 셈이다. 이런 기반시설 인문학의 가장 중요한 힘은 환경인류학자들이 지적하듯 지금까지의 "정치적인 것을 낯설게 만들고 다시 생각할 틀"을 제공하는 것이다.[27] 물질의 힘, 물

---

26 Hannah Appel, Nikhil Anand and Akhil Gupta, "Introduction: Temporality, Politics, and the Promise of Infrastructure," pp. 13-4; Deb Chachra, *How Infrastructure Works*, p. 99, p. 108.

27 Hannah Appel, Nikhil Anand and Akhil Gupta, "Introduction: Temporality, Politics, and the Promise of Infrastructure," p. 1.

질과 밀착된 행위자들의 힘이 드러나는 새로운 정치 지형이 만들어지고, 혁신 중심의 과학기술 관점에서 가려져 있던 유지보수와 사용자의 중요성이 드러난다. 필수 공공재가 외면당하고 기후변화 대응이 미뤄지는 가운데 첨단 기반시설에 투자가 몰리는 상황은 과학기술의 공공성을 재검토하게 한다. 한 세기 남짓 일상의 안온함을 떠받쳐 온 기반시설은 물질과 얽힌 사회, 환경, 과학기술의 변화를 모두 새롭게 연결해 볼 것을 요청한다.

기반시설의 근대성과
새로운 해방을 위한 경계 되묻기

이어서 특히 과학기술사와 환경사라는 역사학적 관점에서 기반시설 연구가 갖는 가능성을 더 고민해 보려고 한다. 역사학은 유구한 학문이다. 하지만 민족국가를 역사적 경험을 공유하는 공동체로 상정하고, '한국' 혹은 '중국'이 고대로부터 단계를 밟아 가장 진보된 종착지에 도달하는 것을 그려 내는 역사는 19세기 이후의 산물이다. 선사시대, 고대, 중세, 근대, 혹은 원시공산주의, 봉건주의, 자본주의, 공산주의 등으로 이어지는 선형적 진보의 경로이다.[28] 이 진보와 계몽의 서사에 중요한 역할을 해 온 것이 과학기술이다. 과학기술은 계몽된 '서구'가 다른 모든 지역이 목표로 해야 할 진보된 종착지임을 알려 주는 뚜렷한 지표였다. 그중에서도 철도, 전기, 전신, 전화 등 '서구'인이 발명했음이 너무나 분명한 과

---

28 프라센지트 두아라, 《민족으로부터 역사를 구출하기》, 문명기 외 옮김, 삼인, 2004.

학기술적 기반시설은 특히 진보된 서구적 삶이 가져올 해방적 가능성을 압도적으로 보여 주었다. 라킨이 "기반시설의 참을 수 없는 근대성"이라고 말한 것이다.[29] 이 "참을 수 없는 근대성" 덕분에 기반시설은 대략 한 세기라는 짧은 기간 동안 근대임을 자임하거나 진입을 꿈꾸는 모든 지역에 바삐 '복제'되었고, 국제표준기구의 표준을 따라 유사한 형태와 크기를 보인다. 하지만 기반시설에 대한 연구 성과가 보여 주는 기반시설의 복잡한 존재 양상과 궤적은 이런 단순한 서사에 도전한다.

얼핏 기반시설이 일으키는 해방의 꿈과 열정은 지역과 무관해 보인다. 아침저녁 물을 긷고 땔감을 마련하는 고된 일로부터의 해방, 밤을 낮으로 바꾸는 시간의 제약으로부터의 해방, 먼 곳까지 단숨에 이동하거나 소식을 전할 수 있는 거리로부터의 해방 등이다. 이 해방의 약속은 제국의 확장과 함께 전파되었다. 서구 제국에도, 일본과 같은 비서구 제국에도 철도와 통신을 비롯한 기반시설은 제국주의 확장의 실질적 도구였다. 나아가 이런 기반시설은 거대한 물질적 실체로서 식민지의 지형, 일상의 시공간을 바꾸며 제국의 앞선 문명을 전시하고, 그런 문명화의 시혜를 약속하는 중요한 이념적 도구였다. 그리고 상품과 노동력을 이동시켜 제국과 식민지를 이어 주는 기반시설은 식민지 자원을 수탈하는 도구이기도 했다.[30]

대부분의 탈식민 국가는 기반시설의 이러한 식민성보다는 보편적 해

---

29 Brian Larkin, "The Politics and Poetics of Infrastructure," p. 332.

30 Daniel R. Headrick, *The Tools of Empire: Technology and European Imperialism in the Nineteenth Century*, New York: Oxford University Press, 1981; David Arnold, "Europe, Technology, and Colonialism in the 20th Century," *History and Technology* 21, 2005, pp. 85-106; Daqing Yang, *Technology of Empire: Telecommunications and Japanese Expansion in Asia, 1883-1945*, Cambridge, Mass.: Harvard University Asia Center, 2010; 전성현, 《식민지 도시와 철도 : 식민도시 부산의 철도와 식민성, 근대성, 그리고 지역성》, 선인, 2021.

방의 약속에 주목했다. 근대적 기반시설이 제공하는 현격한 편리함은 내밀하고 확실하게 체험되는 진보였다. "전기, 철도, 수돗물을 소유하는 일은 문명 자체"를 뜻했다. 기반시설은 그래서 "단지 기술적인 객체가 아니라 환상과 욕망의 수준"에서 작동했다고 이야기된다. 한국에서 경부고속도로와 원자력발전이 근대와 진보에 대한 "사회기술적 상상력"을 동원했듯이, 인도네시아와 체코에서도 기반시설은 "상상의 열정"을 불러일으켰다. 이 사회적 상상은 기반시설 건설에 나선 공학자들을 추동하는 실질적 힘이었다. 밤낮없는 "헌신"으로 기념되는 경부고속도로 건설의 역군은 사실 "한국적" 예외가 아니었다. 통신 시스템을 만든 브라질 공학자, 통신위성을 만든 인도네시아 공학자, 통신망을 건설한 나이지리아 공학자들 모두는 "사심 없는 헌신"으로 소속한 공동체를 "미래"로 이동시킨 역군으로 기록된다.[31] 기반시설을 통한 진보라는 사회기술적 상상과 실천은 이렇게 탈식민 국가의 해방을 완성하는 일로 기념되어 왔다.

이런 이해는 모든 문명이 서구 문명을 복제함으로써 근대라는 종착지로 차례대로 이동한다는 단선적 진보의 서사를 확인시킨다. 하지만 이는 역사적 사실의 세부와 충돌을 일으킨다. 기반시설은 제국과 식민지를 나누는 경계보다 훨씬 복잡한 경계를 제국의 내부에도 만들었고, 식민 현지에서 먼저 완성되기도 했다. 어떤 제국에서도 20세기 중반까지 이러한 기반시설이 보편적으로 구축된 곳은 없었다. 일본의 시골 마

---

[31] Brian Larkin, "The Politics and Poetics of Infrastructure," p. 333, pp. 333-5; Chihyung Jeon, "A Road to Modernization and Unification: The Construction of the Gyeongbu Highway in South Korea," *Technology and Culture* 51, 2010, pp. 55-79; Sheila Jasanoff and Sang-Hyun Kim, "Containing the Atom: Sociotechnical Imaginaries and Nuclear Power in the United States and South Korea," *Minerva* 47-2, 2008, pp. 119-146.

을까지 고속도로가 깔린 것은 패전 한참 뒤이고, 인구가 적은 미국의 농촌에 전기와 수돗물이 들어가는 일도 더뎠다. 1930년대까지도 몇 퍼센트에 불과하던 것이 대공황 이후의 지원 사업 덕분에 1959년 90퍼센트를 달성했다고 한다. 전화선 확장을 위한 사업은 1949년에야 시작되었다.[32] 식민지 수도인 경성이나 타이베이의 기반시설은 식민지의 일본인 관료와 거주민, 제국 운영을 위해서라도 일본 소도시나 농촌의 시설을 능가했다. 식민지 수도와 그 배후지는 기반시설 구축과 관리에 대한 제국의 다양한 구상이 시도되고 단련되는 전초기지이자 실험실이었다.[33] 제국에도 완성본이 없었으니 수풍댐과 같은 식민 현지의 기반시설이 최첨단을 자랑할 때도 있었다.[34]

기반시설이 따분해 보이는 이유에는 그것이 전기, 전압, 유체역학, 재료공학 같은 기초적 과학기술의 정답을 구현한 거대하지만 단순하고, 달라질 것도 없는 장치라는 생각도 있을 것이다. 하지만 발전과 송전 시스템에도 플러그와 전압의 차이를 넘어서는 여러 차이가 있다. 1920년대 런던, 파리, 베를린, 시카고 등 4개 도시의 전기공급망을 그림으로 나타내면 도시에 따라서 발전소의 규모나 수, 위치 등에 엄청난 차이가 있다고 한다. 조명과 전력이 생산·전송·배전되는 방식이 모두 달랐다. 예를 들어 베를린에는 6개 정도의 대규모 발전소가 런던에는 50개가 넘는 소규모 발전소가 전력 생산을 담당했다. 시스템 접근을 주창했던 휴즈는 이것이 런던이 베를린에 비해 "기술적으로 뒤떨어져 있는 것"이 아

32 Deb Chachra, *How Infrastructure Works*, p. 55.

33 김백영, 《지배와 공간: 식민지도시 경성과 제국 일본》, 문학과지성, 2009.

34 오선실, 〈압록강에 등장한 동양 최대의 발전소, 수풍댐과 동아시아 기술체계의 형성〉, 《인문사회과학연구》21-1, 2020, 269~293쪽.

님을 강조한다. 이 차이는 정치적 가치 체계를 표현하는 각 도시의 규제 법령, 지리적 조건, 특정 광물에 대한 접근도, 역사적 경험 등 다양한 요소를 반영해 협상된 결과이다.[35]

물질, 제도를 망라해 시스템의 모든 요소가 변하는 만큼, 기반시설은 근대적 상징물로 구축된 이후로도 역동적으로 진화해 왔고 그 궤적이 단순한 기술적 진보를 따른 경우는 찾기 힘들다. 기반시설이 처한 곤경에 주목해 온 학자들은 "자유화와 민영화, 지구 북부global North 기반시설의 노후화는 이윤을 잡아먹는 백업 시스템 철수와 함께 상당한 서비스 장애를 가져와서, 늘상 지나치게 단순했던 지구 북부와 남부의 차이는 줄고 있다"고 진단한다.[36] 21세기 런던 시민이 냄새 나는 강물에 코를 감싸 쥐어야 하고, 구글과 애플을 가진 미국인이 서울의 인터넷 속도에 놀란다. 국가의 과학기술적 수준이나 물리적인 자원 동원 능력이 좌우하거나, 런던의 전근대성 혹은 한국의 근대성을 반영하는 것이 아니다. 한 사회의 우선순위를 결정짓고, 그 시설의 수혜 집단을 협상하는 복잡한 정치가 얽혀서 정체, 퇴보, 우회, 가속이 혼재된 다양한 사회적 궤적이 만들어지고, 그 빛과 그늘이 사회적 불평등을 반영하며 한 사회 안에서도 이질적으로 경험된다.

사회와 자연을 아우르는 이 복잡한 역사 과정에 대한 면밀한 검토가 필요한 것인데, 그를 위해서는 우선 "기반시설의 참을 수 없는 근대성"과 그 거대한 외양이 만든 진보의 그늘을 더 돌아봐야 한다. 아프리카

---

35 토마스 휴즈, 〈거대 기술 시스템의 진화 : 전등 및 전력 시스템을 중심으로〉, 위비 바이커 · 토마스 휴즈 · 존 로 외,《과학기술은 사회적으로 어떻게 구성되는가》, 송성수 편역, 새물결, 1999, 123~172쪽, 154쪽.

36 Stephen Graham and Nigel Thrift, "Out of order," p. 16.

어느 나라에서 개발원조를 받아 깔린 하수관은 때로 하수도와 하수처리장으로 연결되지 못한다고 한다. 진보의 약속으로 얻어 낸 원조는 흔히 무자격 사업자에게 원조예산을 나눠 주고 그로 인한 반대급부를 받는 도구가 된다고 한다. 기능과 무관하게 '근대성'의 허울만으로 존재하는 하수도이다.[37] 사실 진보와 개발의 약속으로 지어진, 한때 멋지게 빛나던 기반시설이 제 기능을 하지 못한 채 무너지고 흉물이 되는 사례는 안타깝게도 어느 나라에서도 드물지 않다. 1994년의 성수대교 붕괴는 충격과 함께 "후진국형" 사고라는 탄식을 가져왔지만, 2024년 3월 볼티모어 다리 붕괴를 포함해 미국, 호주, 이탈리아 등 "선진국"에서도 이런 사고는 증가 중이다.[38] 실질적 삶의 개선과 일상의 안전을 위한 튼실한 사회적 논의 대신 속이 빈 진보와 개발의 약속이 기반시설 정치를 잠식하는 순간 이런 "후진"적 재난은 어디에서도 가능하다. 그래서 기반시설의 복잡한 궤적을 국가의 경계를 넘어 비교하고 음미하며 기반시설이 상징해 온 진보의 약속을 되묻고, 외양적 성장과 발전이라는 좁다란 가치를 재고할 필요가 있다.

근대/전근대, 선진/후진 등 근대가 만든 인위적 경계를 넘어 다른 시대와 사회의 다름을 단순히 선후, 우열로 가르지 않고 긴 흐름 속에 살피는 것도 더 자유로운 상상력을 도울 것이다. 로마의 수로와 《주례周禮》의 도로 규격은 첨단 과학기술이 아니더라도 물과 연료를 확보하는 것이 더 절실한 사회적 의제였던 시대의 고민을 담고 있다. 이에는 우리가 잊고 있던 다른 가치가 있을 수 있다. 물론 평양과 경주 등 오래된

---

[37] Brian Larkin, "The Politics and Poetics of Infrastructure," p. 335.

[38] 〈전 세계 주요 교량 붕괴 사건·사고〉, 《한국경제》, 2024. 03. 26. https://www.hankyung.com/article/202403268414Y (접속일 2024년 4월 15일)

수도에 남아 있는 도시 구획은 신분에 따른 차별을 도로와 집의 크기로 확정하는 위계적 사회질서에 대한 열망을 보여 준다.[39] 새로운 가치라고 하기 힘들다. 하지만 이는 적어도 기반시설이 정치와 무관한 독자적 과학기술 영역이라는 근대적 구분법을 확실히 무너뜨리며 이를 정치의 중심으로 가져온다. 수돗물과 전기 이전의 시대를 단순히 미개, 저개발, 후진의 과거로 치부하고, 과학기술을 자연도 극복하고 사회도 초월해서 우리를 근대화시키고 진보시킬 독립 영역으로 유지하는 것은 기반시설과 같은 긴요한 의제에 대한 사회적 논의를 축소시켜 보이지 않는 곳의 내실을 잃게 할 수 있다.

2018년 8월 이탈리아 제노바에서 무너진 모란디 다리의 붕괴 원인은 부실한 유지보수로 진단되었다. 페루에는 700년 넘은 밧줄다리가 있다. 약 38미터인 이 다리의 유지보수 방식을 본 사람들은 이것이 1년 된 다리라고 말할 수도 있다. 유네스코에 등록된 이 700년 된 다리는 주변 네 개 마을 주민들에 의해 해마다 유지보수된다. 이들은 매해 사흘간 축제를 벌이며 다리 장인의 지휘에 따라 새로 풀을 베어 엮고 밧줄을 만들어 새 다리를 만들고, 지난해의 다리를 끊어서 강물에 띄워 보낸다.[40] 수 킬로미터 철교는 38미터 밧줄다리에 비교되지 않는 자연에 대한 정밀한 이해와 기술적 역량을 반영한다. 하지만 재해, 충돌 사고에 대비한 적절한 안전장치와 유지보수를 지연시킨 정치는 정밀한 공학만으로 작동되지 않는 과학기술을 재난으로 만든다. 공학자 차크라는 페루의 다리가 유지보수의 창의성이 새로운 것의 창조와 맞먹고, 기반시설을 지탱하는

39   여호규,《시간이 놓친 역사, 공간으로 읽는다》, 푸른역사, 2003.
40   Deb Chachra, *How Infrastructure Works*, p. 150; pp. 157-158.

것이 "관계를 지탱하는 것"임을 보여 준다고 말한다.[41] 서로의 마을을 오간다는 공동의 목표를 위해 매년 사흘의 유지보수 작업을 위한 관계를 유지해 내는 정치적 힘이, 그 공동 작업을 위해 봄에 돋는 풀과의 관계도 유지하는 일이 700년 가는 다리를 만든다.

하지만 페루의 밧줄다리 정치를 볼티모어에 복제할 수는 없다. 물을 확보하고, 연료를 확보하고, 길을 닦고, 다리를 놓는 일이 단순히 물의 분자식을 알고, 하중을 견딜 합금의 배합도를 아는 것으로 이뤄지지 않는 것과 마찬가지이다. 풀도 참여하는, 이 복잡할 수밖에 없는 정치를 좀 더 잘 이해하기 위해 인문학은 기반시설과 더 많이 친해져야 하고, 각 지역의, 그러나 지구적으로 연결된 맥락에 더욱 천착해야 할 것 같다.

인공과 자연의
어우름

환경사라고 불리게 된 역사 연구들은 기반시설 연구를 내걸지는 않았지만, 언제나 기반시설에 주의를 기울여 왔다. 환경사의 고전으로 꼽히는 리처드 화이트의 《자연 기계The Organic Machine: the remaking of the Columbia river》(1995)도 운하, 수력, 화력, 원자력발전소 등 컬럼비아강의 에너지를 이용하기 위한 다양한 기반시설을 통해 컬럼비아강과 인간의 관계를 다루었다. 앞선 세대의 환경사가 자연에 대한 정복적 시각, 제국주의적 시각, 남성적 시각 등의 특정한 사상을 자연 파괴의 요인으로

---

[41] Deb Chachra, *How Infrastructure Works*, p. 157.

지목하며 자연숭배, 목가적 시각, 여성적 시각을 그 대척점에 놓는 사상사적 접근을 보였다면, 실제 역사 속의 복잡한 "관계 그 자체"를 제대로 알아보자는 접근이었다. 이런 영미 환경사의 흐름을 잘 해설해 준 김기윤은 화이트의 접근과 윌리엄 크로논의 저작을 묶어서 "자연의 인간적 성격과 노동의 가치를 살피려는 환경사"로 소개했다.[42] 크로논의 저작은 한국에 거의 소개되지 않았는데 20년 기념판의 서문을 쓴 존 디모스John P. Demos가 환경사의 "기초를 놓은 저작"으로 "끝없이 새롭지만, 항상 거기 있다"고 찬사를 보낸 것이 그의 첫 저작《대지의 변화Changes in the Land: Indians, Colonists, and the Ecology of New England》(1983, 2003)이고, 노벨 경제학상 수상자 폴 크루그먼Paul Krugman이 "지금껏 읽은 최고의 경제사, 산업사"로도 치켜세운 것이《자연의 메트로폴리스Nature's Metropolis: Chicago and the Great West》(1991)이다.《대지의 변화》는 그 부제가 말하는 것처럼 미국 뉴잉글랜드 식민정착지에서 북미 원주민과 식민정착자들이 상호작용하며 대지에 일으키는 변화를 그려 냈고,《자연의 메트로폴리스》는 미 중부의 최대 도시 시카고가 호수 옆의 작은 마을에서 거대 도시로 탈바꿈하는 과정을 살펴보았다.[43] 낯선 미국의 맥락이지만 이 두 책에서 딱딱한 기반시설 연구를 더 친근하고 생태적으로 만들 방법을 배워 보고자 한다.

기반시설에 대한 연구에 스며들었으면 하는 크로논의 통찰 혹은 감수성은 김기윤이 말한 대로 "자연의 인간적 성격", 더 나아가 인간 역시

---

[42] 김기윤, 〈자연사로서의 환경사〉,《코기토》65, 2009, 263~281쪽, 268쪽; 리처드 화이트, 《자연 기계》, 이두갑 등 옮김, 이음, 2018, 10쪽.

[43] William Cronon, *Changes in the Land: Indians, Colonists, and the Ecology of New England*, New York: Hill and Wang, 1983[2003], p. xi; William Cronon, *Nature's Metropolis: Chicago and the Great West*, New York: W. W. Norton & Company, 1991.

자연이기도 함을 일깨우는 접근이다. 기반시설의 근대적, 과학기술적 측면에 집중했던 연구에서는 아쉬웠던 감수성이다. 이는 대략 세 가지 차원에서 시도된다. 첫 번째는 우리가 쓰는 자연, 인공 등의 말이 갖는 다중성과 모호함, 역사성을 일깨워 주는 것이다. 크로논은 제목에도 쓴 자연nature이라는 단어에 한 가지 엄밀한 정의를 적용할 수 없었다고 토로한다. 하지만 동시에 독자가 자신이 쓴 "자연"의 다양한 용례를 모두 문제없이 수용하고 이해하는 묘한 상황을 지적한다. "자연"이란 말 자체에 다중성과 모호함이 깃들어 있다는 것이다. 그는 이 모호함이 "인간이 자연의 안쪽인지 바깥쪽인지"에 대한 오래된 혼동에 기인한다고 말한다.[44] 영어 표현에 대한 이 이야기는 현재 우리말 '자연'의 상황과도 다르지 않다. 인간은 인공인가? 인간이 인간을 낳지만, 우리는 시험관 아기에만 '인공'이란 수식어를 붙이고 '자연분만'이란 말을 쓴다. 인간을 자연의 법칙에 따라 자연분만하는 생물 중 하나로 인정하면서, 동시에 자연에 개입해 인공적 창조를 할 수 있는 자연과 구분되는 존재로 내세운다.

인간을 자연의 주관자로 자연과 떼어 놓는 의식이 더 강해진 역사적 맥락을 크로논은 "황야wilderness"라는 표현을 통해 살펴본다. 17세기 북미의 유럽 정착자들이 널리 쓰기 시작한 이 말은 북미 원주민들이 일궈 놓은 터전에서 원주민의 역사와 문화를 지우는 정치적 함의를 담은 표현이었다. 이 말은 "외지고, 바위투성이에, 척박하고, 풀이 우거지고, 야생의 나무가 숲을 이룬 황야"를 "비옥한 제2의 영국"으로 만든 변화를 긍정하는 쪽과, 이를 자연에 대한 파괴로 애도하는 쪽 모두에서 공유되

---

44   William Cronon, *Nature's Metropolis*, p. xvii.

며 인간과 자연, 식민정착민과 원주민 사이의 구분을 만들었다.[45] 원주민들이 북미 자연에 남긴 흔적을 문화로 인정하지 않고, 원주민을 황야에 속한 자연으로 한데 묶으며 정착자들 역시 자연임을 잊는 것이다.

식민지를 개발할 백인의 특별한 자격과 소명을 정당화하는 자연/문화 이분법이 이런 제국주의적 시각에서 기원했음은 널리 지적되어 왔지만, 크로논 저작의 강점은 이분법으로 환원될 수 없는 역사적 사실의 복잡함과 역동성을 뚜렷이 상기시켜 주는 것이다. 원주민과 자연의 관계도, 정착자와 자연의 관계도, 정착자 사회와 원주민 사회의 관계도 단일하지 않은데, 무엇보다 어느 원주민 집단과 자연의 관계도 "안정성"을 얻은 적은 없었다.[46] 유럽 다양한 지역에서 기근이나 숲의 황폐화 등을 경험하며 자연과의 관계가 다양하게 진화한 것과 마찬가지이다. 이주 채집문화를 이룬 원주민 집단은 흔히 정착 농경문화를 이룬 원주민 집단보다 자연과 더 안정적 조화를 이뤘다고 여겨졌다. 크로논은 이주가 사실은 복잡하게 진화된 문화적 전략임을 지적한다. 이주는 그저 자연의 흐름에 따라 유랑하는 것이 아니라 주변 집단과의 정치경제적 협상과 상당히 광범위한 지역에 대한 생태적 계산에 따라 이뤄지는 문화적 기술로서 "환경의 계절적 다양성을 착취"하는 방법이기도 했다.[47] 자연에 대한 소유권 개념도 마찬가지로 원주민/정착민으로 단순히 나뉘지 않는다. 당연하게도 "서구의 재산, 상품, 시장에 대한 생각은 유럽과 미국에서 모두 17~18세기를 거치며 복잡한 발전을 겪었고," 원주민들도 대개는 대지와 자연물에 대한 소유의 개념이 있었기에 협상을 통해

---

45 William Cronon, *Changes in the Land*, p. 5.

46 William Cronon, *Changes in the Land*, p. 13.

47 William Cronon, *Changes in the Land*, p. 37, pp. 36-7, p. 12.

영역을 인정받고 침범에 대한 양해를 구하며 거래했다.[48] 몰역사적 단순화가 아닌 충실한 역사적 이해를 위해 복잡하게 얽혀 있는 여러 맥락을 따져 가는 접근이다.

그 중요한 맥락 중의 하나는 자연이다. 더 생태적인 기반시설 역사학을 위해 크로논의 저작에서 두 번째로 주목할 것이 그가 자연을 다루는 방식이다. "자연"을 하나의 대상으로 뭉뚱그려 대상화하기보다 개개 자연물이 생태계의 일원으로서 작용하는 개성적 양태를 드러내는 접근이다. 그가 주목한 자연물 구성원들에는 비버나 물소, 흰 참나무, 검은 참나무, 삼나무, 밤나무, 옥수수, 강과 바위, 토양 등 원래 북미 생태계의 구성원이었던 자연물도 있고, 유럽에서 들여온 돼지, 말, 밀, 호밀, 천연두와 홍역균도 있다. 중요한 것은 "돼지가 그냥 돼지인 것이 아니라 다른 것들, 특히 울타리, 민들레, 아주 특별한 재산의 정의 등에 묶여 있는 존재"라는 것이다. 다른 저작들이 원주민을 쓰러뜨린 강력한 주인공으로 등극시킨 병원균도 홀로 다뤄지지 않는다. 병원균은 신대륙에 등장한 이후 백여 년 이상 생태적, 사회적으로 다른 환경에서 다른 결과를 가져왔다. 기후, 환경, 계절과 지역 동식물군에 따라서도 사망률이 달랐고, 사회적 차이도 중요했다. 병자를 돌볼 의료적, 사회적 뒷받침이 마련된 집단은 더 많이 살아남았다. 어떠한 자연 구성원(인간 포함)도 "환경적, 문화적인 관계들"로 이뤄진 복잡한 생태계의 "부분적 요소"이기에, 연결된 한 생태적 요소로 전체와의 관계 속에서 다뤄질 때 더 완전히 드러난다는 것이다.[49]

크로논의 저작에서 마지막으로 주목해 보고자 하는 점은 인공 속에

---

48 William Cronon, *Changes in the Land*, p. 75.

49 William Cronon, *Changes in the Land*, p. 14, p. 82.

서 자연을 되살려 내는 접근이다. 이 접근은 시카고에 대한 생태환경사인 두 번째 저작에서 두드러졌는데, 알다시피 시카고는 19세기 중반 미국 중서부 개척의 핵심 도시였다. 시카고가 1893년 만국박람회를 유치한 것은 미국 서부 개척의 성공을 세계에 알리는 일이었다. 이를 반기는 쪽에서는 시카고를 "자연의 역경에 대한 인간 의지의 승리"로 축하했고, 사라진 자연에 향수를 느끼는 이들은 그 마천루를 "비자연적인 것의 극치"로 탄식했다고 한다. 크로논은 이 "비자연"의 도시를 "자연의 메트로폴리스"로 이름했다. 초기 시카고 개발자들이 거듭 강조한 시카고의 "자연적 이점"을 말하는 것은 아닌데, 자연적 입지로만 따지자면 운하 없이도 미주리강과 미시시피강을 잇는 세인트루이스가 더 유리했다고 한다. 시카고의 부상은 자연과의 복잡한 교섭을 통해 이뤄졌다. 19세기 내내이어진 이 과정에는 수많은 자연물 구성원이 등장하는데 그가 초점을 맞춘 것은 곡물, 목재, 육류의 흐름이었다. "생태학과 경제학"의 통찰을 아우르기 위해 선정된 복합 자연물이다.[50] 이 자연에서 만들어진 상품들이 철도나 운하 투자자와 건설자를 움직이고, 철도나 운하는 다시 이 상품을 생산, 가공, 사용, 유통하는 데 필요한 사람과 정보와 물자를 운반한다. 주변 초지에서 가죽과 같은 상품의 흐름을 장악하던 원주민을 몰아내고, 그 땅에 그 초원을 농장으로 바꿀 이민자가 새로운 법에 힘입어들어온다. 이들이 생산한 곡물이 동부 대도시와 유럽의 시장을 유혹하며 철로와 운하가 완성된다. 전신이 깔리고, 곡물을 기차와 배로 신속히 이동시킬 기계식 곡물창고가 개발되고, 철도와 곡물 거래 정보를 담당할 전문가 집단이 유입된다. 언론, 금융, 유통 제도와 이를 위한 기반시

---

50 William Cronon, *Nature's Metropolis*, p. 12, p. 7, p. xiv.

설이 만들어지고, 이 모든 건설을 위해 목재라는 상품이 벌목되고, 운송되고, 거래된다. 벌목이 새로운 목축지를 만들고, 더 많은 목축지를 위해 수천만이던 야생 물소가 도살된다. 새 목축지에서 자라 시카고에서 도축된 고기는 매서운 겨울이 만든 얼음과 냉장운송 시스템을 통해 신선하게 공급되며 시장을 확장한다. 고기와 곡물을 생산하며 시카고를 떠받치는 수많은 농민을 위한 우편 판매는 더 많은 상품을 유통시키며 도시와 철도와 운하를 키우고, 자연 속의 여가라는 상품까지 유통시킨다.[51] 이 모두는 복잡하게 얽혀서 작동되며 변해 왔다. 완전히 자연적인 것도, 완전히 인공적인 것도 없다.

　이 책이 출판된 1991년 크로논은 "이 책에서 이야기된 도시-농촌 관계는 이제 전 행성을 포괄한다"고 했다.[52] 우리 대부분은 도시 속에서 자연을 잊고 살지만, 녹지조차 없는 도시라 해도 모든 도시는 이렇게 자연 복합 산물에 의존하는 자연의 도시이다. 크로논의 책은 기반시설의 역사를 목표로 하지 않았지만 운하, 저수지, 수도관, 하수관, 수로, 철로, 기차, 부두, 증기선, 전신, 주식시장, 곡물 선물先物거래 시스템, 대형 도축장, 냉장차, 도로 등 수많은 기반시설을 이 복잡한 변화 과정의 일원으로 등장시켰다. 19세기 중반까지도 엄청난 악취를 풍겼고 비가 오면 마차도 다니지 못했던 작은 마을의 휘황찬란한 변신을 담당한 복합 생태계의 일원인 것이다. 개개 요소의 변신, 그 변신에 결부되는 지식과 노동, 이들 사이의 관계와 상호작용에 대한 크로논의 세심한 접근은 이 인공적 기반시설 모두 자연의 작품이기도 함을 잘 보여 준다. 자연과 어우러지는 기반시설을 꿈꿀 역사학은 이렇게 도시적 삶 속에 깊숙이 들어

51　William Cronon, *Nature's Metropolis*, p. 72.

52　William Cronon, *Nature's Metropolis*, p. 72, p. 385.

와 있는 기반시설과 우리 자신 모두 한낱 자연이자 동시에 경이로운 자연임을 잊지 않아야 할 것 같다.

사회생태 기간망,
맥락 속에 더 연결 짓기

기반시설이라는 번역어는 사실 자연이 인공적인 구조물 속에 생생히 살아 있는 복잡하고 역동적인 실체를 잘 표현해 주지 못한다. 인프라라는 거대하고 정적인 구조물을 연상시키는 말도 마찬가지이다. 기반시설에 대한 인문학적 관심이 그 부정할 수 없는 물질적 실체 덕분에 '물질적 전회'와 만나 그 논의를 확장할 수는 있었지만, 어쩌면 거대한 구조물만을 연상시키는 그 말을 다시 생각해야 할지 모르겠다. 물질적 실체와 더불어 그것을 가능하게 한 생태, 사회, 지식적 맥락을 생각하게 하고, 기반시설에 새로운 상상의 힘을 불어넣기 위해서는 몇 가지 조건을 만족하면 좋을 것이다. 첫째는 이 극히 물질적인 실체가 물질 자체로 작동하는 것이 아니라 사회관계 속에서 작동함을 드러내면 좋겠다. 둘째는 그것을 이룬 구성원의 얽혀 있는 관계와 끝없는 상호작용, 그로 인한 생태적 역동성을 나타내면 좋겠다. 마지막으로 그 말은 언제나 거기 있었던 것 같은 이 복잡한 실체가 고정되고 완결된 것이 아니라 우리가 함께 만들어 왔고, 만들어 갈 역사적으로 가변적이고 관심이 필요한 것임도 상기시키면 좋을 것이다. 흡족하지 않은 대로 우선 '사회생태 기간망'이라는 말을 제안해 본다. 자연과 인간이 얽혀 늘 상호작용하는 가운데 하나하나 이루어진 연결이 전체를 떠받치는 사회생태 기간망이다. 이 사회생태 기간망은 이질적 구성원의 상호작용에 따라 무너지거나 유지될 수 있고, 사익의 제물이 되거나 공동체의 기반이 될 수 있다. 어느 약한 고리 하나가 무너지면 우리 일상의 뼈대가 흔들린다. 매일 아끼고 돌보지 않을 도리가 있을까.

지난 백여 년간 우리는 몹시도 어려운 일을 해냈다. 수도꼭지만 틀면 뜨거운 물, 차가운 물이 나오고, 스위치만 켜면 온 방이 환해지고, 훨씬 적은 힘으로 매일매일의 의식주를 해결하고, 지구 반대편의 벗과도 얼굴을 보며 이야기를 나눌 수 있는 세상을 만드는 일이었다. 하지만 그 해방은 모두에게 오지는 않았고 유무형 상품의 매끄러운 흐름으로 인한 혜택은 일부에게 천문학적 수익을 편중시켰다. 그 와중에 생산된 공기 중의 탄소, 토양과 바닷속의 각종 오염물이 지구의 기후를 바꾸고, 우리의 건강을 위협하고, 생태계를 뒤흔들며, 그 혜택에 소외되었던 다수에게도 비용을 전가한다. 돌봐 주지 않아도 늘 거기에 있을 줄 알았던 기반시설이 기후변화로 인한 각종 재난으로 주목을 받는 일을 흘려들을 수 없는 이유이다. 2003년 대정전으로 "제3세계" 기반시설이라는 비판에 직면했던 미국 의회는 2021년 1조 달러 규모의 기반시설 법안Infrastructure Bill을 통과시켰다.[53] 하지만 그 후로도 이어진 각종 사고는 기반시설의 곤경이 이런 한 차례 정책 결정으로 끝나지 않음을 잘 보여 준다. 모두의 공조와 관심이 지속되어야만, 기반시설이 모두의 곤경이 아닌 해방이 될 수 있다. 다행히 기반시설을 만들고 유지하는 따분한 일을 분석하는 데 여러 인문학 분야가 뛰어들었고, 인문학자의 일 같던 정치적 논의에 공학자들이 가세했다. 이것이 기반시설의 곤경 탓이라고

---

53 "Senate Passes $1 Trillion Infrastructure Bill, Handing Biden a Bipartisan Win," *New York Times*, 2021. 08. 10. https://www.nytimes.com/2021/08/10/us/politics/infrastructure-bill-passes.html (접속일 2024년 3월 23일)

생각하니 미안한 마음이지만, 어려움을 나누고 고민하는 일은 인문학의 본령이 된다. 기반시설을 둘러싼 사회생태적 과정의 복잡한 얽힘을 살펴면서 '성장', '진보', '근대'와 같은 거대한 말들이 가려 온 역사적 경험과 희망의 다양한 결을 살리는 작업은 물질적 전회의 최전선이 될 수 있고, 생태계의 일원일 뿐인 우리의 적절한 자리를 이 모든 어려움 속에서 찾아가는 일이다.

참고문헌

김기윤, 〈자연사로서의 환경사〉, 《코기토》 65, 2009.

김백영, 《지배와 공간 : 식민지도시 경성과 제국 일본》, 문학과지성, 2009.

김은성, 〈서론: 사회과학의 감각적, 물질적 전환〉, 《감각과 사물》 갈무리, 2022.

데이비드 에저턴, 《낡고 오래된 것들의 세계사 – 석탄, 자전거, 콘돔으로 보는 20세기 기술사》, 박민아 등 옮김, 휴머니스트, 2015.

리처드 화이트, 《자연 기계》, 이두갑 등 옮김, 이음, 2018.

브뤼노 라투르 등, 《인간 사물 동맹》, 홍성욱 편역, 이음, 2010.

여호규, 《시간이 놓친 역사, 공간으로 읽는다》, 푸른역사, 2003.

오선실, 〈압록강에 등장한 동양 최대의 발전소, 수풍댐과 동아시아 기술체계의 형성〉, 《인문사회과학연구》 21-1, 2020.

이정, 《장인과 닥나무가 함께 만든 역사, 조선의 과학기술사》, 푸른역사, 2023.

이희은, 〈5G 이동통신과 미디어 테크놀로지의 물질성: 인프라로서의 미디어 네트워크를 향한 탐색적 연구〉, 《문화와 정치》 6-2, 2019.

전성현, 《식민지 도시와 철도: 식민도시 부산의 철도와 식민성, 근대성, 그리고 지역성》, 선인, 2021.

토마스 휴즈, 〈거대 기술 시스템의 진화: 전등 및 전력 시스템을 중심으로〉, 위비 바이커 외, 《과학기술은 어떻게 사회적으로 구성되는가?》, 송성수 편역, 새물결, 1999.

프라센지트 두아라, 《민족으로부터 역사를 구출하기》, 문명기 외 옮김, 삼인, 2004.

황정아, 〈'물질적 전회'와 그에 대한 불만〉, 《개념과 소통》 29, 2022.

〈"'이것' 하지 않으면 시흥은 물바다" 감사원의 충격 보고서〉, 《OhmyNews》, 2024. 03. 20. https://omn.kr/27w5j (접속일 2024년 3월 20일)

〈전 세계 주요 교량 붕괴 사건·사고〉, 《한국경제》, 2024. 03. 26. https://www.hankyung.com/article/202403268414Y (접속일 2024년 4월 15일)

Appel, Hannah, Nikhil Anand and Akhil Gupta, "Introduction: Temporality, Politics, and the Promise of Infrastructure," *The Promise of Infrastructure*,

Durham: Duke University Press, 2018, pp. 1-38.

Arnold, David, "Europe, Technology, and Colonialism in the 20th Century," *History and Technology* 21, 2005, pp. 85-106.

Chachra, Deb, *How Infrastructure Works: Inside the Systems That Shape Our World*, New York: Riverhead Books, 2023.

Cronon, William, *Changes in the Land: Indians, Colonists, and the Ecology of New England*, New York: Hill and Wang, 1983 [2003].

Cronon, William, *Nature's Metropolis: Chicago and the Great West*, New York: W. W. Norton & Company, 1991.

Edgerton, David, "From Innovation to Use: Ten Eclectic Theses on the Historiography of Technology," *History and Technology* 16-2, 1999, pp. 111-36.

Edgerton, David, "Innovation, Technology, or History: What Is the Historiography of Technology About?" *Technology and Culture*, 51-3, 2010, pp. 680-97.

Furlong, Kathryn, "Small Technologies, Big Change: Rethinking Infrastructure through STS and Geography," *Progress in Human Geography* 35-4, 2011 pp. 460-482.

Graham, Stephen and Colin McFarlane eds., *Infrastructural Lives: Urban infrastructure in context*, New York: Taylor & Francis, 2014.

Graham, Stephen and Nigel Thrift, "Out of order: Understanding repair and maintenance," *Theory, Culture & Society* 24-3, 2007, pp. 1-25.

Headrick, Daniel R., *The Tools of Empire: Technology and European Imperialism in the Nineteenth Century*, New York: Oxford University Press, 1981.

Jasanoff, Sheila and Sang-Hyun Kim, "Containing the Atom: Sociotechnical Imaginaries and Nuclear Power in the United States and South Korea," *Minerva* 47-2, 2008, pp. 119-46.

Jeon, Chihyung, "A Road to Modernization and Unification: The Construction of the Gyeongbu Highway in South Korea," *Technology and Culture* 51, 2010, pp. 55-79.

Larkin, Brian, "The Politics and Poetics of Infrastructure," *Annual Review of Anthropology* 42, 2013, pp. 327-343.

McFarlane, Colin and Jonathan Rutherford, "Guest Editorial: Political Infrastructures −

Governing and Experiencing the Fabric of the City," *International Journal of Urban and Regional Research* 32-2, 2008, pp. 363-374.

Pieterse, Edgar, *City Futures: Confronting the Crisis of Urban Development*, London: Zed Books, 2008.

Star, Susan Leigh, "The Ethnography of Infrastructure," *American Behavioral Scientist* 43-3, 1999, pp. 377-391.

Vinsel, Lee and Andrew L. Russell, *The Innovation Delusion: How Our Obsession with the New Has Disrupted the Work That Matters Most*, New York: Currency, 2020.

Yang, Daqing, *Technology of Empire: Telecommunications and Japanese Expansion in Asia, 1883-1945*, Cambridge, Mass.: Harvard University Asia Center, 2010.

"Senate Passes $1 Trillion Infrastructure Bill, Handing Biden a Bipartisan Win," *New York Times*, 2021. 08. 10. https://www.nytimes.com/2021/08/10/us/politics/infrastructure-bill-passes.html (접속일 2024년 3월 23일)

느린 재난의 인프라

: 넝마주이와 연탄재가 떠받친 난지도 쓰레기 매립지

| 배상희 |

이 글은 《환경사회학연구》 제26권 2호(2022)에 게재된 원고를 수정 및 보완하여 재수록한 것이다.

인프라로서의 '쓰레기 산'

서울시 상암동에 위치한 난지도는 1978년부터 1993년까지 서울의 공식 쓰레기 매립장이었다. 15년간 서울시가 배출한 각종 생활쓰레기와 산업폐기물은 난지도에 켜켜이 누적되어 해발 약 98미터에 달하는 두 개의 거대한 '쓰레기 산'을 형성하기에 이르렀다.[1] 난지도 쓰레기 매립지(이하 난지도 매립지)는 쓰레기의 악취, 쓰레기 매립 시 일어나는 비산 먼지, 쓰레기를 찾아 몰려드는 모기, 파리와 더불어 마치 "소돔과 고모라" 같은 극적인 재난의 풍경을 연출했다.[2] 매립된 쓰레기가 부패하면서 방출되는 매립 가스LFG로 "쓰레기산 여기저기에서 뭉깃뭉깃 연기가 미어져 오르고 있"었으며,[3] 이러한 매립 가스의 폭발은 일 년에도 수십 차례 크고 작은 화재를 일으켰다.[4] 1990년대에 이르면 부패한 쓰레기의 부피가 감소함에 따라 쓰레기 산의 곳곳이 균열되어 무너져 내렸다. 난지도에서 환경 기준치를 훨씬 상회하는 엄청난 양의 오염된 침출수가 배출되어 한강을 오염시키고 있다는 연구 결과가 국정감사를 통해 알려지며 쓰레기 산의 재난은 과학자, 대중, 정부의 관심을 받게 됐다.[5]

---

[1] 서울특별시 월드컵공원관리사업소 환경보전과,《난지도 그 향기를 되찾다》, 2006, 7쪽.

[2] 정연희,《난지도》, 정음사, 1990.

[3] 정연희,《난지도》, 1990.

[4] 서울특별시 월드컵공원관리사업소 환경보전과,《난지도 그 향기를 되찾다》, 17쪽.

[5] 1993년 10월 7일 서울시가 국회에 제출한 국감자료에 의하면 당시 난지도 쓰레기 매립지 침출수의 생물화학적 산소요구량(BOD)은 환경기준치의 최고 3배, 화학적 산소요구량(COD)은 최고 34배를 초과했고, 시안(CN), 수은, 카드뮴과 같은 각종 중금속도 기준치를 초과하는 양이 검출됐다. 이동한,〈난지도 침출수 주변오염 '비상'〉,《조선일보》, 1993년 10월 8일자, 29면.

난지도의 재난이 자극적인 사진과 함께 미디어를 장식했음에도 서울시 정부는 "항구적인 대책이 추진되기 전까지는 뾰족한 수가 없다"며 "불구경"하듯 난지도의 상황을 방치했다.[6] 이러한 안일한 정부의 대응을 어떻게 설명할 수 있을까? 10년이 넘는 기간 동안 쓰레기 처리라는 도시의 가장 핵심적인 기능을 담당했던 공간이 어떻게 그처럼 무참히 방치될 수 있었을까? 방치와 무관심 속에서도 난지도 매립지가 계속해서 쓰레기 처리 인프라로 기능했다면, 어떻게 그런 일이 가능했을까?

난지도의 매립 종료 기한을 1993년으로 확정한 뒤 서울시 정부의 돌변한 태도는 더욱 많은 의문을 불러일으킨다. 정부는 드디어 쓰레기 산의 재난에 전면적으로 대응하겠다고 예고했다. 대응의 골자는 난지도가 야기하는 각종 환경문제들을 '과학기술'을 통해 해결하겠다는 것이었다.[7] 일례로, 1991년 2월 26일 서울시장 주재로 개최된 난지도 활용방안에 대한 자문회의에서는 난지도의 상황을 해결하기 위해 "쓰레기를 현 위치에서 안정화시키는 과학기술을 동원"해야 한다는 결론이 내려졌다. 과학기술은 "폐기물을 자원 개념으로 바꿔 놓"고, "사람이 들어가 생활할 수 있"는 공간으로 되살릴 수 있을 것이라고 기대됐다.[8] 정부의 이러한 적극적인 자세가 왜 이전에는 보이지 않았던 것일까? 난지도 매

---

6 이동한, 《조선일보》, 29면.

7 '과학기술'에 대한 상상은 해방 이후 남한의 발전민족주의적 비전을 추동해 왔다. Sang-Hyun Kim, "Science, Technology, and the Imaginaries of Development in South Korea," *Development and Society* 46-2, 2017, pp. 341-371. 1993년 대전 엑스포의 부제가 '자원의 효율적 이용과 재활용'이었다는 점에서 알 수 있듯이, 과학기술은 점차 산업화와 근대화로 인한 환경오염을 치유하고 보다 지속가능한 미래에 대한 비전을 제시하는 힘으로 상상됐다. 김하정, 〈대전엑스포를 통해 본 1990년대 초반 한국의 사회기술적 상상〉, 《과학기술학연구》 21-3, 2021, 66~97쪽.

8 서인경, 〈난지도 재개발 '과학적 처방' 제시〉, 《매일경제》, 1991년 2월 27일자, 17면.

립지를 복원하는 '과학기술'은 어떻게 갑자기 발명될 수 있었을까? 난지도에서 '과학기술'이 수행한 역할은 과연 무엇이었을까? 본 논문에서는 난지도 매립지를 미디어에 비춰진 '버려진 땅'이 아닌, 지속적인 유지·보수를 통해 관리됐던 도시 인프라로서 분석함으로써 이러한 물음들에 답하고자 한다.

인프라infrastructure 개념은 다양한 학문 분야에서 서로 다른 방식으로 활용되어 왔다. 이 글에서는 과학기술사회학자들이 탐구한 인프라의 특성을 중심으로 난지도에서의 매립 실행을 분석하고자 한다. 수전 레이 스타Susan Leigh Star는 인프라를 하나의 견고한 사물thing이 아닌 관계적 특성으로 파악했다. 인프라가 특정 인간이나 사물에 의해 결정되기보다는, 다양한 행위자들 사이의 관계가 변화하거나 안정화됨으로써 구성된다는 것이다.[9] 인프라를 관계적인 특성으로 이해하면, 그것이 눈에 띄지 않게 작동하고, 다른 구조나 사회적 배치 속에 깊이 뿌리박혀 있어 이들로부터 구분되지 않으며, 시스템이나 구성 요소가 고장 났을 때에만 비로소 가시화된다는 특징에 대해서 보다 자세히 분석할 수 있다.[10] 미셸 머피Michelle Murphy는 스타의 논의를 이어받아 인프라를 "인간과 비인간의 활동으로부터 출현하는 관계들을 구조화하는 배치arrangement"로 재정의하고, 이 개념을 환경문제의 시간성을 분석하는 데 활용할 것을 제안했다. 머피에 의하면 인프라라는 "건조 생태계built ecologies"의 "퇴적된 관계들"은 화학물질들이 장기간에 걸쳐 서서히 퍼져 나가며 환경과 인

9   Susan Leigh Star, and Karen Ruhleder, "Steps Towards an Ecology of Infrastructure," *Information Systems Research* 7-1, 1996, pp. 111-134.

10 Susan Leigh Star, "The Ethnography of Infrastructure," *American Behavioral Scientist* 43-3, 1999, pp. 377-389.

체에 영향을 미치게 한다.[11]

인프라의 지연된 시간성은 롭 닉슨Rob Nixon이 논한 '느린 폭력slow violence' 및 스콧 가브리엘 놀즈Scott Gabriel Knowles가 논한 '느린 재난slow disaster'의 작동에 맞닿아 있다. 느린 폭력과 느린 재난은 우리가 흔히 상상하는 폭발적이고 단발적인 폭력과 재난의 이미지와 달리 느리고 조용하게 진행되며, 그만큼 가시화하기 어렵다. 따라서 이러한 느린 폭력과 재난은 가난하고 힘없는 자들에게 집중된다.[12] 한국의 환경사회학자들 또한 재난의 시간성과 환경부정의의 연관성에 주목해 왔다. 박재묵은 삼성 허베이스피리트호 원유 유출 사고 이후 국가와 기업이 의도적으로 책임 이행을 미루면서 환경재난이 사회재난으로 확장됐음을 보였다.[13] 김도균은 같은 사고에 대해 주변 어촌 마을의 변화를 긴 시간 동안 추적함으로써 재난이 장기화되는 양상을 분석하여, 환경 피해가 마을 공동체의 재난 복원력을 약화하고 깊은 사회적 상흔을 남길 수 있음을 보여 주었다.[14] 이들의 연구는 폭발적인 재난이 느린 재난으로 변모해 가며 환경부정의가 심화되는 모습을 잘 보여 준다. 최근의 연구들은 느린 폭력과 느린 재난의 프레임을 적용해 환경부정의가 어떻게 법적 공방과 사회적 논의, 그리고 제도화를 통해 가시화될 수 있었는지 분석

---

[11] Murphy, M., "Chemical Infrastructures of the St Clair River," in *Toxicants, Health and Regulation since 1945*, edited by S. Boudia and N. Jas, London: Pickering & Chatto, 2013, pp. 103-115.

[12] Nixon, R., *Slow Violence and Environmentalism of the Poor*, Cambridge: Harvard University Press, 2011; Knowles, S. G., "Learning from Disaster?: The History of Technology and the Future of Disaster Research," *Technology and Culture* 55-4, 2014, pp. 773-784.

[13] 박재묵, 〈환경재난으로부터 사회재난으로: 허베이 스피리트호 기름유출사고에 대한 사회적 대응 분석〉, 《환경사회학연구 ECO》 12(1), 2008, 7~42쪽.

[14] 김도균, 〈환경재난의 장기적 사회영향: 허베이 스피리트호 기름유출사고 이후 7년의 시점에서 본 어촌마을〉, 《환경사회학연구 ECO》 19(1), 2015, 97~130쪽.

하기도 했다.[15] 본 연구는 환경재난의 지연된 시간성을 다양한 방식으로 드러내어 재난의 사회적 구성을 폭로한 선행 연구들을 이어받아, 난지도 매립지의 재난의 풍경이 지닌 시간성을 탐구하고자 한다.

동시에 이 글은 환경재난의 원인을 행위 주체인 특정 개인, 기업, 국가에게 돌리기보다, 여러 행위자들의 관계 속에서 재난이 새롭게 출현하거나 사라지는 모습, 또는 가시화되거나 비가시화되는 모습을 드러내고자 한다. 이는 책임 소지를 불분명하게 만들어 문제의 해결을 어렵게 만들려는 의도가 아니라, 오히려 책임 소지가 분명함에도 불구하고 왜 우리가 그것을 미리 인지하지 못하고 재난이 일어나기 전에 대응하지 못하는지 묻는 시도이다. 난지도를 인프라로 바라보고 그 형성 과정을 추적하는 작업은 매립 실행이 어떠한 물질적·사회적 관계들의 특정한 배치 속에서 일상화되고, 문제시되는 데 실패하는지를 드러낼 것이다.

먼저, 이 논문은 매립지의 주요 구성 요소인 연탄재 쓰레기와 매립지에서 활동한 가장 활발한 인간 행위자인 넝마주이 사이의 관계를 다룬다. 연탄재와 넝마주이를 행위자이자 매립지의 구성 요소로서 같은 선상에 위치시키고 이들의 관계를 분석하는 것은, 인프라의 물질적 특성을 강조하기 위함일 뿐만 아니라 인간 노동의 역할을 새롭게 조명하기 위함이기도 하다. 인류학자 로절린드 프레더릭스Rosalind Fredericks는 세네갈의 쓰레기 처리 시스템 속 '인프라로서의 인간people as infrastructure'에 주목함으로써 인간 노동이 물적 조건에 제한을 받는 동시에 인프라의 필수불가결한 구성 요소로서 정치적 권력에 맞선 조직화와 투쟁을

---

15 김주희·이두갑, 〈법정에 선 대기오염의 '화학적 인프라': 서울 대기오염 소송(2007~2014)을 중심으로〉, 《환경사회학연구 ECO》24(2), 2020, 129~169쪽; 강연실·김지원·박진영, 〈환경보건재난의 사회적 구성: 석면과 가습기살균제 피해를 중심으로〉, 《환경사회학연구 ECO》25(2), 2021, 125~172쪽.

가능하게 해 준다는 점을 역설했다. 난지도의 사례에서 특히 중요한 것은 폐기물 처리 인프라를 통해 행사되는 국가의 통치성이 "노동에 인프라를 전가"함으로써, "특정 지역과 노동하는 몸에 보이지 않는 낙인과 질병의 짐을 지운다"는 것이다.[16]

넝마주이와 연탄재의 관계는 두 행위자 외에도 다양한 행위자가 관여하는 더 넓은 관계망 속에 위치해 있기 때문에 유지될 수 있었다. 본 글에서는 이러한 연결 중 특히 국가와 과학기술의 관계에 주목한다. 해방 이후 남한의 권력자들은 과학기술을 통한 국가 발전이라는 수사를 되풀이해 왔으며, 발전의 부산물로 여겨지는 환경문제에 대해서도 과학기술의 힘이 유효할 것이라고 믿었다. 이 글에서는 매립 진행 중, 그리고 매립 종료 이후 공학자들이 정부에 제출한 매립지에 대한 기술 계획 보고서를 비교 분석해 과학기술적 전문성과 국가의 통치 기술 사이의 관계가 어떻게 넝마주이와 연탄재의 실행에 중첩됐는지 살펴본다. 특히 매립 시기와 매립 종료 이후 (비)위생 매립지라는 전문용어의 용례가 미묘하게 전환됨을 보임으로써 기술적 해결책이 지닌 가능성이 어떻게 인프라의 다른 관계들에 의해 전유되는지 보이고자 한다.

일상적인 동시에 재난적인 매립 실행을 틀 짓는 또 하나의 관계는 도시와 농촌의 관계이다. 환경사학자 윌리엄 크로논William Cronon은 미국 도시 시카고의 역사를 그 주변 농촌들의 역사와 함께 살펴봄으로써 도시 환경의 변화가 언제나 농촌 환경의 변화를 수반한다는 것을 밝혔다.[17] 마찬가지로 서울 도심의 개발 압력은 난지도의 느린 재난의 인프

---

16 Rosalind Fredericks, *Garbage Citizenship: Vital Infrastructures of Labor in Dakar*, Senegal, Duke University Press, 2018, p. 4.

17 William Cronon, *Nature's Metropolis: Chicago and the Great West*, W. W. Norton & Company, 1992.

라가 멈추지 않고 작동하게 만드는 폭력적인 힘이었으며, 도농 사이의 불균등한 교환 관계[18]는 서울 도심과 난지도의 관계를 서울과 수도권의 관계로 확장시키며 지속됐다.

여기서 제시한 세 가지 관계는 대표적인 예시일 뿐, 인프라의 구조를 모두 설명해 주지는 못한다. 각각의 인프라의 구성 요소는 예상하지 못한 방향으로 다른 관계들에 영향을 끼쳤다. 예를 들어 난지도 매립지를 위생 매립지로 계획하거나 비위생 매립지로 재규정하는 공학자들의 실행과 매립지를 다지는 넝마주이의 실행은 서울 외부 지역에 난지도를 대체할 새로운 매립 부지를 확보할 가능성에 따라 좌우됐다. 본 논문은 여러 인간 및 비인간 관계들이 중첩되는 과정을 난지도 쓰레기 매립지라는 인프라가 형성되는 시간 순서대로 따라가며 그릴 것이다. 난지도의 사례는 인프라의 유지·보수 기술이 실패할 때뿐만 아니라 성공할 때에도 인프라의 취약성을 증가시킬 수 있음을 보여 준다. 난지도 매립지는 위태롭고 불안정한 관계들의 특수한 배치를 통해 일상적으로 재난을 끊임없이 생산해 냄으로써 그러한 재난을 정상적인 것으로 만들어 버리는 '느린 재난의 인프라'였다.

난지도 매립지에 대한 기술적인 계획을 살펴보기 위해 이 논문에서 주로 참고한 사료는 서울시 시정부에 제출된 건설사나 연구소의 용역 보고서이다. 입체 위생 매립 기술 계획에 대한 분석은 서울시립대학 산하 수도권개발연구소에서 출간한 연구보고서를 주로 참고했으며, 안정화 공사 계획에 대한 자료로는 서울시가 건설사에 용역 발주한 보고서들과 그 밖에 공학자들이 독자적으로 연구한 결과보고서들을 참고했다.

18 　김성조, 〈1970년대 농촌주택개량사업의 전개〉,《역사와 실학》64, 2017, 261~295쪽.

실제로 이뤄진 넝마주이들의 실행을 좀 더 구체적으로 파악하기 위해서는 넝마주이들과 직접적으로 상호작용하여 쓰인 결과물인 인류학자들의 연구와 르포 소설을 참조했다. 이 문헌들은 모두 1980년대에 출판된 것들로, 난지도가 미디어의 집중적인 조명을 받기 시작한 1990년대 이전부터 이미 느린 재난이 진행 중이었음을 보여 주는 자료이기도 하다.[19] 본 연구에서는 이 문헌들을 교차 점검하여 넝마주이들의 일상적인 노동이 인프라를 유지하는 데 기여한 역할을 분석하고자 했다. 신문 기사와 국회 회의록, 지방의회 회의록과 행정감사 자료는 난지도 매립지와 연탄재, 넝마주이가 수행하는 역할과 이들이 야기하는 문제에 대한 관료, 정치인, 그리고 서울 시민 일반의 인식을 엿볼 수 있는 자료였다.

난지도 쓰레기 매립지와 '쓰레기 문제'의 탄생

난지도는 본래 한강 안에 위치한 섬으로 서울 시민들이 즐겨 찾는 도시 외곽의 휴양지였다. 다른 한편 난지도는 장마철 수해가 극심한 상습 침수구역으로, "근대화 속의 낙도落島"로 묘사되기도 했다.[20] 서울의 인구밀도가 급증하면서 서울시 내부에 유휴 토지 면적이 턱없이 부족해

---

19 80년대의 기록은 90년대 매립지가 폐쇄되는 과정에서 삶의 터전을 잃은 넝마주이들이 겪은 변화를 반영하지 못한다는 점에서 매립지에서 넝마주이들의 총체적인 경험을 모두 그리기에는 충분하지 못한 자료이다. 본 글과 기존 사료의 한계를 극복하기 위해서는 넝마주이들의 실행을 단순 기술하는 것을 넘어서서, 그들에 의해 체험되고 체현된 기억, 매립지 폐쇄 이후 새롭게 재구성된 기억을 아우르는 추가적인 연구가 필요하다.

20 〈서울의 나루터 "근대화" 속의 낙도들 ① 난지도〉, 《경향신문》, 1969년 8월 15일자.

지자 난지도에 대한 다양한 개발안이 등장하기 시작했다.[21] 그러나 난지도 땅을 자원화하기 위해서는 먼저 난지도 토지를 상습 침수로부터 보호해야 했다. 1969년 서울시는 난지도를 여의도와 같이 매립해 택지로 조성할 계획을 세웠다.[22] 서울시장 김현옥은 한강변 매립을 금지하고 난지도를 수몰지역으로 선정하여 주민들을 이주시키고, 난지도 주변에 높이 7미터의 제방을 쌓기로 결정했다. 이러한 계획은 서울시장 구자춘의 재임 시기인 1977년에 새마을노임소득사업의 일환으로 실현됐고, 70여만 명의 "영세민"이 동원돼 난지도에서 행주산성에 이르는 4킬로미터의 제방을 건설했다.

제방이 준공된 직후인 1977년 7월 25일, 서울시는 제방 내의 토지를 근교농원으로 활용하겠다고 고시했으나,[23] 불과 9일 뒤 시는 계획을 번복하여 난지도를 쓰레기 처분장으로 고시하고 이전까지 농경지로 사용되던 토지를 연차적으로 매입할 계획을 발표했다.[24] 시가 이처럼 급격하게 토지 용도를 전환했다는 점과 당시 서울시 시정부가 늘어나는 도시쓰레기를 처리하기 위한 대규모 매립지를 물색하고 있던 점으로 미루어 보아 난지도 제방은 처음부터 쓰레기 매립지의 기반으로서 마련됐다고 추측할 수 있다. 또한 6개월 전인 1977년 1월 1일 《매일경제》는 이미 난지도에 "서울 시내에서 배출되는 쓰레기를 매립하기로 했다"는 서울시의 계획을 보도한 바 있었다.[25] 서울시는 7미터 높이의 제방 안쪽

---

21 〈한강 하류에 댐 건설〉,《경향신문》, 1974년 2월 5일자; 〈서민 주택난 해결은 이렇게〉,《경향신문》, 1974년 11월 29일자.
22 〈한강 3백만평 매립〉,《경향신문》, 1969년 3월 13일자.
23 〈난지도를 농원으로 활용〉,《매일경제》, 1977년 7월 26일자.
24 〈제방축조 끝낸 난지도 쓰레기처분장 고시〉,《경향신문》, 1977년 8월 3일자.
25 〈신시가지 건설 난지도 28만평 매립〉,《매일경제》, 1977년 1월 1일자.

에 발생한 공간이 2천 3백만 톤의 쓰레기로 채워질 수 있을 것이라고 추산했다. 당시 서울시의 하루 쓰레기 배출량이 7천~1만 4천 톤이라는 점에 기반해 약 6년간 서울시에서 배출되는 쓰레기를 수용할 수 있으리라는 계산이 나왔다.[26]

난지도가 쓰레기 매립지로 지정된 이후에도 서울시는 계속해서 난지도에 대한 개발안을 발표했다. 난지도를 체육시설이나 공원 부지, 심지어는 아파트 부지로 활용할 계획안에는 쓰레기 매립이 종료된 이후 토지 사용이 제한될 수 있으리라는 계산이 포함되어 있지 않은 것으로 보인다.[27] 이는 당시 정부와 토건업자들이 도시에서 배출되는 쓰레기를 토건 사업, 특히 서울시의 면적을 확장시키는 공유수면매립을 위한 자원으로 인식했다는 점과 관련이 있다. 1962년 「공유수면매립법」이 제정되고 한강변을 매립해 택지를 조성하는 사업이 대대적으로 시행되면서 건설 현장에 활용되는 성토용 흙이 부족해지자, 쓰레기가 종종 흙의 대체재로 사용됐다. 서울시는 난지도에 앞서 저지대인 잠실섬, 구의동, 상계동, 월계동 일대를 소규모 쓰레기 처리장으로 지정해 서울시의 쓰레기를 매립해 왔고, 이렇게 형성된 지반이 안정화되기를 기다려 아파트 부지로 활용했다.[28] 이처럼 1960년대와 1970년대 중반까지 서울시에서 이뤄진 쓰레기 매립은 개발 가능한 새로운 지대의 조성과 쓰레기의 처분이라는 일석이조의 효과를 가진 사업이었다. 즉, 쓰레기의 매립은 도

---

26 〈쓰레기 매립지로 난지도를 지정〉, 《동아일보》, 1977년 8월 3일자.

27 〈가까워진 도심… 침체 벗는 강서 성산대교 개통… 달라진 70만 주거 환경〉, 《동아일보》, 1980년 7월 2일자; 〈한강 연안 위락 · 관광 지구로〉, 《경향신문》, 1983년 6월 29일자; 〈서울시 2개 계획안 마련, 2000년 서울 3~4핵으로 개발〉, 《경향신문》, 1984년 7월 30일자; 〈상암동에 새 시가 검토〉, 《경향신문》, 1985년 1월 29일자.

28 〈구의 매립지 84년에 매각〉, 《매일경제》, 1982년 9월 30일자; 손정목, 《서울 도시계획 이야기 3》, 한울, 2014.

시의 인구가 증가함에 따라 좁아진 공간으로부터 불필요한 쓰레기를 비워 내고, 이 쓰레기를 재활용해 새로운 공간을 창조하는 공간 확장의 기술이었다. 저지대인 난지도를 쓰레기로 매립하는 기술은 서울시의 택지 조성 사업의 연장선상에 있었던 것이다.

쓰레기가 서울시의 지반 건설을 위한 자원으로 활용될 수 있었던 이유는 쓰레기가 가져올 수 있는 환경오염 피해에 대한 무지나 남다른 절약 정신보다는 당시 생활쓰레기의 구성 성분과 관련이 있다. 1977년 서울시 쓰레기 문제의 실태를 조사한 서울특별시 토목시험소의 연구에서 비가연성 쓰레기는 81.75퍼센트, 가연성 쓰레기는 18.25퍼센트로, 그중 연탄재 및 흙 종류가 79.26퍼센트로 파악됐다.[29] "서울의 쓰레기 문제는 다른 나라 대도시들이 갖고 있지 않는 비가연성 연탄재까지 처리해야 하는 만큼 다른 도시의 청소행정과 비교 연구할 수가 없"기 때문에 더욱 심각하게 여겨졌다.[30] 대부분의 행정가와 공학자들 또한 연탄재의 양에 주목하여 쓰레기 배출 현황을 파악하고 대책을 세우려고 노력했다. 예를 들어 1980년 서울대학교 환경대학원의 '쓰레기 처리 문제에 대한 대책 연구'는 연탄재 배출량을 소득수준별로 집계해 비교하며 쓰레기가 주로 저소득층과 중소득층 가구에서 배출됨을 밝혔다.[31]

서울시 정부가 난지도를 공식적인 쓰레기 처리장으로 고시한 사건은 이전까지의 택지 조성 사업과 쓰레기 처리 정책의 전환을 예고하는 것이기도 했다. 이전까지 쓰레기로 매립된 저지대는 상대적으로 좁은 지역

29 서울특별시 토목시험소, 〈서울시의 진개분류와 처리이용방안 조사보고서〉, 1977.

30 정운성, 〈쓰레기, 버려진 공해… 대책은 없나: ① 난제는 '산더미'처럼〉, 《조선일보》, 1978년 3월 21일자, 6면.

31 임강원·박서호, 〈서울시 쓰레기 처리문제와 그 대책에 관한 연구〉, 《환경논총》 7, 1980, 98~112쪽.

이었던 반면, 난지도 매립지는 처음부터 87만 8천 평에 달하는 넓은 지역으로 계획됐다. 소규모의 행정구역별로 쓰레기를 수거하여 직접 처리하는 방법에서 서울시의 쓰레기를 모두 수거하여 한 번에 처리하는 방법으로의 전환을 꾀한 것이다. 이는 서울의 저지대가 대부분 매립되어 공유수면매립을 통한 용지 확보가 한계에 부딪혔다는 점과, 대규모 유휴지를 발굴하여 오랜 기간 동안 쓰레기를 매립하는 방법이, 매번 하나의 소규모 매립 장소가 포화될 때마다 새로운 매립지를 물색하는 방법보다 훨씬 효율적이라고 생각한 정책결정자들의 계산이 맞물린 결과였다.

환경청이 좀 더 넓은 차원에서 전국적으로 발생하는 쓰레기 문제를 해결하기 위해 전 국토에 권역별로 대단위 매립지를 조성하는 쓰레기 매립지 광역화 방안을 제시한 것은 이러한 변화가 전 국가에 걸쳐 적용되는 정책적 전향이었음을 보여 준다.[32] 환경청은 이 계획을 이행하기 위한 첫 단계로 먼저 서울시의 쓰레기를 수용할 경인지구 매립지를 조성하기로 하고 타당성 조사를 거쳐 1986년까지 매립지를 마련하겠다고 발표했다.[33] "지난날 영동, 잠실, 구의 지구 등 구획정리지구의 저지대

32 난지도 매립지는 서울시의 관할하에 있었으나 전국적인 쓰레기 처리 시스템의 구축과 정비는 환경청 소관의 업무였다. 환경청은 공해문제를 전문적이고 종합적으로 전담할 부서로 1980년 1월 1일 발족했으며 1990년 1월 2일 환경처로 승격됐다.

33 정원욱과 김숙진은 수도권 매립지 입지 선정 과정을 분석하며 1980~1987년을 공유수면 매립 시기로, 1987~1992년을 수도권 매립지 입지선정기로 구분하고 있다. 이들은 1986년 이후 서울시가 환경청에 수도권의 쓰레기 문제를 해결해 줄 것을 요청함으로써 서울시와 환경청 사이에 "연대의 네트워크"가 형성됐다고 설명하며, 이때 환경청은 매립지 입지 선정 문제를 서울시만의 문제가 아닌 수도권 전체의 문제로 담론화함으로써 이전까지 농지 확충을 목표로 공유수면매립이 일어났던 김포매립지를 쓰레기 매립지로 선정할 수 있었다고 주장한다(정원욱 · 김숙진,〈수도권매립지 입지갈등의 전개〉,《대한지리학회지》51-4, 2016). 그러나 난지도의 대체매립부지를 김포에 조성한다는 환경청의 계획은 1987년 이전부터 등장했는데, 이는 정부가 보다 이른 시기에 이미 공유수면매립을 통해 형성된 김포 지역의 토지를 쓰레기 매립지로 활용하는 방안을 염두에 두었음을 시사한다. 〈쓰

를 메워 택지를 조성할 때는 쓰레기가 융숭한(?) 대접을 받아 왔으나"[34] 1978년 이러한 공유수면매립이 끝나고 대규모의 난지도 매립지가 설치되자 비로소 쓰레기는 서울시의 주요한 도시문제로 부상했다. 환경오염을 불러일으키는 공해문제로서 쓰레기의 성격도 조명을 받기 시작했으나, '쓰레기 비상' 사태의 절박함은 무엇보다도 서울시에 쓰레기를 매립할 공간이 부족한 데서 기인했다. 서울시의 개발이 지속되기 위해서는 도시 외곽으로 개발의 부산물이 여과되어야 했다. 도시의 쓰레기 수거 시스템이 정비될수록 난지도의 풍경은 더욱 빠른 속도로 변해 갔다.

입체 위생 매립 기술과
쓰레기 산의 형성

입체 매립을 위한 위생 매립 기술의 재발견

난지도의 예정된 매립 종료 시점을 이미 넘어선 1985년에 서울시 시정부는 비상 대책으로 난지도를 "쓰레기 동산"으로 만든다는 해법을 내놓았다. 쓰레기 동산은 이전과 다른 진보한 쓰레기 매립 기술에 의해 만들어질 수 있었다. 새로운 매립 방식과 기준은 서울시가 서울시립대학교 부설 수도권개발연구소에 발주한 연구프로젝트를 통해 도출한 결과로 이는 1985년 〈서울시 난지도 폐기물 입체위생매립사업 기본계획보

레기로 바다 메운다〉, 《경향신문》, 1982년 8월 18일자; 〈인천시 백성동 김해 생림면 일대에 쓰레기 처리장 조성〉, 《매일경제》, 1984년 5월 1일자.

34 〈서울의 오염현장 ⟨3⟩ 쓰레기 매립장 난지도〉, 《동아일보》, 1979년 5월 19일자.

고서〉(이하 〈입체 위생 매립 보고서〉)로 서울시에 제출됐다.[35] 연구는 쓰레기 매립 기술, 매립지의 사후 관리 방법, 매립지의 사후 이용 방법 등을 담고 있었으며, 연구단은 연구책임자인 서울시립대학 환경공학과 교수 유명진을 포함해 서울시립대학교 환경공학과 교수인 김덕찬·김신도·안승구, 조경학과 교수 이경재와 이규목, 한양대학교 생물학과 교수 유광일, 인하대학교 환경공학과 교수 조광명, 그리고 유신설계공사의 윤호노와 나영일 등 총 11명으로 구성됐다.[36] 보고서의 제목에서 알 수 있듯이, 연구자들은 "입체위생매립立體衛生埋立"이라는 새로운 매립 기술을 통해 매립지의 수명을 연장할 수 있을 것이라는 해답을 내놓았다.

'입체 위생 매립'은 '입체 매립'과 '위생 매립'의 합성어로, 두 가지 다른 기술을 결합한 새로운 매립 기술을 의미한다기보다는 위생 매립 기술을 통해 쓰레기를 입체적으로 매립할 수 있음을 강조한 표현이었다. 수도권개발연구소는 난지도 제방 높이까지 쓰레기를 쌓는다는 계획 아래 진행되어 온 이전까지의 매립을 "평면매립"으로 규정했다. 평면매립이 매립을 통해 택지를 조성하는 서울시의 구획정리사업의 일환으로 이해될 수 있었다면, 새롭게 제안된 입체 위생 매립은 주변 지역의 고도를 넘어서 쓰레기를 매립해, "입체적"인 형태의 새로운 지형의 창조를

---

35 수도권개발연구소는 1976년 2월 10일 공포된 〈서울특별시규칙〉 제1554호에 의하여 설립됐다. 당시 수도권개발연구소는 수도권의 종합적인 개발을 계획하고 대도시화에 따른 도시민의 생활 환경을 조사하고 연구하는 목적으로 설립됐으며, 이를 위해 서울특별시 및 다른 공공기관에서 위탁하는 연구 사업을 수행하는 임무가 맡겨졌다. 서울특별시, 〈시보〉, 제539호, 1976. 02. 10. 1998년 수도권개발연구소는 〈서울특별시규칙〉 제2916호에 의해 서울시립대학교 부설 도시방재연구센터, 환경공학연구센터와 함께 도시과학연구원으로 통합됐다. 서울특별시, 〈시보〉 제2113호, 1998. 04. 25.

36 서울특별시 청소과, 〈서울시 난지도 폐기물 입체매립사업 기본계획보고서〉.

예고했다.[37] 이러한 작업은 매립지 표면에 건축물을 세우는 이전까지의 매립지 활용 방식을 그대로 적용할 수 없는, 따라서 이전까지와 같이 매립 이후 추가적인 수익 창출을 꾀하기 어려운 땅으로 매립지를 변형시킨다는 것을 의미했다.

그렇다면 이러한 입체적인 쓰레기 동산을 건설하기 위해 필요했던 '위생 매립' 기술이란 어떤 것이었을까? 연구원들은 매립지 건설 및 관리 기술에 대한 미국과 일본의 연구 논문과 매뉴얼을 분석하여 위생 매립지라는 선진적인 기술을 발견했다.[38] 위생 매립지란 미국에서 쓰레기 매립지를 가리키는 용어인 "sanitary landfill"을 번역한 표현으로, "폐기물을 공학적 이론을 이용하여 위생상 해를 끼치지 않도록 압축 축소하여 흙을 덮어 매립 처리하는 방법"을 일컬었다.[39] 미국의 일부 위생 매립지에서는 위생 처리를 더 확실히 하기 위해 흙을 덮은 뒤 그 위에 추가적으로 소독제를 살포하기도 했으나, 그러한 추가적인 처리가 위생 매립지의 필수 요건은 아니었다.

미국에서 위생 매립지는 쓰레기를 해안가나 공터에 투기하여 처리하던 개방 적치Open-dumping 방법을 대체할 획기적인 기술로서 위생공학자들에 의해 처음 개발됐다. 위생 매립지는 이전의 쓰레기 처리 실행이 야기한 위생상의 문제를 해결해 주었을 뿐만 아니라[40] 새로운 간척지를 개

37　'입체'와 '평면'이라는 표현은 도시계획가들이 도시나 건축물의 구조를 설명하기 위해 사용하는 용어이다. 입체적 도시계획은 한정된 도시의 토지자원을 효율적으로 이용하기 위해 설정된 건설 패러다임을 가리킨다. 서울역사편찬원,《서울 2천년사: 현대 서울의 도시건설》, 2016.

38　보고서의 참고문헌으로 24건의 일본 문헌과 38건의 미국 문헌이 기재됐지만, 보고서 전반에 걸쳐 인용된 문헌은 대부분 미국의 문헌이었다.

39　서울특별시 청소과,〈서울시 난지도 폐기물 입체매립사업 기본계획보고서〉, 55쪽.

40　대표적인 위생 문제로 악취, 먼지, 해충의 발생을 들 수 있다. 즉, 미국의 위생공학자들이

발할 수 있는 방법으로도 주목받았다. 위생 매립지는 점차 미국 전역으로 확산되면서 1950년대에서 1960년대에 이르기까지 가장 경제적인 쓰레기 처리 기술로 각광받았다. 그러나 위생 매립지로부터 침출수와 매립 가스가 발생하며 주변 환경을 오염시킨다는 사실이 널리 알려지면서 위생 매립지가 진정으로 위생적인지를 두고 논란이 끊이지 않았다. 특히 1970년대에는 독성폐기물 매립지인 러브 카날Love Canal의 재난이 지역 주민들에 의해 효과적으로 정치화되면서 매립 방식의 위험은 위생공학자들뿐만 아니라 대중들에게도 깊은 인상을 남겼고, 이후 매립지를 둘러싼 지역 환경운동이 활성화되는 기폭제가 됐다. 이에 더해 기하급수적으로 증가하는 쓰레기 발생량에 비해 매립지로 사용할 수 있는 부지가 턱없이 부족하다는 문제에 부딪히면서 위생 매립지가 쓰레기 문제의 근본적인 해결책이라는 믿음에 균열이 가기 시작했다.[41] 이후 미국의 위생공학자들은 위생 매립지의 단점을 보완하기 위한 새로운 기술을 개발하거나 매립이 아닌 다른 쓰레기 처리 기술을 모색했다.

이처럼 위생 매립지 기술은 미국에서 이미 실패한 기술로 평가받기 시작했으나 한국에서는 최신의 선진 기술로서 소개됐다. 쓰레기 사이사이에 흙을 덮는 미국의 위생 매립지는 이전까지 난지도에서 이뤄졌던 "투기Open dump 방식"과 달리 "쓰레기층 위에 쓰레기를 쌓는 다층매립"을 가능하게 해 주었다.[42] 즉, 위생 매립지에서 흙과 쓰레기를 번갈아 가며

처음 위생 매립지를 개발할 때는 오늘날 매립 기술의 대표적인 '환경문제'로 인식되는 침출수나 매립 가스를 해결하기 위한 것이 아니었다.

41 미국의 위생 매립지 기술의 역사에 대해서는 Martin V. Melosi, *Garbage in the Cities: Refuse, Reform and the Environment*, Pittsburgh: University of Pittsburgh Press, 2005; Martin V. Melosi, *The Sanitary City*, Pittsburgh: University of Pittsburgh Press, 2008 참조.

42 서울특별시 청소과, 〈서울시 난지도 폐기물 입체매립사업 기본계획보고서〉, 60쪽

| 그림 1 | 미국의 지역식 위생 매립법

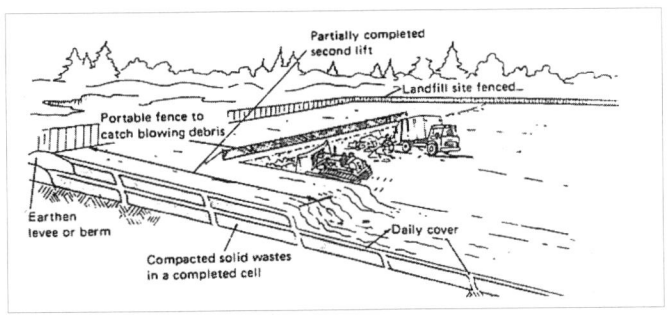

미국의 위생 매립지에서 쓰이는 기술에 대한 이해를 돕기 위해 〈서울시 난지도 폐기물 입체
위생매립시행 기본계획보고서〉에 실린 그림 자료.
※ 출처: 서울특별시 청소과, 〈서울시 난지도 폐기물 입체매립사업 기본계획보고서〉, 1985.

도포하는 기술은 난지도에서 쓰레기를 높이 쌓아올리는 입체 매립을
위한 기술로 활용될 수 있었다. 위생 매립의 몇 가지 종류 중에서도 "지
역식 위생 매립법Area method"은 매립지 외부에서 흙을 수급해 덮는 방
식으로 다양한 지형에 적용할 수 있어 난지도 매립지에 바로 적용할 수
있는 기술로 선정됐다(그림 1).[43] 수도권개발연구소는 위생 매립을 통해
해발 60~70미터까지 쓰레기를 매립해 난지도의 수명을 10년 정도 연
장할 수 있다고 계산했다. 뿐만 아니라 쓰레기 성분 중 "가연성 물질을
소각 처리한다면 2000년까지 수명이 연장될 수 있을 것"이었다.[44] 미국
에서 쓰레기장의 위생 문제를 해결하기 위해 발명된 매립 기술이 매립

---

43 이와 달리 "도랑식 위생 매립법trench method"은 평지나 완만한 경사지에서 흙을 파내 도
랑을 만들고 그 안에 쓰레기를 매립하는 방식으로, 파내어진 흙은 도랑 주변에 쌓아 놓고
쓰레기 매립이 끝나면 쓰레기를 덮는 용도로 사용하는 방법이었다. 서울특별시 청소과,
〈서울시 난지도 폐기물 입체매립사업 기본계획보고서〉, 55~56쪽.

44 서울특별시 청소과, 〈서울시 난지도 폐기물 입체매립사업 기본계획보고서〉, 67쪽.

지 수명을 연장할 수 있는 새로운 기술로 재탄생한 것이었다.

수도권개발연구소가 참고한 미국 환경보호청의 보고서들은 위생 매립지에서 발생하는 침출수와 매립 가스를 관리하기 위해 침출수 집수관과 매립 가스 포집정 등의 장치를 설비하는 방안을 담고 있었다. 이에 따라 〈입체 위생 매립 보고서〉에도 이러한 설비를 설치할 계획이 포함됐다. 그러나 이러한 계획이 당시 매립지에서 발생하고 있던 매립 가스와 침출수의 심각성에 대한 인식을 바탕으로 이뤄졌다고 보기는 어렵다. 입체 위생 매립 기술의 설계에서는 주변 지역의 환경오염을 방지한다는 목표보다는 매립지 수명의 연장이라는 목표가 좀 더 중요했다.[45]

필수적으로 달성해야 할 하나의 거대한 목표가 있었기에 공학자들은 위생 매립지가 야기할 수 있는 모든 문제를 고려하기보다는 계획의 실현 가능성에 집중했다. 미국 환경보호청EPA 보고서에서는 위생 매립지를 위한 안정적인 지반이 필요하다는 사실이 강조됐다. 수도권개발연구소는 난지도 일대의 지반이 입체 위생 매립에 적합한지 알아보기 위해 수행한 지반 조사에서 매립지 부지 지반의 충적층이 모래와 자갈로 이

---

45 〈입체 위생 매립 보고서〉는 매립이라는 기술의 문제 중 매립장 부지 확보 문제는 언급했지만, 위생 매립지가 야기하는 환경오염 문제에 대해서는 상술하지 않았다. 보고서는 위생 매립을 당시 미국에서 "가장 많이 사용되고 있는 방법"이라고 설명했다. 서울특별시 청소과, 〈서울시 난지도 폐기물 입체매립사업 기본계획보고서〉, 55쪽. 위생 매립 기술은 미국과 같은 선진국에서 이미 공인된 신뢰할 수 있는 "폐기물의 최종 처리 방법"이었던 것이다. 수도권개발연구소가 위생 매립이라는 기술에서 발견한 유일한 단점은 위생 매립이 투기보다 발전된 기술임이 분명함에도 일반인이 육안으로 이 둘을 구분하기는 어렵기 때문에 "위생 매립을 투기open dump와 같이 생각하여 비롯되는 주민의 반발 등이 야기"될 수 있다는 점이었다. 따라서 투기와 달리 "위생 매립에서는 환경위생에 대한 방지 대책이 포함된다는 것을 주민들에게 인식시켜" 오해를 불식할 필요가 있었다. 즉, 수도권개발연구소의 공학자들은 위생 매립지를 첨단의 기술로 인식하고 있었고, 같은 시기 미국에서 발견된 위생 매립지의 문제에 대해서 알지 못했거나, 알고 있더라도 이를 부각하지 않으려고 했다. 서울특별시 청소과, 〈서울시 난지도 폐기물 입체매립사업 기본계획보고서〉, 63쪽.

루어졌음을 발견했고, 이러한 지반이 매립 종료 뒤 쓰레기 산 상부에 건축물을 세우는 것을 어렵게 만들어 매립지의 사후 이용에 제한을 가했지만 쓰레기 매립이라는 용도에는 적합하다는 판정을 내렸다.[46] 연구자들이 참고한 미국의 보고서들은 자갈과 모래로 이뤄진 지반이 쓰레기에서 배출되는 침출수를 외부로 쉽게 유출시켜 매립지 부지로서는 부적합하다고 명시하고 있었으나, 수도권개발연구소는 매립지의 지반 조사 결과를 쓰레기와 환경 사이의 관계와 연관 짓지 못했다.[47] 수도권개발연구소의 연구에서 쓰레기 매립지의 사용 연한을 연장하는 문제는 난지도에서 배출되는 침출수가 한강 등 주변 환경을 오염시킬 수 있다는 문제보다 우선적으로 해결돼야 할 국가적 과제였던 것이다.

입체 위생 매립 기술을 위한 자원의 발견

공학자들의 발견은 위생 매립지의 새로운 용도에 그치지 않았다. 이들은 미국의 위생 매립 기술을 난지도의 조건에 맞게 가장 효율적으로 적용할 방안을 연구했다. 난지도 매립지의 수명을 10년 이상 연장할 수 있으리라는 수도권개발연구소의 결론은 난지도 매립지의 특징에 대한 공학자들의 이해를 바탕으로 추산된 것이었다. "모든 매립지에 잘 부합되는 최선의 위생 매립법이 없으므로 해당 지역의 물리적 조건과 폐기물의 양 및 특성에 따라 매립장의 건설 방법과 매립 방법이 결정되어야 한다"는 것이 위생 매립 기술에 대한 이들의 해석이었다. 특히 위생 매립지의 핵심 기술인, 쓰레기를 흙으로 덮는 '복토' 기술은 난지도에서 활용 가능했던 자원을 고려하여 설계됐다. 공학자들이 처음으로 발견한 자원

---

46 서울특별시 청소과, 〈서울시 난지도 폐기물 입체매립사업 기본계획보고서〉, 42~48쪽.
47 서울특별시 청소과, 〈서울시 난지도 폐기물 입체매립사업 기본계획보고서〉, 63쪽.

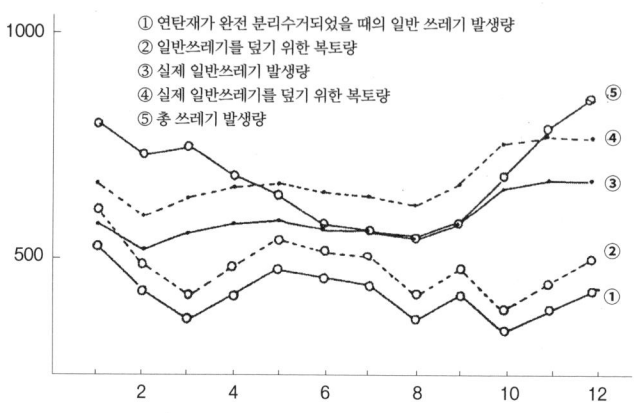

| 그림 2 | 1983년 서울시의 월별 쓰레기 배출량

① 연탄재가 완전 분리수거되었을 때의 일반 쓰레기 발생량
② 일반쓰레기를 덮기 위한 복토량
③ 실제 일반쓰레기 발생량
④ 실제 일반쓰레기를 덮기 위한 복토량
⑤ 총 쓰레기 발생량

선 ⑤는 총 쓰레기 발생량을 나타낸다. 선 ①은 총 쓰레기 발생량에서 연탄재의 양을 뺀 값으로, 연탄재가 완전히 분리수거되는 상황을 가정했을 때의 일반쓰레기 발생량을 나타낸다. 선 ⑤와 선 ①의 차이에 해당하는 수치가 복토재로 활용할 수 있는 연탄재 자원의 양을 나타냈다.
※ 출처: 서울특별시 청소과, 〈서울시 난지도 폐기물 입체매립사업 기본계획보고서〉, 19쪽.

은 바로 총 쓰레기 배출량의 대부분을 차지하고 있었던 연탄재였다.

위생 매립 기술을 적용하기 위해서는 주기적으로 쓰레기를 덮기 위한 많은 양의 흙과 같은 복토 재료가 필요했다.[48] 수도권개발연구소는 복토 재료를 외부에서 조달하는 대신, 쓰레기의 일부로 매립되고 있었던 연탄재를 복토 재료로 재활용하는 방안을 제시했다. 연구소는 1983년 서울시 쓰레기 배출량 자료를 활용하여 연탄재 배출량이 나머지 쓰레기를 복토할 만큼 충분하다고 계산했다(그림 2).[49] 당시 서울의 1일

---

48 미국 보고서에 등장하는 복토 재료는 주로 흙이다.

49 연탄재의 정확한 배출량이 집계되지 않아 1983년도 한강유역개발 공사장에 투입된 연탄재의 양으로 총 연탄재 배출량을 대신하여 추산했다. 서울특별시 청소과, 〈서울시 난지도 폐기물 입체매립사업 기본계획보고서〉, 14쪽.

쓰레기 배출량은 평균 약 2만 6천 톤으로, 공학자들은 이 양을 매립을 위해 압축할 때 그 부피가 약 3만 2천m³ 정도 된다고 추산했다. 이를 바탕으로 난지도에 반입되는 연탄재를 제외한 쓰레기를 2미터 깊이로 매립하고 연탄재를 최소 30센티미터 두께로 매립하여 여러 층의 쓰레기를 쌓아올릴 수 있을 것으로 예상했다. 또한 연탄재는 매일 하루치의 매립 작업을 종료한 뒤 가스 누출이나 빗물 침투를 방지하기 위해 실시하는 '매일 복토'에도 적합한 재료로 판명됐다. 이는 공학자들이 연탄재에 대한 토질시험과 용출시험을 실시해 내린 결론으로, 특히 연탄재의 작은 침출계수는 매립 재료로서 연탄재가 지닌 적합성을 보여 줬다. 이처럼 연탄재의 특성을 분석해 복토재로서의 적합성을 시험한 것은, 연탄재를 복토 재료로 재활용할 때 "복토에 필요한 경비를 크게 절감할 수 있을 것"이었기 때문이다.[50]

연탄재를 복토재로 활용해 얻을 수 있는 또 다른 이점은 난지도에 매립되는 쓰레기의 총량을 획기적으로 감축할 수 있다는 점이었다. 수도권개발연구소가 참고한 서울시 청소과의 연도별 고형폐기물 성분에 대한 통계자료를 살펴보면 연탄재는 많게는 전체 쓰레기 배출량의 80퍼센트 이상을 차지했고, 적게는 절반 이상의 비율을 차지했다(표 1). 앞서 보았듯이, 연탄재가 전체 쓰레기 배출량에서 차지하는 비중이 컸기에 서울시의 폐기물 관리 행정은 연탄재를 처리하는 문제에 치중해 왔다.[51] 수도권개발연구소의 공학자들 또한 서울의 고형폐기물의 가장 큰

---

50 서울특별시 청소과, 〈서울시 난지도 폐기물 입체매립사업 기본계획보고서〉, 63~66쪽.

51 1977년 서울시는 연탄재를 재활용하기 위한 세미나를 주최했고 한국과학기술연구소는 이때 발표된 아이디어의 실용화를 위한 추가적인 연구를 진행하기도 했다. 〈서울시 주최 세미나: 연탄재는 '황금의 쓰레기'〉, 《매일경제》, 1977년 8월 20일자; 한국과학기술연구소, 《연탄재 활용에 관한 연구》, 1978.

| 표 1 | 연도별 서울시 고형폐기물의 성분

(單位 : %)

區分		연탄재 包含 固形廢棄物					연탄재 不包含 固形廢棄物				
		1974	1976	1978	1980	1981	1974	1976	1978	1980	1981
可燃性物質	小計	13.98	18.35	18.35	26.23	37.20	94.53	92.41	91.75	82.64	84.76
	紙類	1.27	3.25	3.55	5.76	7.20	8.59	16.37	17.75	18.14	16.40
	木材類	0.71	1.13	0.71	1.64	1.77	4.80	5.69	3.55	5.17	4.03
	纖維類	0.38	1.17	1.84	1.91	1.44	2.57	5.89	9.20	6.02	3.28
	塵芥類	11.31	11.60	8.37	11.01	17.67	76.47	58.44	41.85	34.68	40.26
	플라스틱類	0.31	1.20	1.93	2.30	2.93	2.10	6.05	9.65	7.25	6.68
	고무類			1.30	0.38	0.42			6.50	1.20	0.96
	其他			0.65	3.23	5.77			3.25	10.18	13.15
不燃性物質	小計	86.02	81.65	81.65	73.77	62.80	5.47	7.56	8.25	17.36	15.24
	煉炭類	85.21	80.15	80.00	68.26	56.11					
	金屬類	0.15	0.44	0.75	1.77	0.87	1.01	2.22	3.75	5.58	1.98
	유리 도자기類	0.66	1.06	0.88	0.89	2.01	4.46	5.34	4.40	2.80	4.58
	其他			0.02	2.85	3.81			0.10	8.98	8.68
總計		100	100	100	100	100	100	100	100	100	100

쓰레기의 성분이 연탄재를 포함한 양과 그렇지 않은 양으로 구분해 정리됐다는 점을 통해 연탄재가 서울시 폐기물 관리 행정의 열쇠와 같이 활용됐음을 알 수 있다.
※ 출처: 서울특별시 청소과, 〈서울시 난지도 폐기물 입체매립사업 기본계획보고서〉, 13쪽.

특징으로 연탄재가 많이 포함되어 있다는 점을 들었으며, 연탄재를 어떻게 처리하는지가 "폐기물 처리 대책을 세우는 근본이 되며 매우 중요한 일"이라고 강조했다. 연탄재를 입체 위생 매립의 주요 재료인 복토재로 사용하는 것은 "외국에서와 같이 용이하게 소각, 퇴비화 등의 처리"를 하기가 어려운 한국 도시쓰레기의 특징을 고려해 외국의 기술을 변용하는 것이었다.[52] 입체 위생 매립 보고서는 연탄재가 이미 한강개발사

---

52 서울특별시 청소과, 〈서울시 난지도 폐기물 입체매립사업 기본계획보고서〉, 13쪽.

업에서 고수부지와 초지의 성토 재료로 사용되고 있음에 주목했다. 그러나 사업이 종료되면 연탄재가 다른 쓰레기와 함께 난지도 매립지에 매립될 예정이었기에 연탄재 재활용 방안을 시급히 찾아야 했다.

1984년 국회 내무위원회 회의에서 국회의원 이영준과 당시 서울시장 염보현 사이에 오간 질의 응답은 연탄재가 난지도에서 실제로 수행했던 역할에 대한 단서를 제공한다. 이영준 의원은 염보현 서울시장에게 "쓰레기를 버리고 소독 후에 흙을 덮어서 다시 그 위에 쓰레기를 버리는 이러한 반복 쓰레기 버리기를 하는 것이 선진국의 예"인데 서울시에서는 어떻게 쓰레기를 복토하고 있는지 질문했다. 여기서 "반복 쓰레기 버리기"는 미국의 위생 매립지에서 이뤄지는 매립 방식을 가리킨 것으로 이해할 수 있다. 이영준은 미국에서와 같은 표준적인 매립지 관리가 서울시에서 이뤄지지 않고 있다는 점을 문제시한 것이다. 이에 대해 서울시장은 "쓰레기를 한 2미터 매립 후에 그 위에다가 60센티미터 흙으로 복토를 하고 그리고 다시 매립을 하고 그래서 먼지와 쓰레기가 날리는 것을 방지하고 추후 거기 매립이 완공되면 그곳에 나무를 식재해서 공원화할 수 있는 그런 기반을 만들고 있"다고 대답했다. 이는 당시 수도권개발연구소에서 연구 중이던 위생 매립 기술을 염두에 둔 발언이었다. 그러나 이영준은 난지도에 흙차가 들어가는 것을 본 적이 없다며 복토가 제대로 이루어지고 있다는 시장의 답변에 의문을 제기했다. 이에 염보현은 "거기에 오는 연탄재니 뭐니 해 가지고 합니다. 하지 아니하면 그게 또 올라가지를 않습니다. 쓰레기만 가지고서는…"이라고 답했다.[53] 이와 같은 발언은 수도권개발연구소의 용역 연구 결과가 도출되기

---

53 대한민국 국회, 〈제121회 (6차) 내무위원회 회의록〉, 1984. 11. 27, 40~41쪽.

이전부터 이미 연탄재가 난지도 매립지를 쌓아올리기 위한 건축재로서 상상되고, 활용됐음을 보여 준다.

전체 쓰레기 배출량 중 큰 비율이 복토재로도 활용할 수 있는 연탄재였다는 사실은 난지도 매립지가 수도권개발연구소의 1985년 계획에 나타난 위생 매립지의 조건을 일부 만족시켰음을 알려준다. 즉, 난지도 매립지는 위생 매립지도 아니었지만, 미국에서 위생 매립지의 전 단계로 여겨지는 개방 투기 식 하치장과도 달랐다. 비록 1980년대 후반에 들어서면 복토는 난지도의 악취를 제거하기 위한 임시방편책에 불과한 것으로 인식됐지만,[54] 그럼에도 불구하고 불도저와 같은 장비가 동원돼 복토가 이뤄졌다.[55] 장비와 인력이 부족했다는 기록으로 미루어 보아 복토가 엄격한 기준에 맞춰 이뤄지지 않았다고 짐작하더라도, 연탄재는 다른 생활폐기물과 섞여서 매립되면서 쓰레기 산의 구조에 안정감을 부여했다. 난지도의 쓰레기가 단순 투기 식으로는 쌓아올리기 어려울 90미터를 넘어서는 높이에 도달했다는 사실 또한 연탄재의 복토재로서의 역할을 방증한다. 연탄재의 존재가 쓰레기를 위생적으로 매립하겠다는 부차적 목적에는 크게 도움이 되지 못했다고 하더라도, 쓰레기를 최대한 많이, 최대한 높게 쌓아올린다는 '입체 위생 매립법'의 가장 주요한 목적을 달성하는 데에는 큰 역할을 했다고 볼 수 있다.

수도권개발연구소가 발견한 두 번째 자원은 바로 넝마주이들이었다(그림 3). 이들은 여러 종류의 쓰레기가 뒤섞여 투기되는 쓰레기 하치장과 매립지에서 재활용 가능한 고무, 유리, 플라스틱 등의 쓰레기를 수집

---

54 〈안양천 · 난지도 악취 심각〉,《경향신문》, 1989년 8월 16일자; 이기우, 〈난지도 메탄가스 폭발위험〉,《동아일보》, 1990년 9월 30일자, 17면.

55 김봉선,〈'90 상황: 이전 앞둔 '난지도'〉,《경향신문》, 1990년 1월 9일자.

| 그림 3 | 난지도매립지 넝마주이들의 작업 현장

※출처: 《경향신문》, 1979.

해 되파는 방식으로 생계를 이어 갔다. 난지도 매립지는 서울의 첫 대규모 매립지로서 이들에게 장기적인 수익을 보장해 주는 듯했고, 구의동 등의 소규모 매립지에서 소식을 듣고 이주해 온 이들도 많았다. 개인의 생존을 위해 매립지에서 쓰레기를 줍는 이들의 일상적인 실행은 공학자들의 눈에 매립지를 효율적으로 관리하기 위해 활용할 수 있는 획기적인 기술로서 재발견됐다. 넝마주이들은 수도권개발연구소의 보고서에서 "재건대원"으로 불렸으며,[56] 생계를 위해 쓰레기를 뒤졌던 이들의

---

56 근로재건대는 넝마주이와 부랑아를 국가 통제하에 두기 위한 군사정권의 갱생사업을 통해 1962년 처음 창설됐다. 재건대에 가입하길 거부하는 넝마주이들에게는 처벌이 내려졌다는 점에서 넝마주이들은 국가 동원에 의해 처음 대규모로 조직됐다고 할 수 있다. 그러나 근로재건대는 1980년대 말 해체를 통보받고 국가의 눈을 피해 살아남아야 하는 상황에 처했다. 〈넝마공동체의 성격과 그 변화〉, 《민주주의와 인권》 2(1), 2002, 175~212쪽; 윤수종, 〈넝마주이와 국가〉, 《진보평론》 56, 2013, 265~295쪽; 박홍근, 〈사회적 배제의 형성과 변화: 넝마주이 국가동원의 역사를 중심으로〉, 《사회와 역사》, 108호, 227~261쪽.

활동은 "자원회수"라는 분류 아래에 계산됐다.[57] 재건대원들의 자원회수는 "물질의 재생 측면에서뿐 아니라 실제 쓰레기의 양이 감소되므로 매우 중요"하다고 여겨졌다.[58] 다시 말해, 넝마주이들은 쓰레기로 매립될 운명에 처한 귀중한 자원의 가치를 되찾아 주고, 그럼으로써 매립되는 쓰레기의 양을 현저히 감소시켜 주었던 것이다.

위생 매립을 위해 넝마주이의 실행을 활용할 수 있다는 발상은 미국의 위생 매립지 연구에서 찾아볼 수 없는 새로운 것이었다. 연구자들이 모델로 삼은 미국의 위생 매립지에서는 넝마주이들의 출입을 엄격히 금지하고 있었다. 이 때문에 연구자들은 재건대원들의 출입을 허용할 시 "구식의 투기장old fashioned dump"이 되기 쉽다는 점을 지적했으나, 그럼에도 불구하고 재건대원들이 가져오는 이점이 단점보다 크다고 판단했다. 외국의 매립지에서는 일단 쓰레기의 매립이 시작되면 "귀중한 물자"를 회수할 수 없었던 것이다.[59] 이 점에서 수도권개발연구소의 공학자들은 자신들이 선진국에서 찾지 못한 넝마주이의 새로운 가치를 발견했다고 자부했다. 연탄재와 마찬가지로 넝마주이도 자원을 재활용하고 쓰레기의 총량을 감소시키는 두 가지 역할을 해내고 있었으며, 역시

---

57 군사정권에 의해 강조된 자활과 내핍이라는 구호는 공학자들이 넝마주이들의 실행을 긍정할 수 있게 해 준 또 다른 요인이었을 것이다. 박홍근, 《사회와 역사》; 김명수, 〈박정희 정권의 사회 개입과 유예된 현대: 1960~70년대 사회개발정책과 소비적 삶의 문제〉, 《사회와 역사》 127호, 2020, 129~183쪽.

58 1인당 회수량 합계는 하루 130.4킬로그램, 연간 4만 7,628킬로그램, 모든 넝마주이들의 회수량을 합한 값은 연간 11만 9,879톤으로 계산됐다. 난지도에서 작업하는 넝마주이의 총 인원은 1984년 1월 기준 2,517명으로 집계됐다. 수도권개발연구소는 일본 국제협력기구가 난지도 넝마주이들을 면담해 집계한 넝마주이들의 자원회수량을 쓰레기 총 발생량 계산에 포함시켜 난지도의 매립용적을 도출했다. 서울특별시 청소과, 〈서울시 난지도 폐기물 입체매립사업 기본계획보고서〉, 31쪽.

59 서울특별시 청소과, 〈서울시 난지도 폐기물 입체매립사업 기본계획보고서〉, 68~69쪽.

연탄재와 마찬가지로 외국에서 찾아보기 힘든 한국적인 요소로서 파악돼 위생 매립지의 한국식 적용을 정당화해 주었다.

넝마주이라는 자원을 더 효율적으로 활용하기 위해, 공학자들은 쓰레기 매립과 재건대원들의 자원회수 작업이 조화롭게 이뤄질 수 있도록 입체 위생 매립법을 설계했다. 이들은 매립 기술을 세 단계 공정으로 나누어, 먼저 매립이 이뤄지는 작업 지면에 쓰레기 트럭이 쓰레기를 하역한 뒤, 재건대원들이 자원회수를 시행하고, 그다음 불도저와 같은 장비로 매립된 쓰레기의 경사면을 따라 쓰레기를 펴면서 압축하는 방식을 계획했다. 재건대원들의 안전을 보장하기 위해 불도저로 펼친 쓰레기에서는 자원회수를 엄금해야 했다. 또한 난지도 매립지를 여러 구역으로 분할해 각 구역에서 매립 및 압축 작업과 자원회수 작업이 교대로 진행되도록 작업의 구체적인 과정을 설계했다.[60]

더 나아가 수도권개발연구소는 넝마주이에게 수수료를 받아 매립시설의 유지 및 관리에 드는 비용을 충당하자고 제안했다. 연구자들은 입체 위생 매립의 경제적 타당성을 검토하는 부분에서 넝마주이들의 총수익의 20퍼센트를 수수료로 받는 상황을 가정해 연간 8억 4,600만 원을 받을 수 있다고 계산했다. 수수료를 받는 대신 정부는 "현재와 같이 난지도에서 재건대원의 자원회수를 인정하고, 시에서 매립장의 환경 개선과 필요 시설을 공급하며 유통 과정을 보증"해야 한다는 조건도 명시했다. 이처럼 넝마주이들에 의한 쓰레기의 감축분과 그들에게 회수한 수수료를 바탕으로 비용 분석을 시행한 결과, 수도권개발연구소는 난지도에서의 총 매립량을 기준으로 톤당 시설비 141원, 톤당 유지·관리

60　서울특별시 청소과, 〈서울시 난지도 폐기물 입체매립사업 기본계획보고서〉, 69쪽.

비 100원을 예산으로 산정했다. 난지도까지 쓰레기를 수거하고 운반하는 비용이 톤당 5,632원으로 추산된 것과 비교하면 "난지도에서 매립에 의한 최종 처리비는 수거·운반비에 비하여 매우 저렴하며 난지도의 매립은 매우 경제적"이었다.[61] 이처럼 난지도에 거주하는 넝마주이들을 입체 위생 매립을 대행하는 자원이자 위생 매립지의 유지·관리에 필요한 자금의 재원으로 활용함으로써 공학자들은 가장 경제적인 매립 기술을 꾀했다. 넝마주이들에게 수수료를 회수하는 관리 방법의 고안은 연구의 중요한 발견으로서 보고서 결론부에서 다시 한 번 강조됐다.[62]

실제로 난지도 넝마주이가 재활용 쓰레기를 수집하는 작업과 불도저가 남은 쓰레기를 평탄화하는 작업, 그리고 그 위에 다시 흙, 또는 연탄재를 덮는 '복토' 작업은 수도권개발연구소의 계획과 비슷한 순서로 이뤄졌다. 넝마주이들은 매립지에 쓰레기가 하역되면 흙이 덮이기 전에 재생 가능한 물건들을 골라냈다. 이들은 쇠스랑이나 갈고리를 이용해 쓰레기 더미를 파헤쳐 고물을 획득하고, 이를 대나무초롱이나 마대자루에 담아 각자의 자리에 운반했다. 또한 넝마주이들은 복토된 영역에 비닐을 깔아 수집한 고물을 쌓아 놓는 등 매립이 완료된 지면을 그들의 작업에 이용하기도 했다.[63] 이와 같은 실행을 공학자들의 용어로 표현한다면, 난지도에서 이뤄진 쓰레기 매립이 단순 투기보다는 위생 매립지에 가까웠다고도 이야기할 수 있을 것이다.

그러나 자원회수 작업과 매립 작업의 관계는 수도권개발연구소가 세운 계획에서처럼 정부에 의해 체계적으로 관리되지 않았다. 대신 난지

---

61 서울특별시 청소과, 〈서울시 난지도 폐기물 입체매립사업 기본계획보고서〉, 6쪽.

62 서울특별시 청소과, 〈서울시 난지도 폐기물 입체매립사업 기본계획보고서〉, 220쪽.

63 정채성, 〈난지도 주민의 빈곤과 사회적 관계의 성격〉, 《한국문화인류학》 21, 1987, 367~399쪽.

도 매립지는 '구청차 구역'과 '개인차 구역'으로 나뉘어 서로 다른 넝마주이들의 관리를 받았다. 서울시 구청의 쓰레기 수거 차량이 드나드는 17개의 구청차 구역의 넝마주이들은 자신의 구역으로 청소차가 쉽게 들어올 수 있도록 진입로를 만들기 위해 불도저를 부르는 등 구청의 장비와 인력을 활용했다. 이러한 작업 과정은 매우 일사불란하게 이뤄졌지만 그만큼 위험한 것이기도 했다. 〈그림 3〉에서 볼 수 있듯이, 쓰레기차가 쓰레기를 하역하는 과정은 넝마주이들의 수거 작업과 동시에 이루어졌다.

르포 작가 유재순이 1년 2개월간 난지도의 넝마주이로 살면서 취재한 경험을 바탕으로 집필한 소설 《난지도 사람들》을 보면, 불도저가 매립지를 평탄화하는 과정에서 넝마주이들이 채 자리를 비우지 못해 심각한 안전사고가 빈번히 발생했음을 알 수 있다.[64] 구청차 구역에서는 불도저가 "시간마다" 쓰레기를 밀어 넝마주이들에게 고물을 수집할 충분한 여유가 주어지지 않았고, 고령이거나 건강하지 않은 넝마주이들은 쓰레기를 밀고 난 이후에야 수집 작업을 했다. 반면 개인차 구역은 서울시로부터 용역을 받아 청소업무를 대행하는 민간업체 소속 청소차들이 쓰레기를 매립하는 영역으로, 불도저가 시간마다 평탄화 작업을 하지 않아 넝마주이들에게 얼마간의 시간적 여유가 주어졌으며, 작업장에서 사고를 당할 위험이 상대적으로 적었다. 또한 이들은 자신의 작업 구역에 더 많은 개인차를 유인하기 위해 쓰레기를 직접 흙으로 덮어 차량 통행을 위한 진입로를 닦았다.[65] 르포 작가 이상락과 정연희의 서술 또한 넝마주이들이 나름의 체계와 루틴을 통해 청소차와 쓰레기의 흐름

---

64   유재순, 《난지도 사람들》, 글수레, 1985.

65   유재순, 《난지도 사람들》.

| 그림 4 | 난지도 매립지 샛길로 통행하는
쓰레기차의 행렬

※출처: 《동아일보》, 1991년 9월 18일자. 〈쓰레기동
산으로 변한 서울 난지도 매립장〉.

을 관장하고 있었음을 보여 주는 동시에, 이러한 체계가 넝마주이 사이의 위계를 통해서만 작동했음을 보여 준다.[66] 정부의 청소업무는 쓰레기를 매립지에 하역하는 순간 끝이 났으며 난지도 매립지의 유지 및 관리 업무는 거의 전적으로 넝마주이들에게 맡겨졌던 것이다.

이처럼 서울시가 난지도 넝마주이들에게 취한 태도는 의도된 방치이자 적극적 방임에 가까웠다. 넝마주이들에게 수수료를 거두는 일은 일어나지 않았으나, 난지도 매립지가 폐쇄된 1993년까지 넝마주이들의 매립지 출입이 제한되지도 않았다. 넝마주이들 또한 정부의 지원을 기대하지 않았다. 오히려 자신들의 비공식적인 수거 작업이 인정받지 못해 난지도에서 퇴출당할까 봐 두려워하기도 했다.[67] 정부는 대체로 넝마주이들의 작업 환경이나 주거 환경 개선에 개입하지 않았다. 1984년 큰 화재로 넝마주이들의 정착촌이 전소되자 3~4평의 조립식주택 950여 세대를 지었으나 최소한의 지원이었다.[68] 1987년에도 다시 조립식주택 48가구

---

66 이상락, 《난지도의 딸》, 실천문학사, 1984; 정연희, 《난지도》, 1990.

67 난지도 주민들의 주거권을 둘러싼 투쟁에 관한 논의는 다음 문헌을 참고할 수 있다. 박효진, 〈쓰레기 속의 삶과 노동: 폐기물 관리의 변화와 난지도 매립지 주민들의 주거권〉, 《역사비평》 149, 2024, 256~300쪽.

68 최병천, 〈난지도 리포트 – 난지도 사람들의 생존을 위한 삶〉, 《새가정》, 1987.

가 불탔으며 180여 명의 이재민이 발생하는 등 크고 작은 화재가 계속됐다.[69] 소방차 출입이 어려운 좁은 진입로 때문에 피해가 커졌다.

넝마주이 공동체에 대한 윤수종의 연구는 난지도에 거주했던 넝마주이들이 그들만의 공동체를 꾸려 생활했으며, 서울시나 국가가 그들의 삶과 노동을 미세하게 통제할 만한 권력을 행사하지 못했다고 주장한다. 또한 정부가 넝마주이들의 폐품 수집 활동의 "공익성"을 인정했다고 설명한다.[70] 난지도 넝마주이들에게는 자신들이 국가 경제에 기여했다는 자부심이 있었다. 그들은 자신들이 공적인 일에 복무했다는 점에 근거해 주거권과 토지 소유권을 주장했다.[71] 쓰레기와 난지도, 넝마주이 사이의 관계가 서울시가 관여하기 힘들 만큼 끈끈했다고도 볼 수 있다. 그러나 이러한 관계는 넝마주이들의 재활용품 수집 작업이 자원을 절약해 주며 쓰레기 양을 감축시켜 준다는 장점을 발견한 공학자들의 구상과, 이를 근거로 서울시와 마포구청이 난지도 넝마주이들의 실행을 적극적으로 방치한 결과 형성된 것이기도 했다.

지금까지 살펴본 난지도 매립지의 특징들을 종합해 볼 때, 1985년 수도권개발연구소가 개발한 '입체 위생 매립 기술'은 미국의 위생 매립지에서 사용되던 기술을 그대로 '이식'한 것이라기보다는 한국의 상황에 맞게 '변용'한 것이라고 볼 수 있다. 미국에 매립되는 쓰레기에서 쉽게 발견할 수 없는 연탄재를 복토재로 사용하는 복토 계획이나, 미국 매립지에서는 작업이 금지됐던 넝마주이의 활동을 인정하고 적극적으로 이

---

69 한 신문기사는 난지도매립지 폐쇄 직전인 1993년 2월 기준 매주 3~4차례의 화재가 발생하고 있다고 보도했다. 박원재, 〈난지도 '도깨비 불' 잦다〉, 《동아일보》, 1993년 2월 7일자.

70 윤수종, 《진보평론》, 2013.

71 지승원, 〈공동체 내 소집단의 자기 정체성 이해와 "정의의 원칙": 난지도 쓰레기 매립장 주민의 사례를 중심으로〉, 《사회이론》 40, 2011, 151~183쪽.

용하려는 계획은, 서울시와 난지도만의 특성을 파악하고 이러한 특성과 위생 매립지의 기술을 조화시키려는 시도를 보여 준다. 미국의 위생 매립지가 위생공학자들이 쓰레기 처리 시 발생하는 위생 문제를 고민하는 중에 발명됐다면,[72] 한국의 입체 위생 매립 기술은 환경공학자들이 난지도 매립지의 수명을 연장할 가장 효율적이고 경제적인 계획을 수립하는 과정에서 탄생했다. 그러나 연탄재를 성토재로 사용해 온 서울시의 역사와 넝마주이의 활동이 유익하다는 인식은 기존 매립 방식이 환경에 끼치는 영향이나 넝마주이들이 처한 삶의 조건을 문제시하기 더욱 어렵게 만들었다.

난지도 안정화와 '비위생 매립지'의 발견

1990년대에 이르자 난지도 매립지는 더 이상 관망할 수 없는 문제로서 가시화됐다. 거대한 쓰레기의 이미지는 뉴스를 통해 하나의 스펙터클로서 제시됐다(그림 4). 때마침 대체 매립 부지인 김포 수도권 매립지가 조성됨에 따라 난지도 매립지의 폐쇄 기한도 확정됐다. 1992년 10월 말 난지도 매립지에 쓰레기 반입이 중단됐고, 매립지 상부에 최종 복토를 시행한 뒤 1993년 3월에 공식적으로 폐쇄됐다. 매립지 폐쇄 기한이 임박하자, 매립이 진행되던 동안 적절한 대응이 이뤄지지 못했던 각종 환경문제가 시급히 해결해야 할 현안으로 떠올랐다.

---

[72] Martin V. Melosi, The Sanitary City, 2008.

1992년 3월 17일 쓰레기 분리수거와 쓰레기 소각장 조성 및 운영 업무를 위해 서울시가 발족시킨 서울특별시 청소사업본부는 1993년 폐쇄가 예정된 난지도 매립지를 복원하는 작업을 담당하게 됐다. 1992년 11월 청소사업본부는 건설업체 대우엔지니어링에 용역을 발주하여 난지도 매립지에서 발생하는 환경오염 문제를 조사하고 그에 대응하는 안정화 기술 개발을 추진했다. 매립된 폐기물은 장기간에 걸쳐 물리·화학적, 생물학적으로 분해되고, 그 과정에서 발생한 유기물은 가스나 침출수로 배출되며 무기물과 중금속류는 용탈되어 침출수로 배출된다. 이때 매립 지반은 침하하고 토양과 같은 상태로 환원된다. 이러한 과정이 신속하게 이루어질 수 있도록 각종 공학적 설비를 투입하는 것이 '안정화 기술'이었다. 연구 결과인 〈난지도 매립지 환경오염방지 및 안정화대책 기본계획보고서〉(이하 〈안정화계획보고서〉)는 비위생적으로 매립된 난지도가 불러일으키는 환경오염 문제를 해결하고 난지도를 빠르게 안정화시키기 위한 대책을 마련해 매립지가 획득한 부정적인 이미지를 불식시킨다는 목표를 내세웠다.[73]

〈안정화계획보고서〉는 난지도 매립지에서 발생하는 다양한 문제를 "환경오염 문제"로 규정했다. 난지도에서 뿜어져 나오는 악취 때문에 매립지 내에서 "장시간 작업하는 노동자들"은 두통이나 구토 증세를 호소했다.[74] 또한 악취가 멀리 성산동이나 합정동까지 이르렀기 때문에 "다

73 서울특별시 청소사업본부, 〈난지도 매립지 환경오염방지 및 안정화대책 기본설계 보고서〉, 1992.
74 보고서에서 매립지에서 이들이 정확히 누구를 가리키고 있는지는 확실하지 않으나 넝마주이들을 관리하고 감독하는 정부 파견 직원이 존재하지 않았다는 정황상 "장시간 작업하는 노동자"는 넝마주이를 일컫는 표현이라고 볼 수 있다.

른 무엇보다도 민원의 대상"이었다.[75] 악취와 비산 먼지 외에도 침출수와 매립 가스 등 미국의 위생 매립지에서 발생하는 전형적인 문제 또한 난지도에서 나타났다. 매립 가스는 연일 크고 작은 화재를 발생시켰으며, 침출수 또한 무방비적으로 배출되어 주변 환경을 오염시키고 있을 것이라는 우려가 제기됐다.[76] 쥐, 파리, 모기 등으로 야기될 수 있는 공중 보건상의 문제와 주변 경관에 끼치는 문제 또한 주요한 환경오염 문제로 꼽혔다.

난지도에서 발생한 문제들은 난지도 넝마주이들과 관리자들, 주변 지역 주민들이 체득한 문제인 동시에 다른 모든 쓰레기 매립지에서도 공통적으로 발생하는, 매립이라는 쓰레기 처리 방식이 야기하는 일반적인 문제이기도 했다. 난지도의 입체 위생 매립 계획이 미국의 문헌을 분석해 개발됐던 것처럼, 난지도 매립지에서 발생한 환경오염 문제를 해결하기 위한 계획 또한 미국의 사례를 우선적으로 참조했다. 〈안정화계획 보고서〉는 해외 매립지 견학을 토대로 난지도 매립지의 상황을 해석하여 난지도의 미래에 대한 계획을 세운 결과였다. 견학단은 1992년 4월 5일부터 4월 16일까지 총 13곳에 이르는 미국과 일본 매립장을 방문해 현장 조사를 실시하고, 미국에서 발간된 매립지 관련 문헌을 공부해 해외 매립지에서 밝혀진 환경오염 문제와 해결책을 연구했다.[77] 이와 더불

---

75 서울특별시 청소사업본부, 〈난지도 매립지 환경오염방지 및 안정화대책 기본설계 보고서〉, 11쪽.

76 〈난지도 다시 태어난다 '차세대 개발지구'로〉, 《동아일보》, 1990년 1월 13일자; 조홍섭, 〈난지도 배출가스 대기오염 가속〉, 《한겨레》, 1991년 10월 11일자, 8면; 조홍섭, 〈난지도 폐수 연 250만톤〉, 《한겨레》, 1991년 11월 22일자, 8면; 김윤순, 〈난지도 쓰레기 폐수 무방비〉, 《경향신문》, 1991년 12월 9일자.

77 견학단은 서울시 청소사업본부 3인과 대우엔지니어링 소속 3인으로 구성됐다. 견학단이 방문한 매립지 중 12곳은 미국의 매립지, 1곳은 일본의 매립지였다. 서울특별시 청소사업

어 대우엔지니어링의 공학자들은 난지도 현장 조사와 실험을 통해 난지도 매립지의 특성을 드러내는 기본적인 자료를 수집하고, 이를 해외 매립지의 상황과 비교해 난지도 매립지에 적용할 공학적 기술을 선정했다.

견학단이 조사한 13개 매립지의 대부분은 "매립지 발생 가스의 이동 및 침출수 유출로 인한 주변 환경의 오염 방지에 역점"을 두고 있었다.[78] 해외의 매립지와 난지도 매립지 사이의 가장 큰 차이점은 난지도 매립지를 조성할 때 주변의 환경오염을 예방하기 위한 장치들이 충분히 설치되지 않았다는 점이었다. 이에 따라 견학단은 미국과 일본에서 매립 가스와 침출수를 관리하기 위해 설치한 공학적 설비들을 중심으로 난지도의 환경오염 방지와 안정화를 위한 방안을 습득했다.[79] 쓰레기 복토 외에 침출수 집수나 매립 가스 포집을 위한 장치는 위생 매립지의 단점을 보완하기 위해 추가적으로 도입해야 할 장치들이었다.

한국의 환경공학자들이 안정화 기술을 계획하기 위해 가장 먼저 해외 견학을 실시한 것은, 그들이 선진국의 매립지를 난지도와는 차별화되는 이상적인 '위생 매립지'로 상정했기 때문일 것이다. 그러나 연구에 참여한 공학자들은 문헌 조사를 통해 미국에서도 "현대적 개념의 위생 매립에는 상당히 못 미치는 방식들이 시행"되어 왔다는 점을 발견했다. 미국의 위생 매립지 또한 근래에 와서야 침출수 유출 방지, 가스의 이동

본부, 〈난지도 매립지 환경오염방지 및 안정화대책 기본설계 보고서〉, 65쪽.

78 서울특별시 청소사업본부, 〈난지도 매립지 환경오염방지 및 안정화대책 기본설계 보고서〉, 62쪽.

79 연구자들은 당초 미국, 일본, 영국, 독일의 "선진 4개국"을 견학할 예정이었으나, 유럽 지역은 쓰레기 처리 시스템에서 매립이 큰 비중을 차지하지 않았고 위생 매립의 시초가 미국이었기 때문에 유럽 국가들을 제외하고 미국을 중심으로 견학을 진행했다. 서울특별시 청소사업본부, 〈난지도 매립지 환경오염방지 및 안정화대책 기본설계 보고서〉, 53쪽.

방지 및 매립층 내로의 빗물 침투 방지 등 본격적인 오염 방지 대책을 위한 설비를 갖추기 시작했던 것이다.[80] 앞에서 보았듯, 미국의 위생공학자들이 정의한 '위생 매립지'의 핵심은 복토 기술에 있었으며 그 외의 다른 공학적 설비들은 위생 매립지의 조건에 해당하지 않는 추가적인 안전장치였다. 이러한 발견에도 불구하고 보고서는 침출수와 매립 가스를 관리하기 위한 공학적 장치들이 미비하다는 점을 난지도 매립지가 "비위생적"으로 운영되어 왔다는 근거로 사용하며 난지도 매립지를 선진국의 위생 매립지와 구분했다.[81] 과거 난지도 매립지에서 이뤄진 매립 실행을 비위생적이고 과학기술적 장치가 결여된 단순한 방식으로 평가하는 과정은 '위생 매립지'의 명확한 정의에 근거해 이해하기 위한 시도가 아니었다.

대우엔지니어링의 용역 연구에서는 공학적 설비 계획에 앞서 비위생적으로 매립된 난지도 매립지의 실태를 파악하기 위한 진단 평가가 실시됐는데, 이러한 평가 결과에 대한 해석 또한 다분히 불명확하고 가변적인 기준에 의해 이뤄졌다. 침출수의 성분을 파악하는 시험은 쓰레기 산 주위에 시추공을 뚫어서 채취한 시료를 대상으로 시행됐다. 시험 결과 난지도의 침출수는 시안, 유기인, 수은, 카드뮴, 납 등의 오염물질이 수질기준치를 훨씬 상회하는 정도로 포함된 것으로 나타났다. 그러나 시료가 난지도 쓰레기 산의 중심이 아닌 주변부에서 채취됐기 때문에 시험 결과만으로 난지도의 실태를 정확히 파악하는 데는 한계가 있

---

80 서울특별시 청소사업본부, 〈난지도 매립지 환경오염방지 및 안정화대책 기본설계 보고서〉, 54쪽.
81 서울특별시 청소사업본부, 〈난지도 매립지 환경오염방지 및 안정화대책 기본설계 보고서〉, 62쪽.

었다. 예를 들어 침출수 성분에 대한 측정치는 매립된 쓰레기에서 나온 순수 침출수의 특성을 측정한 수치가 아닌 주변의 지하수와 혼합되어 농도가 감소한 상태의 수치였다. 따라서 연구자들은 수치의 불확실성에 기대어 난지도 "매립지에서 배출되는 침출수는 인근 지역의 지하수를 오염시키고 있는 것으로 사료"된다고 밝혔다.[82]

연구자들은 미국 문헌에 제시된 침출수 농도 범위를 "일반적인 경우"의 매립지 침출수 성분이라고 해석했다. 이와 비교해 난지도의 BOD와 COD 수치가 모두 5~10배 정도 낮다는 점은 난지도 매립지 침출수의 오염 정도가 전례를 찾아볼 수 없을 정도로 심각한 수준은 아니라는 것을 암시했다. 따라서 연구자들은 침출수가 인체에 해로운 성분을 포함하기 때문에 주변 지역에 "악영향"을 끼치고 한강을 오염시키고 있을 것이라고 추정하면서도, 해외 매립지의 선례로부터 그 대응 방법을 찾아낼 수 있는 정도의 통제 가능한 문제라고 판단할 수 있었다.[83] 또한 이러한 수치는 난지도에 매립된 쓰레기가 이미 상당한 수준의 혐기성 분해를 거쳤음을 보여 주는 지표로 해석될 수 있었다. 이는 난지도의 엄격한 사후 관리가 필요한 기한이 얼마 남지 않았음을 뜻하는 것이기도 했다.

매립 가스의 조성을 분석한 결과 또한 고무적이었다. 연구자들은 1992년 6월에 쓰레기 반입이 중단된 지역에 가스추출정을 설치하기로 하면서 표면으로부터 50미터를 굴진한 지점에서 수집된 데이터를 토대로 매립 가스 발생량을 계산했는데, 그 결과 깊이 15미터 이상에서 매

---

82 서울특별시 청소사업본부, 〈난지도 매립지 환경오염방지 및 안정화대책 기본설계 보고서〉, 102~107쪽.

83 서울특별시 청소사업본부, 〈난지도 매립지 환경오염방지 및 안정화대책 기본설계 보고서〉, 105-107쪽.

립지 전반에 걸쳐 "안정적 혐기성 분해 상태가 진행되고 있음"을 보여주는 수치가 측정됐다. 또한 매립 가스의 부피를 계산한 결과, 미국의 매립지에서보다 쓰레기의 단위 중량당 발생 가스가 작은 것으로 나타났다. 이는 이전까지 발표된 자료들과는 차이를 보이는 불확실한 수치였지만 "선진국", 즉 미국의 매립지에서 측정된 매립 가스 발생량과 비교해 낮은 수치라는 사실 때문에 난지도 매립지의 상황을 긍정적으로 바라볼 수 있게 도와주었다. 보고서는 이러한 결과가 도출된 이유를 "많은 양의 비가연성 물질, 특히 연탄재의 함유량이 높은 데에서 기인하는 것"으로 추정했다.[84]

이러한 평가 결과에도 불구하고, 연구에 참여한 공학자들은 난지도에서 위생 매립이 이뤄지지 않았다는 점에 초점을 맞춰 안정화 공사를 계획했다. 앞서 살펴보았듯이, 난지도가 위생 매립지가 아니라는 평가는 과거에 적용된 기술을 면밀하게 검토하고 매립지의 상태를 '위생 매립지'의 확고한 기준에 따라 평가해 내려진 결론이 아니라 새로운 기술을 도입하기 위한 전제였다. 대우엔지니어링이 파악한 난지도 매립지의 가장 큰 문제점은 쓰레기의 매립이 위생 매립지의 설비들을 갖추지 않은 상태에서 진행됐다는 점에 있었다. 따라서 매립지의 안정화를 위해 추가적으로 설치할 시설은 미국의 매립지에서 발견된 기술 중 난지도에 설치 가능한 가장 최첨단의 시설로 선정됐다.[85]

앞서 살펴보았듯이, 난지도에서 오염된 침출수와 매립 가스가 배출되어 주변 환경을 오염시킨다는 문제는 난지도가 위생 매립지가 아니어

---

84 서울특별시 청소사업본부, 〈난지도 매립지 환경오염방지 및 안정화대책 기본설계 보고서〉, 184쪽.
85 서울특별시, 〈난지도 매립지의 장기토지이용 기본계획 연구〉, 1994.

서 발생한 결과만은 아니었다. 오히려 그러한 문제들은 미국의 위생 매립지 모델이 지닌 태생적 한계였다. 가스추출정, 침출수집수정과 같은 공학적 설비는 그러한 위생 매립지의 한계 때문에 발생하는 환경문제를 완화하기 위해 추가적으로 도입된 장치였다. 그럼에도 불구하고 '위생 매립'이라는 용어가 과거에 이루어진 실행을 평가하는 절대적 기준으로 기능하면서 모든 문제의 원인을 난지도 매립지가 비위생적으로 매립됐다는 점에서 찾게 되었다. 〈안정화계획보고서〉는 과거 난지도의 입체 매립 계획이 이루어질 당시 서울시 측에서 이미 단순 매립이 야기하는 문제의 심각성을 파악하고 있었으나 이를 보완할 위생 매립으로의 전환이 이뤄지지 않았음을 지적했다.[86] 즉, 난지도에서 각종 환경오염 문제가 발생하는 이유는 1984년 연구된 입체 위생 매립 기술이 제대로 이행되지 않았기 때문이었다. 보고서는 난지도 매립지가 초기부터 침출수 유출을 방지하거나 매립 가스를 포집하는 등 "위생 매립을 위한 설비"를 갖추지 않고 매립이 시행됐고, "운영 면에서도 적정 다짐을 비롯하여 매일 복토나 중간 복토 없이 진행됐다"며 난지도 매립지가 "선진국들"의 위생 매립지와는 달리 큰 환경오염 문제를 야기하고 있을 것이라고 예상했다.[87]

〈안정화계획보고서〉는 정부가 위생 매립 기술을 연구했으나 연구 결과를 실제로 적용하지 못했다고 서술했다. 보고서는 정부가 "현실적인 어려움"에 부딪혀 위생 매립을 실시하지 못했다고 설명했는데, 그 현실

---

86 서울특별시 청소사업본부, 〈난지도 매립지 환경오염방지 및 안정화대책 기본설계 보고서〉, 9쪽.

87 서울특별시 청소사업본부, 〈난지도 매립지 환경오염방지 및 안정화대책 기본설계 보고서〉, 53쪽.

적인 어려움 중 하나는 "기술 외적인 난지도 주민 생계 보장 등과 관련된 사회적 문제"였다.[88, 89] 넝마주이들의 폐품 수집 작업이 효율적인 매립지 관리를 위해서가 아니라 넝마주이들의 생계를 보장하기 위해 방치됐다고 해석함으로써, 난지도 넝마주이들의 활동과 위생 매립 기술을 양립할 수 없는 실행으로 본 것이다. 이와 같은 구도에서 넝마주이들의 작업은 위생 매립 계획 속에 포함되는 것이 아니라, 제대로 된 위생 매립 실행을 방해한 요인으로 설정됐다. 또한 이러한 넝마주이의 활동이 지닌 의미에 대한 해석적 가능성 때문에, 서울시는 위생 매립을 실시하지 못했다는 잘못에 대한 면죄부를 받을 수 있었다.

이후 난지도 매립지는 '비위생 매립지'라는 꼬리표를 달게 됐고, 미래에 위생 매립지를 신설할 시 극복해야 할 악례로 제시됐다.[90] 1990년대 이후 한국에서 "위생 매립지"는 차수시설과 침출수 처리시설 등 매립지 주변 환경오염을 방지하는 설비를 갖춘 매립지를 가리키는 용어로 쓰이게 됐다. 「폐기물관리법」은 매립지 시설 기준 중 차수설비를 강화하는 방향으로 거듭 개정됐는데 이는 위생 매립지가 확대되는 기반을 마련한 법으로 평가받았다.[91] 이와 같이 차수시설을 강조하는 새로운 위생 매립지 정의에 의거해 환경부는 2001년부터 전국의 비위생 매립지를

---

88 서울특별시 청소사업본부, 〈난지도 매립지 환경오염방지 및 안정화대책 기본설계 보고서〉, 9쪽.

89 한국폐기물학회 창립자인 이승무 또한 난지도에서 비위생 매립이 지속됐던 원인 중 하나로 넝마주이의 생계 문제를 꼽았다. 이승무, 〈난지도 매립지 굴착에 있어서의 환경오염과 그의 대응 전략〉, 《환경보전》 17-7, 1995, 2~10쪽.

90 한국과학기술원, 《도시폐기물 매립지반의 침하 특성에 관한 연구》, 1992; 〈난지도 매립지에 생태공원 조성〉, 《매일경제》, 1999년 6월 25일자; 박두식, 〈쓰레기 '단순 방기'가 오염 주범〉, 《조선일보》, 1990년 6월 12일자, 11면.

91 90년대 이후 한국에서의 위생 매립을 위한 매립 시설 설치 기준의 변천 과정에 대해서는 환경관리공단, 〈폐기물 매립기술의 동향 및 발전방향〉, 2003 참조.

정비하는 사업을 실시하기에 이르렀다.[92]

난지도 매립지가 폐쇄될 날이 다가오자, 언론은 난지도 넝마주이들의 생계 문제를 집중적으로 조망했다. 언론은 넝마주이들을 과거 비위생적으로 매립된 난지도 매립지와 함께 사라질 인물들로 묘사했다.[93] 넝마주이들은 난지도의 입체 위생 매립을 가능하게 해 주었던 행위자로 기억되기보다는 과거의 비위생 매립지 난지도의 희생자로서만 기억된 것이다. 위생 매립지로 설계된 수도권 매립지에서는 넝마주이들의 활동이 금지됐다. 위생 매립지와 비위생 매립지라는 매립지 평가의 기준을 마련하고, 과거의 난지도를 과학기술이 결여된 무계획적인 공간으로 상상하는 작업은 서울시의 쓰레기 처리 시스템의 과거와 미래를 구분하는 기술이기도 했다.

인프라의 미래는
누구를 위한 것인가

2021년 현재 난지도는 생태공원으로 복원되어 국내 외 도시 기관들이 방문하는 매립지 공원화의 모범 사례로 확고히 자리를 잡았다.[94] 난

---

92 한국환경정책·평가연구원, 〈매립자원의 순환이용 가능량 분석 및 미래형 매립지 관리전략 마련 연구〉, 2017.

93 김봉선, 〈'90 상황: 이전 앞둔 '난지도'〉, 《경향신문》, 1990년 1월 9일자; 〈'김포 매축장에서 일하게 해달라' 재건대원들 호소〉, 《경향신문》, 1992년 12월 26일자; 〈신설 김포 폐기물처리장〉, 《한국경제》, 1991년 10월 15일자; 박원재, 〈난지도 사람들: '앞길 막막해요'〉, 《동아일보》, 1993년 2월 3일자.

94 서울시에서는 2019년부터 대중과 해외 기관, 언론에 보다 통합적인 자료를 제공하기 위해 난지도 공원화 사업과 관련된 자료들의 아카이빙 작업을 추진했다.

지도 복원 사업은 서울시의 성공적인 정책으로 인정받기도 했다. 서울시는 난지도 생태공원 조성 사업을 서울시의 괄목할 만한 성과로 꼽고 지속가능한 도시개발 모범 사례에 주어지는 '유엔-해비타트UN-HABITAT' 상에 응모해 2010년 특별상을 수상했으며,[95] 2014년에는 난지도의 사례를 해외에서 참고할 수 있도록 난지도 매립지 안정화 공사와 공원화 공사를 소개하는 보고서를 발간했다.[96] 매년 외국의 폐기물 관리 행정가들이 난지도를 벤치마킹하기 위해 상암동을 찾아온다. 방문객들은 과거에 황폐화되고 버려졌던 땅에서 자연이 복원된 광경에 감탄한다. 매립 가스와 침출수를 나르는 파이프와 이들의 위치를 알려주는 경고 표지판이 공원 곳곳에 포진되어 난지도의 자연이 과학기술을 통해 되살아났음을 상기시켜 준다.

반면 1992년부터 난지도를 대신해 서울시, 경기도, 인천시의 쓰레기를 담당하게 된 인천 수도권 매립지는 부실 운영 의혹 속에서도 수차례 매립 연한이 연장되며 여전히 난지도 매립지의 대체제 역할을 수행하고 있다. 수도권 매립지에서 매립이 진행되는 동시에 주변 지역 주민들의 민원과 반발 또한 지속되고 있다. 서울의 생활폐기물은 수도권 매립지 제1매립장에서 1킬로미터 남짓 떨어져 있는 사월마을 인근 도로를 통해 끊임없이 흘러들어 가고 있다. 이곳 주민들의 70퍼센트는 기관지 질환을 앓고 있다. 이들과 연대하는 환경단체는 주민들의 건강 상태 악화와 주변 환경에 대한 역학관계를 조사해 줄 것을 정부 측에 요구해 왔다. 마을 주민들은 매립지 주변에 폐기물 처리 업체의 공장들이 들어서

---

95 서울시는 난지도 생태공원과 함께 장기 전세주택 시프트, 청계천을 서울시의 우수 사례로 선정해 관련 자료를 'UN-HABITAT'에 제출했다.
96 서울연구원,《2014 경제발전모듈화사업: 난지도 생태공원 복원》, 2014.

면서 비산 먼지가 심해졌다고 주장하며 사월마을 환경오염의 가장 큰 원인으로 수도권 매립지를 지목했다.[97]

과거의 쓰레기 매립지가 성공적으로 복원되어 소위 '개발도상국'에서 벤치마킹되는 동시에, 현재 운영 중인 매립지가 여전히 과거의 매립지와 같은 문제점을 야기하고 있다는 의혹이 제기되는 모순적인 상황은 난지도 매립지가 형성된 역사적 과정에 뿌리내리고 있다. 난지도의 안정화 공사는 수도권 매립지 공사와 함께 진행됐다. 모래와 자갈층으로 이루어진 난지도의 지반이 침출수가 쉽게 누출될 수 있는 구조라는 이유로 문제시되기 시작할 때, 서울시의 도시쓰레기는 계속해서 해안의 연약지대 위에 세워진 수도권 매립지로 이송되고 있었다. 또한 수도권 매립지는 새로운 쓰레기 매립지에서 난지도 매립지에서와 같은 비위생 매립이 아닌 "완벽한 위생 매립"이 진행될 것이라는 수사적 전략을 통해 정당화됐다.[98] 그러나 수도권 매립지는 새로운 '위생 매립지'의 조건을 충족시키는 다양한 설비들을 갖췄음에도 연약한 해안지반 위에 세워져 그러한 설비들이 제 역할을 하지 못할 것이라는 반대에 부딪혔다. 오늘날까지 이어지는 문제 제기에도 비롯하고 서울시와 경기도, 환경부는 이에 대한 대안을 논의하는 일에 미온적이다. 정책결정자들은 다시 한 번 대체 매립 부지를 찾는 "기술적"인 어려움에 호소하고 있다.[99] 서울시

97 주영민, 〈'쇳가루 고통' 인천 사월마을, 환경부 건강조사 결과에 '반발'〉, 《노컷뉴스》, 2019년 11월 19일자. https://www.nocutnews.co.kr/news/5246323; 심석용, 〈그곳에선 흙이 자석에 붙는다, 사월마을 122명 '악몽의 1년'〉, 《중앙일보》, 2021년 1월 12일자. https://www.joongang.co.kr/article/23968290

98 김동권, 〈김포 쓰레기 매립장 윤곽 드러내〉, 《매일경제》, 1990년 9월 9일자, 14면.

99 이범수·박유진, 〈'수도권쓰레기매립지 종료 문제' 놓고 인천 정치권 − 서울시 설전〉, 《중부일보》, 2022년 10월 16일자. http://www.joongboo.com/news/articleView.html?idxno=363562093

민들은 자신들로부터 흘러 나간 쓰레기가 어디로 흘러들어 가는지, 수도권 매립지에서 어떤 일이 일어나고 있는지 알지 못한다.

"완벽한 위생 매립"이라는 실체 없는 기술에 대한 강조, 그리고 위생 매립을 통해서 환경문제를 완화하거나 비가시화할 수 있으리라는 믿음은 오늘날까지 계속되고 있다.[100] 그러나 난지도의 역사는 특정 과학기술의 유무 여부만으로 인프라의 형성과 작동을 온전히 이해할 수 없음을 보여 준다. 난지도의 사례에서 공학자들의 용어는 매립 기술이 지닌 근본적인 한계와 문제점을 적시하기 어렵게 만들었다. 중요한 것은 특정 과학기술이 오래된 것인지 최첨단인 것인지를 가려낸 뒤 가장 최신의 기술을 수입해 변화에 대응하는 것이 아니라, 그 과학기술이 어떠한 인간 및 비인간 행위자들의 관계를 통해 실현되고 있는지, 그러한 관계들이 어떻게 배치되며 어떠한 실행을 일상화하고 있는지 들여다보고, 느리고 조용한 인프라가 누구에게 어떤 영향을 미치고 있는지 질문하는 것이다.

---

100 대한민국 국회, 〈제371회 환경노동위원회 회의록〉, 2020.

참고문헌

강연실 · 김지원 · 박진영, 〈환경보건재난의 사회적 구성: 석면과 가습기살균제 피해를 중심으로〉, 《환경사회학연구 ECO》 25-2, 2021.

김도균, 〈환경재난의 장기적 사회영향: 허베이 스피리트호 기름유출사고 이후 7년의 시점에서 본 어촌마을〉, 《환경사회학연구 ECO》 19-1, 2015.

김명수, 〈박정희 정권의 사회 개입과 유예된 현대: 1960~70년대 사회개발정책과 소비적 삶의 문제〉, 《사회와 역사》 127, 2020.

김성조, 〈1970년대 농촌주택개량사업의 전개〉, 《역사와 실학》 64, 2017.

김주희 · 이두갑, 〈법정에 선 대기오염의 '화학적 인프라': 서울 대기오염 소송 (2007~2014)을 중심으로〉, 《환경사회학연구 ECO》 24-2, 2020.

김하정, 〈대전엑스포를 통해 본 1990년대 초반 한국의 사회기술적 상상〉, 《과학기술학연구》 21-3, 2021.

대한민국 국회, 〈위생처리사업소 업무보고〉, 1993.

대한민국 국회, 〈제121회 (6차) 내무위원회 회의록〉, 1984.

대한민국 국회, 〈제371회 환경노동위원회 회의록〉, 2020.

박재묵, 〈환경재난으로부터 사회재난으로: 허베이 스피리트호 기름유출사고에 대한 사회적 대응 분석〉, 《환경사회학연구 ECO》 12-1, 2008.

박홍근, 〈사회적 배제의 형성과 변화: 넝마주이 국가동원의 역사를 중심으로〉, 《사회와 역사》, 108, 2015.

박효진, 〈쓰레기 속의 삶과 노동: 폐기물 관리의 변화와 난지도 매립지 주민들의 주거권〉, 《역사비평》 149, 2024.

서울산업진흥원, 《디지털 미디어 시티 10년사 및 발전방향》, 2013.

서울시정개발연구원, 〈난지도 매립지의 위해성 평가와 환경재생기술의 적용 타당성에 관한 연구〉, 1994.

서울역사편찬원, 《서울 2천년사: 현대 서울의 도시건설》, 2016.

서울연구원, 《2014 경제발전모듈화사업: 난지도 생태공원 복원》, 2014.

서울특별시, 〈시보〉 제617호, 1977.

서울특별시, 〈난지도 매립지의 장기토지이용 기본계획 연구〉, 1994.

서울특별시 청소과, 〈서울시 난지도 폐기물 입체매립사업 기본계획보고서〉, 1985.

서울특별시 청소사업본부, 〈난지도 매립지 환경오염방지 및 안정화대책 기본설계 보고서〉, 1992.

서울특별시 토목시험소, 〈서울시의 진개분류와 처리이용방안 조사보고서〉, 1977.

서울특별시 월드컵공원관리사업소 환경보전과, 《난지도 그 향기를 되찾다》, 2006.

손정목, 《서울 도시계획 이야기 3》, 한울, 2014.

유재순, 《난지도 사람들》, 글수레, 1985.

윤수종, 〈넝마주이와 국가〉, 《진보평론》 56, 2013.

윤수종 〈넝마공동체의 성격과 그 변화〉, 《민주주의와 인권》 2-1, 2002.

이상락, 《난지도의 딸》, 실천문학사, 1984.

이승무, 〈난지도 매립지 굴착에 있어서의 환경오염과 그의 대응 전략〉, 《환경보전》 17-7, 1995.

임강원·박서호, 〈서울시 쓰레기 처리문제와 그 대책에 관한 연구〉, 《환경논총》 7, 1980.

정연희, 《난지도》, 정음사, 1990.

정원욱·김숙진, 〈수도권매립지 입지갈등의 전개〉, 《대한지리학회지》 51-4, 2016.

정채성, 〈난지도 주민의 빈곤과 사회적 관계의 성격〉, 《한국문화인류학》 21, 1987.

조광명, 〈연탄재를 이용한 유기성 폐수의 처리〉, 《대한환경공학회지》 4-1, 1983.

지승원, 〈공동체 내 소집단의 자기 정체성 이해와 "정의의 원칙": 난지도 쓰레기 매립장 주민의 사례를 중심으로〉, 《사회이론》 40, 2011.

최병천, 〈난지도 리포트 - 난지도 사람들의 생존을 위한 삶〉, 《새가정》, 1987.

한국과학기술원, 《도시폐기물 매립지반의 침하 특성에 관한 연구》, 1992.

한국건설기술연구원, 《도시폐기물매립장의 건설부지 활용과 위생매립 시스템에 관한 연구》, 1991.

한국과학기술연구소, 《연탄재 활용에 관한 연구》, 1978.

한국환경정책·평가연구원, 〈매립자원의 순환이용 가능량 분석 및 미래형 매립지 관리전략 마련 연구〉, 2017.

Cronon, William, *Nature's Metropolis: Chicago and the Great West*, W. W. Norton & Company, 1992.

Fredericks, Rosalind, *Garbage Citizenship: Vital Infrastructures of Labor in Dakar*, Senegal, Duke University Press, 2018.

Gandy, Mettew, *Recycling and the Politics of Urban Waste*, Routledge, 1994.

Graham, Stephen and Nigel Thrift, "Out of Order," *Theory, Culture and Society* 24-3, 2007, pp. 1-25.

Kim, Sang-Hyun, "Science, Technology, and the Imaginaries of Development in South Korea," *Development and Society* 46-2, 2017, pp. 341-371.

Knowles, Scott Gabriel, "Learning from Disaster?: The History of Technology and the Future of Disaster Research," *Technology and Culture* 55-4, 2014, pp. 773-784.

Melosi, Martin V., *Garbage in the Cities: Refuse, Reform and the Environment*, Pittsburgh: University of Pittsburgh Press, 2005.

Melosi, Martin V., *The Sanitary City*, Pittsburgh: University of Pittsburgh Press, 2008.

Murphy, Michelle, "Chemical Infrastructures of the St Clair River," in *Toxicants, Health and Regulation since 1945*, edited by S. Boudia and N. Jas, London: Pickering & Chatto, 2013, pp. 103-115.

Nixon, Rob, *Slow Violence and Environmentalism of the Poor*, Cambridge: Harvard University Press, 2011.

Star, Susan Leigh, "The Ethnography of Infrastructure," *American Behavioral Scientist* 43-3, 1999, pp. 377-389.

Star, Susan Leigh and Karen Ruhleder, "Steps Towards an Ecology of Infrastructure," *Information Systems Research* 7-1, 1996, pp. 111-134.

신문기사(날짜순)

〈한강 3백만평 매립〉,《경향신문》, 1969년 3월 13일자.

〈서울의 나루터 "근대화" 속의 낙도들 〈상〉 난지도〉,《경향신문》, 1969년 8월 15일자.

〈한강 하류에 댐 건설〉,《경향신문》, 1974년 2월 5일자.

〈서민 주택난 해결은 이렇게〉,《경향신문》, 1974년 11월 29일자.

〈신시가지 건설 난지도 28만평 매립〉,《매일경제》, 1977년 1월 1일자.

〈난지도를 농원으로 활용〉,《매일경제》, 1977년 7월 26일자.

〈제방축조 끝낸 난지도 쓰레기처분장 고시〉,《경향신문》, 1977년 8월 3일자.

〈쓰레기 매립지로 난지도를 지정〉,《동아일보》, 1977년 8월 3일자.

〈서울시 주최 세미나: 연탄재는 '황금의 쓰레기'〉,《매일경제》, 1977년 8월 20일자.

정운성, 〈쓰레기, 버려진 공해… 대책은 없나 ① 난제는 '산더미'처럼〉,《조선일보》,

1978년 3월 21일자, 6면.

〈서울의 오염현장 〈3〉 쓰레기 매립장 난지도〉, 《동아일보》, 1979년 5월 19일자.

〈쓰레기 공해: 버릴 곳 바닥나고 처리장비도 부족〉, 《경향신문》, 1979년 5월 29일자.

〈가까워진 도심… 침체 벗는 강서 성산대교 개통… 달라진 70만 주거 환경〉, 《동아일보》, 1980년 7월 2일자.

〈쓰레기로 바다 메운다〉, 《경향신문》, 1982년 8월 18일자.

〈구의 매립지 84년에 매각〉, 《매일경제》, 1982년 9월 30일자.

〈쓰레기 문제의 심각성〉, 《경향신문》, 1983년 1월 23일자.

〈한강 연안 위락·관광 지구로〉, 《경향신문》, 1983년 6월 29일자.

〈인천시 백성동 김해 생림면 일대에 쓰레기 처리장 조성〉, 《매일경제》, 1984년 5월 1일자.

〈난지도에 '쓰레기 동산'〉, 《동아일보》, 1984년 6월 26일자.

〈서울시 2개 계획안 마련, 2000년 서울 3~4핵으로 개발〉, 《경향신문》, 1984년 7월 30일자.

〈상암동에 새 시가 검토〉, 《경향신문》, 1985년 1월 29일자.

〈탈 난지도〉, 《경향신문》, 1987년 9월 19일자.

〈안양천·난지도 악취 심각〉, 《경향신문》, 1989년 8월 16일자.

김봉선, 〈'90 상황: 이전 앞둔 '난지도'〉, 《경향신문》, 1990년 1월 9일자.

〈난지도 다시 태어난다 '차세대 개발지구'로〉, 《동아일보》, 1990년 1월 13일자.

박두식, 〈쓰레기 '단순 방기'가 오염 주범〉, 《조선일보》, 1990년 6월 12일자, 11면.

김동권, 〈김포 쓰레기 매립장 윤곽 드러내〉, 《매일경제》, 1990년 9월 9일자, 14면.

서인경, 〈난지도 재개발 '과학적 처방' 제시〉, 《매일경제》, 1991년 2월 27일자, 17면.

이동한, 〈시, 난지도 화재 '불구경'〉, 《조선일보》, 1991년 5월 24일자, 21면.

〈쓰레기동산으로 변한 서울 난지도 매립장〉, 《동아일보》, 1991년 9월 18일자.

윤영신, 〈난지도 주민 '쓰레기 질환' 신음〉, 《조선일보》, 1991년 9월 25일자, 19면.

조홍섭, 〈난지도 배출가스 대기오염 가속〉, 《한겨레》, 1991년 10월 11일자, 8면.

〈신설 김포 폐기물처리장〉, 《한국경제》, 1991년 10월 15일자.

조홍섭, 〈난지도 폐수 연 2백50만톤〉, 《한겨레》, 1991년 11월 22일자, 8면.

김윤순, 〈난지도 쓰레기 폐수 무방비〉, 《경향신문》, 1991년 12월 9일자.

〈'김포 매축장에서 일하게 해달라' 재건대원들 호소〉, 《경향신문》, 1992년 12월 26일자.

박원재, 〈난지도 사람들: '앞길 막막해요'〉, 《동아일보》, 1993년 2월 3일자.

박원재, 〈난지도 '도깨비 불' 잦다〉, 《동아일보》, 1993년 2월 7일자.

이동한, 〈난지도 침출수 주변오염 '비상'〉, 《조선일보》, 1993년 10월 8일자, 29면.

〈난지도 매립지에 생태공원 조성〉, 《매일경제》, 1999년 6월 25일자.

주영민, 〈'쇳가루 고통' 인천 사월마을, 환경부 건강조사 결과에 '반발'〉, 《노컷뉴스》, 2019년 11월 19일자. https://www.nocutnews.co.kr/news/5246323

심석용, 〈그곳에선 흙이 자석에 붙는다, 사월마을 122명 '악몽의 1년'〉, 《중앙일보》, 2021년 1월 12일자. https://www.joongang.co.kr/article/23968290

이범수·박유진, 〈'수도권쓰레기매립지 종료 문제' 놓고 인천 정치권–서울시 설전〉, 《중부일보》, 2022년 10월 16일자. http://www.joongboo.com/news/articleView.html?idxno=363562093

디지털 미디어 플랫폼과 디지털 윤리학

:플랫폼 시대의 윤리적 과제를 고민하다

| 허유선 |

이 글은 글쓴이가 2023년 발표한 논문 〈디지털 미디어 플랫폼과 디지털 윤리학-디지털 미디어 플랫폼 윤리를 위한 예비적 고찰〉《《철학·사상·문화》 42, 2023)을 바탕으로, 학술대중서에 적절한 형식과 내용으로 전면 수정·보완한 것이다.

왜 디지털 미디어 플랫폼의 윤리인가?
: 새로운 기술 환경, 새로운 고민이 필요하다

인공지능이 사회 곳곳에 쓰이게 되면서, 그 사회적 영향 및 책임 논의를 다루는 '인공지능 윤리'도 이제 낯설지 않은 말이 되었다. 최근에는 챗GPT^Chat GPT^와 같은 생성형 인공지능이 널리 사용되면서, '인공지능 윤리^AI Ethics^'에서 한 발 더 나아가 '생성형 인공지능 윤리^Generative AI Ethics^'라는 말까지 쓰이게 되었다.

그렇다면 생성형 인공지능은 무엇이고, 생성형 인공지능 윤리에서 주로 어떤 문제가 이야기될까? 생성형 인공지능은 인간의 텍스트 명령을 기반으로 "이용자의 특정 요구에 따라 결과를 능동적으로 생성해 내는 인공지능 기술"을 의미한다.[1] 텍스트, 이미지, 음악, 동영상, 소프트웨어 코드 등 다양한 콘텐츠를 생성할 수 있으며, 앞으로는 신약 개발, 신소재 관리, 칩 설계, 합성 데이터 생성, 부품 개발 등에도 활용될 것으로 기대된다.[2]

그러나 생성형 인공지능에 대한 기대와 낙관적 전망만큼 우려도 함께 따른다. 예를 들어, 미국 대학에서 학생들이 챗GPT로 과제를 작성하는 것을 둘러싼 문제를 살펴보자.[3] 학생이 활용한 정보의 출처와 신뢰도를 보장하기 어렵고, 과제의 표절 여부를 판별하기도 쉽지 않다. 또한

---

1   양지훈 · 윤상혁, 〈ChatGPT를 넘어 생성형(Generative) AI 시대로: 미디어 · 콘텐츠 생성형 AI 서비스 사례와 경쟁력 확보 방안〉, 《미디어 이슈 & 트렌드》 55-3, 2023, 65쪽.

2   Jackie Wiles, "Beyond ChatGPT: The Future of Generative AI for Enterprises", *Gartner*, 2023. 01. 26. https://www.gartner.com/en/articles/beyond-chatgpt-the-future-of-generative-ai-for-enterprises

3   이주영, 〈챗GPT에 대응 나선 美 대학...적응하거나 금지하거나〉, 《AI Times》, 2023년 1월 17일자. https://www.aitimes.com/news/articleView.html?idxno=149001

과제에 대해 스스로 생각하여 결론을 도출해 내는 교육적 효과가 약화될 위험이 있다. 게다가 생성형 인공지능의 학습에 활용된 자료가 개인의 민감한 정보이거나 다른 사람의 법적 권리를 침해하는 것일 수도 있다. 나아가 악의적인 정보 조작을 위해 이용될 가능성도 크다.

이처럼 생성형 인공지능의 윤리적 문제로 가장 자주 지적되는 것은 저작권 침해, 정보의 진실성 확보, 딥페이크 등을 악용한 허위조작정보의 확산이다. 나아가 생성형 인공지능이 기존의 차별을 반복하거나 강화하는 편향성bias과 공정성 문제도 중요한 쟁점이다. 예를 들어, '의사'를 그려 달라고 하면 남성으로, '간호사'를 그려 달라고 하면 여성으로 묘사하는 식이다.

또한 인공지능의 결과물이 어떤 근거와 과정을 거쳐 나왔는지를 인간이 완전히 파악하기 어렵다는 점도 큰 문제이다. 특히 기술 비전문가인 일반 이용자의 입장에서는 관련 정보에 접근하는 것조차 쉽지 않다. 이를 인공지능의 '투명성', '설명가능성'의 문제라고 부른다. 이는 인공지능 활용 중 문제가 발생했을 때, 그 책임 소재를 불분명하게 만들며, 이용자가 결과를 비판적으로 평가하거나 수정할 수 있는 여지를 줄인다.

이러한 문제들은 생성형 인공지능의 등장과 함께 우리의 관심사가 되었지만, 사실 완전히 새로운 것은 아니다. 기존의 인공지능 윤리에서 다루었던 문제가 '생성형 인공지능'이라는 특수한 맥락에서 다시 드러난 것이라 할 수 있다.

따라서 중요한 것은 새로운 이름 자체가 아니다. 이전에도 우리는 '데이터 윤리', '로봇 윤리', '인공지능 윤리' 등 새로운 기술이 등장할 때마다 그에 따른 새로운 이름을 만들어 왔다. 그러나 진정으로 중요한 것은 새로운 이름이 아니라, 새로운 기술이 우리의 삶과 존재, 세계에 대한 이해와 실천에 근본적인 변화를 가져오는지이다. 따라서 새로운 기술에 관한 새로운 윤리 논의는 단순히 '새로운 이름 붙이기'에 그칠 수 없다. 새로운 기술이 야기하는 구체적인 문제를 다루고, 우리 시대와 사회의 맥락 속에서 해법을 모색해야 한다.

오늘날 인공지능은 개별적으로 작동하는 것이 아니라, 디지털 플랫폼이라는 맥락 속에서 작동한다. 평범한 사회 구성원이 일상에서 인공지능과 만나는 것은 대개 디지털 플랫폼을 통해서다. 아침에 일어나서 네이버로 날씨 검색을 하고 뉴스를 확인하며, 유튜브로 음악을 들으며 집을 나서서 카카오T 어플리케이션으로 택시를 부른다. 오늘 입은 옷은 쿠팡의 추천 상품 광고를 통해 구매한 것이다. 이동하는 동안에는 인스타그램으로 친구와 다이렉트 메시지를 주고받고, 다른 사람들의 게시물을 보며 하트를 누른다. 에어비엔비로 대여한 약속 장소에 도착하면 배달의민족 어플리케이션으로 배달 음식을 시켜서, 친구를 만나 음식을 먹은 브이로그 영상을 유튜브에 업로드한다.

이처럼 오늘날 우리의 행동과 의사소통은 거의 디지털 미디어 플랫폼Digital Media Platform과 함께 이루어진다. 유튜브에서 영상을 보고, 인스타그램에 사진을 올리고, 네이버에서 뉴스를 읽으며 나를 표현하거나 세계를 이해하는 매 순간마다 우리는 이미 플랫폼과 연결되어 있는 것이다. 기술과 함께 우리의 정체성과 일상이 짜여지고,[4] 정보와 함께 우리의 정체성과 일상이 짜여지듯이,[5] 이제는 디지털 미디어 플랫폼이 우리의 삶을 짜는 기본 무대가 되었다고도 말할 수 있을 것이다.

그렇다면 인공지능 윤리도 '인공지능'만이 아니라, 그것이 작동하는 플랫폼 전체의 환경과 그 사회적 영향까지 함께 고려해야 한다. 지금까

---

4 돈 아이디,《기술철학》, 김성동 옮김, 철학과현실사, 1998.
5 루치아노 플로리디,《정보철학입문》, 석기용 옮김, 필로소픽, 2022.

지는 디지털 플랫폼, 소셜 미디어, 인공지능 등이 별개의 영역에서 각각 논의되어 왔다. 그러나 이제는 이들을 하나의 큰 틀, 곧 '디지털 미디어 플랫폼'이라는 통합적인 관점에서 바라볼 필요가 있다.

이를 위해서는 디지털 미디어와 디지털 플랫폼, 그것을 움직이는 알고리즘, 데이터까지 함께 살펴봐야 한다. 이 글은 이러한 문제의식에서 출발한다. 먼저 디지털 플랫폼과 인공지능에 초점을 맞추어 디지털 미디어 플랫폼의 특성을 해명하고, 기존의 논의를 돌아보며, 앞으로 우리가 고민해야 할 윤리적 관점과 과제를 정리해 보고자 한다.

디지털 미디어 플랫폼이란 무엇인가?

디지털 '미디어' 플랫폼?

아직까지 우리에게 익숙한 용어는 '디지털 미디어 플랫폼'이 아니라, '디지털 플랫폼'이다. 그러나 이 단어를 통해 실제로 우리가 떠올리는 것은 구글, 네이버, 유튜브, 페이스북 같은 서비스이다. 이들은 단순한 디지털적 중개를 넘어서, 콘텐츠의 생산·유통·소비가 동시에 이루어지는 미디어적 장치로 작동한다.

그럼에도 불구하고 지금까지의 디지털 플랫폼 논의는 주로 기술적·경제적 맥락에서 이해되어 왔다. 그러나 오늘날 우리가 경험하는 디지털 플랫폼은 이미 '미디어화된 플랫폼'으로, 정보와 의미를 구성하고 사회적 관계를 조직하는 장으로 기능한다.

따라서 '디지털 플랫폼'을 '디지털 미디어 플랫폼'으로 명명하는 것은 단순한 이름의 변화가 아니라, 그 성격을 새롭게 규정하고 분석하는 출발점이기도 하다. 디지털 미디어 플랫폼이라는 이름은 디지털 플랫폼의 기술적·경제적 맥락이 사회적 의사소통, 공적 논의의 장, 그에 따른 책임의 문제로 확장됨을 보여 준다. 유튜브와 같은 영상 플랫폼, 인스타그램과 같은 소셜 네트워크 서비스, 네이버와 같은 포털은 각각 다른 기능을 수행하지만, 공통적으로 '미디어'적 성격을 통해 사회에 영향을 주며 그 권력을 형성한다.

이러한 맥락에서 학문적 논의 역시 '디지털 미디어 플랫폼'에 초점을 맞추어 이루어질 필요가 있다. 디지털 미디어 플랫폼은 "디지털 커뮤니케이션이나 미디어 서비스 또는 디지털 콘텐츠가 구현되는 환경 또는 기반, 시스템이나 서비스를 이용 가능하게 하는 토대" 혹은 "디지털 콘텐츠의 수용자가 존재하는 곳"을 뜻한다.[6] 곧, 포털 사이트, 검색 엔진, 사회관계망 서비스, 온라인 시청각미디어 서비스 등의 다양한 디지털 플랫폼이 모두 디지털 미디어 플랫폼에 속한다.

그러나 아직까지 학계에서 디지털 미디어 플랫폼에 관한 명확한 합의가 이루어진 것은 아니다. 디지털 미디어 플랫폼은 주로 디지털 플랫폼 연구와 미디어론이라는 서로 다른 영역의 연구로 다루어졌으며, 디지털 미디어 플랫폼이라는 통합적 관점에서 대상을 바라보는 연구는 많지 않았다. 한편 '디지털 미디어 플랫폼'이라는 용어를 사용하는 연구들은 "디지털 미디어 플랫폼별 뉴스 이용이 사회참여에 미치는 영향",[7] "OTT, 메타버스, 크리에이터 미디어, 3대 디지털 미디어 플랫폼에 집

---

6 이현우, 〈디지털 플랫폼의 국내외 현황과 미디어 크리에이티브 사례분석〉, 《Journal of Integrated Design Research》 18-2, 2019, 122쪽.
7 이하림·리우위항·임한·왕이·김용환, 〈디지털 미디어 플랫폼별 뉴스 이용이 사회참여에 미치는 영향: 뉴스 주제 다양성 및 뉴스 인게이지먼트의 매개효과와 상대적 경성뉴스 이용 비중의 조절된 매개효과를 중심으로〉, 《언론과학연구》 22-3, 2022.

중"[8] 등, 주로 '콘텐츠'를 강조하기 위해 이 용어를 사용한다. 또 다른 측면에서는 "4차 산업혁명의 핵심 기술 체계의 발전으로 인해 미디어 제작, 유통 소비가 디지털화되면서 기존의 미디어 산업과는 다른 인터넷 기반의 새로운 서비스와 플랫폼 등장"[9] "디지털 미디어 플랫폼하의 미디어랩 구조와 역할에 대한 연구"[10]와 같이 기존 미디어 산업의 전환 혹은 확장 선상에서 디지털 미디어 플랫폼을 이해하고 있다.

결론적으로 디지털 플랫폼의 미디어화가 갖는 사회적, 윤리적 성격을 통합적으로 논의하는 연구는 드물다. 따라서 앞으로의 논의는 디지털 미디어 플랫폼을 기술·경제적 차원과 사회·윤리적 차원을 포괄하는 개념으로 이해하고, 그 영향력과 책임을 다룰 필요가 있다. 이를 위해서는 먼저 기존에 '디지털 플랫폼'이 어떻게 정의되었는지, 어떤 특성들이 중심적으로 논의되었는지를 살펴보아야 한다. 기존 논의의 특징과 한계를 검토함으로써, 왜 우리가 '디지털 플랫폼'을 '디지털 미디어 플랫폼'으로 새롭게 규정해야 하는지, 그리고 그 과정에서 어떠한 사회적·윤리적 쟁점이 드러나는지를 좀 더 분명히 할 수 있을 것이다.

디지털 플랫폼의 규정과 특성

'디지털 미디어 플랫폼'이라는 용어는 비교적 최근에 사용되기 시작했고, 대개 '디지털 플랫폼' 논의 속에 포함되어 왔다. 아마존, 구글, 페이스북, 애플 등이 대표적인 디지털 플랫폼이다. 디지털 플랫폼은 다양

---

8 관계부처합동, 〈디지털 미디어·콘텐츠 산업혁신 및 글로벌 전략〉, 2022, 9쪽.

9 임흥순, 〈디지털 미디어 플랫폼의 미래 정책 방안 모색〉, 《한국위기관리논집》 18-6, 2022, 151쪽.

10 정두남·정인숙, 〈디지털 미디어 플랫폼 하의 미디어랩 구조와 역할에 대한 연구〉, 《한국 방송학회 세미나 및 보고서》, 한국방송학회, 2008.

한 서비스를 제공하며 점차 복잡해지고 그 기능을 확대하고 있기 때문에, 단일하고 명확한 개념으로 규정하기 어렵다.

나아가 디지털 플랫폼에 대한 규정은 단순한 사전적 정의를 넘어서는 것이다. 디지털 플랫폼을 무엇으로 정의하는지에 따라, 디지털 플랫폼이 해야 하는 것과 하지 않아야 할 것, 그 의무와 책임이 무엇인지가 달라지기 때문이다. 따라서 이 규정 자체가 하나의 실천적·정치적인 문제로 연결된다.[11]

그렇다면 지금까지 디지털 플랫폼은 어떻게 이해되어 왔을까? 일반적으로 디지털 플랫폼에 대한 규정은 기술적 토대에서 출발한다. 그런 의미에서 디지털 플랫폼은 "소비자, 광고주, 서비스 제공자, 생산자, 공급자, 물리적 객체 등 서로 다른 복수의 집단이 교류하는 디지털 인프라 구조"이다.[12] 곧, 정보통신기술ICT을 기반으로 주체와 객체를 연결하는 매개자 혹은 매개체인 것이다. 그러므로 다양한 이해관계자의 네트워크가 형성되며, 이를 위해 "운영체제OS, 프로그램 언어 관련 라이브러리 또는 그래픽 사용자 인터페이스 등의 하드웨어 구조 또는 소프트웨어 체제"를 요청한다.[13]

디지털 플랫폼에 의한 연결은 주로 온라인에서 이루어진다. 그래서 디지털 플랫폼은 '온라인 플랫폼online platform'으로도 불린다. OECD는 온라인 플랫폼을 "인터넷을 통한 서비스에서 상호작용하는 2개 이상의

---

11 Tarleton Gillespie, "The politics of 'platforms'," *New Media & Society* 12(3), 2010, pp. 347-364; 박선희, 〈플랫폼의 전유와 저항: 배달플랫폼 노동과 AI 노동의 사회적 구성〉, 《언론과 사회》 28-4, 2020.

12 닉 서르닉, 《플랫폼 자본주의》, 심성보 옮김, 킹콩북, 2020, 49쪽.

13 강형구·강창모·전성민, 〈온라인 플랫폼의 분류 프레임워크: 국내 플랫폼 사례연구를 중심으로〉, 《정보시스템연구》 31-1, 2022, 59쪽.

구분되지만 상호의존적인 사용자(개인이나 법인) 그룹 간의 상호작용을 촉진하는 디지털 서비스"로 정의한다.[14]

이러한 규정은 플랫폼의 기술적 특성과 중개자intermediaries 역할을 강조하지만, 동시에 플랫폼의 정치적 특성을 포착하지 못한다는 한계가 있다. 실제로 디지털 플랫폼은 단순한 중개자를 넘어선다. 플랫폼은 이용자들의 거래 및 교류의 장場을 만들어 낸다. 동시에 이용 규칙을 설정함으로써, 참여자들의 활동을 관리하고 규제한다. 따라서 플랫폼은 이용자에 대한 비대칭적인 권력관계를 형성한다.[15] 플랫폼은 결코 중립적인 도구나 공간이 아니며, 그 자체로 영향력을 발휘하여 이용자의 행동 및 관계 방식을 규제하는 적극적 행위자이다. 이런 점에서 디지털 플랫폼은 정치적 성격을 지닌다.

이러한 위계 관계는 플랫폼과 이용자들 사이에서만 찾아볼 수 있는 것이 아니다. 플랫폼들 간의 관계에서도 위계적 질서가 형성된다. 강형구 등은 디지털 플랫폼을 운영체계와 인프라, 콘텐츠·서비스 영역으로 구분하며, 운영체계 플랫폼을 '최상위 플랫폼'으로 분류한다.[16] 여기서 플랫폼은 유튜브와 같은 콘텐츠/서비스 플랫폼, 최종 사용자에게 필요한 서비스와 콘텐츠에 대한 게이트웨이를 제공하는 메타 정보 플랫폼(검색 엔진 등), 응용소프트웨어인 어플리케이션을 배포하는 앱스토어 플랫폼, 안드로이드·크롬 등 컴퓨터 시스템 운영체계 플랫폼, 구글 클

---

14 OECD, *An Introduction to Online Platforms and Their Role in the Digital Transformation*, 2019. https://www.oecd-ilibrary.org/science-and-technology/an-introduction-to-online-platforms-and-their-role-in-the-digital-transformation_19e6a0f0-en

15 정인석, 〈디지털 플랫폼의 규제거버넌스〉, 《산업조직연구》 30-4, 2022, 80쪽.

16 강형구·강창모·전성민, 〈온라인 플랫폼의 분류 프레임워크: 국내 플랫폼 사례연구를 중심으로〉.

라우드 등 컴퓨팅 시스템 리소스를 제공하는 인프라 플랫폼으로 구분된다.[17] 이러한 위계 속에서 하위 플랫폼은 상위 플랫폼에 종속되며, 서비스 제공자와 이용자는 필연적으로 운영체계 플랫폼의 규칙과 조건을 따르게 된다. 예를 들어, 페이스북은 애플과 구글의 운영체계 내에서 서비스를 제공하고 있기 때문에, 구글과 애플의 운영 표준에 따라 서비스를 조정해야 한다.[18] 이는 거대 플랫폼이 단순한 하나의 서비스 기업이 아니라, 나머지 전체 플랫폼에 강력한 영향력을 발휘하는 "플랫폼의 플랫폼"으로 기능함을 보여 준다.[19]

위계적 구조와 더불어 플랫폼 권력을 강화하는 또 다른 메커니즘은 네트워크 효과이다. 네트워크 효과란 한 이용자의 효용이 다른 이용자에게 직간접적인 영향을 미치는 것이다.[20] 특정 플랫폼의 이용자가 많아질수록 그 가치가 더욱 커지며, 이는 다시 새로운 이용자를 끌어들인다. 페이스북은 이 효과를 가장 잘 보여 주는 사례다. 초기 이용자가 늘어나자 더 많은 사람들이 가입했고, 결국 전 세계적으로 압도적인 네트워크를 구축할 수 있었다.

그 결과는 플랫폼의 독과점화, 플랫폼 집중화 현상으로 이어진다. 거대 디지털 플랫폼은 이용자들에게 서비스를 무료로 제공하고 이용자의 데이터를 수집하여 광고 수익을 얻는데, 네트워크 효과로 인해 특정 디

---

17 강형구·강창모·전성민, 〈온라인 플랫폼의 분류 프레임워크: 국내 플랫폼 사례연구를 중심으로〉, 67~69쪽.

18 강형구·강창모·전성민, 〈온라인 플랫폼의 분류 프레임워크: 국내 플랫폼 사례연구를 중심으로〉, 71쪽.

19 강형구·강창모·전성민, 〈온라인 플랫폼의 분류 프레임워크: 국내 플랫폼 사례연구를 중심으로〉, 70쪽.

20 Carl Shapiro and Hal R. Varian, *Information Rules: A Strategic Guide to the Network Economy*, Harvard Business School Press, 1999.

지털 플랫폼으로 데이터, 광고 수익 등이 집중되면 이로부터 다시 새로운 서비스를 개발할 수 있다. 그로 인해 거대 디지털 플랫폼은 많은 이용자, 데이터, 광고 수익 등을 얻게 되며 다시 더 많은 이용자가 해당 플랫폼으로 쏠리고 더 많은 시간을 머물게 된다. 이는 다른 사업자에게 진입 장벽으로 작용한다. 결과적으로 시장은 몇몇 거대 플랫폼으로 수렴하고, 권력은 소수 기업에 집중된다.

결론적으로, 디지털 플랫폼은 단순한 기술적 연결 장치나 중개자의 역할로만 설명될 수 없다. 디지털 플랫폼은 모두에게 개방된 평등한 장처럼 보이지만 실상은 그렇지 않다. 디지털 플랫폼은 디지털 상호작용이 일어나는 모든 곳에서 작용하며, 이용자 사이에 위치하고, 그들의 활동이 일어나는 토대를 점유하기 때문에 '특권적 영향력'을 지닌다.[21] 예를 들어, 구글, 안드로이드 등 운영체계 제공 플랫폼의 의사 결정은 이들을 활용하는 기타 플랫폼과 참여자의 의사소통 및 행위를 제한한다. 이러한 특성은 디지털 플랫폼이 사회적·정치적 장치이자 '미디어 권력'으로 작동한다는 점을 분명히 보여 준다.

소셜 미디어와 디지털 플랫폼

디지털 플랫폼과 온라인 플랫폼이 거의 동의어처럼 쓰이듯, 소셜 미디어 역시 종종 디지털 플랫폼과 같은 의미로 이해된다. 한국언론진흥재단의 〈2021 소셜 미디어 이용자 조사〉는 소셜 미디어를 "사람들의 의견, 생각, 경험, 관점, 정보 등을 서로 공유하기 위해 사용하는 서비스나 플랫폼'으로 정의"하고, 카카오톡, 유튜브, 네이버 블로그 및 카페, 트위

---

21 닉 서르닉, 《플랫폼 자본주의》, 50~53쪽.

터, 인스타그램, 페이스북, 아프리카 TV 등, 우리가 일상에서 자주 사용하는 대부분의 디지털 플랫폼을 포함하였다.[22]

그러나 '소셜 미디어Social Media' 혹은 '소셜 미디어 플랫폼Social Media Platform'이라는 용어에 대한 보편적 규정, 합의가 있다고 보기는 어렵다. 첫째, 소셜 미디어는 개인용 컴퓨터, 어플리케이션, 모바일 기반 플랫폼 등의 다양한 개별 기술이 결합한 산물이기 때문이다. 따라서 활용되는 개별 기술에 따라 그 명칭과 개념 역시 유동적이다. 둘째, '소셜(사회적)'이라는 단어의 의미를 고려할 때 소셜 미디어는 기존의 매체들, 곧 전화, 팩스, 이메일 등과 본질적으로 다르지 않다. 기존의 매체 역시 사회적 관계와 의사소통에 기여하기 때문이다.

그럼에도 오바Jonathan Obar와 와일드먼Steven Wildman은 관련 문헌을 종합하여 '소셜 미디어'의 핵심 특징을 네 가지로 정리한다. 첫째, 소셜 미디어 서비스는 (현재) 웹 2.0 기반의 어플리케이션이다. 웹 2.0은 이용자의 상호작용 및 연결 방식을 근본적으로 바꾸어, 이용자가 자신을 단순한 콘텐츠 소비자가 아니라 적극적인 생산자이자 참여자로 인식하게 하였다. 콘텐츠 생산의 과정 전반에 걸쳐, 이용자가 스스로 창조하고, 상호작용하고 협업하고 공유할 수 있도록 설계된 것이다. 둘째, 이용자 생성 콘텐츠가 핵심이다. 셋째, 이용자 및 이용자 집단을 특정화하는 개인정보가 요구되며 이용자의 행동이 기록된다. 요청되는 이용자 특정화 정보, 기록의 축적, 저장, 보관 등은 각기 다른 정책에 따른다. 넷째, 개인과 집단들을 연결함으로써 온라인 소셜 네트워크의 발전을 촉진한다.[23]

---

22 한국언론진흥재단, 《2021 소셜 미디어 이용자 조사》, 2021, 16쪽.

23 Jonathan A. Obar and Steven Wildman, "Social media definition and the governance challenge: An introduction to the special issue", *Telecommunications Policy* 39-9, 2015, pp. 745-750.

이 네 가지 특징은 소셜 미디어가 단순한 커뮤니케이션 도구가 아니라, 디지털 플랫폼에 의해 운영되는 사회적·정치적 장치임을 시사한다. 소셜 미디어는 이용자들 간의 연결을 가능하게 하지만, 동시에 그 연결과 상호작용은 플랫폼 기업의 설계와 규칙 속에서 이루어진다. 다시 말해, 이용자의 발화와 관계 맺기는 자유롭게 보이지만, 실제로는 플랫폼의 알고리즘, 데이터 수집 정책, 광고 시장을 둘러싼 이해관계에 의해 규율된다. 따라서 소셜 미디어의 사회적 의미는 단순히 이용자 간 상호작용에 있지 않고, 그 상호작용이 어떻게 배치·통제되는가라는 플랫폼 권력과 불가분하게 얽혀 있다.

그러나 초기의 소셜 미디어론은 주로 개인의 참여 확대 등 사회적 상호작용성에 초점을 맞췄다.[24] 이는 소셜 미디어의 상호작용이 실제로는 '플랫폼'을 통해 운영된다는 점, 그리고 상호작용의 힘이 플랫폼을 소유한 특정 기업 및 기술적 요인에 의해 배치·통제·집중된다는 점을 충분히 고려하지 못한 것이다. 실제로 페이스북은 '좋아요'와 댓글, 공유 기능 등을 통해 이용자 참여를 강조하지만, 동시에 이러한 상호작용 데이터를 수집하여 개인 맞춤형 광고를 위한 핵심 자원으로 활용하였다. 유튜브나 인스타그램의 알고리즘 추천 시스템은 개인의 선호를 단순히 반영하는 것이 아니라, 오히려 알고리즘이 추천한 순서에 따라 개인의 선호가 형성되고 강화된다.

이처럼 소셜 미디어는 단순히 이용자의 자유로운 참여 공간이 아니라, 기업의 플랫폼 설계 및 이해관계에 의해 규율되는 장치이다. 따라서

---

24 Philip M. Napoli, "Social Media and the Public Interest: Governance of News Platforms in the Realm of Individual and Algorithmic Gatekeepers", *Telecommunications Policy* 39-9, 2014, pp. 751-760.

소셜 미디어에 대한 이해는 개인의 참여와 상호작용을 넘어, 플랫폼 구조와 그로부터 파생되는 사회적 영향까지로 확장되어야 한다. 여기에는 개인정보의 불투명한 수집·활용, 알고리즘 편향, 허위조작정보와 여론 조작 등과 같은 윤리적·정치적 문제가 포함된다.

인공지능과 디지털 플랫폼

앞서 살펴본 소셜 미디어의 규율은 단순히 기업의 정책만으로 작동하는 것이 아니다. 그 이면에는 광고, 맞춤형 추천, 검색 최적화 등으로 플랫폼을 움직이는 핵심 동력, 곧 인공지능 기술이 자리하고 있다. 그러므로 플랫폼의 영향과 문제를 이해하기 위해서는 인공지능의 특성을 파악하는 것이 필수적이다.

우리가 흔히 인공지능이라 부르는 것은 엄밀히 말해 '인공지능 시스템'이다. 인공지능 시스템은 인간이 규정한 목적에 따르는 기계 기반의 자동화된 행위자이다. 인공지능 시스템은 인간의 목적에 따라, 인간에 의해 설계된 소프트웨어 시스템(하드웨어를 포함할 수 있다)을 기반으로, 데이터를 받아들이고 내부적으로 분석하여 외부 환경에 영향을 주는 행위를 수행한다. 이 과정에서 시스템은 내적 작동 논리에 따라 데이터를 분석하고 추론하여 현실적(예: 물리적, 사회적, 정신적) 혹은 가상적(예: 디지털 게임 등) 환경에 영향을 미치는 행위(예측, 권고, 의사 결정 등)를 수행한다.[25]

그러나 '인공지능'이라는 용어는 이를 단일한 대상처럼 보이게 만든다. 실제로 인공지능은 하나의 기술이 아니라, 여러 기술이 결합된 복합

---

25   허유선·이연희·심지원, 〈왜 윤리인가: 현대 인공지능 윤리 논의의 조망, 그 특징과 한계〉, 《인간·환경·미래》 24, 2020, 182쪽.

적 시스템이다. '시스템'으로 인공지능을 이해할 때, 이는 그와 관련된 사람들을 드러낸다. 겉으로는 기술이 강조되어 잘 인지되지 않지만, 복합적 시스템을 만들기 위해서는 반드시 사람이 필요하다. 인공지능 시스템 설립과 운영에 관여하는 사람들, 그리고 이 시스템을 만들고 활용하는 각 단계마다 영향을 받는 광범위한 인간이 존재한다. 따라서 인공지능 시스템 및 서비스의 기획부터 폐기에 이르기까지, 기술의 전체 생애주기 단계마다 인간이 개입하고 영향을 준다. 동시에 그 과정에서 인간 역시 인공지능 시스템의 작동에 영향을 받는다. 또한 동일한 기술 제품 및 서비스라 하더라도, 그것이 도입되고 운영되는 문화적·정치적·경제적 조건이 다를 때 기술은 다르게 사용된다. 따라서 인공지능 시스템은 결코 중립적이거나 객관적인 기술이 아니다. 이는 언제나 역사적, 문화적, 사회적 맥락 속에서 형성되는 사회적 산물이다.

그런데 인공지능 시스템의 기술적 특징은 인간이 이 시스템을 충분히 통제하기 어렵게 만든다. 이것을 소위 인공지능의 '자율성Autonomy'이라고 부른다. 인공지능의 자율성은 알고리즘의 기계학습을 통해 고도화된 자동화라는 특성에 근거한다. 고도의 자동화란 미리 입력된 프로그램에 따라서 작동하고, 스스로 그 움직임을 변경할 수 없는 과거의 단순한 자동화와 달리, 환경의 변화를 알아차리고 그에 따라 스스로의 작동을 변경할 수 있다는 뜻이다.[26] 그러나 이는 인간의 학습이나 추론 방식과 동일하지 않다. 오늘날 인공지능은 인공신경망 기반의 기계학습으로 작동하는데, 그 구조가 매우 복잡하여 최종 출력에 이르기까지 무엇이 어떻게 영향을 주었는지 정확하게 밝히기 어렵다. 이것이 바로 알고

---

26 신상규, 〈인공지능은 자율적 도덕행위자일 수 있는가?〉, 《철학》 132, 2017, 273쪽.

리즘 불투명성Opacity이다. 그 결과, 인간이 그 작동 근거 및 귀결을 충분히 이해하거나 예측하기 어렵고, 이로 인해 인간 책임의 회피 및 공백이 발생할 수 있다.

이러한 인공지능의 특성은 철학과 윤리학에서 오랫동안 전제해 온 '책임Responsibility' 개념을 다시 생각하게 만든다. 전통적으로 도덕적 책임은 자유의지를 갖는 도덕적 행위자moral agent로서 개인the individual에게 속한다. 개별 행위자가 그 자신의 자유의지로 행위를 야기한 것, 곧 행위의 원인이기 때문에, 그 결과로서 행위의 책임도 해당 행위자에게 돌아간다는 것이다. 그러나 인공지능의 자율성과 불투명성은 인간 행위자가 인공지능과 관련된 행위를 의도대로 전적으로 통제하거나 예상하기 어렵게 만든다. 더욱이 오늘날 인공지능 시스템은 수많은 기술이 결합되어, 수많은 인간 행위자가 얽혀 있기 때문에 특정 결과의 원인이 무엇인지 정확하게 밝혀내기가 어렵다. 이로 인해 책임이 흩어지거나 아예 회피될 수 있다.

더욱이 이러한 개념, 기술 및 그 작업 과정의 구조를 알고, 그에 비례하는 책임을 실제로 인지할 수 있는 사람은 대개 기술기업 내부의 이해관계자들이다. 반대로 도덕적 혹은 법적 책임 문제에 주목하는 학계나 시민사회는 기술의 복잡성, 영업 비밀, 재산권 등의 제약으로 인해 기술 개발의 과정 및 핵심 정보에 접근하기 어렵다. 예를 들어, 오픈AIOpenAI가 챗GPT 4를 공개하면서도 보안과 기업 경쟁력을 이유로 학습 데이터, 에너지 비용 등의 구체적인 정보를 공개하지 않은 점은 이러한 정보 비대칭을 잘 보여 준다.[27]

---

27 James Vincent, "OpenAI co-founder on company's past approach to openly sharing research: 'We were wrong'", *The Verge*, 2023. 05. 16. https://www.theverge.com/2023/3 /15/23640180/

바로 이 지점에서 인공지능은 디지털 플랫폼과 긴밀히 결합하여 새로운 형태의 사회적 힘을 행사한다. 추천, 검색, 광고 알고리즘은 단순히 정보를 중개하는 것이 아니라, 정보의 우선순위를 재구성하고 사회적 의제를 배치하는 '미디어적 기능'을 수행한다. 문제는 이러한 결정이 윤리적 기준이나 사회적 합의에 따른 것이 아니라, 상업적 목적과 불투명한 시스템에 의해 좌우된다는 점이다. 이로 인해 인공지능 기반 디지털 플랫폼의 사회적·정치적 영향력의 구조 및 작동은 한층 복잡해지고, 그 책임 논의는 한층 더욱 어려워진다.

그러나 인공지능이 자율성과 불투명성을 갖는다고 해서, 인공지능 시스템에 대한 인간의 개입 및 영향력이 사라지는 것은 아니다. 무엇보다 인공지능 시스템의 목적 설정, 훈련데이터 선별, 알고리즘 설계는 여전히 인간의 결정과 행위에 따라 이루어진다. 따라서 현재 기술 수준에서 인공지능의 자율성과 불투명성이 인간 혹은 플랫폼 기업의 책임을 면제하는 근거가 될 수는 없다. 오히려 플랫폼 기업이 기술적 특징을 구실로 삼아 투명한 정보 공개와 책임을 회피하는 것은 아닌지 비판적으로 검토할 필요가 있다.

디지털 플랫폼에서 디지털 미디어 플랫폼으로

오늘날 디지털 플랫폼은 스스로를 단순한 중개자로 규정한다. 콘텐츠를 직접 생산하지 않고, 그 교류 도구 및 장소를 빌려주는 역할로 한정된다는 것이다. 자연스럽게 그 책임 역시 제한적인 것이 된다. 그러나 디지털 플랫폼의 실제적 역할과 영향력을 고려할 때, 디지털 플랫폼은

openai-gpt-4-launch-closed-research-ilya-sutskever-interview

이미 '미디어화'되었다고 할 수 있다. 이를 세 가지 측면에서 살펴볼 수 있다.

첫째, 디지털 플랫폼은 넓은 의미에서 이미 미디어이다. 넓은 의미에서의 '미디어'란 매개이자 환경, 인프라의 의미를 포함한다. 플랫폼은 매개·중개의 역할을 하며, "플랫폼 역시 다양한 사람들과 테크놀로지, 콘텐츠와 물질들을 매개하는 미디어"로 고려되어야 한다.[28] 그러나 이때 미디어는 단지 통로가 되는 매개자나 매개체 혹은 연결 수단에 그치지 않으며, 특정한 영역과 분야에만 영향을 미치는 것도 아니다. 플랫폼은 교육, 정치, 문화, 노동 등 다수의 영역을 동시에 매개하며, 사회적 관계와 상호작용의 조건을 형성한다.

현재 한국 사회에서 디지털 플랫폼과 분리되어 살아가는 사람은 드물다고 해도 과언이 아닐 것이다. 대부분의 사람들은 자의이든 타의에 의해서든 '카카오톡, 유튜브, 네이버 카페, 인스타그램, 네이버 밴드, 페이스북, 블로그, 다음 카페, 카카오 스토리, 트위터' 중 하나는 사용하고 있을 것이다. 이들은 〈2021 소셜 미디어 이용자 조사〉(한국언론진흥재단)의 상위권 10개를 순서대로 나열한 것이다. 해당 조사에서 카카오톡은 97.2퍼센트의 이용률, 유튜브는 86.5퍼센트의 이용률을 보였다. 오늘날 공공기관의 알림 역시 카카오톡으로 전달된다는 사실을 생각하면, 대한민국에서 살아가면서 열거된 플랫폼에서 벗어나기는 쉽지 않다. 이제 디지털 플랫폼은 개인이 그 선택 여부를 자의적으로 선택하기 어려운 일종의 사회적 인프라이자 환경으로서 미디어라 할 수 있다. 이러한 미디어적 성격은 단순히 매개에 머무르지 않고, 플랫폼이 스스로 콘텐

---

28 박선희, 〈플랫폼의 전유와 저항: 배달플랫폼 노동과 AI 노동의 사회적 구성〉, 13쪽.

츠의 유통 과정을 관리하고 조정하는 편집 절차를 밟는다는 점에서도 확인할 수 있다.

둘째, 유튜브와 같은 디지털 플랫폼은 전통적인 미디어 편집자의 역할을 수행한다.[29] 예를 들어, 유튜브는 '콘텐츠 조정'을 통해 콘텐츠를 관리·감독하는데, 콘텐츠 조정이란 기업이 콘텐츠를 검토, 평가, 승인, 게시 거부 등을 할 수 있다는 것이다. 따라서 유튜브는 전통적 미디어와 마찬가지로 편집 절차를 수행하는 셈이다. 특히 유튜브는 자체 정책에 따라 콘텐츠를 검토하고, 게시 중지 및 계정 폐쇄 등을 결정할 수 있는데, 이는 이용자 행동에 영향을 미치는 가장 효과적인 제어 방식이다.

더 큰 문제는 이러한 편집자적 역할이 인공지능 시스템, 곧 자동화된 알고리즘에 의해 이루어진다는 것이다. 콘텐츠의 추천·노출·삭제가 인공지능에 의해 조정되면서, 그 과정과 근거는 불투명해지고, 일반 이용자가 이에 대해 문제를 알아차리거나 이의를 제기하기는 갈수록 어려워진다. 결국 플랫폼은 실질적으로 편집 권력을 행사하면서도, 그 영향력은 은폐되고 책임 소재는 모호해진다. 따라서 전통적 미디어의 역할을 보이지 않는 방식으로 수행하는 알고리즘 기반 디지털 플랫폼의 사회적 영향력과 책임은 더욱 세밀하고 엄밀하게 논의될 필요가 있다.

셋째, 이러한 특성들은 디지털 플랫폼이 사회적 담론과 여론 형성의 중심에 놓여 있음을 보여 준다. 디지털 플랫폼은 단순한 연결 통로가 아니라, 다양한 이용자들이 조우하고 교류하는 공적 담론장으로 이해되어

---

[29] Terry Flew, Fiona Martin, Nicolas Suzor, "Internet regulation as media policy: Rethinking the question of digital communication platform governance," *Journal of Digital Media & Policy* 10-1, 2019, pp. 33-50.

야 한다.[30] 한국언론진흥재단의 〈2021 소셜 미디어 이용자 조사〉에 따르면, 한국의 소셜 미디어 이용자는 포털, 소셜 미디어, 인터넷 신문 등 다양한 디지털 플랫폼을 통해 여론 형성에 영향을 받는다고 밝혔다. 여론 형성에 있어 여전히 TV의 영향력이 가장 고평가되었지만, 그다음으로는 인터넷 포털의 영향력이 컸으며, TV를 제외한 라디오와 종이 신문 같은 전통적 미디어의 영향력은 디지털 플랫폼 활용보다 더 낮게 평가되었다. 이는 사회 내 의제 설정 과정의 중심이 전통적 미디어 산업에서 디지털 플랫폼으로 이동했음을 보여 준다.[31]

그러므로 디지털 플랫폼은 더 이상 중립적 매개자로 간주될 수 없다. 이는 미디어화된 디지털 미디어 플랫폼으로서, 곧 사회적 가치와 권력이 반영되고 재구성되는 기술 기반 환경이자 인프라로 재규정되어야 한다. 바로 이러한 관점에서 디지털 플랫폼을 '디지털 미디어 플랫폼'으로 재규정하고, 그 사회적·윤리적 문제와 책임을 본격적으로 논의할 필요가 있다.

디지털 미디어 플랫폼을 둘러싼 사회적 책임 논의

그렇다면 이들을 어떻게 논의할 것인가? 지금까지의 논의는 크게 세 가지 영역—미디어 윤리, 디지털 플랫폼 규제, 인공지능 윤리—에서 각기 따로 이루어졌다.

---

30 Tarleton Gillespie, "The politics of 'platforms'," *New Media & Society* 12(3), 2010, pp. 347-364.
31 한국언론진흥재단, 《2021 소셜 미디어 이용자 조사》, 18~19쪽.

미디어 윤리|Media Ethics

디지털 미디어 플랫폼의 사회적·윤리적 쟁점은 전통적인 미디어 윤리의 틀 속에서 이해될 수 있다. 디지털 미디어 플랫폼은 전통적인 미디어, 곧 우리 자신을 표현하거나 정보를 생산, 전달하는 기능 또한 수행하기 때문이다.

그런데 미디어 윤리는 두 가지 의미로 이해된다. 좁은 의미에서 '미디어 윤리'는 정보를 생산, 전달하는 언론(매체)의 윤리이다. 이 경우 미디어 윤리는 미디어의 공적 가치와 책무가 있음을 전제하고, 언론인의 직무 행위가 윤리적이어야 한다는 의미이다.[32] 이는 실용적 차원에서 요청되는 전문가 윤리, 직업윤리에 속한다고 할 수 있다. 같은 맥락에서 언론 미디어, 저널리즘의 행동 양식과 관행에 대한 윤리적 성찰을 의미하기도 한다.[33]

곧, 미디어 윤리는 윤리적 관점을 언론 미디어 영역에 응용한 것이라 할 수 있다. 진실성, 공정성, 프라이버시, 선정성, 폭력, 표현의 자유와 검열 등 미디어 윤리의 전통적 쟁점은 오늘날 유튜브와 같은 플랫폼에서 발생하는 허위조작정보(가짜뉴스), 혐오 발언, 선정성 및 폭력 등의 문제에도 그대로 적용된다.

그러나 디지털 미디어 플랫폼의 윤리를 단순히 기존 언론 윤리의 적용으로만 보기에는 한계가 있다. 더 넓은 차원에서 미디어 윤리는 매개 및 매체 전반의 가치와 의미에 관한 논의이기 때문이다. 이러한 차원에서 디지털 미디어 플랫폼은 인터넷, 빅데이터 등의 디지털 기술과 함께

---

32 끌로드 장 베르트랑,《다매체 시대 미디어 윤리의 실천》, 변동현 옮김, 커뮤니케이션북스, 2006, 27쪽.

33 매튜 키이란,《미디어 윤리 철학적 접근》, 김유란 옮김, 씨아이알, 2018, 13쪽.

새로이 부상한 미디어Emerging Media로서 그 존재 자체가 논의 대상이 된다.[34] '이머징 미디어로서 디지털 미디어 플랫폼은 무엇이며, 나아가 무엇이 되어야 하는가?'와 같이 존재의 특징과 의무에 관해 논하게 되는 것이다. 이러한 논의는 전통적 미디어의 규범을 변형·응용하는 것을 넘어서 지각, 감정, 경험, 상징성, 시간성 등 다양한 차원의 논의를 포함할 수 있다.

오늘날 디지털 미디어 플랫폼은 단순히 전통적인 언론 미디어의 새로운 확장판으로만 간주될 수 없다. 새로운 기술매체가 야기하는 효과 및 사회적 변화가 매우 크고 전면적이기 때문이다. 이들은 사회적 경험과 질서를 재구성한다. 따라서 디지털 미디어 플랫폼의 윤리 논의는 좁은 의미의 미디어 윤리를 적용하는 데 그치지 않고, 새로운 매체의 존재와 그로 인한 사회적 경험·질서의 변화를 포괄하는 성찰로 확장되어야 한다.

플랫폼과 소셜 미디어 규제

디지털 미디어 플랫폼에 대한 규제 역시 디지털 미디어 플랫폼에 대한 사회적 책임 논의에 속한다. 이러한 규제는 크게 디지털 플랫폼 규제와 소셜 미디어 거버넌스로 나뉘어 발전해 왔다. 전자는 경제적 측면에서 디지털 플랫폼에 대한 사업자 규제에 초점을 맞추고, 후자는 미디어 규제의 연속선상으로 이해할 수 있다.

'디지털 미디어 플랫폼'이라는 단일한 명칭 아래에서의 규제는 비교적 최근에야 본격화되었다. 디지털 미디어 플랫폼의 종류와 역할이 너

---

[34] Juliet Floyd and James E. Katz eds., *Philosophy of Emerging Media: Understanding, Appreciation, Application*, Oxford University Press, 2016, pp. 1-3.

무 다양해서 하나의 규제 방식으로 다루기 어려웠기 때문이다. 따라서 기존 논의는 플랫폼이 제공하는 서비스의 특성과 쟁점에 따라 개별적으로 진행되었다. 또한 대형 디지털 플랫폼이 미디어의 역할을 하면서도 스스로 미디어로 규정되는 것을 피하였기 때문에, 이들을 기존의 미디어 규제 틀에 포함하는 것이 어려웠다.

경제적 측면에서 디지털 플랫폼 규제는 2015년부터 본격화되었다. 핵심은 데이터를 매개로 디지털 시장에서 가장 강력한 영향력을 끼치는 디지털 플랫폼 사업자에 대한 규제에 있다. 주로 반反독점, 불공정거래 방지, 소비자 보호에 초점을 맞춘다. 거대 플랫폼으로 데이터가 집중되면 공정한 경쟁이 어려워지고, 소비자는 서비스 이용을 대가로 과도한 개인정보 제공을 요구받을 수 있다. 데이터에 대한 통제력은 시장 지배력과 진입 장벽을 결정하는 핵심적 요인이 된다. 이러한 문제의식 속에서 유럽연합의 「개인정보보호법General Data Protection Regulation: GDPR」과 같은 개인정보 보호, 저작권 보호, 그에 관한 책임 절차가 강조되었다. 더불어 거대한 플랫폼 소유 회사가 시민의 데이터를 광범위하게 확보하여 기술 자본이 시민을 통제하는 힘이 강화될 가능성이 지적되었다. 또한 소비자의 합리적 선택을 위한 공정한 정보 비교 서비스 제공 역시 중요한 문제로 다루어졌다.[35]

한편 소셜 미디어 거버넌스의 규제 의제는 프라이버시, 표현의 자유, 지적재산권, 신뢰 약화, 정부 감시, 고용주에 의한 고용인 감시, 아이와 노령자의 보호, 소비자 보호 등으로 정리된다.[36] 유럽연합은 일찍이 공

---

[35] 최창수, 〈디지털 플랫폼에 대한 주요국 규제체계의 비교법 연구－독점규제법을 중심으로－〉, 《저스티스》 177, 한국법학원, 2020.

[36] Laura DeNardis and Andrea M. Hackl, "Internet governance by social media platforms,"

적 서비스로서 소셜 미디어의 가치를 인정하면서, 데이터 투명성을 강화하고, 장애가 있는 사람들의 접근성을 보장하고, 해로운 콘텐츠로부터 이용자를 보호하고, 이용자가 그들의 권리와 자유를 실행할 환경을 제공할 것을 권고하였다.[37] 마찬가지로, OECD는《정부를 위한 소셜 미디어 사용》(2014)에서 소셜 미디어의 존재와 활용은 더 이상 개인적 선택의 문제가 아니며, 개인과 이익집단, 정치인, 정부 기관에까지 광범위한 영향을 끼친다고 지적하였다.[38]

이처럼 플랫폼 규제 논의는 개인정보 보호, 소비자 권익, 공정 경쟁 문제를 넘어서, 플랫폼 환경 속에서 시민의 권리를 어떻게 보장하고 확대할 것인가라는 문제와 직결된다. 따라서 이는 새로운 기술 매개 환경 속에서 추구해야 할 시민적 가치와 실현 방법에 대한 논의로 확장될 수밖에 없다.

인공지능 윤리AI Ethics

이제 디지털 미디어 플랫폼을 뒷받침하는 기술인 인공지능의 윤리적 과제를 살펴보자. 오늘날 대표적인 플랫폼인 유튜브, 페이스북, 아마존 등은 여러 가지 사회적 문제와 얽혀 있다. 알고리즘이 기존의 차별을 반

Telecommunications Policy 39-9, 2015, pp. 761-770.

[37] Council of Europe, *Public service media governance: Looking to the future. Report prepared for the First Council of Europe Conference of Ministers Responsible for Media and New Communication Services*, 2009. http://www.coe.int/t/dghl/standardsetting/media/doc/PSMgovernance_en.pdf; Council of Europe, *Recommendation CM/Rec(2012)4 of the Committee of Ministers to member states on the protection of human rights with regard to social networking services*, 2012. https://wcd.coe.int/ViewDoc.jsp?id=1929453

[38] Arthur Mickoleit, *Social Media Use by Governments: A Policy Primer to Discuss Trends, Identify Policy Opportunities and Guide Decision Makers*, OECD, 2014.

복하거나, 동의하지 않은 개인정보가 제3자에게 넘어가거나, 딥페이크 등을 활용한 허위조작정보가 확산되거나, 알고리즘에 의한 노동자 감시가 이루어지는 것 등이다. 그런데 이들은 '인공지능 윤리'에서 집중적으로 다루어지는 문제이기도 하다. 공공기관의 플랫폼 활용 및 사기업의 플랫폼 운영에 대한 규제 논의 역시 인공지능 기술을 중심으로 논의되고 있다.

'인공지능 윤리'는 인공지능 연구, 개발, 적용, 폐기 등 인공지능 기술의 생애주기 전체 단계와 관련된 사회적 영향, 가치와 책임 문제를 다룬다. 이는 근본적인 가치, 방향성, 원칙의 문제와 함께, 실천적 차원에서 사회, 인간의 기본권 및 근본적 자유에 인공지능이 미치는 영향을 다루고, 관련 문제들을 다룰 수 있는 틀framework과 행동 지침을 제시하는 데 초점을 맞춘다.[39]

전 세계의 '인공지능 윤리' 논의는 공통적으로 좋은 삶과 좋은 기술을 실현하기 위한 핵심 가치로서 인간적 가치 증진, 설명가능성과 투명성, 책무성, 공정성, 안전성, 프라이버시 등을 제안한다.[40] 첫째, 인공지능 기술은 인간적 가치(자유, 자율성, 인간 존엄성 등)에 부합하여, 이를 지속하고 증진하는 일에 기여해야 한다. 둘째, 프라이버시는 개인정보 보호 및 권리에 관한 문제로, 개인 데이터를 활용하는 알고리즘이 개인의 사생활을 침해할 위험 등을 논한다. 셋째, 책무성Accountability는 인공지능 시스템이 야기한 결과에 대해 누가, 무엇을, 어떤 방식으로 책임질 것인

---

39 허유선·이연희·심지원, 〈왜 윤리인가: 현대 인공지능 윤리 논의의 조망, 그 특징과 한계〉, 185쪽.

40 허유선·이연희·심지원, 〈왜 윤리인가: 현대 인공지능 윤리 논의의 조망, 그 특징과 한계〉, 177쪽.

지를 정하는 문제이다. 넷째, 공정성 혹은 비차별non-dicrimination은 인공지능 시스템의 기획과 설계 단계부터 기술 혜택의 사회적 분배에 이르기까지 공정성을 추구하고, 차별을 방지하는 것과 관련된다. 다섯째, 투명성Transparency은 설명가능성Explainability or Explicability과 함께 논의된다. 투명성과 설명가능성의 핵심은 인공지능 시스템 및 그에 기반한 의사결정이 왜, 그리고 어떻게 내려졌는지를 알 수 있도록 하는 것이다. 여섯째, 안전성은 인공지능 기술의 견고성robustness 문제와 관련된다. 인공지능 시스템은 의도치 않게 나쁜 결과를 가져올 수 있다. 따라서 인공지능 시스템 내의 오류나 불일치를 처리할 수 있을 만큼의 기술적 견고함이 요구된다.

그런데 인공지능 윤리가 실제로 주목받게 된 배경에는 실용적 필요가 자리하고 있다. 기술의 사회적 파급력, 잠재적 위험에 대한 우려, 그리고 인공지능 산업의 급격한 성장에 따른 전 세계적 대응 표준화의 요구가 맞물리면서, 인공지능 윤리의 필요성이 부각된 것이다. 그러나 이러한 흐름 속에서 인공지능 윤리는 때로 법적 규제를 피하는 수단으로 활용되거나, 기업의 이미지 제고를 위한 마케팅 전략으로 소비되기도 한다.

하지만 오늘날 우리가 마주하는 인공지능의 문제들은 기술적 필요와 산업적 요구를 넘어선다. 이들은 차별과 불평등, 개인정보와 권리, 민주주의와 권력 배치와 같은 사회 전반의 구조적·정치적 문제와 직결되어 있다. 따라서 인공지능 윤리는 개인의 양심에 관한 문제나 전문가 집단의 직업 윤리로만 머물 수 없다. 이는 공동체가 지향하는 가치, 구조적 책임, 권력 배치의 문제와 긴밀히 연결되어 있다는 점에서, 결국 우리가 인공지능 기술과 함께 어떠한 공동체를 만들 것인지를 묻는 정치적 논의이기도 하다. 따라서 인공지능 윤리는 전문가 윤리를 넘어선 모두의 윤리가 되어야 하며, 기술 윤리를 넘어 새로운 기술과 사회적 조건 전반의 관계를 성찰하는 윤리학적 연구로 확장되어야 한다.

통합적 접근의 필요성

디지털 미디어 플랫폼와 관련된 윤리적 논의는 지금까지 크게 세 갈래로 나뉘어 전개되어 왔다. 하나는 디지털 기술 기반으로 다양한 상호 거래 행위가 일어나는 디지털 플랫폼, 다른 하나는 개인이 직접 참여하며 콘텐츠를 생산하는 소셜 미디어, 마지막으로는 자동화된 알고리즘 기반의 인공지능 윤리이다. 그러나 디지털 미디어 플랫폼이 개인과 사회에 미치는 실질적인 영향을 고려할 때, 이들 각각을 분리해서 다루는 것이 아니라, 세 영역을 아우르는 통합적 관점에서의 윤리적 논의가 요청된다.

이를 위해서는 첫째, 디지털 미디어 플랫폼을 가치중립적인 도구 혹은 기술적 기반으로만 간주해서는 안 된다. 이들은 다양한 가치 및 이해관계를 반영할 뿐만 아니라, 사회 내 의미의 형성과 판단에 구조적으로 개입한다. 오늘날 플랫폼은 정보 및 뉴스의 생산, 배포, 소비의 전 과정과 이를 통한 공론 형성과 불가분의 관계이며, 이로 인해 공공public의 이해 관심과 가치 판단에 영향을 미치기 때문이다.[41] 따라서 디지털 미디어 플랫폼은 권력의 형성·작동·배분, 사회적 책임과도 긴밀하게 연결되어 있다.

둘째, 디지털 미디어 플랫폼의 사회적 여파와 책임에 대한 논의가 더욱 강조되어야 한다. 기존의 소셜 미디어 연구는 주로 개인 참여의 확대와 사회적 네트워크 강화에 주목해 왔다. 그러나 오늘날 플랫폼은 다양

41 Tarleton Gillespie, "The politics of 'platforms'," pp. 347-364.

한 기능으로 분화되는 동시에, 이를 다시 통합하는 거대 플랫폼화 경향을 보이고 있다. 이는 기존의 '소셜 미디어' 범주만으로 설명하기는 어렵다. 나아가 글로벌 미디어 플랫폼은 단지 사회적 관계의 매개체를 넘어, 전통적 언론이 담당했던 뉴스 편집 및 전달 기능까지 흡수하며 공적 담론과 가치의 큐레이터가 되고 있다. 이 과정에서 이용자와 정보가 소수의 거대 플랫폼에 집중됨으로써, 그 영향력은 더욱 막강해지는 중이다. 따라서 이와 관련한 현재적·잠재적 영향력을 면밀히 탐구하고, 디지털 미디어 플랫폼의 사회적 책임 역시 중요하게 다루어져야 한다.

셋째, 오늘날 디지털 미디어 플랫폼에 대한 윤리적 논의는 인공지능 윤리와 함께 다루어져야 한다. 그 반대의 경우도 마찬가지이다. 디지털 미디어 플랫폼은 빅데이터를 활용하는 자동화된 알고리즘 시스템인 인공지능을 기반으로 운영되고, 인공지능의 일상적 활용은 대부분 디지털 미디어 플랫폼을 통해 이루어지기 때문이다. 예를 들어, 추천 알고리즘이나 자동화된 뉴스 편집 기능은 이미 플랫폼의 핵심 기능이다. 2016년 이래 인공지능 윤리 논의는 급격히 확산되었지만, 디지털 미디어 플랫폼이라는 맥락에서 이를 상세히 다루는 연구는 여전히 많지 않다. 그러나 새로운 기술을 사회적 환경 및 구체적인 삶의 맥락에서 고찰하기 위해서는 인공지능과 디지털 미디어 플랫폼을 사회적 환경을 구성하는 행위자로서 함께 다룰 필요가 있다.

그러므로 디지털 미디어 플랫폼의 윤리학은 단지 새로운 기술이 야기하는 위험 및 그 대응 논의를 넘어선다. 이는 기술과 인간의 관계를 다시 검토하고, 인간에게 중요한 가치 및 개념을 재정립하는 작업이어야 한다. 곧, 인공지능 윤리, 소셜 미디어, 디지털 플랫폼 규제 논의를 모두 포괄하면서, 기술과 사회적 환경의 상호영향을 전체적으로 성찰하는 더 넓은 관점에서의 '디지털 윤리학'이 요청된다.

디지털 윤리학,
디지털 미디어 플랫폼 시대의 과제

디지털 윤리학이란 무엇인가

그렇다면 좀 더 넓은 관점에서의 디지털 윤리학이란 무엇인가? 디지털 윤리학은 어느 순간부터 빈번하게 사용되는 표현이지만, 학계 내에서 합의된 정의 혹은 전통이 자리 잡은 것은 아니다.

좁은 의미에서, 디지털 윤리학은 전통적 응용윤리학(원칙을 상황에 적용하는 윤리학)이 새로운 기술로 영역을 확장한 것으로 이해될 수 있다. 이러한 디지털 윤리학은 디지털 기술과 관련된 윤리적 문제에 해법을 제시하거나 적절한 행위 지침을 제공한다. 예를 들면, '디지털 기술의 프라이버시 침해에 우리는 어떻게 대응해야 하는가?' 등의 문제에 답하는 것이다.

다만 '디지털'에 집중하는 이러한 이해에는 몇 가지 한계가 있다.[42] 첫째, 디지털 기술은 여전히 발전 중인 기술로서, 디지털 윤리학의 영역, 대상, 성격 역시 고정될 수 없다. 디지털 윤리학의 규정은 계속해서 변화할 수밖에 없는 것이다. 둘째, 우리의 디지털 기술 경험은 결코 디지털만으로 이뤄지지 않는다. 예를 들어, 우리는 땅에 발을 딛고 공기를 마시며 인스타그램을 하며, 그에 소개된 카페를 보고 실제로 그곳을 찾아간다. 곧, 우리의 디지털 경험은 언제나 아날로그 경험과 얽혀 있으며, 이전 경험과 새로운 경험이 서로 영향을 주고받는다. 만약 '디지털' 만을 강조한다면 이러한 다층적 경험과 그들 사이의 관계에 대한 성찰

---

42 Charles Ess, *Digital Media Ethics*, Polity Press, 2013.

을 놓칠 수도 있다. 셋째, 이러한 접근은 자칫 기술결정론으로 오해될 수 있다. 기술결정론이란 기술이 한 번 등장하면 그 발전은 불가피하며, 이는 인간의 통제를 벗어나 저절로 진행된다고 보는 입장이다. 이러한 관점에 따른다면, 윤리학은 기술 변화를 불가피한 것으로 간주하고, 기술의 뒤를 따르며 이미 도입된 기술이 야기한 문제만을 다루게 된다. 그러나 실제로는 기술의 개발과 사회적 도입 여부, 그리고 기술 발전 방향을 인간이 어떻게 이끌어 갈 것인가 역시 윤리학이 다뤄야 할 중요한 과제이다.

무엇보다, 새로운 기술에 대한 전통적 응용윤리로만 디지털 윤리학을 이해하는 것은 큰 한계가 있다. 디지털화는 인간, 삶, 사회, 윤리학의 기본적인 전제와 개념을 변화시키고 있기 때문이다. 더 넓은 관점의 디지털 윤리학 이해는 바로 이러한 한계들로 인해 요청된다.

더 넓은 관점에서의 디지털 윤리학은 단순히 새로운 기술의 문제를 처리하는 학문이 아니라, 변화하는 사회 속에서 인간과 윤리학 자체의 이해가 바뀌고 있음을 자각하는 윤리학이다. 특히 서구 사회의 근대성을 지배한 핵심 개념들, 개인, 책임, 자율성, 정체성, 인간과 비인간(기술)의 관계 등이 크게 변화를 겪고 있다. 그러나 이 변화는 이미 결정된 것이 아니라, 우리가 성찰하고 만들어 가야 할 과제이다.

인류 역사에서 아날로그 시대에서 총체적 디지털 시대로 넘어가는 일은 단 한 번뿐이다.[43] 그렇기에 지금 이 순간, 더 넓은 관점의 디지털 윤리학의 역할이 중요해진다. 그러므로 디지털 윤리학은 새로운 기술 매체와 인간, 사회의 상호관계 및 변화를 검토하고, 근본적인 가치의 변

---

[43] Luciano Floridi, "Soft Ethics and the Governance of the Digital", *Philosophy & Technology* 31, 2018, pp. 1-8.

형과 재구성을 비판적으로 고찰하는 일이 되어야 한다. 나아가 이를 바탕으로 좋은 삶, 좋은 공동체를 위한 가치와 실천 방향을 새로이 제시할 수 있어야 함은 물론이다.

디지털 미디어 플랫폼의 윤리적 과제

그렇다면 더 넓은 관점의 디지털 윤리학에서 바라보는 디지털 미디어 플랫폼의 과제는 무엇일까? 이를 정리하면 다음 세 가지로 요약할 수 있다.

첫째, 디지털 미디어 플랫폼의 윤리는 새로운 기술이 야기하는 사회적 영향과 윤리적 문제들을 이해하고, 그에 대응하는 행위 지침을 제시해야 한다. 디지털 미디어 플랫폼을 뒷받침하는 알고리즘은 편향과 불평등을 강화할 수 있으며, 프라이버시 문제, 허위조작정보 확산, 불투명한 개입 등 다양한 문제를 포함한다. 따라서 기획·설계·운영 등 전 과정에서 어떠한 원칙과 조치가 필요한지를 제시할 수 있어야 한다.

둘째, 디지털 미디어 플랫폼과 함께 형성되며 변화하는 인간 능력 및 가치, 근본적 개념을 성찰하고 재구성해야 한다. 오늘날 우리의 주의 attention, 감정, 관계, 의미 형성은 디지털 미디어 플랫폼과 긴밀히 연관되어 있다. 이는 인간 삶의 근본적 가치로 여겨졌던 자율성, 정체성, 책임 등에 변화를 야기하며, 우리가 이들을 어떻게 이해하고 다루어야 하는지를 고찰하게 한다. 오늘날의 윤리학은 디지털 미디어 플랫폼이라는 환경과 더불어, 인간적 능력과 가치가 어떻게 재구성되는지를 묻고, 나아갈 방향성을 제시해야 한다.

셋째, 과학기술 거버넌스를 뒷받침하는 기술적, 제도적 권고를 제시할 수 있어야 한다. 디지털 미디어 플랫폼은 사회의 공론장과 민주주의에 영향을 미친다. 따라서 윤리학은 개인적 책임을 넘어서, 새로운 시대에 필요한 공적 규범 및 제도 마련에 참여하고 기여할 수 있어야 한다.

본 논문은 이러한 세 가지 과제에 따라, 지금까지 개별적으로 논의되었던 디지털 미디어 플랫폼의 윤리적 문제들을 재분류한다. 이를 위해 '디지털 계몽 포럼Digital Enlightenment Forum'의 《디지털 윤리학 워크숍 보고서》(2016)가 제시한 일곱 가지 현안 분류를 참조하였다. 보고서는 디지털 시대로의 전환기에 놓인 지금, 윤리학이 다루어야 할 주요 현안을 다음과 같이 정리한다. 즉, ① 디지털 기술의 초석으로서 알고리즘

│표 1│ 디지털 미디어 플랫폼 윤리의 과제

과제	현안	내용
새로운 기술이 야기하는 윤리적 문제	인공지능의 윤리적 문제와 평가	• 알고리즘 편향성, 혐오 및 차별의 재생산과 영속화 • 투명성과 설명가능성 • 의도하지 않은 귀결 • 허위조작 정보의 생성과 유포 • 필터버블, 에코 챔버 등 확증편향 강화와 동질집단화 • 프라이버시 침해 • 책무성 • 알고리즘에 의한 노동 감시와 노동강도 강화
	플랫폼 생태계와 민주주의, 미디어 윤리	• 소수 플랫폼으로의 권력 집중 • 비대칭적 정보 및 권력관계: 기술 비전문가, 시민 개인에 비해 온라인 플랫폼의 소유주, 기업의 결정권자, 기술전문가 등 소수의 관여자 권력 강화 • 공공정책의 실행에 민간 플랫폼 활용 문제 • 공적 담론의 '큐레이터'로서 플랫폼의 사회적 책무 • 표현의 자유 • 미디어 질서의 재편과 언론의 신뢰 회복 • 미디어 리터러시 강화
가치, 근본 개념의 재고 및 재구성	인간 행위능력 및 자율성 문제	• 디지털 미디어 플랫폼이 개인의 행위능력을 확장하는 동시에 기술에 대한 통제력을 약화시킬 위험 • 추천 알고리즘, 디지털 넛징이 개인의 의사 결정에 미치는 영향
	인간의 근본 가치·권리에 대한 재사유	• 변화하는 가치의 이해, 가치의 재구성 및 증진 • 전통적 개념의 변화 탐구: 프라이버시, 책임, 자유 등 • 새로운 존재론적 물음: 개인, 미디어의 의미 등
기술, 윤리, 법의 상호작용 토대 마련	기술혁신과 윤리	• 기술-인간 및 기술-윤리 관계에 대한 인식 전환 • 사회적 가치 증진을 지향하는 기술혁신 추동
	윤리학과 법	• 법과 제도가 시민의 윤리적 실천을 뒷받침하도록 설계 • 디지털 미디어 플랫폼의 공공성, 책무성의 근거 제공

Algorithms as the cornerstone of digital technologies, ② 플랫폼과 생태계의 윤리 The ethics of platforms and ecosystems, ③ 비용과 편익Benefits and costs, ④ 인간 행위능력의 손실 및 저하Disempowerment and the loss of human agency, ⑤ 인간의 근본적 권리에 대한 재사유Rethinking our fundamental rights, ⑥ 기술혁신과 윤리적 제약Ethical constraints on innovation, ⑦ 윤리학과 법Ethics and the law이다.[44]

이 범주화는 어디까지나 잠정적인 정리이며, 앞으로 더 구체적이고 체계적인 논의로 이어져야 한다. 그럼에도 불구하고, 이러한 범주화는 기술과 사회의 긴밀한 상호연관성, 인간의 행위능력과 책임을 다시금 부각시킨다. 디지털 미디어 플랫폼의 윤리는 이미 발생한 문제를 사후적으로 대응하는 것을 넘어, 기술이 어떤 방향으로 발전해야 하는지, 우리가 어떤 사회와 미래를 만들어야 하는지를 적극적으로 질문해야 한다. 그런 의미에서 디지털 윤리학은 미래를 선택하고 설계하며 만들어가는 '미래의 윤리학'이기도 하다.

디지털 미디어 플랫폼 시대, 우리는 무엇을 물어야 하는가

오늘날 디지털 미디어 플랫폼은 단순한 도구가 아니다. 다양한 주체에 의해 다양한 목적으로 쓰이며, 우리의 일상과 사회 전반에 커다란 영향을 주는 기본 인프라가 되었다. 그만큼 이들이 만들어 내는 문제와 그 여파

---

[44] Digital Enlightenment Forum, *Report Digital Ethics Workshop 2016.* https://digitalenligh tenment.org/system/files/digital_ethics_workshop_report_ff_0.pdf

도 커졌고, 이에 대응할 새로운 거버넌스의 필요성도 높아지고 있다.

그러나 그 영향력에 비해, '디지털 미디어 플랫폼'의 특성 전반을 아우르는 윤리적 논의는 여전히 드물다. 물론 개별 문제의 윤리적 쟁점 및 대응 논의는 활발하다. 하지만 지금까지의 논의는 주로 소셜 미디어 등 미디어·커뮤니케이션론, 디지털 기술 기반으로 상호 거래 행위가 일어나는 플랫폼에 대한 연구, 정부의 규제 논의, 인공지능 윤리 등, 서로 다른 영역에서 부분적으로 이루어졌다. 디지털 플랫폼에 대한 규정이 애매하고 광범위한 만큼, 이들에 대한 윤리적 논의 역시 그 규정에 따라 형성되었기 때문이다.

그러나 부분적인 접근에는 두 가지 한계가 있다. 첫째, 실용적 차원의 대응에만 집중할 경우, 디지털 미디어 플랫폼을 가치중립적인 도구로 간주하며, 그것이 야기하는 사회적 문제 역시 어쩔 수 없는 사실처럼 받아들이게 된다. 이러한 관점은 우리가 해야 할 일을 디지털 미디어 플랫폼과 그 문제에 적응하거나, 문제가 발생한 사후에 대처하는 것으로 제한하기 쉽다. 둘째, 기술적 차원에만 집중할 경우, 디지털 미디어 플랫폼이 오늘날 우리의 삶과 관계를 함께 만들어 가는 현실을 간과할 위험이 있다.

지금까지 살펴본 것처럼, 디지털 미디어 플랫폼은 단순한 중개자가 아니다. 플랫폼은 이미 정치적이며, 가치가 반영된 것이다. 유튜브는 스스로를 출판이나 방송과 같은 '미디어'로 규정하지 않고, 단순한 커뮤니케이션 중개자로 취급하려 한다.[45] 그러나 오늘날 우리의 자기표현, 관계, 사회적 담론 형성은 대부분 플랫폼과 함께 이루어지며, 이는 기존의

---

45 Tarleton Gillespie, "Platforms Are Not Intermediaries", *Georgetown Law Technology Review* 2(2), 2018.

방식을 변화시키고 있다. 따라서 플랫폼은 결코 중립적일 수 없다.

　그러므로 디지털 플랫폼에 관한 윤리적 논의는 기술적·실용적 차원을 넘어선다. 이는 일상을 함께 만들어 가는 디지털 '미디어' 플랫폼과 함께, 어떤 사회, 관계, 의사소통의 장場 만들고 싶은지를 묻는 일이기 때문이다. 따라서 디지털 미디어 플랫폼에 관한 윤리적 논의는 더 넓고 종합적인 디지털 윤리학의 관점에서 다루어져야 한다. 이는 기술과 개인, 사회의 상호작용을 새롭게 돌아보고, 그 속에서 지향하고 실현해야 할 가치들을 고민하는 일이다. 과연 우리는 어떠한 사회를, 어떠한 일상을, 어떠한 미래를 원하는가?

참고문헌

강형구·강창모·전성민, 〈온라인 플랫폼의 분류 프레임워크: 국내 플랫폼 사례연구를 중심으로〉, 《정보시스템연구》 31-1, 2022.

관계부처합동, 〈디지털 미디어·콘텐츠 산업혁신 및 글로벌 전략〉, 2022.11.18.

끌로드 장 베르트랑, 《다매체 시대 미디어 윤리의 실천》, 변동현 옮김, 커뮤니케이션북스, 2006.

닉 서르닉, 《플랫폼 자본주의》, 심성보 옮김, 킹콩북, 2020.

돈 아이디, 《기술철학》, 김성동 옮김, 철학과현실사, 1998.

루치아노 플로리디, 《정보철학입문》, 석기용 옮김, 필로소픽, 2022.

매튜 키이란, 《미디어 윤리 철학적 접근》, 김유란 옮김, 씨아이알, 2018.

박선희, 〈플랫폼의 전유와 저항: 배달플랫폼 노동과 AI 노동의 사회적 구성〉, 《언론과 사회》 28-4, 2020.

신상규, 〈인공지능은 자율적 도덕행위자일 수 있는가?〉, 《철학》 132, 2017.

양지훈·윤상혁, 〈ChatGPT를 넘어 생성형(Generative) AI 시대로: 미디어·콘텐츠 생성형 AI 서비스 사례와 경쟁력 확보 방안〉, 《미디어 이슈 & 트렌드》 55-3, 2023.

이주영, 〈챗GPT에 대응 나선 美 대학…적응하거나 금지하거나〉, 《AI Times》, 2023년 1월 17일자. https://www.aitimes.com/news/articleView.html?idxno=149001

이하림·리우위항·임한·왕이·김용환, 〈디지털 미디어 플랫폼별 뉴스 이용이 사회참여에 미치는 영향〉, 《언론과학연구》 22-3, 2022.

이현우, 〈디지털 플랫폼의 국내외 현황과 미디어 크리에이티브 사례분석〉, 《Journal of Integrated Design Research》 18-2, 2019.

임홍순, 〈디지털 미디어 플랫폼의 미래 정책 방안 모색〉, 《한국위기관리논집》 18-6, 2022.

정두남·정인숙, 〈디지털 미디어 플랫폼 하의 미디어렙 구조와 역할에 대한 연구〉, 《한국방송학회 세미나 및 보고서》, 2008.

정인석, 〈디지털 플랫폼의 규제거버넌스〉, 《산업조직연구》 30-4, 2022.

최창수, 〈디지털 플랫폼에 대한 주요국 규제체계의 비교법 연구 – 독점규제법을 중심으로〉,《저스티스》177, 2020.

한국언론진흥재단,《2021 소셜 미디어 이용자 조사》, 2021. https://www.kpf.or.kr/
front/research/consumerDetail.do?seq=592324

허유선·이연희·심지원, 〈왜 윤리인가: 현대 인공지능 윤리 논의의 조망, 그 특징과
한계〉,《인간·환경·미래》24, 2020.

Council of Europe, *Public service media governance: Looking to the future, Report
prepared for the First Council of Europe Conference of Ministers Responsible
for Media and New Communication Services*, 2009. http://www.coe.int/t/dghl/
standardsetting/media/doc/PSMgovernance_en.pdf

Council of Europe, *Recommendation CM/Rec(2012)4 of the Committee of Ministers
to member states on the protection of human rights with regard to social
networking services*, 2012. https://wcd.coe.int/ViewDoc.jsp?id=1929453

DeNardis, Laura and Andrea Hackl, "Internet governance by social media
platforms," *Telecommunications Policy* 39-9, 2015, pp. 761-770.

Digital Enlightenment Forum, *Report Digital Ethics Workshop 2016*. https://
digitalenlightenment.org/system/files/digital_ethics_workshop_report_ff_0.pdf

Ess, Charles, *Digital Media Ethics*, Polity Press, 2013.

Flew, Terry, Fiona Martin and Nicolas Suzor, "Internet regulation as media policy:
Rethinking the question of digital communication platform governance,"
Journal of Digital Media & Policy 10-1, 2019, pp. 33-50.

Floridi, Luciano, "Soft Ethics and the Governance of the Digital," *Philosophy &
Technology* 31, 2018, pp. 1-8.

Floyd, Juliet and James E. Katz eds., *Philosophy of Emerging Media: Understanding,
Appreciation, Application*, Oxford University Press, 2016.

Gillespie, Tarleton, "The politics of 'platforms'," *New Media & Society* 12-3, 2010,
pp. 347-364.

Gillespie, Tarleton, "Platforms Are Not Intermediaries", *Georgetown Law Technology
Review* 2(2), 2018.

Mickoleit, Arthur, *Social Media Use by Governments: A Policy Primer to Discuss
Trends, Identify Policy Opportunities and Guide Decision Makers*, OECD

Publishing, Paris, 2014.

Napoli, Philip M., "Social Media and the Public Interest: Governance of News Platforms in the Realm of Individual and Algorithmic Gatekeepers," *Telecommunications Policy* 39-9, 2014, pp. 751-760.

Obar, Jonathan A., and Steven Wildman, "Social media definition and the governance challenge: An introduction to the special issue," *Telecommunications Policy* 39-9, 2015, pp. 745-750.

OECD, *An Introduction to Online Platforms and Their Role in the Digital Transformation, OECD Publishing, Paris*, 2019. https://www.oecd-ilibrary.org/science-and-technology/an-introduction-to-online-platforms-and-their-role-in-the-digital-transformation_19e6a0f0-en

Shapiro, Carl and Hal R. Varian, *Information Rules: A Strategic Guide to the Network Economy*, Harvard Business School Press, 1999.

Vincent, James, "OpenAI co-founder on company's past approach to openly sharing research: 'We were wrong'," *The Verge*, 2023. 05. 16. https://www.theverge.com/2023/3/15/23640180/openai-gpt-4-launch-closed-research-ilya-sutskever-interview

Wiles, Jackie, "Beyond ChatGPT: The Future of Generative AI for Enterprises," *Gartner*, 2023. 01. 26. https://www.gartner.com/en/articles/beyond-chatgpt-the-future-of-generative-ai-for-enterprises

제국의 유산에서 현대적 문화인프라로

: 일본 역사박물관이 걸어온 길

ㅣ이미애ㅣ

이 글은 《日本硏究論叢》 제62호(2025.12.)에 게재된 원고를 수정 및 보완하여 재수록한 것이다.

현대사회에서 박물관은 단순한 유물 보존기관에 머물지 않는다. 특히 역사박물관은 국가의 역사 인식과 정체성을 구성하고, 시민교육과 지역사회의 지속가능한 발전에 기여하는 핵심적인 문화인프라[1]로서의 역할을 수행하고 있다. 이러한 역할 변화는 박물관이 지식의 전달자이자 사회적 기억의 형성자이며, 동시에 국가권력과 담론이 교차하는 전시적 공간이라는 점을 시사한다. 박물관은 '무엇을 보여 줄 것인가'라는 선택을 통해 특정한 역사 내러티브를 구성하고, 그것을 정당화하는 공적 장치로 기능한다.[2] 특히 근대 제국주의 경험을 공유한 동아시아 국가들에서 박물관은 더욱 복합적인 의미를 지닌다. 박물관은 한편으로는 '제국의 유산'을 축적하고 시각화하는 공간이자, 다른 한편으로는 근대 국민국가의 형성과 통치를 정당화하는 이데올로기적 기제로 작동해 왔다.

일본은 메이지유신(1868) 이후, 박물관을 근대화와 문명화를 상징하는 제도로 수용하고, 식민지 지배를 정당화하는 전시 내러티브를 생산해 왔다. 그러나 1945년 패전 이후, 민주주의와 평화주의를 국가 이념

---

1 문화인프라cultural infrastructure란 한 사회에서 문화의 생산·유통·향유가 지속적으로 이루어지도록 지원하는 구조적 조건을 의미하며, 문화시설이나 문화 공간이 단순한 부속물이 아니라 인프라적 가치를 갖는다는 인식이 문화정책·문화경제학·도시계획 분야에서 확산되어 왔다(Michael Getzner, "Cultural infrastructure as part of social infrastructure: perspectives of cultural policy and economics," *Handbook of Social Infrastructure*, Renner, Anna-Theresa, Leonhard Plank and Michael Getzner eds., Edward Elgar Publishing, 2024; The British Academy, *Social and cultural infrastructure for people and policy: Discussion papers*, The British Academy, 2024). 일반적으로 문화인프라는 박물관·도서관·극장 등 물리적 시설과 제도적 기반을 포함하는 하드 인프라와, 지식·네트워크·교육·축제 ·전통과 같은 무형의 소프트 인프라로 구분된다(Alona Revko, Mykola Butko and Olha Popelo, "Methodology for Assessing the Influence of Cultural Infrastructure on Regional Development in Poland and Ukraine," *Comparative Economic Research. Central and Eastern Europe* 23-2, 2020; O'Connor, Justin, *Culture Is Not an Industry: Reclaiming Art and Culture for the Common Good*, Manchester University, 2024).

2 Tony Bennett, *The Birth of the Museum*, Routledge, 2005.

으로 수용하면서 박물관의 사회적 역할을 재정의하게 된다. 1951년 제정된「박물관법」은 박물관을 사회교육 시설로 규정하고, 시민의 문화 향유와 교육 기회를 확대하는 기관으로 전환하였다. 2022년 약 70년 만의 「박물관법」개정은 기존의「사회교육법」정신에 더해「문화예술기본법」[3] 의 비전을 박물관에 적용하였다. 이로써 박물관은 현대사회와 적극적으로 소통하고, 지역 및 국가의 문화적 발전에 기여하는 공공적 문화인프라로서의 역할과 기능을 확대할 수 있는 전환점을 마련한 것으로 평가된다. 이러한 제도적 전환은 박물관이 단순히 과거를 보존하는 장소가 아니라, 국가의 문화정책을 실현하고 지역사회와 소통하는 공공적 문화인프라로 어떻게 기능해야 하는가에 대한 본질적인 질문을 제기한다.

본 연구는 박물관을 단순한 전시기관이 아니라, 국가의 이데올로기가 투영되는 문화인프라라는 광범위한 틀에서 파악하고, 특히 시대별 변화에 따라 재편되는 역사 내러티브 전환을 핵심 분석 도구로 삼는다. 아울러 일본의 박물관 중 절반 이상이 역사박물관이라는 점을 고려하여, 역사박물관의 전개사를 중심으로 논의를 전개한다.[4]

---

3 일본 정부의 문화예술 진흥을 위한 최상위 법률로서, 2001년 제정·시행된「문화예술진흥기본법」이 2017년「문화예술기본법」으로 개정되었다. 2001년의 제정은 문화예술 진흥을 위한 법적 기반을 처음으로 정비한 것이며, 2017년의 개정에서는 문화예술 그 자체뿐만 아니라 관광, 도시재생, 교육 등 관련 분야의 정책도 법의 범위에 포함되면서 문화예술의 사회적 가치가 재인식되었다는 점이 주요한 변화이다. 2022년「박물관법」개정은「문화예술기본법」의 비전을 박물관이라는 핵심 문화시설에 적용하여, 박물관이 현대사회와 적극적으로 소통하고 국가 및 지역의 문화적 발전에 기여하도록 역할과 기능을 현대화한 조치로 평가되고 있다. 博物館法令研究会編著,《改正博物館法詳説·Q&A: 地域に開かれたミュージアムをめざして》, 2023, pp. 24-26.

4 문부과학성이 2023년 3월 발표(2021년도 조사 결과)한 사회교육조사에 의하면 일본의 박물관 수는 5,577관(유사 기관 포함)이며, 이 중 역사박물관으로 분류되는 관은 3,339관, 역사 전시를 포함하는 종합박물관 수가 496관이다. https://www.e-stat.go.jp/stat-search/files?page=1&toukei=00400004&tstat=000001017254 (접속일 2025년 10월 26일)

따라서 본 연구의 목적은 다음과 같다. 첫째, 근대 일본의 박물관이 국가주의적 역사관과 식민지 지배를 정당화하는 문화인프라로서 어떻게 기능했는지를 제국 시기 박물관사를 통해 분석한다. 둘째, 패전 이후 사회교육과 민주주의라는 새로운 가치 아래, 박물관의 내러티브가 어떻게 재구성되었는지 박물관의 전개사를 통해 추적한다. 셋째, 2022년 「박물관법」 개정(2023년 4월 시행)이라는 현대적 변화를 통해, 일본의 박물관이 문화인프라로 재정의되는 방식과 그 의미를 고찰한다.

문화인프라 개념의 이론적 배경

근대 이후 국가들은 문화와 예술, 교육의 제도화를 통해 국민 의식 형성과 사회 통합을 도모해 왔다. 이 가운데 박물관은 단순한 유물 보존기관이나 전시시설을 넘어, 국가의 기억을 구성하고 특정한 가치와 정체성을 전달하는 상징적 공간으로 기능해 왔다. 이러한 맥락에서 최근 문화정책 및 문화사회학 분야에서는 박물관과 같은 공공 문화시설을 '문화인프라cultural infrastructure'로 개념화하는 시도가 증가하고 있다.[5]

'문화인프라'라는 용어는 본래 문화 향유의 물리적 기반시설을 지칭

---

5 Olga Zabalueva, *Museology and museum-making: Cultural policies and cultural demands*, ICOFOM Study Series, 46, 2018; Li Xiang, Unjah, Tanot, & Abdul Halim, Sharina, "Integrating the contribution of museums for building peaceful and inclusive society and promoting justice," *Discover Sustainability* 6, Article 24, 2025; Jun-Young Heo and Jae Hong Lee, "A chronological review of the expansion of the museum's role in relation to spatial changes," *Buildings* 15-11, Article 1952, 2025.

하는 정책적 용어로 사용되어 왔다. 예를 들어 박물관, 미술관, 도서관, 공연장 등은 문화 예산의 배분 대상으로서 '기반시설'이라는 측면에서 정의되곤 했다. 그러나 최근에는 인프라의 개념이 단순한 물적 기반을 넘어, 사회적 관계와 규범, 기억의 생산 및 유통을 가능케 하는 제도적 · 상징적 체계로 확장되고 있다.[6]

이러한 논의는 레이먼드 윌리엄스의 문화 개념, 즉 문화를 단지 고급예술이 아닌 '삶의 모든 방식a whole way of life'으로 이해하는 접근과 연결된다.[7] 윌리엄스는 문화의 구조가 단지 예술 작품의 생산 · 소비에 국한되지 않으며, 일상적 삶의 제도화된 방식 속에 특정한 이데올로기가 내재한다는 점을 강조했다.[8] 이러한 관점에서 박물관은 단순히 과거를 보존하는 장소가 아니라, 과거를 특정 방식으로 해석하고 재구성함으로써 현재의 사회적 정체성과 가치 질서를 정당화하는 장치로 이해될 수 있다.

이 같은 윌리엄스의 문화 개념은 이후 토니 베넷의 논의로 이어진다. 베넷은 국가권력이 '시민을 규율'하기 위해 만들어 낸 '전시 복합체exhibitionary complex' 개념을 통해, 박물관과 박람회 등 문화인프라는 단순한 문화 표현의 장소가 아니라, 국가권력이 시민을 훈육하고 통치하기 위해 구성한 문화적 장치로 기능한다고 보았다. 그는 푸코의 통치성governmentality 이론을 문화 영역에 확장하며, 박물관을 "문화적 권력의

---

6 Michael Getznerl, "Cultural infrastructure as part of social infrastructure: perspectives of cultural policy and economics," 2024.; The British Academy, *Social and cultural infrastructure for people and policy: Discussion papers*, 2024; Friederike Landau-Donnelly, "Infrastructuring museums," *The Cultural Infrastructure of Cities*, Bain, Alison L. and Julie A. Podmore eds., Cambridge University Press, 2024.

7 Raymond Williams, "Culture is Ordinary," in *Resources of Hope: Culture, Democracy, Socialism*, Verso, 1989(초판 1958).

8 Raymond Williams, *Marxism and literature*, Oxford University Press, 1977.

제도화된 실천"으로 이해하였다.[9] 최근 일본의 「박물관법」 개정 등 제도적 변화는 박물관을 단순한 교육기관에서 지역과 국가의 발전을 이끄는 문화인프라로 기능하도록 제도적 기반을 마련하였다. 이는 베넷이 지적한 바와 같이, 문화제도가 권력의 분산된 장치로 기능하는 현대 통치성의 전형이라 할 수 있다.

일본의 박물관 역시 이러한 '문화인프라' 개념으로 이해될 수 있다. 메이지 시기 이래 박물관은 제국의 문명화 담론을 시각화하는 수단이었고, 전후에는 민주주의와 평화의 가치를 내면화하는 시민교육의 공간으로 기능해 왔다. 최근의 「박물관법」 개정은 이러한 박물관의 기능을 「문화예술기본법」의 방향성과 연계하여, 박물관이 교육·문화적 목적뿐 아니라 지역사회와 국가 문화정책과 관련된 기능을 수행하는 문화인프라로서 제도적 근거를 강화했다는 점에서 주목할 만하다.

본 연구에서 박물관은 이러한 문화인프라의 범주 안에서, 물리적 건축물과 제도적 기능을 지닌 하드 인프라로서의 성격을 가지며, 동시에 지식과 기억을 유통하고 특정 역사관과 이데올로기를 재현하는 소프트 인프라로서의 역할도 수행한다. 가네코 아쓰시의 연구는, 근대 일본의 박물관이 국가권력의 역사 서사를 시각화하고 이념을 정당화하는 정치적 도구로 작동했음을 보여 주며, 박물관이 문화인프라로서 하드 인프라와 소프트 인프라의 속성을 동시에 내포하고 있다는 점을 뚜렷하게 드러낸다.[10]

따라서 본 논문에서는 박물관을 문화정책의 하위 실행기구로 간주하기보다는, 정체성의 형성, 기억의 조직, 시민의식의 구축이라는 기능을

---

9   Tony Bennett, *The Birth of the Museum*, 2005.
10   가네코 아쓰시, 《박물관의 정치학》, 박광현 외 옮김, 논형, 2009.

수행하는 문화인프라로서 이론적으로 규정하며, 이 개념을 일본 박물관사의 전개 과정을 해석하는 핵심 분석틀로 삼고자 한다.

한국 학계에서 일본 박물관을 직접적으로 주제로 삼은 학술논문은 그리 많지 않다. 그동안 한국에서 이루어진 일본과 관련된 박물관 연구는 식민지박물관에 관한 연구가 주를 이루었다. 이들 연구는 조선총독부박물관 등의 식민지박물관이 일제의 식민지 지배를 정당화하고, 식민주의 역사관을 구축·선전하는 데 핵심적인 역할을 수행한 기관으로 평가하고 있다.[11] 개별 박물관을 소개하는 연구[12]나 전쟁 기억에 관련된 박물관 연구[13]도 더러 있지만, 일본 박물관의 성립과 현재까지의 전체적인 흐름을 파악할 수 있는 연구는 진전되지 못하였다고 할 수 있다.

한편, 일본에서는 유럽의 박물관이 근대 일본에 어떻게 받아들여지고, 어떻게 발전해 왔는지에 대해 박물관사 연구를 중심으로 비교적 이른 시기부터 연구가 이루어져 왔다.[14] 본 연구에서는 일본에서 이루어진

---

11 목수현, 《일제하 박물관의 형성과 그 의미》, 서울대학교 석사학위논문, 2000; 최석영, 《한국 근대의 박람회·박물관》, 서경문화사, 2001; 김인덕, 《식민지시대 근대공간 국립박물관》, 국학자료원, 2007; 한국박물관100년사편찬위원회, 《한국 박물관 100년사》, 국립중앙박물관, 2009; 이순자, 《일제강점기 고적조사사업 연구》, 경인문화사, 2009; 오영찬, 〈식민지 박물관의 역사 만들기 – 조선총독부박물관 상설전시의 변천〉, 《역사와 현실》110. 2018.

12 조성실, 〈일본 향토박물관의 지역문화 전시재현과 지역사회 참여: 지바현 우라야스시향토박물관 사례를 중심으로〉, 《글로벌문화콘텐츠》58, 2024.

13 이미애, 〈일본 나고야 지역의 전쟁 기억과 박물관〉, 《비교일본학》59, 2023; 이미애, 〈지역의 공습기억과 박물관에서의 재현 – 히라츠카시박물관平塚市博物館을 중심으로〉, 《일본역사연구》65, 2024.

14 예를 들어, 博物館事業促進会, 〈博物館発達の歴史〉, 《博物館研究》第一卷第一·二号, 1928; 棚橋源太郎, 《本邦博物館発達の歴史》, 日本博物館協会, 1944; 棚橋源太郎, 《博物館·美術館史》, 長谷川書房, 1957; 椎名仙卓, 《日本博物館発達史》, 雄山閣, 1988; 伊藤寿朗, 〈日本博物館発達史〉, 伊藤寿朗·森田恒之編, 《博物館概論》, 学苑社, 1976; 金山喜昭, 《日本の博物館史》, 慶友社, 2001; 椎名仙卓, 《近代日本と博物館:戦争と文化財保護》, 雄山閣, 2010; 椎名仙卓, 《日本博物館成立史 博覧会から博物館へ》, 雄山閣, 2022 등이 있다.

다양한 연구 성과를 참고하여, 일본 박물관 체제의 성립과 전개 양상을 검토하고자 한다. 이를 통해 일본 박물관이 갖는 보편성과 특수성을 이해하는 데 도움이 되고자 한다.

아울러 일본 박물관의 성립과 전개 과정을 고찰하는 것은 단순히 일본 사례를 이해하는 데 그치지 않고, 한국 박물관 연구와 정책에 주요한 시사점을 제공한다. 일본 박물관은 서구 박물관 모델을 수용하고 자국의 역사적·사회적 조건 속에서 재구성된 사례로서, 이를 통해 한국 박물관의 형성과 발전을 비교사적 관점에서 이해할 수 있다. 또한 근대화, 제국주의, 전후 민주화 등 사회적 변동 속에서 일본 박물관이 수행한 역사적·정치적 기능을 분석함으로써, 한국 박물관이 식민지 경험, 전쟁, 민주화 등과 얽혀 발전해 온 과정을 성찰하는 데 도움이 된다. 나아가 일본 박물관사 연구는 법 제도, 조직 운영, 전시 전략 등 제도적·행정적 측면에서 한국 박물관 정책 수립 및 개편에 참고할 수 있는 교훈을 제공하며, 동시에 사회교육과 역사 인식, 정체성 형성 등 박물관의 문화적·교육적 기능을 평가하고 강화하는데 실질적 시사점을 준다. 이러한 점을 바탕으로 본 논문에서는 일본 박물관이 근대기에 어떻게 성립하였고, 전후 시기 어떻게 발전해 왔는지를 살펴보고자 한다.

일본 근대 박물관의 탄생

1862년, 에도막부의 유럽파견사절단 일원으로 영국을 비롯하여 프랑스·독일·이탈리아·러시아 등 11개국의 뮤지엄Museum을 견학한 후쿠자와 유키치는, 그 몇 년 후 저서 《서양사정西洋事情》(1866)에서 그가 견학한 뮤지엄을 '박물관'과 '박람회'라는 단어를 사용하여 설명하면서, "박물관은 전 세계의 산물, 오래된 물건, 진귀한 물건을 모아 사람들에 게 보여 줌으로써 견문을 넓히기 위해 세운 것"이라고 소개하였다.[15]

1868년 메이지 정부가 출범하면서, 일본은 서구 제국주의에 대응하 고 국가 근대화를 추진하기 위해 문명개화 정책을 실시하였다. 이 과정 에서 서구적 제도와 기술, 문화가 적극적으로 도입되었으며, 박물관도 근대국가를 상징하는 제도로 수입되었다.

1870년, 메이지 정부는 '식산흥업'과 '부국강병'을 정책적 과제로 삼 고, 빈 만국박람회를 일본의 근대화 성과와 국제적 위상을 알리는 기회 로 인식하였다. 이를 위해 박람회 참가 준비를 담당하는 '빈 만국박람회 사무국'을 설치했다. 이어 1871년, 학술과 교육을 담당하는 문부성 내 에 박물국이 설치되었고, 같은 해 빈 만국박람회 준비를 겸하여 도쿄 유 시마湯島 성당 대성전에서 최초의 박람회를 개최하였다. 이 박람회에는 전국에서 수집된 고미술품과 자연물, 박제 표본 등 약 600점이 전시되 었다. 박람회 종료 후, 문부성 박물국은 상설 전시시설로 전환되어 1872 년 '문부성박물관'으로 개관함으로써 일본 근대박물관의 첫 출발을 알 렸다.[16]

초기 '문부성박물관'은 메이지 정부가 내건 식산흥업 정책과 밀접하 게 연계되어 있었으며, 1873년 '빈 만국박람회 사무국'에 병합되어 내 무성 관할로 편입되었다. 그러나 점차 부국강병이나 식산흥업의 목적 으로 전개되는 박물관의 움직임에 대해 문부성이 학교 교육을 위한 박

15   후쿠자와 유키치, 《서양사정》, 송경호 외 옮김, 여문책, 2021.

16   江水是仁, 〈自然科学博物館論史〉, 青木豊 · 鷹野光行編, 《博物館学史研究事典》, 雄山閣, pp. 167-168.

물관의 필요성을 호소하면서 1875년에 '문부성박물관'이 문부성 관할의 '도쿄박물관'(1881년부터 도쿄교육박물관으로 운영, 1949년 도쿄과학박물관으로 전환)과 내무성 관할의 '박람회 사무국'(현재의 도쿄국립박물관)으로 분리·정비되었다.[17]

1886년 '박람회 사무국'이 '박물관'으로 개칭되며 궁내성宮內庁에 부속된 후, 1889년 '제국박물관'이 되었다. 이때 박물관의 역할이 천산부天産部(동·식물·광물 표본)의 전시에서 역사·미술 공예의 보존과 연구로 이동하였는데, 이로써 권업権業에서 고기구물古器旧物 보존으로 박물관의 목적이 크게 전환되었다.[18] 나라(1895)와 교토(1879)에도 제국박물관이 설립되었으며, 1900년에는 도쿄, 교토·나라의 '제국박물관'이 '제실帝室박물관'으로 명칭이 변경되었다.

한편, 1892년 육군경卿 야마가타 아리토모山県有朋 등에 의해 일본 최초의 군사박물관인 유슈칸遊就館이 초혼샤招魂社(현 야스쿠니 신사)의 부속기관으로 설치되었다. 고대 무기 등을 전시하는 시설로 출발하여 1908년 청일전쟁 전리품 전시를 위해 개축된 유슈칸은 메이지 정부가 내세운 식산흥업과 부국강병의 국책에 따라 국위선양을 목적으로 한 시설로 만들어졌다.[19]

17 安高啓明,〈歴史博物館論史〉,《博物館学史研究事典》, 雄山閣, 2017, p. 162.

18 伊藤寿朗,〈日本博物館発達史〉, 伊藤寿朗·森田恒之編,《博物館概論》, 学苑社, 1978, p. 100.

19 辻子実,《靖国の闇にようこそ》, 社会評論社, 2007, p. 123; 安高啓明,〈歴史博物館論史〉, p. 163.

다이쇼大正 데모크라시와
박물관 설립운동

19세기 말 제실박물관 설치와 「고사찰보존법古社寺保存法」 제정(1897)으로 고미술품에 대한 관심이 높아지면서 각지에서 사찰보물관 설치가 활발하게 이루어졌다. 또한 1900년 이후에는 일본 최초의 사립 미술관인 오쿠라집고관大倉集古館(1917) 외에도 우편박물관(1902), 철도박물관(1911), 메이와곤충박물관名和昆虫博物館(1919), 적십자참고관(1926) 등 개별 전문 박물관이 설립되었다. 동시에 데모크라시 사상이 발흥함에 따라 문부성이 전개한 통속교육通俗教育(사회교육)[20] 정책을 배경으로 전국에 공립 통속교육관과 향토관 등이 설립되었다.[21]

일본 박물관의 기초를 세운 것으로 알려진 '일본 박물관학의 아버지' 다나하시 겐타로棚橋源太郎는 박물학 연구를 위해 1909년 10월부터 2년간에 걸쳐 독일 및 미국에 유학했다. 귀국 후, 그는 해외의 선구적인 박물관을 참고한 일본 최초의 사회교육 박물관인 '통속교육관'(1912)을 도쿄교육박물관 내에 설치했다.[22] 다나하시는 역사성이나 소장품보다는

---

20 '통속교육'의 '통속'은 학문적 고도의 지식 내용을 일반인 누구나 이해할 수 있도록 쉽게 풀어 쓴 것'이라는 의미를 가지고 있다. 国立教育研究所編, 《日本近代教育百年史7社会教育(1)》, 教育研究振興会, 1974, p. 382.

21 이토에 따르면, 1891~1911년에는 55개의 박물관이 설립되었고, 이후 1912~1927년에는 160개로 늘어났다고 한다. 伊藤寿朗, 〈日本博物館発達史〉, p. 101, p. 112.

22 다나하시 겐타로(1869~1961)는 1889년부터 17년간, 도쿄고등사범부속소학교에서 교사로 근무하면서 교수법 연구에 매진했으며, 1906년 고등사범학교 부속 도쿄교육박물관 주사로 임명되었다. 구미 유학을 거쳐, 적십자박물관 창설 관련 사무(1926), 박물관사업촉진회(후의 일본박물관협회) 창설과 전무 이사(1928), 도쿄과학박물관 평의원(1948) 등, 수많은 박물관 사업에 관여하며 그 발전에 힘썼다. 1950년에는 박물관법안 심의회 임시위원이 되어 「박물관법」 통과에 크게 관여하게 된다. 저서로는 《眼に訴へる教育機関》(1930), 《郷土博物館》(1932), 《博物館学綱要》(1950), 《博物館教育》(1953) 등이 있다. 矢島國雄,

민중교육에 기여하는 사회교육 시설로서 박물관의 중요성을 주장했으며, 이러한 교육과 계몽에 대한 신념 때문에 박물관이 민중교화 정책이라는 국가정책을 뒷받침하는 기관이 될 수 있었다.[23]

1923년의 관동대지진으로 도쿄제실박물관, 도쿄교육박물관 등은 큰 피해를 입었지만, 지진 복구와 쇼와 천황의 즉위 대전사업昭和大典事業을 계기로 각 지역의 박물관 건설이 본격화되었다. 1928년 창립된 '박물관사업촉진회'(현재의 일본박물관협회)는 일본의 각 도지사와 시장을 비롯해 만주국, 조선 식민 지배 관계자 등 총 399명에게 박물관 건립을 호소하는 권장문을 보냈다. 대전사업을 계기로 일본 각지에서 박물관 건립 계획이 활발해지며 요코하마시에 '대전기념상공장려관大典記念商工奨勵館'(1929), 오이타현에 '후쿠자와기념관福沢記念館'(1930) 등 지방 박물관이 잇따라 설립되었다. 박물관 학계는 천황제라는 권위에 의존하여 진흥을 모색했으며, 이는 이후 박물관의 방향성을 규정짓는 계기가 되었다고 할 수 있다.[24]

전쟁 시기의 박물관

1928년 박물관사업촉진회 창립 이후, 문부성은 본격적으로 박물관 정책을 정비하기 시작했으며, 1929년 전국 박물관 조사가 실시되어 사회

〈棚橋源太郎〉,《博物館人物史·上》, 雄山閣, 2010, pp. 157–170.

23 村田麻里子, 〈ミュージアムの受容–近代日本における「博物館」の射程〉,《京都精華大学紀要》35, 2009, p. 103.

24 가네코 아쓰시,《박물관의 정치학》, 33~43쪽.

교육 정책의 일환으로 박물관 정책이 구체화되었다.[25] 이러한 박물관사업촉진회의 창립과 정책 정비를 거쳐, 1930년대에는 일본의 박물관 활동이 가장 활발하게 전개되었다. 1923년경부터 증가하기 시작한 박물관 수는 1926년에서 1937년 사이 매년 약 20개 관씩 늘어났다. 결과적으로 이 시기 박물관은 전시체제의 형성과 병행하며 급속히 확대되었으며, 약 230개의 박물관이 새롭게 설립되었다. 1938년에는 대만 · 관동주 · 사할린을 포함한 일본제국 전역에 320여 개의 박물관이 존재하며 정점에 달했으나, 전시체제의 심화와 함께 그 수는 점차 감소하였다.[26]

1930년 문부성의 사범학교에 대한 '향토교육시설비 보조금' 교부는 학교의 자료실과 향토실 설치를 촉진하여 각지에 향토박물관이 활발하게 건립되었다.[27] 1931년 '만주사변'으로 시작된 이른바 '15년 전쟁기'에 접어들면서 박물관은 빠르게 국가총동원 체제에 포섭되는 움직임을 보였다. 향토와 박물관을 연계하는 형태로 특론을 전개한 다나하시는 이 시대 사상의 특징을 반영하여 조국, 국가에 향토를 연관시켰다. 애국심과 연속된 개념으로서 애향토정신愛鄕土精神 함양을 중요한 위치에 두고, 그 핵심으로 향토박물관의 필요성을 주장하는 방향으로 나아갔으며, 1940년을 전후로 하여 전전기戰前期 향토박물관의 전성기를 맞이하게 되었다.[28]

이 시기의 향토박물관은 나치 독일의 애향토정신과 조국애 함양을 지향했던 향토교육운동을 본뜬 움직임에 부응한 것으로, 나치가 향토박

25 伊藤寿朗,〈日本博物館発達史〉, p. 127.

26 伊藤寿朗,〈日本博物館発達史〉, p. 92, p. 129.

27 倉田公裕 · 矢島國雄,《新編博物館学》, 東京堂出版, 1997, p. 26.

28 福田珠己,〈棚橋源太郎の博物館論と郷土の具体化〉,《空間 · 社会 · 地理思想》14, 九州大学大学院人文科学研究院地理学講座, 2011.

물관을 이용하여 게르만 민족과 그 문화를 찬양하고 애국심 함양과 강화, 유대인 배척 등의 거점 중 하나로 삼았던 것처럼, 일본에서도 '국체호지', '사상선도', '국민정신함양'이라는 사회교화 정책의 일환으로 향토박물관이 활용되기에 이르렀다. 향토박물관 건립 붐은 전쟁의 격화와 대동아박물관 등의 설립 계획에 의해 사그러들게 된다. 1940년, 기원紀元 2600년 기념사업으로 중앙과학박물관, 국립자연박물관, 음악박물관, 실업박물관, 국사관国史館, 대동아박물관 등의 건립이 계획되었으나 결과적으로 모두 무산되었다.[29]

그중에서도 내셔널리즘의 전당으로서 일본 최초의 국립역사박물관이 될 예정이었던 '국사관'과, 식민지 지배를 정당화하고 '우수한 일본 문화'를 선전하기 위한 '대동아박물관' 구상은, 전전기의 박물관이 식민주의와 민족주의 담론과 밀접히 결합해 있었다는 점을 잘 보여 준다.[30] 이러한 구상 중 '국사관' 계획은 전후 메이지 100주년 기념사업의 일환으로 부활하였고, 1983년에 개관한 국립역사민속박물관(지바현 사쿠라시)이 그 계보를 잇는 기관으로 공식적으로 자리매김하였다.[31]

1943년 6월 10일자 《아사히신문》 석간에는 '싸우는 박물관의 새로운 방침戦ふ博物館の新方針'이라는 제목으로, 제실박물관에 전시되어 있는 귀중한 일부 자료를 피난시키고, 대신 직원의 고미술품 해설 등을 강화하기로 했다는 소식이 보도되었다. 예상되는 공습의 재해로부터 자료를 보호하기 위해 당분간 귀중한 자료는 진열하지 않고 안전한 장소에 보관하며, 전시 케이스에는 모사품이나 모조품을 배치하게 된 것이다.

---

29 倉田公裕 · 矢島國雄, 《新編博物館学》, p. 26.

30 가네코 아쓰시, 《박물관의 정치학》, 2009.

31 国立歴史民俗博物館編, 《国立歴史民俗博物館十年史》, 国立歴史民俗博物館, 1991.

또한 1943년 12월에는 '국보, 중요 미술품의 방공시설 정비 요강'이 각의 결정됨에 따라 전시하의 박물관 체제에서는 국보나 중요 미술품 등을 전시하여 대중에게 관람시키는 것보다 '보존'하는 것이 더욱 중요시되었다. 실물 자료가 모조품으로 대체되는 질적 변화로 인한 관람객의 불만을 해소하기 위해 전시품 해설 강화, 학교 단체를 대상으로 한 해설 등 적극적인 개혁 조치가 시행되었다.[32] 각지에서 박물관 폐관이 잇따르는 가운데, 전쟁 중에도 개관을 유지하며 운영된 곳은 제실박물관, 지방 사찰과 신사의 보물관 등 33개 관에 불과했으며, 전쟁으로 인해 일본의 박물관 활동은 사실상 완전히 붕괴되었다. 전전기의 일본 박물관 역사는 제국박물관, 도쿄과학박물관, 은사 우에노 동물원恩賜上野動物園이라는 현재까지 이어져 온 기관을 전제로 논평되는 경우가 많지만, 메이지 시대부터 패전까지 전국에 약 630여 관(설립 연도가 불분명한 158관 포함)의 방대한 수의 박물관이 확인되고 있다.[33]

식민지박물관의 창설

전전기 일본의 박물관을 논할 때 식민지나 점령지에 설립한 박물관은 무시할 수 없는 존재다. 청일전쟁과 러일전쟁 등을 통해 식민지를 획득한 제국 일본은 식민지와 점령지, 괴뢰국이었던 '만주국' 등에 많은 식민지박물관을 건설했다. 식민지박물관은 설립 경위 등에 따라 그 성

---

32 椎名仙卓, 《近代日本と博物館―戦争と文化財保護》, 雄山閣, 2010, pp. 122-129.

33 伊藤寿朗, 〈日本博物館発達史〉, pp. 90-93.

격과 역할이 크게 다르지만, 크게 두 가지로 분류할 수 있다.[34]

하나는 식민지화한 이후 일본인의 주도로 박물관을 새로 설립한 사례다. 1908년 최초의 식민지박물관으로 개관한 '대만총독부박물관'을 시작으로, 일본 통감부 시기 조선에 설립된 '이왕가박물관'(1909), 조선총독부에 의해 설립된 '조선총독부박물관'(1915)과 그 분관들, 1905년에 식민지가 된 가라후토樺太의 '가라후토청 박물관'(1917), 관동주関東州의 '관동 도독부 박물관'(1918), 만주국의 '만주국립박물관'(1935), 만주국국립중앙박물관(1939) 등 식민지 획득부터 아시아·태평양전쟁이 시작될 때까지 잇달아 설립됐다.

또 하나는 아시아·태평양전쟁기 동안 일본군이 군사적으로 점령함으로써, 기존의 식민 종주국이 설립한 박물관을 접수하여 그 운영을 계속한 사례이다. 영국령이었던 싱가포르의 '래플스 박물관'(1819년 설립, 1942년 '쇼난박물관昭南博物館'으로 개칭), 네덜란드령이었던 인도네시아의 '바타비야 박물관'(1900년 설립) 등이 있다.

특히 식민지에 일본인 주도로 설립된 식민지박물관의 설치와 운영에는 일본의 고고학계가 밀접하게 관련되어 있었다. 1930년대 중국 대륙과 한반도에서 활동한 고고학자 고마이 가즈치카駒井和愛는 패전 후 저서《고고학입문》에서 "일본인이 박물관 경영에 뛰어나다는 것은 과거 조선총독부박물관, 평양부립박물관, 뤼순박물관, 봉천박물관 등을 떠올리면 스스로 알 수 있을 것이다"[35]라고 말해 식민지박물관의 설치와 운영에 일본인 고고학자들이 깊이 관여했고, 식민지에서의 경험이 나중

34   金子淳,〈15年戦争期の博物館における〈日本〉の表象—「植民地博物館」との関係から〉, 《戦争と表象 / 美術20世紀以後》, 美学出版, 2007, p. 305.

35   駒井和愛,《考古学入門》, 要書房, 1954, p. 92.

에 일본에서 활용되었음을 시사했다.[36] 실제로 조선총독부박물관 설립은 통감부 시대부터 착수되었던 고적조사사업과 불가분의 관계에 있으며, 박물관과 고적조사사업과 보존 관리가 하나의 기관으로 통합된다는 구로이타 가쓰미黑板勝美의 '국립박물관' 구상에 따른 것이었다.[37] 구로이타는 이후 일본 최초의 국립역사박물관으로 구상된 국사관의 계획에 지대한 영향을 미치게 되었다.

식민지박물관에서 이루어진 조사 연구와 자료 보존을 '선진성'으로 포장하여 높이 평가하기도 한다. 조선총독부박물관은 비록 식민지에 설치된 것이었지만, 일본의 박물관이 할 수 없는 조사와 연구를 추구하여 '조사 방법에 있어서도 가장 좋은 경험을 가지고 있으며, 정밀한 학술 연구에 있어서도 내지內地의 조사 연구에 큰 영향을 미쳤다는 것을 여러 사람이 인정하고 있다'는 의의를 가진 것으로 인식되었다.[38] 이는 식민지에 위치한 기관임에도 불구하고 내지 박물관보다도 앞선 전문성과 조직력을 갖춘 모범적 사례로 간주되었음을 보여 준다.

그러나 식민지박물관은 식민지 지배의 정당화와 이데올로기 강화에 기능한 '침략의 선봉대'이자 '황민화 교육 추진 기관'이었음은 부인할 수 없다.[39] 식민지박물관 활동의 선진성 담론은 어디까지나 식민 지배자의 시선에서 구축된 일방적 담론일 뿐이었다. 조선총독부박물관을 비롯한 주요 박물관의 설립과 운영은 조선인을 철저히 배제한 일본인 중심 체제하에 이루어졌다. 박물관장 이하 핵심 직책은 모두 일본인들로 구

---

36 黒尾和久,〈考古学は戦争といかに関わってきたのか〉, 君塚仁彦・名児耶明編,《現代に活きる博物館》, 有斐閣ブックス, 2012, pp. 179-180.

37 李成市,《闘争の場としての古代史》, 岩波書店, 2018, pp. 217-218.

38 李成市,《闘争の場としての古代史》, p. 218.

39 倉田公裕・矢島國雄,《新編博物館学》, pp. 26-27.

성되었으며, 조선인들은 실무 보조 등의 역할에 한정되었다. 조선인들은 자신의 역사와 문화를 다루는 연구조차 타자의 시선으로만 접해야 하는 이중적 구조에 놓여 있었다. 이는 단지 학문적 배제가 아니라, 문화와 정체성에 대한 식민적 통제를 의미하며, 박물관은 단지 유물의 보관소가 아닌 지식의 위계와 제국의 권위를 시각화하는 공간으로 기능했다. 따라서 식민지박물관의 학술적 성과는 그 자체로 평가되기보다는, 그것이 식민 지배와 이데올로기 재생산에 어떻게 기여했는지에 대한 비판적 성찰과 함께 논의되어야 한다.

그럼에도 불구하고, 이러한 식민지박물관이 일본 제국주의 체제 속에서 어떤 방식으로 형성되고 기능했는지를 다룬 연구는 오랫동안 일본 박물관학 영역에서 소홀히 다루어져 왔다. 식민지 지배의 물리적·제도적 장치였음에도 불구하고, 박물관은 '문화기관'이라는 외피 아래 상대적으로 비정치적, 중립적 공간으로 간주되며 연구의 사각지대에 놓였던 것이다. 1990년대 이후 들어서야 비로소 식민지박물관에 관한 본격적인 연구가 일부 시작되었지만, 식민지박물관이 갖는 전체적인 구조와 사회적 기능, 담론적 맥락을 총체적으로 조망하기에는 여전히 부족한 실정이다.[40]

이 같은 연구의 공백은 단순한 학문적 미비를 넘어, 일본 사회 내부의 '기억의 공백', 즉 식민 지배에 대한 반성적 성찰 부족과도 연결되어 있

40　이누즈카 야스히로犬塚康博가 나고야시립박물관의 1995년도 특별전으로 기획·개최한 〈신박물관태세新博物館態勢〉전은 식민지 박물관사를 연구·전시한 획기적인 전시로 평가받고 있다(名古屋市博物館, 《新博物館態勢－満州国の博物館が戦後日本に伝えていること》, 名古屋市博物館, 1995). 또한 이누즈카의 저서《反博物館論序論－20世紀日本の博物館精神史》(共同文化社, 2015)는 1945년 이전 해외 식민지에서 일본인의 박물관 활동을 특수한 것으로 보지 않고, 일본 내륙과 식민지에서 일본인의 박물관 경험을 병렬적으로 다룬 최초의 연구서라 할 수 있다.

다. 박물관은 단지 과거를 보여 주는 창이 아니라, 과거를 어떤 방식으로 기억하고 전시할 것인가를 결정하는 공간이다. 따라서 식민지박물관에 대한 비판적 연구는, 일본이 형성해 온 문화인프라의 역사적 성격을 되묻고, 탈식민적 관점에서 제국주의 지식 권력의 흔적을 재구성하기 위한 필수적인 작업이라 할 수 있다.

전후 「박물관법」 제정과
박물관 분류

전후 일본의 박물관은 연합국의 점령하 미국식 전후 민주주의의 틀 속에서 교육의 일환으로 정비되었다. 1947년 3월에 공포·시행된 「교육기본법」 제7조 제2항에서 박물관을 도서관, 공민관과 함께 교육 시설의 범주에 포함시킴으로써 근대 일본 역사상 처음으로 박물관이 교육 시설로서의 법적 근거를 갖추게 되었다. 1949년 6월에 제정된 「사회교육법」은 9조 2항에서 "박물관은 사회교육을 위한 기관으로 한다"라고 박물관의 단독 법제화를 명시했다. 그리고 동법의 특별법으로 1951년 12월 「박물관법」(박물관 행정의 제도적 기반)이 공포되어 1952년 3월에 시행되었다.

「박물관법」은 일본의 '박물관'을, '역사, 예술, 민속, 산업, 자연과학 등에 관한 자료를 수집, 보관, 전시하여 교육적 배려하에 일반 대중의 이용에 제공하고, 그 교양, 조사 연구, 레크리에이션 등에 기여하기 위해 필요한 사업을 수행하며, 이와 함께 이들 자료에 관한 조사 연구를 하는 것을 목적으로 하는 기관'(제2조)으로 정의하였다. 또한 「박물관법」에서 '박물관'은 도도부현都道府県 교육위원회의 등록을 받은 '등록박물관'

| 표 1 | 일본 박물관 제도적 분류(1951~2022)

종별	등록박물관	박물관 상당시설	박물관 유사시설
박물관법상의 근거	2조	29조	없음
설치 주체	지방공공단체, 일반 사단공익법인, 종교법인 등	제한 없음	제한 없음
설치 요건	관장 학예사의 배치, 연간 150일 이상의 개관 등	학예사에 상당하는 직원의 배치, 연간 100일 이상의 개관 등	제한 없음
등록 또는 지정 기관	도도부현의 교육위원회	도도부현 교육위원회(설치주체가 정부, 독립행정법인, 국립대학법인의 경우는 정부)	규정 없음
2021년 박물관 수[41]	911관	394관	4466관

※ 출처 : 《社会教育施設説明資料》(文部科学省, 2016)를 참조하여 작성.

으로 정의함으로써, 박물관이 지방교육위원회 소관의 사회교육기관으로 자리매김하였다. 박물관 등록 제도에 따른 분류에 의하면, 법적으로 인정받은 공식적인 박물관인 '등록박물관' 이외에, 「박물관법」상의 공식 등록은 안 되어 있지만 실제로는 박물관에 준하는 활동을 하는 '박물관 상당시설博物館相当施設'(「박물관법」 제29조),[42] 박물관과 유사한 전시 공간의 '박물관 유사시설博物館類似施設'이 있다.

---

41 2022년 「박물관법」 개정 이전의 마지막으로 조사된 박물관 수이다. 総務省統計局, 《社会教育調》, e-Stat. https://www.e-stat.go.jp/stat-search/files?page=1&toukei=00400004&tstat=000001017254 (접속일 2025년 10월 26일)

42 설립과 운영 주체가 국가기관 또는 독립 행정법인인 국립박물관 및 국립미술관 등은 「박물관법」 제29조의 '박물관 상당시설'로 규정한다. 2022년 개정된 「박물관법」에서는 '박물관 상당시설'이 '지정시설指定施設'로 재정비되었다.

전후 박물관의 전개

1945년 8월 패전부터 1951년 12월 「박물관법」 제정에 이르는 기간 동안 전쟁으로 인한 파괴 상태와 혼란에도 불구하고 일본의 박물관은 놀라울 정도로 빠르게 발전을 이룩했다. 도쿄과학박물관은 1945년 12월, 도쿄제실박물관(1947년 국립박물관으로 개칭, 1952년에 지금의 도쿄국립박물관으로 개칭)도 이듬해 3월에 재개관했으며, 1948년 문부성 사회교육국이 실시한 전후 첫 본격적인 조사에 의하면 전국의 박물관 238개 관 중 206개 관이 재개관했다. 또한 1945년 9월부터 1951년 12월까지의 7년 동안 과학박물관, 미술관, 동·식물원 등 84개의 신설 박물관이 개관했다.[43]

일본 각지에 박물관이 설치되기 시작한 것은 1950년대 이후부터이지만, 전국적으로 박물관 수가 적고 시민들의 일상적 이용이 불가능에 가까웠던 1960년대까지만 해도 박물관 이용이라고 하면 관광적 이용이나 일반 교양적 목적으로 국립박물관, 과학박물관의 중요한 자료를 견학하는 스타일이 주를 이루었다. 「박물관법」 제정 이후 전후 고도경제성장기에 공립박물관·미술관을 중심으로 사립박물관·미술관 및 이에 상당하는 문화시설이 속속 생겨나면서 2010년 처음으로 감소세로 돌아서기 전까지 증가 추세를 보였다.

《경제백서》(1956년판)에서 "더 이상 '전후'가 아니다"라고 선언하며 일본이 전후 부흥기에서 고도경제성장기에 접어든 1960년대 이후 일본의 박물관은 격변의 시대를 맞이했다. 1968년의 메이지 100년 기념사업을 시

---

[43]　伊藤寿朗,《市民のなかの博物館》, 吉川弘文館, 1993, pp. 150-151.

작으로 현치県置 100년, 시제市制 100년 등을 배경으로 하여 이 무렵부터 많은 현립·시립박물관이 개관하는 박물관 붐의 시기를 맞이하게 된다.

이러한 기념사업은 대부분 공공사업으로 시행되었으나, 이는 정부가 기본 방침으로 삼은 전후 경제성장 정책에 포함된 개발 정치의 일환이

| 표 2 | 기념사업을 계기로 설립된 박물관

메이지100년기념 (국립, 현립, 시정촌립, 재단설립)	가나가와현립박물관(현 가나가와현립역사박물관, 1967), 모리박물관(야마구치현, 재단설립, 1967), 히로시마현립미술관(1968), 오노시향토역사관(니가타현, 현 오노시민속자료관, 1968), 도요사카시박물관(현 니가타시 북구 향토박물관관, 1968), 미야기현민의 숲 중앙기념관(1969), 헤다무라촌립조선향토자료박물관(시즈오카현, 1969), 도에이정립박물관(아이치현, 1969), 이바라시립다나카미술관(오카야마현, 1969), 사가현립박물관(1970), 후쿠시마현역사자료관(1970), 오키향토관(시마네현, 1970), 다자와코마치향토자료관(아키타현, 1970), 마가타현립박물관(1971), 미야자키현종합박물관(1971), 아오모리현립향토관(1973), 돗토리사구 어린이나라 사구자연과학관(돗토리현, 재단설립, 1973), 군마현립근대미술관(1974), 다하라쵸민속자료관(현 다하라시민속자료관, 아이치현, 1979), 국립역사민속박물관(지바현, 1983), 가고시마현립역사자료센터 여명관(1983)
현치100년, 현정100년 기념	사이타마현립박물관(현 사이타마현립 역사와 민속박물관, 1971), 오카야마현립박물관(1971), 기후현박물관(1976), 이와테현립박물관(1980), 후쿠이현립 와카사역사민속자료관(현 후쿠이현립 와카사역사박물관, 1982), 효고현립역사박물관(1983), 후쿠이현립박물관(1984)
개척사(開拓使)설치 100년기념	홋카이도 개척기념관(현 홋카이도박물관, 1971)
시 개기(開基) 100년	왓카나이 개기백년기념탑·북방기념관(1987), 아사히카와시박물관(1993)
시제 100년기념	후쿠오카시박물관(1990), 고치시립자유민권기념관(1990)
시제 90년기념	사카이시박물관(1980)
시제 85년기념	나하시역사박물관(2006)
시제 80년기념	다카오카시박물관(1970), 도요하시시자연박물관(1988)
시제 60년기념	죠에츠시립종합박물관(1972), 가와고에시립박물관(1990), 미야자키역사문화관(1992)
시제 50년기념	히코네성박물관(1987), 이이다시미술관(1989), 아시아시립미술관(1991), 마츠도시박물관(1993)

※ 출처: 《日本全国歴史博物館事典》(日外アソシエーツ編, 2018) 등을 참고로 저자 작성.

기도 했다.[44] 시정촌의 ○○주년 기념, 현 설치○○년, 개도開道 100년이라고 하는 도도부현 차원의 시설, 메이지 100년 기념사업과 같은 국가 차원의 시설까지, 행정단위의 탄생과 존속을 기념하는 시설들은 '기념물로서의 박물관モニュメントとしての博物館'이라 할 수 있으며 이들은 국가상이 형성되는 과정에 깊이 관여했다.[45] 그러나 기념사업으로 설립된 많은 공립박물관은, 박물관으로서의 사회적 사명이나 역할이 불분명한 채로 '하코모노'[46]로 건립되어 박물관의 활동이 저조하고 주민들의 삶에 있어서 필요성(수요)도 낮았다.[47]

1970년대는 그동안 경제로 편중되어 있던 일본 국민의 생활 의식이 '마음의 풍요로움'으로 바뀌면서 박물관의 역할이 재조명되어 각지에 많은 공립박물관이 설립된 시기였다. 전후 부흥과 지방자치가 재개되는 이 시기에 유적 발굴 조사 및 매장문화재 보호 행정의 시작과 함께 시정촌市町村의 역사·민속박물관이 설치되기 시작했다. 발굴 조사에서 출토된 자료는 지자체의 소유가 되었기 때문에, 그 자료를 기반으로 박물관을 건립하는 사례는 전국적으로 매우 많았다. 1970년 문화청이 각지에 역사민속자료관의 설치를 촉진하기 위해 시작한 건설비 보조 등의 제도는 일본 전역에 역사민속자료관과 향토박물관이 확산되는 데 중요한 계기가 되었다. 일본 박물관의 절반 이상이 역사 계열의 박물관이 되는

---

44   金山喜昭, 〈「まちづくり」を踏まえた公立博物館の役割〉, 《法政大学キャリアデザイン学部紀要》 1, 2004, p. 32.

45   福田珠己, 〈テクストとしての博物館—地域博物館研究にむけて〉, 《歴史研究》, 大阪府立大学第三十六号, 1998.

46   하코모노(ハコモノ, 箱物)는 상자를 뜻하는 일본어로 충분히 활용하지 못하는 겉만 번지르르한 공공건축물을 의미한다. 흔히 '보여주기식' 행정의 상징으로 비판받는다.

47   金山喜昭, 〈「まちづくり」を踏まえた公立博物館の役割〉, p. 32.

기반은 이 시기에 형성되었다.[48]

이 시기에 건립된 가장 유명한 역사박물관은 국립역사민속박물관이다. 국립역사민속박물관은 메이지 100년 기념사업의 일환으로 설립된 일본 최초의 국립역사박물관으로, 그 기원은 전전기의 국사관 구상에까지 이어진다. 앞서 설명했듯이 국사관은 구로이타 가쓰미가 제안한 '국민교육의 장으로서의 역사박물관' 구상을 기반으로 했으나, 패전으로 실현되지 못했다. 전후 「문화재보호법」 제정과 함께 역사와 문화의 보존과 활용에 대한 관심이 높아지면서 1950년대 학계 주도로 국립민속박물관 설립운동이 전개되었고, 1968년 메이지 100년 기념사업 속에서 역사학자 사카모토 다로坂本太郎의 주도로 국립의 역사민속박물관 건립이 추진되었다. 1970년대에 구체적 설립 준비가 이루어져 1983년 지바현 사쿠라시千葉県佐倉市에 개관함으로써, 전전의 국사관 구상이 새로운 형태로 계승·실현되었다.[49]

1980년대 이후에는 기업박물관, 대학박물관 등이 설치되면서 설립 주체의 저변이 넓어졌다. 박물관은 시민의 것이라는 생각을 바탕으로 시민이 참여하는 열린 박물관을 제안한 이토 도시로伊藤寿朗와 지역의 주민 참여와 교육 기능을 강조하여 지역형 박물관의 모델로 평가되는 히라츠카시박물관平塚市博物館(1976년 개관) 등에 의해 지역박물관론[50]

---

48 内川隆志, 〈歴史民俗資料館〉, 《博物館学事典》, 全日本博物館学会, 2011, pp. 381-382.

49 가네코 아쓰시, 《박물관의 정치학》, pp. 76-79, pp. 180-183.

50 지역박물관은 지역의 자료와 정보를 중심으로 다루며, 주요 이용자도 그 지역 주민인 박물관을 말한다. 이러한 박물관은 같은 지역 자료를 다루더라도 전국에서 관광객이 찾아오는 관광지형 박물관이나, 일본이라는 광역적 시각에서 활동하는 중앙형 박물관과는 구별되는 유형으로 구상되었다. 伊藤寿朗, 《市民のなかの博物館》, pp. 155-164.

등이 주장되면서, 박물관 워크숍이나 보급활동普及活動[51] 중심의 박물관 교육을 중시하는 박물관관觀이 정착하게 된다.[52]

1990년대 초, 일본 정부는 박물관의 사회적 역할을 재정립하였다. 1990년 6월 사회교육심의회 사회교육시설분과회는 《박물관의 설치 · 운영 방향에 관하여博物館の整備·運営の在り方について》라는 보고서를 통해, 박물관이 "생애학습 시대에 기대되는 역할을 수행하며, 시민에게 친숙하고 개방된 기관으로 발전해야 한다"고 명시하였다.[53] 이러한 분위기 속에서 1990년대 개관한 박물관의 설립 배경에는 국가 차원의 지역 진흥 정책도 포함되었다. 1988~1989년 각 시정촌에 1억 엔을 지원하여 지역 발전을 촉진하는 정책으로 시행된 '고향 창생 사업ふるさと創生事業'으로 박물관 설립 · 정비를 포함한 다양한 문화 · 지역 진흥사업에 활용되었다.[54]

또한 이 시기 박물관은 전통적 학술 · 연구 중심 기능에서 벗어나 서브컬처화가 진행되었다.[55] 즉, 관람객의 참여와 즐거움을 중시하는 엔터테인먼트형 기관으로 변모하였으며, 이러한 변화는 '뮤즈랜드화'[56]로 불리기도 하였다. 이후 21세기의 가상박물관Virtual Museum 등장으로 이어

---

51 박물관이 자신이 가진 지식 · 자료 · 성과를 사회 전반에 널리 알리고 활용하게 만드는 활동을 말한다. 단지 전시장에서 관람하는 것에 그치지 않고, 박물관이 가진 자원을 지역사회 · 학교 · 일반 대중 등 다양한 층에 확산시키려는 노력을 포함한다.

52 君塚仁彦 · 名児耶明,《現代にいきる博物館》, 有斐閣, 2012, p. 30.

53 文部科学省,《博物館に関する基礎資料》, 2017, p. 83.

54 日本博物館協会,《令和元年度 日本の博物館総合調査報告書》, 2020, p. 2.

55 犬養康博,《反博物館論序説: 二〇世紀日本の博物館精神史》, pp. 231-269.

56 박물관(Museum)의 뮤즈(Muse)와 디즈니랜드의 랜드(Land)를 합성한 신조어로 '디즈니랜드와 같은 관객 참여형 박물관'이다. 上田篤,《博物館からミューズランドへ》, 学芸出版社, 1992, p. 41.

지며, 일본의 박물관은 기존의 박물관 정의로는 설명할 수 없을 정도로 설치와 운영 형태가 다양화되었다.

한편 기존에 이미 운영되고 있던 박물관들은 1990년대 버블경제 붕괴 이후 심각한 재정 압박에 직면하여, 국·공·사립을 가리지 않고 운영비 삭감을 경험하였다. 학계에서는 이를 '박물관의 겨울 시대冬の時代'라고 표현하였으며, 현재까지도 그 영향이 지속되고 있다.[57]

2010년대는 일본 박물관의 전환기였다. 전후 지속적으로 증가하던 박물관 수가 2010년에 처음 감소세로 돌아섰고, 이는 각 신문에도 보도될 정도였다.[58] 또한 '헤이세이 대합병平成大合併'[59]으로 인한 지자체 감소와 어려운 경제·재정 상황도 지방 공립박물관 감소에 영향을 미쳤다.[60]

수많은 실종자와 희생자, 수많은 이재민을 낳은 2011년 3월 11일의 동일본대지진은 박물관에도 큰 피해를 입혔다. 많은 박물관에서 시설과 설비, 소장 자료 등이 피해를 입었으며, 이와테현의 리쿠젠타카타시립박물관陸前高田市立博物館처럼 쓰나미로 인해 시설이 전소, 유실되고 직원이 희생된 박물관도 있었다. 각 지역과 관련된 소중한 자료를 보유하며 지역 정체성 유지의 중요 거점으로 기능해 온 공립박물관이 대지진을 겪거나 사라져 가는 지역의 기억을 어떻게 보존하고 계승해 나갈 것인지, 또 지역 재건에 어떻게 기여할 수 있을지에 대한 논의가 이어지고

57 　平井宏典, 〈わが国における博物館経営論の変遷と最新動向〉, 《和光経済》 47-3, 2015.

58 　〈博物館閉館の波〉(第1面), 〈乱立の果て, 眠る館〉(第2面), 《朝日新聞》, 2010. 04. 18 등.

59 　1999년부터 2010년경까지 일본 전역에서 진행된 지방자치단체(시정촌)의 대규모 통합
　　정책. 지방소멸(인구감소)에 대한 대응으로 지방 행정의 효율화를 목적으로 이루어졌다.
　　합병 전 약 3,200개의 시정촌이 합병 후 약 1,700개로 감소하였다.

60 　君塚仁彦, 〈地域の中の公立博物館とその存在意義を再考する〉, 《月刊社会教育》 55-8,
　　2011, pp. 5-6.

있으며, 공립박물관의 존재 의미와 역할이 새롭게 재조명되는 시대를
맞이하게 되었다.[61]

70여 년 만의 「박물관법」 개정과 현대적 문화인프라로서의 기능

일본에는 현재 5,766개의 박물관이 있으며, 역사박물관만 3,329개에
달한다.[62] 국립, 현립, 시립박물관부터 시정촌의 향토자료관, 미술관, 과
학관, 동물원, 식물원, 수족관, 그리고 철도박물관, 라면박물관에 이르기
까지 설립 주체도, 규모도, 전시 테마도 다양한 박물관이 전국에 존재하
는 박물관 대국이다.

박물관 수가 늘고 그 역할이 다양화됨에도 불구하고 박물관 제도의
현실과 사회 변화 간 적지 않은 괴리가 있었다. 70여 년간 큰 변화가 없
었던 일본 「박물관법」은 2010년대 초반부터 시대에 뒤처진 제도의 문
제점이 부각되면서 본격적인 개정 논의가 시작되었다. 이후 10여 년간
의 철저한 검토와 의견 수렴 과정을 거쳐, 2022년 4월 마침내 70년 만
에 전면개정법이 공포되었으며, 2023년 4월부터 새 법이 시행되어 박
물관 운영과 사회적 역할의 새로운 전환점을 맞았다.[63]

---

61   君塚仁彦, 〈地域の中の公立博物館とその存在意義を再考する〉, pp. 4-5.

62   2025년 7월 문부과학성이 공개한 《사회교육조사》(중간보고)에 의한 수치이다. 이는 2022
      년 「박물관법」 개정 및 2023년 4월 시행 이후 처음으로 실시된 조사이다. 総務省統計局,
      《社会教育調》, e-stat. https://www.e-stat.go.jp/stat-search/files?page=1&toukei=0040000
      4&tstat=000001017254 (접속일 2025년 10월 26일)

63   文化庁, 《令和4年度 博物館法改正の背景》, 2022.

기존 「박물관법」은 등록 대상이 되는 박물관의 설치 주체를 엄격히 제한하고 있어, 실제로는 많은 박물관이 등록되지 못하는 등 제도와 현실 사이에 괴리가 존재했다. 또한 고령화와 지역 소멸, 디지털 기술의 발전, 코로나19 이후 비대면 서비스에 대한 수요 증가 등 사회적 변화 속에서, 박물관은 단순한 전시·교육기관을 넘어 지역문화의 거점이자, 관광·도시재생·복지 등과 연계된 복합적인 역할을 요구받고 있었다. 이러한 시대적 흐름에 대응하기 위해, 박물관의 법적 정의와 등록 요건을 확대하고, 그 활동 범위와 사회적 기능을 재정립하는 방향으로 법이 개정된 것이다.[64]

따라서 이번 법 개정으로 등록 대상 박물관의 설치 주체 범위가 크게 확대되고, 박물관 운영의 질을 높이기 위한 등록 요건이 강화되었다. 특히, 기업이나 학교법인 등 다양한 법인도 등록박물관으로 인정받을 수 있게 되어 공공기관에 의해 독점적으로 운영되는 폐쇄적인 구조에서 벗어나 좀 더 개방적이고 유연한 문화인프라로 기능하게 되었다고 평가된다. 또한 종전에는 '박물관 상당시설'이라는 다소 포괄적이고 유연한 개념 아래 등록 요건을 충족하지 못한 시설이 '사실상 박물관'으로 간주되었으나, 개정안에서는 '지정시설指定施設' 제도를 명확히 정비하여 등록박물관과 함께 운영하는 체계로 재편하였다. 이에 따라 일정 요건—자료의 수집, 보존, 전시, 조사 연구, 교육 등 다섯 가지 기능 수행과 시설·인력 기준—을 충족한 박물관은 '지정시설'이라는 명확한 법적 지위를 부여받게 되었다. 이로써 박물관 제도의 경계를 제도적으로 명확히 정립하는 동시에, 다양한 문화시설이 등록박물관 체계 내로 포섭

---

64 博物館法令研究会編著,《改正博物館法詳説·Q&A: 地域に開かれたミュージアムをめざして》, 2023, p. 96.

될 수 있는 구조적 기반이 마련되었다. 이는 「박물관법」이 포괄하는 문화인프라의 외연이 확장될 수 있는 가능성을 시사한다.[65]

아울러, 개정법은 '문화관광 추진에 노력할 의무'를 신설하여, 박물관이 단순한 전시기관을 넘어 지역문화 및 관광 활성화에 기여하는 역할을 수행할 것을 법적으로 명문화하였다. 이 조항은 박물관이 지역사회 네트워크 형성 및 문화자원의 지식 생산과 유통에 참여하는 소프트 인프라로서 기능할 것을 요구하는 것으로 해석된다.[66] 코로나19 팬데믹 이후 비대면 전시와 디지털 아카이브의 중요성이 부각되는 등 급변하는 사회적 환경을 반영하여, 박물관이 단순한 전시 공간을 넘어 지역문화의 거점으로서 관광·복지·도시재생 등 다각적 역할을 수행할 수 있도록 제도적 기반을 강화했다는 점에서 의미가 크다.

1949년 제정된 「사회교육법」에서는 박물관을 '사회교육을 위한 기관'으로 규정하였고, 1951년 제정된 「박물관법」 역시 「사회교육법」의 정신에 기초하여 박물관의 설치 및 운영에 관해 규정하며, 국민교육·학술·문화 발전에 기여하는 기관이라는 포괄적 목표를 내걸었다. 2018년 「문화예술기본법」 제정과 2022년 「박물관법」 개정은 박물관을 문화인프라로 인식하고 그 역할을 확장하려는 정책적·제도적 전환의 흐름을 보여 준다. 이번 개정을 통해 박물관은 단순히 지역문화와 역사를 보존하는 '장소'에 머무르지 않고 지역문화 활성화, 관광, 복지, 교육, 디지털

---

65 文化庁,《博物館法とは》, https://museum.bunka.go.jp/museum/act/ (접속일 2025년 10월 26일); 博物館法令研究会編著,《改正博物館法詳説·Q&A: 地域に開かれたミュージアムをめざして》, 2023, pp. 66-94.

66 渡部友一郎,〈博物館法の一部を改正する法律(令和4年法律第24号)の法的考察 – 博物館の文化観光推進努力義務を新設した第3条第3項のソフトローとしての影響〉,《観光研究》 34-1, 日本観光研究学会, 2022.

정보 접근성 등 다양한 사회적 기능을 통하여 지역사회와 국가 문화 발전에 중추적 역할을 수행하고 「문화예술기본법」의 가치와 방향에 부합하는 현대적 문화시설로 자리매김할 가능성을 갖게 되었다.[67]

이처럼 개정 「박물관법」은 박물관의 역할을 단순한 교육·보존 공간에서 복합적인 문화인프라로 확장시키며, 국가 및 지역 차원의 문화정책 내에서 박물관의 중요성을 제고하는 방향으로 제도적 전환을 이루었다고 할 수 있다.

박물관의 내러티브 전환과 문화인프라로서의 재정의

본 연구는 일본 박물관의 제도적·사상적 변화를 통해 박물관이 단순한 전시 공간을 넘어 국가의 이데올로기와 사회적 내러티브를 반영하는 문화인프라로 기능해 왔음을 고찰하였다.

메이지유신기 박물관의 탄생은 국가의 근대화 기획과 맞물려 있었으며, 다이쇼 데모크라시기에는 시민사회의 성장과 함께 지방 박물관 설립운동이 나타났다. 이후 태평양전쟁기에는 박물관이 전시체제의 선전 도구로 동원되었으며, 조선 및 대만 등 식민지 지역에서도 박물관이 제국주의적 질서를 시각적으로 구성하는 공간으로 작동했다.

전후에는 민주주의와 사회교육의 가치가 강조되면서 박물관은 국민의 학습과 교양 향상을 위한 공공 교육기관으로 재구성되었고, 1951년

---

67 博物館法令研究会編著,《改正博物館法詳説·Q&A: 地域に開かれたミュージアムをめざして》, pp. 24-26.

「박물관법」 제정은 이를 제도적으로 뒷받침하였다. 최근의 2022년 「박물관법」 개정은 박물관의 기능을 문화관광, 지역재생, 디지털 아카이빙 등으로 확장하려는 정책적·제도적 흐름을 보여 주며 박물관을 문화인프라로 인식하는 전환점을 시사한다.

이러한 역사적 흐름 속에서 박물관은 시대에 따라 그 '내러티브'가 변화해 왔다. 메이지 시기 박물관은 문명화된 근대국가로서의 일본을 시각적으로 구성하는 공간이었다. 식민지박물관은 피식민지인을 '타자화'하고 제국의 질서를 정당화하는 도구로 기능했다. 전후에는 평화국가로서의 일본을 상징하는 교육적 공간으로 재구성되었다. 오늘날 박물관은 관광과 지역 활성화, 산업적 활용 등 다양한 사회적·경제적 기능과 연계되며, 문화인프라로서의 역할이 강조되는 추세에 있다.

이러한 박물관의 기능 확대는 환영할 만한 일이지만, 그 과정에서 기억의 정치학이 흐릿해지거나 역사적 책임의 서사가 희석되는 위험도 존재한다. 박물관이 지역 경제를 위한 도구로 기능하게 될 때, 비판적 전시나 식민지 역사, 전쟁 가해에 대한 반성적 서술이 주변화될 가능성도 배제할 수 없다. 즉, 박물관이 문화인프라로서 사회적 영향력을 획득할수록, 어떤 기억을 남기고 어떤 기억을 배제할 것인가에 대한 정치성이 더욱 중요한 과제가 된다. 본 연구는 이러한 '문화인프라로서 박물관'의 가능성과 위험을 동시에 인식해야 함을 문제의식으로 제기한다.

일본의 박물관사는 단지 일본 국내의 역사로만 읽히지 않는다. 제국 일본이 만든 식민지박물관은 일본 박물관 제도의 확장이자 제국주의적 세계관의 실천이었다. 이는 오늘날 한국, 대만, 중국 등 동아시아 국가들이 각자의 박물관 공간에서 자신의 역사뿐 아니라 제국의 유산과도 대면하고 있다는 점을 시사한다. 따라서 일본 박물관의 역사적 전개는 동아시아 박물관 네트워크 또는 공동의 기억 공간 구성에 대한 성찰로 이어질 수 있다. 나아가 동아시아에서 박물관이 과거의 식민 경험을 어떻게 해석하고 소통하는가에 대한 비교사적 연구의 필요성도 제기된다.

결론적으로, 일본 박물관의 역사적 전개는 '제국의 유산'에서 '현대적 문화인프라'로 이어지는 복합적 변화를 보여 주며, 이는 동아시아가 공유하는 기억과 박물관의 미래 방향성을 재사유할 이론적 기반을 제공한다.

참고문헌

가네코 아쓰시, 《박물관의 정치학》, 박광현 외 옮김, 논형, 2009.

김인덕, 《식민지시대 근대공간 국립박물관》, 국학자료원, 2007.

목수현, 《일제하 박물관의 형성과 그 의미》, 서울대학교 석사학위논문, 2000.

이미애, 〈일본 나고야 지역의 전쟁 기억과 박물관〉, 《비교일본학》 59, 2023.

이미애, 〈지역의 공습기억과 박물관에서의 재현-히라츠카시박물관(平塚市博物館)을 중심으로〉, 《일본역사연구》 65, 2024.

이순자, 《일제강점기 고적조사사업 연구》, 경인문화사, 2009.

오영찬, 〈식민지 박물관의 역사 만들기-조선총독부박물관 상설전시의 변천〉, 《역사와 현실》 110, 2018.

조성실, 〈일본 향토박물관의 지역문화 전시재현과 지역사회 참여: 지바현 우라야스시 향토박물관 사례를 중심으로〉, 《글로벌문화콘텐츠》 58, 2024.

최석영, 《한국 근대의 박람회·박물관》, 서경문화사, 2001.

한국박물관100년사편찬위원회, 《한국 박물관 100년사》, 국립중앙박물관, 2009.

후쿠자와 유키치, 《서양사정》, 송경호 외 옮김, 여문책, 2021.

Bain, Alison L. and Julie A. Podmore eds., *The Cultural Infrastructure of Cities*, Cambridge University Press, 2024.

Bennett, Tony, *The Birth of the Museum*, Routledge, 2005.

Getzner, Michael, "Cultural infrastructure as part of social infrastructure: perspectives of cultural policy and economics," *Handbook of Social Infrastructure*, Renner, Anna-Theresa, Leonhard Plank and Michael Getzner eds., Edward Elgar Publishing, 2024.

Heo, Jun-Young and Jae Hong Lee, "A chronological review of the expansion of the museum's role in relation to spatial changes," *Buildings* 15-11, Article 1952, 2025.

Landau-Donnelly, Friederike, "Infrastructuring museums," *The Cultural Infrastructure of Cities*, Bain, Alison L. and Julie A. Podmore eds., Cambridge University Press,

2024.

O'Connor, Justin, *Culture Is Not an Industry: Reclaiming Art and Culture for the Common Good*, Manchester University, 2024.

Revko, Alona, Mykola Butko and Olha Popelo, "Methodology for Assessing the Influence of Cultural Infrastructure on Regional Development in Poland and Ukraine," *Comparative Economic Research. Central and Eastern Europe* 23-2, 2020.

The British Academy, *Social and cultural infrastructure for people and policy: Discussion papers*, The British Academy, 2024.

Williams, Raymond, *Marxism and literature*, Oxford University Press, 1977.

Williams, Raymond, "Culture is Ordinary," in *Resources of Hope: Culture, Democracy, Socialism*, Verso, 1989.

Xiang, Li, Unjah, Tanot, & Abdul Halim, Sharina, "Integrating the contribution of museums for building peaceful and inclusive society and promoting justice," *Discover Sustainability* 6, Article 24, 2025.

Zabalueva, Olga, *Museology and museum-making: Cultural policies and cultural demands*, ICOFOM Study Series, 46, 2018.

李成市, 《闘争の場としての古代史》, 岩波書店, 2018.

伊藤寿朗, 〈日本博物館発達史〉, 伊藤寿朗・森田恒之編, 《博物館概論》, 学苑社, 1978.

伊藤寿朗, 《市民のなかの博物館》, 吉川弘文館, 1993.

大養康博, 《反博物館論序説: 二〇世紀日本の博物館精神史》, 共同文化社, 2015.

上田篤, 《博物館からミューズランドへ》, 学芸出版社, 1992.

内川隆志, 〈歴史民俗資料館〉, 《博物館学事典》, 全日本博物館学会, 2011.

江水是仁, 〈自然科学博物館論史〉, 青木豊・鷹野光行編, 《博物館学史研究事典》, 雄山閣, 2017.

金子淳, 〈15年戦争期の博物館における〈日本〉の表象—「植民地博物館」との関係から〉, 《戦争と表象 / 美術 20世紀以後》, 美学出版, 2007.

金山喜昭, 〈「まちづくり」を踏まえた公立博物館の役割〉, 《法政大学キャリアデザイン学部紀要》1, 2004.

君塚仁彦, 〈地域の中の公立博物館とその存在意義を再考する〉, 《月刊社会教育》55-

8, 2011.

君塚仁彦・名児耶明,《現代にいきる博物館》, 有斐閣, 2012.

倉田公裕・矢島國雄,《新編博物館学》, 東京堂出版, 1997.

黒尾和久,〈考古学は戦争といかに関わってきたのか〉, 君塚仁彦・名児耶明編,《現代に活きる博物館》, 有斐閣ブックス, 2012.

駒井和愛,《考古学入門》, 要書房, 1954.

国立教育研究所編,《日本近代教育百年史7社会教育(1)》, 教育研究振興会, 1974.

国立歴史民俗博物館編,《国立歴史民俗博物館十年史》, 国立歴史民俗博物館, 1991.

椎名仙卓,《日本博物館発達史》, 雄山閣, 1988.

椎名仙卓,《近代日本と博物館—戦争と文化財保護》, 雄山閣, 2010.

辻子実,《靖国の闇にようこそ》, 社会評論社, 2007.

名古屋市博物館,《新博物館態勢–満州国の博物館が戦後日本に伝えていること》, 名古屋市博物館, 1995.

日外アソシエーツ編,《日本全国歴史博物館事典》, 紀伊國屋書店, 2018.

日本博物館協会,《令和元年度 日本の博物館総合調査報告書》, 2020.

平井宏典,〈わが国における博物館経営論の変遷と最新動向〉,《和光経済》第47巻第3号, 2015.

博物館法令研究会編著,《改正博物館法詳説・Q&A: 地域に開かれたミュージアムをめざして》, 2023.

福田珠己,〈テクストとしての博物館—地域博物館研究にむけて〉,《歴史研究》, 大阪府立大学第三十六号, 1998.

福田珠己,〈棚橋源太郎の博物館論と郷土の具体化〉,《空間・社会・地理思想》14, 九州大学大学院人文科学研究院地理学講座, 2011.

藤田亮策,〈朝鮮考古学略史〉,《ドルメン》満鮮特集号, 1933. (李成市 2018, p. 218에서 재인용)

文化庁,《令和4年度 博物館法改正の背景》, 2022.

村田麻里子,〈ミュージアムの受容–近代日本における「博物館」の射程〉,《京都精華大学紀要》35, 2009.

文部科学省,《社会教育施設説明資料》, 2016.

文部科学省,《博物館に関する基礎資料》, 2017.

矢島國雄,〈棚橋源太郎〉,《博物館人物史・上》, 雄山閣, 2010.

安高啓明,〈歴史博物館論史〉,《博物館学史研究事典》, 雄山閣, 2017.

渡部友一郎,〈博物館法の一部を改正する法律（令和4年法律第24号）の法的考察−
　　博物館の文化観光推進努力義務を新設した第3条第3項のソフトロ＿としての影
　　響〉,《観光研究》34-1, 2022.

総務省統計局, "社会教育調," e-Stat. https://www.e-stat.go.jp/stat-search/files?pag
　　e=1&toukei=00400004&tstat=000001017254 (접속일 2025년 10월 26일)

文化庁, "博物館法とは". https://museum.bunka.go.jp/museum/act/ (접속일 2025
　　년 10월 26일)

2부

인프라와 공간 정치

인프라적 공간을 배회하는
신자유주의라는 유령

: 자유화와 시장화를 추동하는
신자유주의의 모빌리티에 대한 비판적 검토

| 구동현 |

이 글은 《사회와 이론》 제50집(2025)에 게재된 원고를 수정 및 보완하여 재수록한 것이다.

이 글은 지리적·역사적으로 특수한 사회공간에서 기원한 사유의 양식으로서 신자유주의가 어떻게 국민국가의 경계를 넘나들며 새로운 사회공간으로 이동하고 물질적 효과를 발생시켜 왔는지 설명한다. 자유화, 사유화, 세계화에 대한 사회과학적 연구들은 경계를 횡단하고 상이한 맥락에서 유사한 제도, 정책, 효과를 파생시키는 신자유주의의 힘을 분석하기 위해 제도주의적 혹은 정치경제학적 분석 틀을 발전시켜 왔다. 다시 말해 "맥락들의 맥락 the context of context"으로서 신자유주의가 그 물질적 힘을 행사하는 기제들이 분석되어 온 것이다.[1] 이러한 기제들은 세계은행the World Bank과 국제통화기구IMF에서 기원하는 국제적 압력, 발전된 국가들의 지정학적 영향력, 개별 국가 기술관료들과 엘리트들의 계급동맹, 각 지역 싱크 탱크들의 신자유주의 번역 전략 등 실로 다양하다.[2] 이러한 연구들이 식별한 신자유주의에서 기원하는 "거대한 전환"[3]은 실로 장대한 것이어서 탈사회주의와 탈식민주의의 과정을 겪는 동구권 및 글로벌 남반구 국가들의 구조적 변화 역시 서구 자유주의 국가와 유사한 형태의 동형화isomorphism로 귀결되는 것으로 이해되어 왔다.

1 Neil Brenner, Jamie Peck and Nick Theodore, "Variegated Neoliberalization: Geographies, Modalities, Pathways," *Global Networks* 10-2, 2010, pp. 182-222.

2 Cornel Ban, *Ruling Ideas: How Global Neoliberalism Goes Local*, Oxford: Oxford University Press, 2016; Fred Block and Margaret R. Somers, *The Power of Market Fundamentalism: Karl Polanyi's Critique*, Cambridge: Harvard University Press, 2014; Johanna Bockman and Gil Eyal, "Eastern Europe as a Laboratory for Economic Knowledge: The Transnational Roots of Neoliberalism," *American Journal of Sociology* 108-2, 2002, pp. 310-352; Neil Brenner and Nik Theodore, "Cities and the Geographies of 'Actually Existing Liberalism'," *Antipode* 34-3, 2002, pp. 359-379; Frank Dobbin, Beth Simmons and Geoffrey Garrett, "The Global Diffusion of Public Policies: Social Construction, Coercion, Competition, or Learning?," *Annual Review of Sociology* 33, 2007, pp. 449-472; Peck, Jamie, "Geographies of Policy: From Transfer-Diffusion to Mobility-Mutation," *Progress in Human Geography* 35-6, 2011, pp. 773-797.

3 칼 폴라니, 《거대한 전환 - 우리 시대의 정치경제적 기원》, 홍기빈 옮김, 길, 2009.

우리는 자유화, 사유화, 세계화 등에 대한 비판적 연구들의 풍요로운 생산성을 인정하면서도 이들이 이질적인 사회공간을 자유로이 이동하며 사회의 전 영역을 시장근본주의 아래 굴복시키는 신자유주의의 마술적 힘을 비판하면서 '부지불식간에' 자본이 상상하는 "유토피아적 시공간"을 현실로 오인하게 만들지 않는지 질문한다.[4] 이러한 자본의 유토피아를 극복하기 위해 우리는 탈사회주의, 탈식민주의, 금융위기와 같은 정세 속에서 신자유주의가 지리적·문화적으로 특수한 사회공간에 재배치되고 변이를 일으키는 과정에 주목할 것을 제안한다. 이를 통해 신자유주의라는 사유의 양식이 지니는 수행적인 힘을 탈식민화하여 이해하고자 시도하려 한다.

이러한 논의를 발전시키기 위해 역사적·지리적으로 특정한 시기와 공간에 놓이는 인프라스트럭처의 물질성, 특히 이 사회기술적 시스템을 실행enact시키는 데 연루되는 다종 다기의 실천들에 주목한다. 신자유주의 이동성은 그것의 기술적 조건으로서 "공통된 연결의 표준common connection standards"과 순환을 촉진하고 확대하는 회로circuits가 어우러진 인프라스트럭처 구축을 요청한다.[5] 하지만 이러한 인프라스트럭처의 영

---

4   Partha Chatterjee, *The Politics of the Governed: Reflections on Popular Politics in Most of the World*, New York: Columbia University Press, 2004. 여기서 '유토피아적 시공간'은 자본의 자유로운 순환을 보장할 것으로 상상되는 평평한 시간성과 공간성을 의미한다. 앞으로 논의될 바와 같이 신자유주의 비판의 많은 판본들은 신자유주의 프로젝트들이 이러한 자본의 유토피아를 창출하기 위해 시공간을 압축·추상화·동형화한다고 비판하며 아이러니하게도 신자유주의에게 현실의 시공간을 '외재적'으로 '주형'할 수 있는 구조적 힘을 '부여한다'(예컨대 '공교육의 신자유주의화,' '사회보장의 신자유주의화'와 같은 표현을 상기해 볼 수 있을 것이다). 신자유주의에게 이러한 구조적 힘을 일방적으로 부여하는 것은 현실의 시공간이 '~의 신자유주의화'로 소급될 수 있는 방식으로 생산되지 않는다는 점을 망각하게 한다.

5   Andrew Barry, "Technological Zones," *European Journal of Social Theory* 9-2, 2006, pp. 239-253; 토마스 렘케, 《사물의 통치 – 푸코와 신유물론들》, 김효진 옮김, 갈무리, 2024.

향력을 고찰하기 위해, 신유물론 내지 행위자 연결망 이론에 대한 일면적 이해를 따라, 사물 혹은 비인간행위자에 대한 이론적 관심을 기울이는 것만으로는 신자유주의의 모빌리티를 온전히 이해하기 어렵다. 비어Laura Bear가 강조했듯, 인프라의 물질성이 지니는 힘과 동등하게 중요한 것이 그 물질성에 얽혀 있는entangled "자본주의 정신," 더 정확히는 이 기계 속 정신을 현실화하는 "윤리적 실천"이라 할 수 있기 때문이다.[6] 이 글에서 인프라스트럭처를 실행하는 사회기술적 실천들이라 지칭하는 것은 이러한 기술-윤리적 실천들이 이루는 하이브리드한 레짐을 의미한다. 구체적으로 신자유주의의 모빌리티가 의존하는 인프라스트럭처는 다양한 기술적·윤리적·정치적 실천들이 어우러진, 무료한mundane 절차를 통해 실행된다. 가령, 투명성transparency과 책임성accountability을 강조하는 윤리적 자본주의의 거버넌스에서부터 포용적이고 지속가능한 발전 모델을 추진하는 디자이너와 계획가들, 그리고 커먼즈의 생산과 민주주의의 확장을 목표로 하는 풀뿌리 활동가들에 이르기까지 이질적인 행위성들이 연루되는 것이다. 이러한 이질적 행위성들의 실천은 인프라스트럭처의 실행을 기술적 과제 이상의 것으로 만든다. 즉, 이러한 실천들을 통해 인프라의 기술적 세부사항technicalities에 기존의 세력 관계, 문화적 규범, 사회적 상상, 윤리, 정동affect 등이 기입된다. 결국 인프라스트럭처의 기술적-윤리적 매개를 통해 이동하는 신자유주의는 기존의 이론들이 동형화로 묘사했던 것과 대조되는, 이질적인 변이'들'mutations로 출몰하게 되는 것이다.

---

6 Laura Bear, "Speculations on Infrastructure: From Colonial Public Works to a Post-Colonial Global Asset Class on the Indian Railways 1840–2017," *Economy and Society* 49-1, 2020, pp. 45-70.

이 글은 다음의 세 파트로 구성된다. 우선 이제는 철 지난 질문으로 보이기도 하는 다음의 질문, '신자유주의는 국민국가를 약화시켜 왔는가'를 재검토함으로써 그간의 자유화와 시장화에 대한 논의가 (신자유주의에 비판적인 지향성을 보이는 경우에도) 어떻게 자본이 상상하는 동질화된 시공간을 현실로 오인하게 할 위험을 낳았는지 밝히고자 한다. 이를 위해 신제도주의 경제사회학에서 비판적 지리학에 이르는 다양한 관점들이 그리는 신자유주의의 공간과 탈식민주의 인류학 및 과학기술학Science and Technology Studies이 그려 내는 이질성의 공간을 대비하여 고찰할 것이다. 특히 이질적 관계, 물질, 윤리 등과 신자유주의의 마주침이 낳는 변이들을 글로벌 남반구의 경험을 중심으로 하여 위상학적topological 공간 속에서 들여다볼 것이다.[7] 이를 통해 시장화 및 자유화에 대한 익숙한 내러티브와 대비되어 신자유주의가 이동하는 이질성의 공간은 혼란스러움messiness으로 가득하다는 점, 그리고 이 현실의 어지러움은 이론의 추상화 속에 환원되어야 할 이상치가 아니라는 점을 보일 것이다.[8] 마지막으로, 이러한 경험적 세계의 혼란스러움을 이해하는 데 인프라스트럭처와 그것을 실행하는 사회기술적 실천들에 대한 분석이 어떠한 기여를 하는지 분명히 할 것이다. 인프라스트럭처를 인식론적 대상으로 삼은 이러한 신자유주의에 대한 이해는 2008년 금융위기

---

7 Stephen J. Collier, "Topologies of Power: Foucault's Analysis of Political Government Beyond 'Governmentality'," *Theory, Culture & Society* 26-6, 2009, pp. 78-108; Colin McFarlane, "The Geographies of Urban Density: Topology, Politics and the City," *Progress in Human Geography* 40-5, 2016, pp. 629-648.

8 Simone Abram, Gisa Weszkalnys eds., *Elusive Promises: Planning in the Contemporary World*, New York: Berghahn Books, 2013; Donghyun Koo, "A Little Street Vending Stall in the Metropolis: Designerly Intervention and Urban Governance in Seoul," *Economy and Society* 53-2, 2024, pp. 296-321.

이후 되풀이되는 포스트-신자유주의 시대의 선포와 신자유주의의 회귀 선언을 해명하는 데 도움이 된다는 점이 최종적으로 논의될 것이다.

신자유주의와 국민국가의 쇠퇴

신자유주의는 국민국가를 약화시켜 왔는가? 하이에크의 국가 개입에 대한 혐오 및 그의 "자생적 질서"로서 시장 메커니즘에 대한 전적인 믿음을 진지하게 고려한다면, 이 질문에 대한 답변은 명백해 보인다.[9] 신자유주의는 국민국가를 약화시킨다. 우선 신자유주의는, 적어도 지향점으로서, 국민경제 혹은 사회에 대해 조망할 수 있는a bird's eye view 국가의 능력에 대한 신뢰를 무너뜨리고 금융과 인적자본의 자유로운 흐름을 촉진하기 위해 국경의 경계를 흐리게 만들고자 한다. 아마도 비판가들은 이러한 신자유주의의 지향성이 현실에서 불균등하게 실현되고 있음을 덧붙일 것이다. 즉, 신자유주의는 국가의 사회보장적 기능을 축소하는 한편으로 사회복지의 보호 바깥으로 내몰리는 사람들에 대한 관리기제로서 억압적 국가장치를 강화한다. 다시 말해 사회권의 발전으로 표현되는, 그리고 적어도 근대 서구 유럽의 경험을 근거로 하여 개념화되었던, 국민국가의 사회적 성격은 현저하게 약화되었고 그 빈 곳에 정치 엘리트와 자본의 동맹이 도구적으로 활용하는 무소불위의 국가폭력이 남는다는 것이다. 근대성의 규범적 판단 아래 전제되었던 국민국가

---

9 프리드리히 하이에크,《노예의 길─사회주의 계획경제의 진실》, 김이섭 옮김, 자유기업원, 2006.

의 기능과 형태가 신자유주의에 의해 위기에 봉착한다는 진단이 이러한 방식으로 제기되어 왔다.

하지만 신자유주의의 모빌리티, 그리고 그것의 수행적 권력에 대한 이해는 이렇듯 명백한 것으로 보이는 질문과 답변에 대한 재사유를 요청하는 듯하다. 무엇보다 국민국가와 신자유주의의 관계에 대한 질문을 이론의 추상적 공간이 아닌 탈식민화의 공간, 즉 이질적인 요소들이 교차하는 울퉁불퉁한 공간 속으로 이동시킬 필요가 있다. 왜냐하면 신자유주의에 대한 비판적 연구들이 신자유주의에 대한 민중적 불만들에 이론적, 담론적 무기를 제공한 것이 사실이지만, 이들의 서사가 아이러니하게도 신자유주의에 의해 전 세계적으로 증식되는 자유화와 그것이 생산하는 동질적이고 평평한 사회공간이라는 상상을 유포할 위험을 안고 있는 것으로 보이기 때문이다. 요컨대 신자유주의가 지리적으로 특정한 공간으로 이동하고 자리 잡는 과정에 연루되는 실천, 사상, 기술 등의 다양성을 신자유주의와 국민국가라는 추상적 범주로 환원하고 이 두 범주의 관계를 설명하는 데 신자유주의에 '총체적인' 설명력을 부여하는 위험성이 여기에 존재한다. 채터지Partha Chatterjee가 유사한 맥락에서 지적했듯, 이러한 내러티브는 사람들이 실제 살아가는 시간-공간의 구별되는differentiated 형식들을 무분별하게 동질화하면서 자본의 유토피아적 시간-공간the utopian time-space of capital을 현실로 오인하게 만들 가능성이 다분하다.[10] 국가라는 리바이어던이 소멸한, 추상적이고 동질적인 자본의 공간에서 노동자가 합리적 계산-시장 논리의 규율에 복속되어 자신의 삶을 세밀하게 관리하는 것이 아니다. 아무리 신자유주의의 정치 엘리트

---

10 Partha Chatterjee, *The Politics of the Governed: Reflections on Popular Politics in Most of the World*, 2004.

와 자본가들이 자본의 유토피아를 현실에 강요하더라도 노동자는 구체적인 윤리적 기대, 정치적 지향, 거버넌스의 기술, 사회적 관행에 얽혀 구체적인 시공간 속에서 시장, 계산, 신자유주의와 마주하게 된다.

그렇다면 신자유주의의 비판가들이 신자유주의가 사회적 현상과 관련하여 총체적 설명력을 지닌다고 전제하는 아이러니를 어떻게 이해할 수 있을까? 이에 대한 단서를 찾기 위해 비판적 연구의 내러티브가 신자유주의와 국민국가가 자유화의 과정 속에서 맺는 관계를 어떻게 묘사하는지 좀 더 상세히 추적할 필요가 있다. 데이비드 하비David Harvey는 그의 영향력 있는 저서에서 조절이론 학파의 개념 장치들을 독창적으로 활용해 신자유주의를 자본의 새로운 축적 전략, 즉 "강탈을 통한 축적" 과정으로 설명한다.[11] 신자유주의는 공동의 것으로 간주되어야 할 공공재, 도시의 공간, 천연자원을 사유화하면서 지배계급으로의 물질적 부의 쏠림을 가속화한다. 하비는 세계의 대도시에 만연한, 도시재생 사업을 통한 건조환경의 재구축을 예로 제시한다. 역사적 경험은 정치 엘리트와 금융·건설자본이 부동산 거품과 금융위기 등 자본 유동성에서 파생하는 위기를 해소하기 위해 도시재생을 전략적으로 활용해 왔다는 점을 드러낸다.

비판적 지리학자들은 이러한 아이디어를 "실제 존재하는 신자유주의actually existing neoliberalism"라는 연구 프로그램으로 발전시키면서 이론적으로 정교하고 경험적으로 풍부한 연구를 수행한다. 주류 경제학자들이 묘사하는, 평평한flat 공간 위에서 펼쳐지는 자유주의적 가치의 매끄러운 확산을 논박하며 브레너Neil Brenner와 테오도르Nik Theodore는 신자

---

11 David Harvey, *A Brief History of Neoliberalism*, Oxford: Oxford University Press, 2007.

유주의의 현실화가 국가적, 지역적, 그리고 풀뿌리 수준의 다양한 맥락에서 장애물, 실패, 저항을 마주하게 된다는 점을 보인다.[12] 개별 국민국가에서 시행되는 신자유주의 구조 조정 프로젝트는 세계경제의 불균등 발전과 시 정부 간의 극심한 경쟁으로 인한 경제적 불확실성에 직면한다. 나아가 지역에 내재적인 제도적 이질성과 시장화의 결과에 대한 풀뿌리 수준의 저항운동에서 기인하는 정치적 혼란에 직면하기도 한다.[13] 결국 신자유주의가 "맥락들의 맥락"으로 특정 사회공간을 변모시킨다 할지라도 그 현실화의 방식은 구체적인 신자유주의 프로젝트가 마주하고 조절해야 하는 정세에 따라 다양해진다.

이렇듯 신자유주의가 구체적으로 시행되는 장소성에 따라 혼종적이고 다양한 형식을 취하게 된다는 점을 이해한다면, 놀라운 것은 그럼에도 불구하고 사회적 삶의 풍부함이 신자유주의에 결국에는 복속되는 듯하다는 점일 것이다. 그 병참이 무한한 것처럼 신자유주의는 도시재생 프로젝트, 경제특구 프로젝트, 근로연계workfare 프로젝트, 엄벌주의 정책, 도시 브랜드 개발 프로그램 등의 다양한 무기들과 함께 모양을 바꿔 가며 사회 전 영역으로 확산한다. 이러한 프로젝트들은 보다 많은 해외에서의 투자와 자원을 유치하고 국가 외부로 외주화된 사회부조 정책을 통해 정치적 긴장을 완화함으로써 특정 공간에서 신자유주의의 정착이 발생시키는 위기를 조절하기 위해 고안된다고 할 수 있다. 결국

---

12 Neil Brenner, and Nik Theodore, "Cities and the Geographies of 'Actually Existing Liberalism'," pp. 359-379.

13 Neil Brenner, Jamie Peck and Nick Theodore, "Variegated Neoliberalization: Geographies, Modalities, Pathways," pp. 182-222; Peck, Jamie, "Geographies of Policy: From Transfer-Diffusion to Mobility-Mutation," pp. 773-797; Peck, Jamie and Adam Tickell, "Neoliberalizing Space," *Antipode* 34-3, 2002, pp. 380-398.

비판적 지리학의 분석에서 아이러니한 지점은 신자유주의가 어떤 장애를 마주하더라고 결국에는 이를 조절할 수 있는 수단을 찾는 것처럼 묘사된다는 점이다.

왜 이러한 형태의 설명이 신자유주의에 대한 비판들에서 우세하게 자리 잡았을까? 다양한 비판의 판본들이 공유하고 있는 신자유주의에 대한 개념에서 그 이유를 찾을 수 있을 듯하다. 머지Stephanie Mudge가 간결하게 정의한 것처럼, 경제사상으로서의 신자유주의는 "'시장'을 신성시하는 이념적 체계"이다.[14] 하지만 덧붙여져야 할 것은 신자유주의가 국가 간 인적·지적 네트워크를 통해 순환하고 공유되는 단순한 이념적 신화이기를 넘어서 자본축적의 현실화를 위한 전략적 도구를 각 정부에 제공하는 실용적인 사유의 방식이기도 하다는 점이다. 신자유주의는 '보이지 않는 손'에 대한 고전적 자유주의의 순진한 믿음을 한편으로 밀어 놓고 정치 영역에 적극적으로 연루되어 "얼마나 많은 시장이 필요한지"에 대한 물음을 중심으로 정부 개입의 방향성을 주형한다.[15] 이러한 의미에서 신자유주의 내지 신고전학파 경제학자들은 현대의 통치와 관련한 가장 유력한 전문가 집단을 이루고, 이들은 자유시장이라는 이념의 재정적·제도적·물질적 조건을 구축하기 위해 국가에 부지런히 정책을 권고한다.

이러한 입지점에서 보자면 신자유주의가 어디로 이동하든 유사한 물질적 효과와 현실을 자아내는, 동질화homogenizing하는 힘으로 간주되는 것은 놀라운 일이 아니다. 이는 신자유주의를 일관된 정책 패키지로 전

---

14 Stephanie Lee Mudge, "What Is Neo-liberalism?," *Socio-Economic Review* 6-4, 2008, p. 706.

15 Stephanie Lee Mudge, "What Is Neo-liberalism?," p. 727; cf. 지주형, 〈신자유주의 국가: 전략관계론적 형태 분석〉, 《경제와 사회》 106, 2015, 306~406쪽.

제하는 비판적 담론의 확산으로 이어진다. 이러한 비판들에 따르면 통화주의의 지배 아래 신자유주의 재정정책은 감사audit 테크닉을 통한 긴축을 강조하고, 전체주의 국가로의 길에 대한 두려움과 국가의 비효율성에 대한 의심 속에서 국가 기능의 민영화와 인프라스트럭처 구조 조정 프로젝트를 추진한다. 덧붙여 자본, 아이디어, 상품, 자원의 자유로운 흐름을 보장하기 위해 무역 자유화와 규제 완화를 추진하고, 나아가 국제 개발 기구, 세계은행, IMF와 같은 영향력 있는 글로벌 기관의 압력을 통해 저개발 국가에 이러한 시장친화적 정책을 권고하거나 강요한다.[16] 신자유주의가 유일한 통치의 원칙은 아니더라도 가장 유력한 통치의 규준으로 자리 잡을수록 국민국가는 그 자율성을 상실하며 시장 질서에 복무하는 유순한 경비원에 지나지 않는 것으로 상정되는 것이다.

신자유주의의 위상학
: 자본의 유토피아와 이질성의 시공간

앞에서 살펴본 신자유주의의 이동성에 대한 이해가 자본이 상상하는 유토피아적 시간-공간을 어떻게 현실로 오인하게 하는지를 살펴보기 위해 정책 확산에 대한 신제도주의적 분석과 신자유주의에 대한 비판적 분석을 비교해 보는 것이 도움이 될 듯하다. 잘 알려진 바와 같이 신제도주의자들은 자유화의 과정을 동형화isomorphism의 차원에서, 즉

---

16 Monica Prasad, *The Politics of Free Markets: The Rise of Neoliberal Economic Policies in Britain, France, Germany, and the United States*, Chicago: The University of Chicago Press, 2006; Stephanie Lee Mudge, "What Is Neo-liberalism?," pp. 703-731.

공공정책과 제도가 여러 국가로 확산되어 각 국가에 동질적인 제도적 환경이 형성되는 과정을 통해서 추적해 왔다. 신제도주의가 식별하는 정책 확산의 메커니즘은 크게 구성주의constructivism, 강제coercion, 경쟁competition, 학습learning의 네 가지 유형으로 분류된다.[17] 이 네 가지 메커니즘의 식별은 인식공동체epistemic community에서부터 국민국가에 이르기까지 정책 확산의 과정을 추동하는 행위자를 다양화한다. 나아가 강대국의 경제적 압력에서부터 헤게모니적 사상에 이르는, 확산 과정을 조건 짓는 권력관계의 양태들을 상세히 논증하는 데 도움이 된다. 덧붙여 국제 정세의 불확실성이나 해외자본 투자를 둘러싼 글로벌 경쟁과 같은 요소까지 포괄한다는 점에서 신제도주의의 분석적 장점을 무시하기는 쉽지 않은 일이다.

그럼에도 신제도주의 분석이 신자유주의 비판의 최선봉에서 활용되는 것은 드문 일이다. 이는 신제도주의가 신자유주의 비판이 묘사하는 피비린내 나는 현실을 진단하기에는 갈등, 투쟁, 정치에 대한 얕은 이해를 보여 준다는 점과 관련이 있을 것이다. 이는 신제도주의에서 제도의 확산이 종종 평면적이거나 일방적, 나아가 목적론적인 경향성을 취한다는 점에서 잘 볼 수 있다. 좀 더 가혹한 평가를 내린다면, 신제도주의가 바라보는 제도의 확산은 개별 국가의 다양한 발전 경로가 동형적으로 수렴한다는 결론을 내림으로써 자본의 자기 이해, 즉 자본이 자체의 세계적 우위를 어떻게 상상하는지를 수용하는 것처럼 보일 수 있다. 마치 근대화 이론이 그랬던 것처럼, 신제도주의적 설명은 각 국가가 어떤 길

---

17   Frank Dobbin, Beth Simmons and Geoffrey Garrett, "The Global Diffusion of Public Policies: Social Construction, Coercion, Competition, or Learning?," *Annual Review of Sociology* 33, 2007, pp. 449–472.

을 선택하든 그 끝에는 미리 결정된 근대성(또는 자본)의 미래가 기다리고 있다는 운명론적 세계관을 내비치는 듯하다. '강탈에 의한 축적' 혹은 '실제로 존재하는 신자유주의'에 대한 비판들과 비교하자면 신제도주의 논리가 낙관적이거나 나이브해 보인다는 점을 부인하기는 어렵다.

하지만 이 지점에서 질문해야 할 것은 신자유주의에 대한 비판의 판본들이 스스로 자임하는 바와 같이 신제도주의가 봉착한 난관을 극복했는지의 문제이다. 신자유주의 비판이 그리는 사회적 투쟁의 내러티브는 망설임, 반복되는 실패, 완강한 저항을 겪으면서도 신자유주의의 수행적 권력이 개별 국가를 복속시키는, 자본이 상상하는 유토피아와 종종 닮아져 가지 않는가? 논의의 편의를 위해 '실제로 존재하는 신자유주의' 연구 프로그램에 초점을 맞춰 보자.[18] 본 연구 프로그램 아래 수행된 연구들이 신자유주의에 대해 가장 엄밀한 비판적 분석으로 자주 일컬어지는 이유는, 이들이 신자유주의의 맥락 내재성을 반복적으로 강조하고 있기 때문일 것이다. 즉, 이러한 분석들은 국지적 반란, 제도적인 한계, 문화적 규범의 차이 등이 낳는 다양한 신자유주의적 전환의 과정을 세밀하게 고찰하며 특정 맥락에서 신자유주의가 취하는 상이한 양태들을 이해할 수 있게 한다. 문제는 이러한 다양성이 "맥락의 맥락"으로서 신자유주의 '내부'의 차이들을 반영하고 있는 것으로 포착된다는 점이다: 어떠한 차이들이 식별되더라도 비판적 연구들이 보고하는 현실들은 신자유주의의 대표적이거나 특수한 '사례들'인 것으로 식별된다. 구조주의적 맑스주의의 용어를 빌리자면, 이러한 비판들에서 신자

---

18 Neil Brenner, Jamie Peck and Nick Theodore, "Variegated Neoliberalization: Geographies, Modalities, Pathways," pp. 182-222; Neil Brenner, and Nik Theodore, "Cities and the Geographies of 'Actually Existing Liberalism'," pp. 359-379.

유주의는 최후의 심급에서 공간을 동질화하는 맥락으로 기능하고 이러한 동질화를 위해 다양한 이념적, 정치적, 사회적 과정이 비교적 자율적인 방식으로 그 맥락 위에서 펼쳐진다고 할 수 있을 듯하다. 미첼Timothy Mitchell이 유사한 맥락에서 지적했듯, '실제로 존재하는 신자유주의'의 설명에서 신자유주의의 다양성은 "동일한 나무에서 자라난 다른 가지"로서 발생하지 "자본주의의 모든 심급에 내재하는 차이들로 따라서 그 안에 내재하는 급진적인 불확실성의 표지들"로 현실화되지 않는다.[19] 역설적인 방식이지만, '실제로 존재하는 신자유주의'의 문제 설정은 신자유주의를 '맥락의 맥락'으로 특권화하면서 이질성 시간/공간에서 출현하는 다층적인 현실을 희생시킨다.

그렇다면 어떻게 이러한 위험, 신자유주의의 힘으로 동질화된 세계를 그려 내며 자본의 유토피아를 확언하는 위험에 벗어날 수 있을까? 본 연구가 이를 위해 주목하는 것은 탈식민주의와 탈사회주의의 맥락에서 신자유주의의 도입, 정착, 변이를 추적해 온 연구들이다. 이들은 신자유주의의 공간화를 위상학적 분석을 통해 추적하며 이 속에서 출현하는 이질성heterogeneity을 포착함으로써 자본의 유토피아 내부에서 신자유주의의 모빌리티를 추적할 가능성을 드러낸다.[20] 대표적으로 제임스 퍼거

---

19 Timothy Mitchell, *Rule of Experts: Egypt, Techno-Politics, Modernity*, Berkeley: University of California Press, 2002, p. 364.

20 '위상학적 분석'은 이질적인 요소들의 특정한 배치와 연결, 그것들의 변환이 자리 잡는 위상학적 공간에 초점을 맞춘다(Stephen J. Collier, "Topologies of Power: Foucault's Analysis of Political Government Beyond 'Governmentality'," *Theory, Culture & Society* 26-6, 2009, pp. 78-108). 예를 들어 신자유주의라는 추상적 논리에 따라 상이한 현실의 요소들이 어떻게 규정되는지를 논하기보다 이질적인 요소들이 어떻게 배열되고 그 배열은 또한 상이한 스케일의 관계들 속에 어떻게 재배치되는지에 따라 그려지는 신자유주의의 "문제 공간"에 관심을 가지는 분석들이 그 대표적인 예라 할 수 있다(Stephen J. Collier, *Post-Soviet Social: Neoliberalism, Social Modernity, Biopolitics*, Princeton: Princeton University

슨James Ferguson은 글로벌 남반구에서 분배정치가 새롭게 부상할 수 있는 가능성을 관찰한다.[21] 가령, 남아프리카공화국은 공식 통계에 따르면 전체 인구의 30퍼센트가 정부로부터 어떤 형태로든 현금을 지급받고 있으며 빈곤 지역에서는 그 비율이 75퍼센트에 달한다. 서구의 발전된 유럽 국가에서 임금노동자들의 사회적 안정을 지탱해 온 복지기계가 부식되고 있다는 좌파의 신음과는 대조적으로, 이 '저개발국'의 분배정치는 안정적인 임금노동의 기회를 갖지 못한, 맑스주의자들이 '룸펜프롤레타리아트'라는 멸칭으로 묘사했을 경제 인구집단에게 실질적인 사회적 보호를 제공하고 있다.

특히 두 가지 주목할 만한 지점이 존재한다. 첫째, 유연한 노동시장이라는 구조적 조건 아래 안정적 일자리 창출이 극도로 어려운 상황에서 남아공의 복지 정책은 대부분 현금이전(주로 직접 소득 지급)의 형태를 취하고 있다는 점이다. 둘째, 재취업 훈련이나 시민교육 등의 자기형성의 기술을 통해 기업가적 주체화를 추진하며 분배정치를 재구조화하는 서구 신자유주의 통치성[22]과 대조적으로 이러한 불안정 노동조건 속 대중들이 정부로부터 현금을 받기 위한 문턱이 상당히 낮다는 점이다. 이는 서구의 경험을 중심으로 상정되어 온 복지국가의 관료적, 제도적, 물

Press, 2011; Donghyun Koo, "A Little Street Vending Stall in the Metropolis: Designerly Intervention and Urban Governance in Seoul," pp. 296-321; Antina von Schnitzler, *Democracy's Infrastructure: Techno-Politics and Protest After Apartheid*, Princeton: Princeton University Press, 2016).

21 제임스 퍼거슨,《분배정치의 시대 – 기본소득과 현금지급이라는 혁명적 실험》, 조문영 옮김, 여문책, 2017.

22 Mitchell Dean, "Governing the Unemployed Self in an Active Society," *Economy and Society* 24-4, 1995, pp. 559-583; Nikolas Rose, "The Death of the Social? Re-Figuring the Territory of Government," *Economy and Society* 25-3, 1996, pp. 327-356; 바바라 크룩섕크,《시민을 발명해야 한다 – 민주주의와 통치성》, 심성보 옮김, 갈무리, 2014.

질적 장치가 상당 부분 부재하는 상황에서 오로지 현금이전이 남아공에서 분배정치의 근간을 이룬다는 것을 의미한다.

신자유주의의 변이들을 세밀하게 분석해 온 비판적 분석을 참고한다면, 이러한 남아공의 분배정치를 신자유주의의 변이형으로 간주하는 것이 가능하다. 특히 이러한 비판의 근거를 현금이전이 남아공 분배정치를 조건 짓는 합리성의 차원에서 얼마나 강조되고 있는지에서 찾을 수 있을 것이다. 현금이전의 강조는 분배정치의 통화주의monetarist적 전환을 보여 주는 것으로 평가될 수 있다. 이때의 통화주의는 단순히 경제학 이론이 아니라 사회의 영역을 숫자로 표현될 수 있는 '정보'로 재현하고 이러한 수량화된 정보에 통치적 실천을 행사함으로써 개인의 실천을 직접적으로 규율하기보다 그것을 "먼 거리에서at a distance" 조절하는 (신)자유주의적 테크놀로지를 의미한다.[23] 결국 남아공의 분배정치는 신자유주의적 테크놀로지의 배치를 통해 국민에게 안정적인 일자리를 제공해야 할 국가의 책무를 현금 지급의 테크놀로지로 대체하며, 궁극적으로 도래해야 할 노동자계급의 정치적 힘을 거세하고 진보정치의 물질적 지반으로서 노동의 중요성을 위태롭게 만든다는 평가가 가능할 것이다.

하지만 이러한 비난은 수혜자의 관점에서 무의미해진다. 애초에 글로벌 남반구의 다수 사람들이 비공식경제informal economy 영역에 자신의 생계를 의존하는 형국에서 공식적 사회복지 정책이라는 아이디어는 종종 타깃을 비껴 가는 화살에 불과하기 때문이다.[24] 다시 말해, 유연한 생

---

23 Gil Eyal, "Anti-Politics and the Spirit of Capitalism: Dissidents, Monetarists, and the Czech Transition to Capitalism." *Theory and Society* 29-1, 2000, pp. 49-92; Daniel Fridman, "A New Mentality for a New Economy: Performing the Homo Economicus in Argentina (1976-83)," *Economy and Society* 39-2, 2010, pp. 271-302.

24 Jacqueline Best, "Redefining Poverty as Risk and Vulnerability: Shifting Strategies of

산양식이 임금노동에서 배제된 사람들을 '잉여인구'로 분류하여 사회적 보호 밖에서 살도록 내버려둘 때, 이들이 생계를 유지하고 타인과 관계를 맺고 인간적 존엄을 획득하는 것은 노동자에게 부여된다는 '사회적 권리'를 통해서가 아니라 현금 지급을 통해서인 것이다. 퍼거슨은 이러한 정세에서 분배정치에 대한 일견 신자유주의적 테크놀로지인 현금 지급은 시장의 계산적 합리성calculative rationality이 아니라 정의에 대한 감각과 깊게 연루되어 있다는 점을 지적한다.[25] 또한 현금 지급의 분배정치는 임금노동을 남성의 몫으로, 가사노동을 여성의 것으로 젠더화 했던 서구 사회복지 장치[26]의 틀을 벗어나 작동하기 때문에, 여성이 가부장적 질서에 복속되는 정상가족의 굴레에서 벗어나 자율성을 키울 수 있는 기회를 확대하기도 한다. 국가의 현금 지급을 통해 경제적 자율성을 획득하는 것이 대부분 여성이기 때문이다. 이는 여성이 주로 담당하는 가사노동이 생계의 주요 원천이 되는 각종 보조금을 받을 수 있는 권리와 연계되는 경우가 많다는 점에서 비롯된다. 덧붙여서, 결혼 여부와 관계없이 실질적으로 자녀를 양육하는 사람, 즉 주로 여성들에게 양육보조금이 지급되기 때문에 정부의 현금 지급은 가부장적 가족구조의 억압으로부터 여성들이 더 많은 자유를 누릴 수 있도록 하는 데 기여할 수 있다. 이처럼 복잡한 분배정치의 장치 속에서 분배에 대한 신자유주의적 접근은 전통적인 가족구조, 가사노동에 대한 평가를 둘러싼 세력관계, 민중주의적 국가 등이 이루는 복잡한 관계망 속에 얽혀 있다.

Liberal Economic Governance," *Third World Quarterly* 34-1, 2013, pp. 109-129; Jean Dreze and Amartya Sen, *Hunger and Public Action*, Oxford: Oxford University Press, 1990.

25 제임스 퍼거슨, 《분배정치의 시대 - 기본소득과 현금지급이라는 혁명적 실험》, 2017.

26 William Walters, "The Discovery of 'Unemployment': New Forms for the Government of Poverty," *Economy and Society* 23-3, 1994, pp. 265-290.

이 글의 목적은 신자유주의의 괴멸적 힘에 맞서 복지국가를 복권시킬 가능성을 글로벌 남반구에서 찾으려는 것이 아니다. 민주주의적 잠재력만큼이나 다양한 차원의 위험과 결부되어 있는, 분배정치를 향한 포퓰리즘적 접근의 유효성을 민주주의적 정치의 대안적 모델로 상찬하려는 것도 아니다. 단지 여기서 강조하려 하는 것은 민중주의, 정의에 대한 감각, 여성의 힘 기르기empowerment, 통화주의, 사회부조 등 이질적인 요소들이 형성하는 배치assemblage를 '신자유주의의 이동성이 낳은 신자유주의 질서의 변이'라는 익숙한 틀에 끼워 맞추지 말아야 한다는 점이다. 그렇게 할 경우 거기에서 파생되는 서사는 현실에 작동하는 이질성들을 '전근대적', '국지적 저항,' '전통적 문화' 등으로 라벨링하고 신자유주의적 힘에 상대적으로 부차적인 요소들로 축소하게 될 것이다. 그 결과는 이러한 이질적 요소들의 연결이 낳는 다양한 배치들과 현행성들actualities을 "실제로 존재하는 신자유주의"의 하나의 사례로 평가하고 무력화하는 분석일 것이다.

본 연구는 신자유주의에 사회의 변동을 설명할 수 있는 '맥락의 맥락'이라는 지위를 부여하면서 자본이 상상하는 유토피아를 부지불식간에 승인하는 것을 거부하기 위해 이질성의 시간/공간에서 포착되는 현행성의 이상치anomalies를 진지하게 고려해 보자고 제안한다. 이러한 목적을 위해서는, 신자유주의에 대한 비판적 논의에서 종종 포착되는, 신자유주의, 국가, 사회 등의 개념 도구에 대한 경직성 및 무비판적 가정을 극복할 수 있는 "개념적 노동"이 필요할 것으로 보인다.[27]

우선 신자유주의는 세계적으로 확산되면서 개별 국가를 신자유주의

---

27 Paul Rabinow, *Anthropos Today: Reflections on Modern Equipment*, Princeton: Princeton University Press, 2003.

의 사례들로 동질화할 수 있는 일관된 정책 패키지로 이해되기 어렵다. 로즈Nikolas Rose 와 콜리어Stephen Collier가 서구의 발전된 민주주의의 통치성과 탈사회주의 러시아의 사회적 근대성이라는 상이한 맥락에서 각기 포착했듯이, '신'자유주의는 자유주의 통치 프로그램으로 출현한 사회국가를 "과잉 통치governing too much"의 위험이라는 자유주의적 문제화를 통해 재구조화하고 갱신하려는 사유의 운동으로 고찰할 수 있다.[28] 즉, 신자유주의는 사회적인 것을 중심으로 작동하는 근대의 통치성을 문제화하고, 자기통치를 행하는 시민성의 생산을 통해 사회적인 것의 실행 양태를 재조정하려는 비판적 태도이다.[29] 이 과정에서 개인의 계산적 합리성이 '실행될 수 있게 만드는' 일련의 인센티브를 활용하는 환경적 개입과 기술들이 신자유주의에 의해서 도입되게 된다.[30] 이러한 개입의 양상들은 신자유주의, 국가, 더 나아가 사회라는 범주들을 전제하면서 진행되어 온 신자유주의에 대한 비판들을 통해 포착되기 어려운 다양성을

---

[28] Nikolas Rose, *Powers of Freedom: Reframing Political Thought*. Cambridge: Cambridge University Press, 1999; Stephen J. Collier, *Post-Soviet Social: Neoliberalism, Social Modernity, Biopolitics*, 2011.

[29] Antina von Schnitzler, *Democracy's Infrastructure: Techno-Politics and Protest After Apartheid*, 2016.

[30] 김홍중, 〈육화된 신자유주의의 윤리적 해체〉, 《사회와 이론》 14-1, 2009, 173~212쪽; 서동진, 〈혁신, 자유, 민주화…그리고 경영〉, 《경제와 사회》 89, 2011, 71~104쪽; 이지원 · 백승욱, 〈한국에서 생명보험의 신자유주의적 전환〉, 《한국사회학》 46-2, 2012, 88~122쪽; 바바라 크룩섕크, 《시민을 발명해야 한다 - 민주주의와 통치성》, 심성보 옮김, 갈무리, 2014; Stephen J. Collier, *Post-Soviet Social: Neoliberalism, Social Modernity, Biopolitics*, 2011; Mitchell Dean, "Governing the Unemployed Self in an Active Society," pp. 559-583; Gil Eyal, "Anti-Politics and the Spirit of Capitalism: Dissidents, Monetarists, and the Czech Transition to Capitalism," pp. 49-92; Donghyun Koo, "A Little Street Vending Stall in the Metropolis: Designerly Intervention and Urban Governance in Seoul," pp. 296-321; Miller Miller and Nikolas Rose, *Governing the Present: Administering Economic, Social and Personal Life*, New York: Polity, 2008.

보인다. 즉, 개인의 계산합리성을 실행시키는 이러한 환경적 개입이 발견되는 모든 사회정책, 지리적 공간, 문화적 실천 등을 시장원리주의가 실현되는, 자본의 유토피아의 구체적 예시들로 간주하기 어렵다.

첫째, 이러한 기술들은 시장 메커니즘에 대한 맹목적 믿음에 근거한, 엄격한 의미에서의 신자유주의자에 의해서 창출된 것이 아니다. 서구의 발전된 국가, 동아시아, 글로벌 남반구에 이르는 다양한 맥락에서 이러한 환경적 개입의 기술들은 진보주의적 NGO, 장소만들기placemaking를 강조하는 디자이너들, 사회 혁신을 주창하는 개혁주의자들과 같은 다양한 세력들에 의해 발전되고 확산된다.[31] 둘째, 남아공의 사례가 보여 주듯이, 이러한 환경적 개입들이 신자유주의자들에 의해서 통치술에 깊숙이 얽혀 들 때에도 그를 통해 현실화되는 신자유주의 거버넌스와 사회정책은 분배에 대한 민중적 요구, 젠더화된 노동분업, 지속되어 온 문화적 가정 등과 관계를 맺으면서 시장원리주의로 환원될 수 없는 방식으로 나타난다. 사정이 이렇다면 신자유주의는 그를 통해 기타 사회현상을 설명할 수 있는 '맥락들의 맥락'이 아니라 그것 자체가 '설명의 대상'이 되어야 한다. 다시 말해 신자유주의는 상이한 기원을 가지는 환경적 개입의 기술들, 다양한 세력들 간의 관계, 사회국가의 전통 등 이질적인 요소들과 다중적 관계를 형성하는 위상학적 공간 속에서 실행된다. 따라서 신자유주의의 효과들은 신자유주의가 "어떻게 변화하는 관계 속에서 위치 지어지며, 상이한 시간성에 걸쳐서 실행되고, 다양한 공간성

---

31 Donghyun Koo, "A Little Street Vending Stall in the Metropolis: Designerly Intervention and Urban Governance in Seoul," pp. 296-321; Nikolas Rose, "The Death of the Social? Re-Figuring the Territory of Government," pp. 327-356; Antina von Schnitzler, *Democracy's Infrastructure: Techno-Politics and Protest After Apartheid*, 2016.

에 정박되는지에 따라" 다중화되는 것이다.[32]

　이러한 개념 노동은 결국 역사적, 지리적으로 특정한 실천들이 이루는 배치assemblage의 효과로 신자유주의를 탈구축하는 것으로 보인다. 이러한 탈구축은 자본이 상상하는 유토피아, 즉 신자유주의에 의해 동질화되는 공간에 대한 논의들과 비판적 거리를 확보하면서 신자유주의에 대한 비판을 해 나가는 것을 가능하게 한다. 하지만 여전히 남는 질문은 연구자들이 이러한 개념적 노동을 '어떻게' 연구의 대상으로 삼은 실제의 경험적 공간과 연결할 수 있는가라는 방법론적 물음이다. 이어서 그러한 방법론적 도구로서 인프라적스트럭처 연구infrastructure studies에 주목해 볼 것이다.

인프라스트럭처와 신자유주의

　라킨Brian Larkin을 따라 본 연구는 인프라스트럭처를 통해 "물자, 사람, 또는 아이디어의 흐름을 촉진시키고 그것들의 교환을 가능하게 하는 건조된 네트워크들"이라는 기술적이고 경험적인 현실을 가리키고자 한다.[33] 일견 기술적인 것으로 보이는 인프라스트럭처의 연결망들이 사회 세계에 있어서 중요한 이유는 19세기 이래, "부분의 합보다 큰 전체"로

---

[32] Donghyun Koo, "A Little Street Vending Stall in the Metropolis: Designerly Intervention and Urban Governance in Seoul," p. 315.

[33] Steve Graham and Simon Marvin, *Splintering Urbanism: Networked Infrastructures, Technological Mobilities and the Urban Condition*, London: Routledge, 2002; Brian Larkin, "The Politics and Poetics of Infrastructure," *Annual Review of Anthropology* 42-1, 2013, pp. 327-343.

서 사회적인 것에 대한 탐구를 사회학이 주창할 때,[34] 그 사회적인 것은 기술적 네트워크들에 의해 촉진되고 주형되는 사회적 상호작용의 공간성과 시간성에 의해 가능해지기 때문이다. 예를 들어, 거대한 다리에 의해 연결되는 물리적 연결성에 경외감을 느끼고, 인터넷 연결망을 통해 다른 시공간의 행위자들과 친밀성을 구축하며, 복지 통계와 관련된 글로벌 표준들이 전 지구적으로 확산되어 혜택을 받는 등, 오늘날 개인들이 체험하는 사회적 시간성과 공간성이 끊임없이 확장되는 것은 인프라적 연결망이 낳는 순환의 과정에 의존한다고 할 수 있다. 특히, 본 논문의 목적에서 이러한 근대의 사회적인 것과 인프라스트럭처의 상호관계가 중요한 이유는 사회적 행위자들이 실제 생활세계에서 겪게 되는 신자유주의의 시공간 경험, 즉 시장 메커니즘을 사회 전 영역으로 확장시키기 위해 이동하는 신자유주의에 대한 감각 역시 이러한 인프라스트럭처의 연결성에 의존한다고 할 수 있기 때문이다.

자유주의 사상가와 실증주의적 과학관으로 무장한 전문가들은 인프라스트럭처를 매개로 이뤄지는 신자유주의 모빌리티를 자본의 유토피아적 시간/공간 그리고 탈육화된disembodied 전문가의 작업이라는 관점에서 묘사해 왔다.[35] 이들은 마찰 없는 연결이라는 상상을 이상으로 여기면서 이질적인 윤리적 가치, 다양한 사회에 대한 감각, 특수한 기술적인 체계와 함께 살아가는 사람들, 그리고 이들이 체험하는 다양한 양태의 시공간을 동질화하기 위한 무수한 제안서들을 작성한다. 이들의 주장에 따르면, 잘 구축되고 원활히 작동하는 인프라스트럭처에 의해서 평평한

34　에밀 뒤르켐,《사회학적 방법의 규칙들 - 뒤르켐 사회학 방법론의 이해》, 민혜숙 옮김, 새물결, 2019.

35　Andrew Barry, "Technological Zones," p. 13.

공간이 구현되면 경제 발전, 공중보건, 환경 등을 위한 아이디어, 자원, 기술, 사람의 이상적인 순환이 자연스레 촉진된다. 그리고 (신)자유주의의 원리는 그러한 순환의 이념형으로서 반복해서 강조되고 있다.

하지만 이처럼 표면적으로는 기술적인technical 제안서들은 다분히 정치적인 인공물들이다. 인프라스트럭처가 근본적으로 "관계적"인 개념이기 때문이다. 즉, "누군가의 인프라스트럭처는 다른 누군가의 장애물"이다.[36] 인프라스트럭처의 실행은 어떠한 문화적 가정과 기대로부터도 독립적인, 탈육화된 자유주의 주체로서 전문가들이 생산한 매뉴얼에 의해 쉽사리 달성될 수 있는 결과물이 아니다. 오히려 특정한 사회규범 및 문화적 기대를 인프라스트럭처의 설계 그 자체에 새겨넣는, 반복적인 땜질tinkering 과정이 인프라 설계의 핵에 위치한다. 여기서 미첼이 주창한 '전문가의 지배'와 '기술-정치'의 함의를 충분히 숙고해 볼 필요가 있을 것이다.[37] 미첼과 같은 인프라스트럭처 연구자들이 문제화하는 '기술적 영역에서의 경합과 정치techno-politics'는 기술관료적 국가장치가 전문가의 처방과 기술을 오용할 가능성이 있다는 문제에 한정되지 않는다. 그것은 전문가의 '대단할 것이 없는' 일상적이고 진부한 실천과 인프라스트럭처의 기술적 세부 사항 자체가 어떻게 정치적 영역이 되는지 이해할 것을 촉구하는 것이다. 즉, 그것은 매끈한 공간을 부유하는 신자유주의의 이동성에 산재하는 정치의 과정에 주목할 것을 요청한다.

기술적 구역technological zones에 대한 배리Andrew Barry의 분석은 이러한

---

36 Martha Lampland and Susan Leigh Star eds., *Standards and Theirs Stories: How Quantifying, Classifying, and Formalizing Practices Shape Everyday Life*, Ithaca: Cornell University Press, 2009, p. 17.

37 Timothy Mitchell, *Rule of Experts: Egypt, Techno-Politics, Modernity*, 2002.

방향성을 구현한 대표적인 사례이다.[38] 배리는 흔히 논의되는 국민국가의 영토와 글로벌 거버넌스의 초국가적 연결성 사이의 긴장을 탈구축하기 위해 이러한 긴장의 지반에 있는, 하지만 충분히 고찰되지 않은 인프라스트럭처로서 "기술적 구역"을 분석의 대상으로 개념화한다. 그의 용법 속에서 기술적 구역이란 기술적 연결이 생성하는 유동적이면서도 물질적인 공간이다.[39] 예를 들어, 서로 다른 국가에서 생산된 상품들이 개별 국가의 경계를 넘나들며 판매되도록 국가 간 자유무역협정을 촉진하기 위해서는 개별 국가들 사이에 동일한 측정의 방식이 공유될 수 있어야 하며, 따라서 이러한 계측의 표준들을 설계하고 확산 및 정착시키는 데 수많은 전문지식이 투입되어야 한다.[40] 이렇듯 전문가들이 개별 국가들을 연결하는 유사한 계측의metrological 장치를 성공적으로 배치하면 국민국가의 영토가 한정 짓는 시공간을 넘어서는 시간성과 공간성의 재편이 가능해진다. 신자유주의의 모빌리티가 추동하는 자유화와 시장화는 이러한 인프라의 사회기술적 연결 위에서 펼쳐지게 된다.

하지만 자유주의적인 정책 제안서 및 기술적 매뉴얼의 묘사와는 극적으로 대비되어, 신자유주의 모빌리티의 조건으로서 글로벌 수준의 계측 표준화를 위한 인프라스트럭처 구축에는 지난하고 복합적인 갈등과 경합의 과정이 수반된다. 개별 국가의 인프라스트럭처가 지니고 있는 물리적인 특성, 상충되는 정치적 세력 관계와 레짐의 성격, 각 국가

---

38 Andrew Barry, *Political Machine: Governing a Technological Society*, 2001; Andrew. Barry, "Technological Zones," pp. 239-253.

39 Andrew Barry, *Political Machine: Governing a Technological Society*, 2001; Geoffrey Bowker and Susan Leigh Star, *Sorting Things Out: Classification and Its Consequences*, Cambridge: MIT Press, 2000; Sven Opitz and Ute Tellmann, "Europe as Infrastructure: Networking the Operative Community," *South Atlantic Quarterly* 114-1, 2015, pp. 171-190.

40 Andrew Barry, *Political Machine: Governing a Technological Society*, p. 40.

의 민중들이 지니는 이질적인 윤리적 기대와 문화적 가정 등 다양한 어려움이 산재하기 때문이다. 따라서 이러한 환원 불가능한 차이를 표준화하기 위해 국가권력의 강제력뿐 아니라 통계, 지도제작술, 도시계획, 금융 및 회계의 기법까지 다양한 전문성의 정치적 기술 political technology 이 동원된다.[41] 전문가들이 맥락적, 지리적, 문화적 다양성에 기반하는 도전들을 극복하고 신자유주의의 확산을 가능하게 하는 기술적 구역을 얼마나 성공적으로 구축할 수 있는지는 경험적 질문에 붙여야 할 것이다. 본 논문의 목적에서 더 중요한 것은 이처럼 신자유주의가 추동하는 시장화와 자유화의 과정을 조건 짓는 인프라스트럭처에 대한 경험적인 탐구가 신자유주의의 유동성을 자본이 상상하는 유토피아적 내러티브, 즉 어떠한 갈등 없는 평평한 시공간을 배회하는 신자유주의 서사와 단절하여 이해하는 데 효과적이라는 점이다. 다시 말해 인프라스트럭처 계획안을 만들고, 그 기술적 세부 사항을 설계하고, 그 시스템을 실행시키는 일련의 과정들을 통해 신자유주의가 자리 이동하며 어떠한 사회적 가치, 문화적 규범, 기술적 조건 등의 배치를 형성하는지, 그를 통해 '실제로 존재하게 된' 신자유주의는 어떠한 효과를 낳게 되는지 고찰하는 것이 가능해진다.

인류학, 사회학, 과학기술학, 지리학 등 분과학문의 경계를 가로지르는 학제적 연구 프로그램으로서 인프라스트럭처 연구 infrastructure studies 는 이러한 가능성을 적극적으로 타진하고 있다. 특히, 인프라스트럭처

41　Michel Foucault, *History of Sexuality: An Introduction*, New York: Vintage Books, 1990; Liliana Doganova, *Discounting the Future: The Ascendancy of a Political Technology*, New York: Zone Books, 2024; Timothy Mitchell, *Rule of Experts: Egypt, Techno-Politics, Modernity*, 2002; Peter Miller and Nikolas Rose, *Governing the Present: Administering Economic, Social and Personal Life*, New York: Polity, 2008.

프로젝트에 대한 문화기술지ethnography 연구들을 주목할 만하다. 대표적으로 기술적 구역에 대한 배리의 분석틀을 활용한 던Elizabeth Dunn은 탈육화한 자유주의적 전문가들의 정책 제안서와 일상의 민중들이 살아가는 이질성의 시공간 사이에 빚어진 단절들chasms에서 불거진 것이 자본의 경계 없는 평평한 시공간이 아니라 폴란드 육류사업 내 시장의 분열이었다는 점을 밝힌 바 있다.[42] 1989년 베를린장벽이 무너진 뒤 폴란드의 자유시장 신봉자들은 폴란드에 "국제기구가 정한 규범과 기준"을 도입하는 것이 개혁의 핵심적 사안임을 주장했다.[43] 예를 들어, 그들은 육류 포장의 국제적 표준을 정착시키는 것이 폴란드 육류산업이 외국인 투자자들의 신뢰를 얻고 동물 매개 질병 발생을 방지할 수 있는 유효한 전략이라 선언한다. 그러나 육류 포장의 국제적 표준은 폴란드의 독특한 인프라적 맥락에서 실현하기 어려운 과업임이 이내 분명해진다. 폴란드 육류산업 전반에는 육류 생산량을 추적할 수 있는 전산 시스템과 대규모 공장 체계가 부재했고 해외자본이 운영하는 거대 축산기업만이 국제적 육류 포장 표준에 적응할 수 있었기 때문이다. 이러한 균열의 예상치 못한 결과는 사회주의 체제의 잔재인 암시장이 탈사회주의 폴란드에서 실질적으로 지속된다는 점이다. 육류 포장의 표준 요구를 따를 수 없는 소농들이 주로 공급하는 지역 암시장의 값싼 소시지에 의존하여 저임금 노동자들이 육류를 소비하기 때문이다.

여기서 신자유주의가 폴란드에 자리 잡으면서 발생한 물질적 효과는

---

42 Elizabeth C. Dunn, "Standards and Person-making in East Central Europe," *Global Assemblages: Technology, Politics, and Ethics as Anthropological Problems*, Ong, Aihwa and Stephen Collier eds., New York: Blackwell Publishing, 2005, pp. 173-193.

43 Elizabeth C. Dunn, "Standards and Person-making in East Central Europe," p. 176.

국제적 표준을 정착시키려는 인프라적 맥락에서의 파열이라는 비가시화되기 쉬운 일면을 대규모 육류산업과 암시장 사이의 균열을 통해 드러낸다. 즉, 이러한 마찰과 균열은 다국적 육류 포장업체의 고급 육류를 웰빙의 이름으로 소비하는 유럽연합 시민들과 많은 지방이 함유된 소시지를 주로 소비하는 폴란드 노동자들 간의 상이한 음식 취향의 문제를 기술정치 문제로 살펴볼 수 있게 해 준다. 폴란드의 육류 생산 인프라스트럭처를 통해 우리는 신자유주의가 지속되어 온 불평등과 세계경제 질서의 세력 관계를 어떻게 취향의 차이와 이 차이가 자아내는 건강의 문제라는 자연적 사실의 영역으로 옮겨 놓는지 살펴볼 수 있는 것이다.

인프라를 통해서 형성되는 국제적 표준, 그를 통한 시장 메커니즘의 국제적 연결은 갈등이 소거되는 평평한 공간을 낳지 않는다. 국제적 표준의 인프라스트럭처를 구축하는 과정에는 사회주의국가의 암시장, 개별 국가의 음식문화, 취향의 정치, 국제적 표준과 같은 상이한 시간성과 공간성 속에서 기원하는 요소들이 얽혀 들어 있다. 보커Geoffrey Bowker와 스타Susan Leigh Star가 말했듯이,[44] 인프라스트럭처에 대한 문화기술지는 자본이 상상하는 매끄러운 공간, 전문가들이 단순한 기술적 세부 사항으로 제시하는 인프라 아래에서 울려 퍼지는 여러 이질적인 목소리를 들을 수 있게 해 준다.

---

44 Geoffrey Bowker and Susan Leigh Star, *Sorting Things Out: Classification and Its Consequences*, 2000.

결론: 포스트-신자유주의와
인프라에 대한 새로운 정치적 기술

2008년 금융위기 이후 신자유주의에 의해 주형되어 온 현시대의 정치경제적 질서가 종언을 고했는지에 대한 논쟁은 멈추지 않고 지속되고 있다. 이러한 논쟁의 지속성은 물론 신고전학파 경제학의 한계를 극명하게 증명한 것으로 보였던 금융위기 이후에도 신자유주의적 질서로부터의 완전한 전환이 포착되지 않는다는 역사적 경험에서 그 이유를 찾을 수 있을 것이다. 금융위기 이후의 역사적 경험을 깊숙이 들여다볼 경우 우리가 마주치게 되는 신자유주의의 미래에 대한 물음은 만연한 '포스트'-신자유주의에 대한 선언의 의미를 혼란스럽게 만들기 때문이다. 많은 논자들이 지적하듯이 2008년 금융위기의 여파는 2016년 트럼프의 대통령 당선으로 상징되는, 우파 포퓰리즘에 기반을 둔 극우정치 세력의 득세로 귀결되었다.[45] 일견 이러한 극우 세력의 준동은 민주주의적 질서를 부식시키는 한편으로 브렉시트Brexit나 트럼프의 통상정책에서 보여지듯 신자유주의가 가속화시켰던 경계 없는 평평한 자본의 공간을 가족의 가치가 신성화되고 국가 내지 민족에 대한 이해관계로 점철된 닫힌 사회지리의 공간으로 대체하는 것으로 보인다. 하지만 경제자유특구의 지정과 같은 자본의 유토피아적 시공간을 추진하려는 신자유주의의 공간 생산 프로젝트에서부터 투자자 합리성을 투기적 금융자본주의의 정신으로 개인의 습속에 새겨 넣는 발전된 자유주의 통치 프로그램들의 지속성은 신자유주의의 회귀를 보여 주는 것으로 인식되기

---

45 아담 투즈,《붕괴 - 금융위기 10년, 세계는 어떻게 바뀌었는가》, 우진하 옮김, 아카넷, 2019.

도 한다.[46] 덧붙여 자유로운 이동 속에서 펼쳐지는 경쟁을 이상으로 삼는 사회적 상상계가 정치, 금융, 통치 엘리트 집단 사이에 여전히 공유되고 있다는 점도 잊어서는 안 될 것이다. 따라서 신자유주의 질서의 패러다임 전환이 발생하지 않았지만 혼종적인 현실이 도처에 펼쳐지는 오늘날의 정세 속에서 신자유주의가 우리가 익히 아는 그대로의 신자유주의인지 새롭게 변이된 종류의 자유주의인지에 대한 논의가 반복되는 것이다.[47]

우리가 제안한, 인프라스트럭처를 인식론적 대상으로 활용하는 신자유주의 모빌리티에 대한 접근은 포스트-신자유주의를 둘러싼 일련의 물음들을 새롭게 이해하는 데 기여하는 듯 보인다. 우선 지적해야 할 것은 포스트-신자유주의에 대한 최신 연구들이 밝히고 있듯이, 애초에 신자유주의는 경쟁적 자본의 평평한 시공간을 구축하기 위한 국가 개입으로 순수하게 존재한 적이 없다는 점을 지적해 두어야 한다. 데이비스 William Davies와 게인Nicholas Gane이 간명하게 정리하고 있듯이, 신자유주의는 경쟁적 시장을 촉진하는 국가 개입 내부에 초기 자유주의의 방임적 자유지상주의와 종교, 민족, 인종을 중심으로 형성된 보수주의를 재배치하면서 작동했던 통치 프로그램으로 이해할 수 있다.[48] 다시 말해 인종적 보수주의와 민족주의적 통상정책 등과 재결합되어 작동하는 현재의 포스트-신자유주의 정세는 '예외적인' 변종이 아니라는 점이 인식

---

46 퀸 슬로보디언,《크랙업 캐피털리즘 – 시장급진주의자가 꿈꾸는 민주주의 없는 세계》, 김승우 옮김, 아르테, 2024.; 미셸 페어,《피투자자의 시간 – 금융자본주의 시대 새로운 주체성과 대항투기》, 조민서 옮김, 리시올, 2023.

47 William Davies and Nicholas Gane, "Post-Neoliberalism? An Introduction," *Theory, Culture &Society* 38-6, 2021, pp. 3-28.

48 William Davies and Nicholas Gane, "Post-Neoliberalism? An Introduction," pp. 3-28.

될 필요가 있다. 이 글의 목적과 관련하여 이 논점을 해석하자면, 현재의 정세는 인프라의 기술정치적 영역을 경유하여 신자유주의가 이질적인 목소리들과 접합되고 변이하면서 특정한 시간성과 공간성을 창안하는 과정으로 이해될 수도 있을 것이다.

사정이 이렇다면 포스트-신자유주의에서 '포스트-'라는 접두사를 사용하는 것은 국경 없는 자본의 유토피아적 시공간을 창출하려는 신자유주의의 이동성이 2008년 금융위기 이후 쇠락을 경험하고 있음을 지시하려는 시도가 되어서는 안 된다. 즉, 포스트-신자유주의는 연대기적 전환을 지시하는 기술적descriptive 개념이 아니라 자유방임주의와 보수주의 사이에서 진동하며 인종, 종교, 민족 등과 관련된 상이한 보수적 개념, 가정, 규범 등과 연루되면서 현실화되는 신자유주의의 역사적 양태들을 추적하기 위한 개념 장치로 이해되어야 한다.[49] 이때, 인프라를 중심으로 이질성의 시공간을 고찰하는 것은 신자유주의가 자유지상주의적 이념, 극우주의적 정상가족 이데올로기, 포드주의 사회정책에 대한 회고적 정동 등과 어우러지면서 포스트-신자유주의의 변이형들을 창출하는 과정을 경험적으로 추적하게 해 준다. 하나의 예로 트럼프 행정부의 통상정책을 떠올려 볼 수 있을 것이다. 슬로보디언Quinn Slobodian이 명료하게 분석하듯이, 트럼피즘이 신자유주의에 의해 추진된 세계화에 맹공을 퍼붓는 이유는 세계화와 관련된 산업 엘리트 분파들 간 상이한 이해관계로부터 파악될 수 있다.[50] 금융자본의 관점에서 평평한 공간

49　William Davies and Nicholas Gane, "Post-Neoliberalism? An Introduction," p. 10.

50　Quinn Slobodian, "The Backlash Against Neoliberal Globalization from Above: Elite Origins of the Crisis of the New Constitutionalism," *Theory, Culture & Society* 38-6, 2021, pp. 51-69.

의 시공간은 변동이 극대화된, 미래에 대한 투기speculation가 현행적으로 작동하고 있는 금융자본주의의 시간성과 공간성을 창출하기 위한 핵심적 인프라스트럭처이다. 반면, 상대적으로 지속적이고 안정적인 시간성과 생산의 요소들을 국지적인 지역에 결집시키는 공간성을 요청하는 철강이나 자동차 산업자본의 엘리트들에게 평평한 시공간은 러스트 벨트의 낙후된 도시인프라가 보여 주듯이 재앙적 결과를 야기할 수 있다. 이렇듯 트럼프의 통상정책에서 혼재하는 신자유주의와 보수주의의 교차 및 재조합을 인프라스트럭처가 어떻게 문제화되는지의 문제-공간problem-space 속에서 파악하는 것은 포스트-신자유주의 정세에 대한 유용한 분석의 틀을 제공한다.[51]

이러한 의미에서 우리가 탈식민주의의 시공간에 자리 잡으면서 변이를 낳는 신자유주의를 식별하기 위해 활용했던 이질성들이 얽혀진 배치물로서 인프라에 대한 위상학적 분석이 포스트-신자유주의에 대해서도 추진될 필요가 있을 것이다. 이질성의 시공간과 인프라스트럭처, 그리고 신자유주의의 이동성이라는 열쇳말을 중심으로 포스트-신자유주의를 분석의 대상으로 식별하는 이 작업은, 2008년 금융위기의 국면을 극복하고 회귀하는 듯 보이는 신자유주의를 이데올로기적 프로젝트의 무소불위의 힘으로 간주하지 않을 수 있게 해 준다. 월가 점령운동으로 시작되었던 2008년 금융위기에 대한 저항의 동력이 극우주의의 준동과 결합된 신자유주의의 변이로 귀결되는 듯 보이는 현재를 묵시록적 전망 속에 한탄하기보다, 혼란스러운 '사건의 한가운데에서in medias res' 비판하는 좌표가 이러한 작업을 통해 확보될 수 있을 것이다. 신자유주의

51 Aihwa Ong and Stepjen Collier eds., *Global Assemblages: Technology, Politics, and Ethics as Anthropological Problems*, New York: Blackwell Publishing, 2005.

가 자본이 상상하는 경계 없는 시공간을 창출할 수 없었던 것처럼, 보수주의와 함께 배치되는 신자유주의가 배제와 차별의 강제권을 사회공간에 일방적으로 배치할 수 없다. 이질성의 시공간 속에서 인프라를 매개로 펼쳐지는 신자유주의, 보수주의, 그리고 대안적 상상력들 간의 전략적 관계를 진단하고 현실에 개입되어 수행하는 비판은 긴급하고도 가능한 과업으로 남아 있다.

참고문헌

김홍중, 〈육화된 신자유주의의 윤리적 해체〉, 《사회와 이론》 14-1, 2009.

미셸 페어, 《피투자자의 시간 – 금융자본주의 시대 새로운 주체성과 대항투기》, 조민서 옮김, 리시올, 2023.

바바라 크룩생크, 《시민을 발명해야 한다 – 민주주의와 통치성》, 심성보 옮김, 갈무리, 2014.

서동진, 〈혁신, 자유, 민주화…그리고 경영〉, 《경제와 사회》 89, 2011.

아담 투즈, 《붕괴 – 금융위기 10년, 세계는 어떻게 바뀌었는가》, 우진하 옮김, 아카넷, 2019.

에밀 뒤르켐, 《사회학적 방법의 규칙들 – 뒤르켐 사회학 방법론의 이해》, 민혜숙 옮김, 새물결, 2019.

이지원·백승욱, 〈한국에서 생명보험의 신자유주의적 전환〉, 《한국사회학》 46-2, 2012.

제임스 퍼거슨, 《분배정치의 시대 – 기본소득과 현금지급이라는 혁명적 실험》, 조문영 옮김, 여문책, 2017.

지주형, 〈신자유주의 국가: 전략관계론적 형태 분석〉, 《경제와 사회》 106, 2015.

칼 폴라니, 《거대한 전환 – 우리 시대의 정치경제적 기원》, 홍기빈 옮김, 길, 2009.

퀸 슬로보디언, 《크랙업 캐피털리즘 – 시장급진주의자가 꿈꾸는 민주주의 없는 세계》, 김승우 옮김, 아르테, 2024.

토마스 렘케, 《사물의 통치 – 푸코와 신유물론들》, 김효진 옮김, 갈무리, 2024.

프리드리히 하이에크, 《노예의 길 – 사회주의 계획경제의 진실》, 김이섭 옮김, 자유기업원, 2006.

Abram, Simone, Gisa Weszkalnys eds., *Elusive Promises: Planning in the Contemporary World*, New York: Berghahn Books, 2013.

Ban, Cornel, *Ruling Ideas: How Global Neoliberalism Goes Local*, Oxford: Oxford University Press, 2016.

Barry, Andrew, "Technological Zones," *European Journal of Social Theory* 9-2,

2006, pp. 239-253.

Barry, Andrew, *Political Machine: Governing a Technological Society*, London: Bloomsbury, 2001.

Bear, Laura, "Speculations on Infrastructure: From Colonial Public Works to a Post-Colonial Global Asset Class on the Indian Railways 1840-2017," *Economy and Society* 49-1, 2020, pp. 45-70.

Best, Jacqueline, "Redefining Poverty as Risk and Vulnerability: Shifting Strategies of Liberal Economic Governance," *Third World Quarterly* 34-1, 2013, pp. 109-129.

Block, Fred and Margaret R. Somers, *The Power of Market Fundamentalism: Karl Polanyi's Critique*, Cambridge: Harvard University Press, 2014.

Bockman, Johanna and Gil Eyal, "Eastern Europe as a Laboratory for Economic Knowledge: The Transnational Roots of Neoliberalism," *American Journal of Sociology* 108-2, 2002, pp. 310-352.

Bowker, Geoffrey and Susan Leigh Star, *Sorting Things Out: Classification and Its Consequences*, Cambridge: MIT Press, 2000.

Brenner, Neil and Nik Theodore, "Cities and the Geographies of 'Actually Existing Liberalism'," *Antipode* 34-3, 2002, pp. 359-379.

Brenner, Neil, Jamie Peck and Nick Theodore, "Variegated Neoliberalization: Geographies, Modalities, Pathways," *Global Networks* 10-2, 2010, pp. 182-222.

Chatterjee, Partha, *The Politics of the Governed: Reflections on Popular Politics in Most of the World*, New York: Columbia University Press, 2004.

Collier, Stephen J., "Topologies of Power: Foucault's Analysis of Political Government Beyond 'Governmentality'," *Theory, Culture & Society* 26-6, 2009, pp. 78-108.

Collier, Stephen J., *Post-Soviet Social: Neoliberalism, Social Modernity, Biopolitics*, Princeton: Princeton University Press, 2011.

Davies, William and Nicholas Gane, "Post-Neoliberalism? An Introduction," *Theory, Culture & Society* 38-6, 2021, pp. 3-28.

Dean, Mitchell, "Governing the Unemployed Self in an Active Society," *Economy and Society* 24-4, 1995, pp. 559-583.

Dean, Mitchell, *Governmentality: Power and Rule in Modern Society*, New York:

SAGE, 2001.

Dobbin, Frank, Beth Simmons and Geoffrey Garrett, "The Global Diffusion of Public Policies: Social Construction, Coercion, Competition, or Learning?," *Annual Review of Sociology* 33, 2007, pp. 449-472.

Doganova, Liliana, *Discounting the Future: The Ascendancy of a Political Technology*. New York: Zone Books, 2024.

Dreze, Jean and Amartya Sen, *Hunger and Public Action*, Oxford: Oxford University Press, 1990.

Dunn, Elizabeth C., "Standards and Person-making in East Central Europe," *Global Assemblages: Technology, Politics, and Ethics as Anthropological Problems*, Ong, Aihwa and Stephen Collier eds., New York: Blackwell Publishing, 2005, pp. 173-193.

Eyal, Gil, "Anti-Politics and the Spirit of Capitalism: Dissidents, Monetarists, and the Czech Transition to Capitalism," *Theory and Society* 29-1, 2000, pp. 49-92.

Foucault, Michel, *History of Sexuality: An Introduction*. New York: Vintage Books, 1990.

Fridman, Daniel, "A New Mentality for a New Economy: Performing the Homo Economicus in Argentina (1976 - 83)," *Economy and Society* 39-2, 2010, pp. 271-302.

Graham, Steve and Simon Marvin, *Splintering Urbanism: Networked Infrastructures, Technological Mobilities and the Urban Condition*, London: Routledge, 2002.

Harvey, David, *A Brief History of Neoliberalism*. Oxford: Oxford University Press, 2007.

Koo, Donghyun, "A Little Street Vending Stall in the Metropolis: Designerly Intervention and Urban Governance in Seoul," *Economy and Society* 53-2, 2024, pp. 296-321.

Lampland Martha and Susan Leigh Star eds., *Standards and Theirs Stories: How Quantifying, Classifying, and Formalizing Practices Shape Everyday Life*, Ithaca: Cornell University Press, 2009.

Larkin, Brian, "The Politics and Poetics of Infrastructure." *Annual Review of Anthropology* 42-1, 2013, pp. 327-43.

McFarlane, Colin, "The Geographies of Urban Density: Topology, Politics and the

City," *Progress in Human Geography* 40-5, 2016, pp. 629-648.

Miller, Peter and Nikolas Rose, *Governing the Present: Administering Economic, Social and Personal Life*, New York: Polity, 2008.

Mitchell, Timothy, *Rule of Experts: Egypt, Techno-Politics*, Modernity, Berkeley: University of California Press, 2002.

Mudge, Stephanie Lee, "What Is Neo-liberalism?," *Socio-Economic Review* 6-4, 2008, pp. 703-731.

Ong, Aihwa and Stepjen Collier eds., *Global Assemblages: Technology, Politics, and Ethics as Anthropological Problems*, New York: Blackwell Publishing, 2005.

Opitz, Sven and Ute Tellmann, "Europe as Infrastructure: Networking the Operative Community," *South Atlantic Quarterly* 114-1, 2015, pp. 171-190.

Peck, Jamie and Adam Tickell, "Neoliberalizing Space." *Antipode* 34-3, 2002, pp. 380-398.

Peck, Jamie, "Geographies of Policy: From Transfer-Diffusion to Mobility-Mutation," *Progress in Human Geography* 35-6, 2011, pp. 773-797.

Prasad, Monica, *The Politics of Free Markets: The Rise of Neoliberal Economic Policies in Britain, France, Germany, and the United States*, Chicago: The University of Chicago Press, 2006.

Rabinow, Paul, *Anthropos Today: Reflections on Modern Equipment*. Princeton: Princeton University Press, 2003.

Rose, Nikolas, "The Death of the Social? Re-Figuring the Territory of Government," *Economy and Society* 25-3, 1996, pp. 327-356.

Rose, Nikolas, *Powers of Freedom: Reframing Political Thought*. Cambridge: Cambridge University Press, 1999.

Slobodian, Quinn, "The Backlash Against Neoliberal Globalization from Above: Elite Origins of the Crisis of the New Constitutionalism," *Theory, Culture & Society* 38-6, 2021, pp. 51-69.

Von Schnitzler, Antina, *Democracy's Infrastructure: Techno-Politics and Protest After Apartheid*, Princeton: Princeton University Press, 2016.

Walters, William, "The Discovery of 'Unemployment': New Forms for the Government of Poverty." *Economy and Society* 23-3, 1994, pp. 265-290.

인문적 스마트시티로서
친환경 콤팩트시티의 공공성
: 프랑스 사례를 중심으로

| 김화자 |

이글은 2017년 한국연구재단의 지원을 받아 수행된 연구된 논문으로서 《현상학과 현대철학》(한국현상학회, 86집 2020, 65-108쪽)에 실린 것을 수정한 것이다.

현대 도시의 문제

세계적으로 사람들이 도시로 몰려들면서 도시는 점점 거대해지고 많은 문제들이 제기되고 있다. 인구집중으로 교통 혼잡, 주거비용 상승, 에너지 소비 급증으로 인한 환경문제, 디지털 자동화가 초래한 일자리 부족 및 소득 불균형이 현대 도시가 직면한 문제들로 대두되고 있다.[1] 또한 도시의 경쟁력이 부가가치를 창출할 수 있다고 보아 도시개발과 재생이 이루어지면서, 도시와 경제의 합성어인 "시티노믹스citynimics"[2]가 나타났다. 건축과 도시계획에서 혁신이 경제적, 사회적 가치 평가의 중요한 기준이 되어 인공지능 기반의 디지털 융합기술이 '혁신'의 강박에 시달리는 대도시 문제를 해결할 수 있는 대안으로 등장하게 되었다. 그러나 혁신을 위해 전통을 폐기하는 '창조적 파괴'는 종종 더 큰 사회적 피해를 야기하기도 한다. 경제의 세계화로 글로벌 사회 전 분야에서 경쟁이 가속화되고 있다. 현대 도시들도 이런 경쟁 시스템의 논리에 따라 랜드마크 조성에 몰두하면서 구경거리인 스펙터클이 되어 간다. 최근에 선진국들은 메가

---

1 UN의 '세계 도시화 전망'에 따르면, 2018년 기준 전 세계 55퍼센트의 인구가 도시에 거주(42억 명)하고, 한국에서도 82퍼센트의 인구가 도시에 거주한다. 2050년까지 도시 인구는 계속해서 86.4퍼센트까지 증가한다는 것이다.(〈지구촌 도시화 가속…30년 후엔 10명 중 3명만 시골사람〉, 《연합뉴스》, 2018년 5월 17일자. https://www.yna.co.Kr/view/AKR20180517082651009 (접속일 2025년 12월 22일) 참조). 그런데 제2차 세계대전 이후 도시개발은 주로 자원, 환경을 고려하지 않고 진행되어 '기후변화, 에너지 부족, 공급 체계 붕괴'와 같은 문제들이 부상하고 있다. 이에 대응하기 위해 경제적, 환경적으로 지속가능한 도시 모델의 구축이 요구된다(사이언티픽 아메리칸 편, 《미래의 도시: 스마트시티는 어떻게 건설되는가?》, 김일선 옮김, 한림출판사, 2017, 16~17쪽 참조).

2 이민화·윤예지, 《자기조직화하는 스마트시티 4.0》, 창조경제연구회(KCERN), 2018, 14쪽. 시티노믹스는 "도시와 경제의 합성어"(이민화·윤예지, 《자기조직화하는 스마트시티 4.0》, 14쪽)인데 도시 경쟁력을 위한 21세기 도시개발 및 재생은 경제적 요소 외에도 문화 환경의 수준과 지속성에도 달려 있다.

프로젝트[3]를 기획하고 경쟁적으로 도시를 상품으로 만든다.

프랑스의 사회학자이자 건축가인 알랭 부르댕A. Bourdin도 현대 도시들이 자연환경의 변화와 끝없는 경쟁사회라는 공통된 문제에 직면해 인간과 함께 위기에 처해 있다고 진단하고, 경쟁보다 '협력'의 중요성을 강조한다. 나아가 그는 대도시화가 도시 진화의 운동과 혁신, 기업의 서비스, 재정에서 경제적 요소를 중요시하는 세계화와 연결되어 있기 때문에 대도시화를 전형적인 "새로운 도시 모더니티"[4]로 정의한다. 부르댕에 따르면, 대도시화의 문제들을 신속하고 효율적으로 해결하기 위해 디지털 융합기술을 구현하는 '스마트시티smart city'[5]가 기획되고 있다. 비록 인류가 1, 2, 3차에 걸친 산업혁명의 기술혁신[6]을 바탕으로 노동, 생

----

3 석유 경제에서 디지털 경제로 탈바꿈하기 위한 사우디아라비아의 네옴NEOM 프로젝트는 총 5천억 달러(564조 원)나 필요한 대표적인 메가 스마트시티 프로젝트의 실례이다.

4 Alain Bouridn, *Être métropole dans un monde incertain*, Les Conférence POPSU, 2019, p. 17. 부르댕은 POPSU 2Plateforme d'observation des projets et stratégies urbaines 2 (2011-2017) 프로그램 과학국장으로 소비와 진보에 무모한 확신을 지녔던 모더니티와 대조되는 '새로운 도시 모더니티'를 '디지털과 디지털 사용들의 연결'로 진단한다. 이 '새로운 도시 모더니티'는 세계화의 결과가 아니라 세계화의 흐름을 만들고 '혁신'을 숭배한다는 것이다. 최근 세계의 대도시들은 지구의 기후와 환경문제로 인해 지역의 생태적인 재료들과 친환경 에너지로 된 새로운 생산-소비의 장치들(스마트 그리드smart grides)을 활용한다. 그럼에도 불구하고 대다수 도시들이 관광 위주로 개발되어 과도한 방문객과 교통량으로 인해 도시 기능이 마비되는 상황에서 '창조적 파괴'는 대도시의 구조적 한계와 불안정한 균형 상태를 암시하게 되었다.

5 스마트시티의 유형은 브라운필드형Brownfield과 그린필드형Greenfield이 있다. 브라운필드형은 도시재생, 리모델형 스마트시티(유럽의 시민참여형 바르셀로나, 암스테르담, 헬싱키…)로서 정부와 지방도시의 협업이 중요하다. 그린필드형은 기존 인프라, 환경의 규제 없는 신기술에 의한 신도시 설계형으로서 한국의 송도 U-City(실패)와 세종시 신경망 시스템형에 기반한 세종 5-1생활권, 빌 게이츠의 벨몬트Belmont 프로젝트, 구글의 '사이드 워크 토론토Sidewalk Toronto', 사우디 모하메드 빈 살만의 '네옴(NEOM city project)'등이 있다(손지우,《불평등이 야기한 산업혁명, 그리고 스마트시티》, 매일경제신문사, 2019, 176~189쪽 참조).

6 인류는 방적기술과 증기기관에 의한 1차 산업혁명을 통해 노동과 유통 효율성을 높이고,

산, 유통의 효율성 증대를 추구했으나, 이런 효율성 향상이 신기술 도입에 의해서만 가능했을까? 도시 공간의 기능적 구획화를 통한 노동시간의 효율화에서 비롯된 것은 아닐까?

최근 세계의 주요 도시들은 지능형 초연결적 플랫폼을 바탕으로 스마트시티로 변신 중이다. 지속가능성, 삶의 질 향상, 성장가능성을 목표로 스마트시티가 현대 도시의 해결 모델로 추동되고 있다. 한국에서도 스마트시티가 국가 시범도시로서 세종과 부산에서 실현되고 있다. 세종 스마트시티는 "탈물질주의, 탈중앙화, 스마트 테크놀로지"[7]의 가치에 입각해 '데이터 기반의 지속가능한 혁신 생태계'를 목표로 한다. 따라서 도시생활에서 생성되는 모든 데이터는 인공지능화한 신경망 시스템에 근거한다. 부산의 에코델타시티[8]는 자연, 사람, 기술이 만나 미래의 생활을 앞당기는 글로벌 혁신 성장 도시로서 시민참여를 토대로 '혁신 산

포드 시스템과 테일러 시스템에 의한 2차 산업혁명을 통해 생산성 향상으로 불평등을 해소하려 했다. 그런데 현대사회에서는 "부자는 너무 많아서 못 쓰고, 빈자는 너무 없어서 못 쓰고, 이러한 과정에서 모두가 다 이전보다 못 쓰다 보니 사회의 총소비 자체가 줄어드는 경제적 문제가 만들어지고 있다"(손지우, 《불평등이 야기한 산업혁명, 그리고 스마트시티》, 35쪽)는 것이다. 다시 말해 노동소득보다 축적된 자본으로 벌어들이는 소득의 기회가 늘어나 금융권의 투자, 소비 감소와 공급 과잉으로 인해 경기가 더욱 침체되고 성장률 저하가 생산성에 직접 타격을 입히게 되었다는 것이다.

7   〈세종 5-1 생활권〉, 《국토교통부 Smart City Korea》. https://smartcity.go.kr/%ed%94%84%eb%a1%9c%ec%a0%9d%ed%8a%b8/%ea%b5%ad%ea%b0%80%ec%8b%9c%eb%b2%94%eb%8f%84%ec%8b%9c/%ec%84%b8%ec%a2%85-5-1%ec%83%9d%ed%99%9c%ea%b6%8c/ (접속일 2025년 12월 22일) 참조. 세종 스마트시티는 세종시 연동면 합강리에 "모빌리티, 헬스케어, 교육, 에너지·환경, 거버넌스, 문화·쇼핑, 일자리" 등 7대 혁신 요소를 최적화해서 '시민의 행복을 높이는 지속가능한 플랫폼 도시'를 목표로 한다. 1조 5천억대 달하는 개발 비용으로 민간과 함께 신경건축학적 기반 설계를 토대로 시민들의 개방된 데이터를 활용해 미래 스마트시티의 비즈니스 모델을 창출하려고 한다.

8   《부산에코델타시티》. https://www.Kwater.or.Kr/website/ecodeltacity.do. (접속일 2025년 12월 22일) 참조.

업생태계 도시', '친환경 물 특화 도시', '상상이 현실이 되는 도시'라는 3대 특화 전략을 추진하고 있다. 그런데 건축가이자 국가정책위원장인 승효상[9]은 특히 세종 스마트시티에 '공동체'의 사유가 빠졌다고 진단한다. 이는 비록 사람중심의 시민참여형을 표방하나, 그 핵심이 여전히 인공지능 기반 신기술을 바탕으로 한 편익 추구와 활용가치에 집중되어 있기 때문이다. 다시 말해, 편익 추구형 스마트시티에서는 자동화될 수 없는 '문화적·실존적 시간과 공동체의 의미'가 간과될 수밖에 없다.

이에 반해 프랑스 대도시들은 시간정책부서le Bureau des temps[10]를 개설하고, 시간정책을 고려하여 파리 15구역 이씨 레 물리뇨Issy Les Moulineaux에 첫 스마트시티 시범 구역인 포르디씨Fortdissy[11]를 조성하였다. 포르디씨는 저밀도의 콤팩트시티compact city(압축도시)[12]로 기획되었

---

9 국가의 건축 정책 방향과 공공건축물의 개선 방향을 제안하는 국가정책위원장을 맡은 승효상은 건축을 '부동산, 주택'이 아닌 '문화와 주거'의 관점으로 접근해야 한다고 강조한다. 따라서 그는 스마트 국가 시범도시로서 세종 스마트도시는 신기술의 적용은 뛰어나지만 주거지역과 상업지역을 분리하고 그 구조에서 공동체 개념이 누락되었다고 평가한다. 결국 '스마트시티'에서 핵심은 '스마트'가 아니라 '시티'라는 것이다. (〈승효상 "세종 스마트시티, 공동체 고려 않는 도시구조 다시 검증해야"〉, 《전자신문》, 2019년 7월 30일자. https://www.etnews.com/20190730000256 (접속일 2025년 12월 22일) 참조).

10 이는 시민의 성별, 나이, 직업 유형 등에 따른 생활세계의 다양한 시간들을 획일화된 사회적 시간표 일률적으로 맞추지 않으며, 노동과 주거를 분리하지 않는 감각적 공동체로서 삶의 시간과 장소의 공유를 중요시한다. 프랑스의 도시재생 및 신도시 계획 정책은 경쟁과 혁신보다 협력과 공감각적 공동체를 추구한다.

11 파리의 침범을 막기 위한 요새였던 포르디씨는 19세기 나폴레옹 시절에 전쟁으로 폐허가 되었지만 2009년에 재생된 첫 스마트시티다. 즉, 포르디씨는 홈오토메이션부터 전기자동차 충전시설, 땅속의 지열을 이용한 난방, 자동 진공 폐기물 수집 시스템, 친환경 소재(짚, 나무)로 지어진 학교, 공유 채소밭, 스포츠 시설을 갖춘 참호들, 수영장, 디지털 문화 공간, 경기장, 정원, 상업시설… 등 주민의 삶에 필요한 다양한 시설과 건물들이 인간과 첨단기술의 융화에 근거해 조화롭게 기획 재생된 '디지털 생태지구'이다.

12 콤팩트시티는 지속가능한 도시를 구현하기 위해 도시 내부를 고밀도로 개발해 현대 도시의 문제들을 해결하기 위한 도시정책으로 제시되었다. 1987년 유엔의 브룬틀랜드위원회(환경과 개발에 관한 세계위원회)가 발표한 '우리들 공통의 미래'라는 보고서에서 처음

다. 포르디씨는 중앙의 넓은 공공장소를 중심으로 주거와 상업지역을 분리하지 않고 획일화된 기술적 기능주의, 상품성보다 주민 개인의 사적 삶과 공동체의 삶이 감성적으로 조화되게 친환경적 방식으로 구축되었다. 디지털 자동화의 혁신 때문에 인간이 배제되지 않으면서 자연환경과 공존하며 사회적 불평등과 공공성의 문제를 해결하기 위한 '인문적 미래 도시 기획'은 어떤 방향으로 진행되어야 할까? 현대 도시계획이 추구하는 '시티노믹스'는 경제적 부가가치 창출을 목적으로 도시를 소비재로 개발하고 활용하는 접근법의 한계를 드러낸다. 이에 반해, 인문적 도시는 시민 삶의 질 향상을 위해 경쟁과 기술적 성과 중심의 사고에서 탈피하여, 시민참여와 권리를 보장하는 공동체의 '공공성의 가치'를 추구한다.

따라서 본 연구는 우선, 성장과 소유가 핵심이었던 근대 이념이 근대 도시계획 패러다임에 어떻게 반영되었는가를 스위스 태생의 프랑스 건축가 르코르뷔지에Le Corbusier[13]의 건축관과 근대 세계관에 영향을 준 데

등장해 미국과 영국에서 최초 사례들을 발견할 수 있지만 유럽연합EU에서는 도시문제와 더불어 환경정책의 일환으로 콤팩트시티를 지향하고 있다(https://www.conschool.com/doKu.php?id=%EA%B1%B4%EC%84%A4%EC%9A%A9%EC%96%4:%EC%BD%A4%ED%8C%A9%ED%8A%B8%EC%8B%9C%ED%8B%B0 참조). 도시가 거대화됨에 따라 발생하는 문제들을 줄이기 위해 도보로 모든 시설을 이용할 수 있도록, 주거와 공공시설, 생활편익 시설, 상업시설을 분리하지 않고 통합 배치하는 방식이다. 이 방식은 친환경적 에너지 사용과 대중교통 접근성을 높여 에너지 절감 효과도 얻을 수 있다. 또한 주민들이 접촉할 수 있는 기회가 늘어 감각적·감성적인 공동체 교류가 가능해진다. 최근 프랑스의 스마트시티는 초고층 건물로 압축된 고밀도 개발이 아닌 '저밀도의 친환경 콤팩트시티'로 조성되고 있다.

13 "건축은 시대정신의 결과입니다"(르코르뷔지에,《프레시지옹: 건축과 도시계획의 현재 상태에 관한 상세한 설명》, 정진국·이관석 옮김, 동녘, 2004, 239쪽)라고 기술한 르코르뷔지에는 산업화 시대의 건축이 철과 시멘트를 사용한 대량생산 능력에 의해 전통적인 건축의 구조와 장식 방식에 혁명을 일으켰다고 진단한다. 그는 자연의 본질을 양식화한 형태에서 본질을 발견한 아르누보 계열의 스승(레플라트니에C. L'Éplattenier)으로부터 우연적이

카르트의 사유에 근거해 살펴보고자 한다. 르코르뷔지에는 근대 주택을 '살아 있는 기계'로 정의한다. 따라서 그는 건축과 도시계획을 산업화 시대의 이념, 즉 표준화에 의한 기능과 효율성을 강조한 격자형 기계 모델로 설정하고 그 상품적 가치의 중요성을 강조했다. 정신에 의한 기하학적 비례의 통일성을 기계에 빗대어 정의한 르코르뷔지에의 건축관을 근대 이념의 형성에 기여한 데카르트의 기계적 세계관에 나타난 근대 시공간 개념과 연관하여 고찰하고자 한다.

반면 근대적 건축관에서 벗어난 프랑스의 친환경적 콤팩트시티가 지닌 감성적·공공적 의미와 가치를 핀란드의 건축가이자 이론가인 유하니 팔라스마J. Pallasmaa(1936~)[14]의 '감각적 건축론'을 토대로 살펴볼 것이다. 팔라스마는 근대 건축이 정면성을 중심으로 이성적인 시각중심주의로 구축되었다고 비판하고, 메를로퐁티Maurice Merleau Ponty의 현상학적 지각 및 '살' 이론에 근거해 건축을 "감각적 복합체"[15]로 정의하였다.

고 가변적인 요소에서 기하학적인 구성 원리와 형태를 표현할 수 있는 역량을 학습했다. 또한 독일공작연맹과 바우하우스를 통해 예술, 공업, 기술을 효율적으로 결합한 표준화된 기능적 형태의 설계방법론을 체득했다. 즉, 1907년 이탈리아·독일·오스트리아를 여행하면서 방문했던 샤르트뢰즈데마 수도원에서 공동주택 모델을 발견하고, 1908년 페레A. Perret에게서 철근콘크리트 구조를 학습한 후 1910년 독일공작연맹의 인물들과의 교류를 통해 근대적 공업 미학을 수립할 수 있게 되었다(이관석, 《건축: 르코르뷔지에의 정의》, 동녘, 2011, 47쪽 참조). 르코르뷔지에의 건축 이념과 데카르트 사유의 연관성은 이재영, 〈근대의 이원론과 르코르뷔지에의 사고〉(《대한건축학회논문집》 235, 2019, 101~108쪽)를 참고하였다.

14 Juhani Pallasmaa, *The Eyes of the SKin: Architecture and the Senses*, Wiley, 2005. (팔라스마, 《건축과 감각The Eyes of the SKin: Architecture and the Senses》, 김훈 옮김, 시공문화사, 2019, 103쪽) "거주지가 우리 자신의 몸, 그리고 존재의 일부가 되는 것이다."(팔라스마, 《건축과 감각》, 103~104쪽) 즉, 그는 건축이란 온몸의 감각들이 상호작용하는 시선으로 보고 만지고 듣는 체화된 경험을 통해 존재하므로 몸과 거주 장소는 분리될 수 없이 상호 침투해 있다는 것을 강조한다.

15 팔라스마는 메를로퐁티 저서에 입각해 건축에 대한 거주자의 감각적인 현상학적 경험의

나아가 팔라스마는 건축의 과제를 '세계 속 실존의 구조화'라는 문제로 제기한다. 즉, 건축은 지각이 활성화되고 몸이 체화되는 공간으로서 감각을 통해 세계와 몸의 조화를 추구해야 한다는 것이다. 따라서 본 연구는 프랑스의 콤팩트형 스마트시티 기획이 생산적 효율성과 성장 패러다임을 대표하는 근대도시의 특징에서 벗어나 어떻게 질적(문화적·공공적) 의미와 가치를 중요하게 여기는 미래 인문적 스마트시티의 사례가 될 수 있는가를 현상학적 관점에서 고찰하고자 한다.

프랑스 근대 도시계획: 기계적 도시 모델의 격자형 공간과 시간의 효율성

르코르뷔지에의 근대 도시계획: 표준화된 기계적 생산모델

시각중심적 건축가로 평가받는 르코르뷔지에는 기계 시대에 부합하는 새로운 대도시의 주거와 도시계획 조건을 탐구하였다. 19세기 말과 20세기 초에 건설된 대부분의 유럽 도시들은 거대한 산업혁명의 파고

중요함을 강조한다. 그는 건축을 내적 의식을 통한 관찰과 성찰보다 감각기관들 사이의 상호작용에 근거한 감성으로 이해할 때 건축의 다감각적 특징이 더욱 잘 드러난다고 주장한다. 팔라스마의 현상학적 건축론을 심도 있게 연구한 박신화의 〈건축의 삶flesh: 유하니 팔라스마J. Pallasmaa의 건축적 경험의 현상학〉(《현상학과 현대철학》79, 2018, 195~223쪽)은 팔라스마의 건축이론이 촉각에 근거한 감각의 통일성을 지각의 원초적 사태로 규정한 메를로퐁티의 지각이론에 기반하고 있음을 잘 규명하였다. 그러나 박신화는 팔라스마의 건축 현상학이 비판하는 근대건축의 시각중심주의 시각 또한 지각의 원초성에 뿌리를 두었다고 지적하며, 팔라스마가 비판한 시각은 보이지 않는 비감각적인 실존의 의미와 당대 문화의 차원을 놓친 '자연주의적 관점'이라고 해석하고 비판한다. 아울러 미국의 건축가 스트븐 홀S. Holl(1947~) 또한 메를로퐁티의 '정박과 얽힘'에 대한 사유에 근거하여 건축을 우리 몸이 체화하며 정박하는 장소로 간주하고, 건물과 대지, 거주자가 상호 얽힘을 통해 독특한 분위기를 산출하고 삶의 깊이를 창조하는 장소라고 주장한다.

속에 급속히 형성된 것이다. 건축과 도시계획은 시대정신을 반영한다고 주장한 르코르뷔지에는 1차 및 2차 산업혁명을 통해 기차, 자동차의 발명으로 촉발된 기계화의 이념을 건축에 도입하고자 했다. 그가 좌우대칭과 외관의 장식에만 치중했던 기존 아카데미즘에서 벗어나 기계 시대에 요구되는 새로운 건축 정신을 어떻게 구현했는지 먼저 살펴보자.

르코르뷔지에는 뒤부아M. du Bois와 함께 도미노Dom-ino 이론을 구축하였다. 이는 철근콘크리트로 "산업적·기계적·과학적 정신에 입각해 엄격함, 정확성, 경제성을 미적 원리에 편입"[16]시키는 것을 의미한다. 전통적인 석조 건축은 지붕 하중으로 인해 창을 넓게 낼 수 없어 지면의 활용도가 낮고 공사비 지출도 많아 비효율적이었다. 반면 철근콘크리트 건물은 저층부에 벽체를 제거한 기둥만으로 '필로티piloti'[17]를 만들어 창을 넓게 낼 수 있을 뿐만 아니라 가변형 칸막이를 통한 자유로운 공간 배치와 보행자 및 자동차 통행로로의 활용이 가능하다. 이를 바탕으로 르코르뷔지에는 건물을 "살기 위한 진정한 기계"[18]라고 정의한다. 필로티 구조에 의한 긴 '수평 창'은 기존 수직 창에 비해 미학적 가치 외에도, 공장의 포드Ford 시스템이 노동의 효율성을 초래한 것처럼, 실내에

---

16 이관석, 《건축: 르코르뷔지에의 정의》, 56쪽. 그런데 르코르뷔지에의 도미노 주택은 건축이론가 로지에Laugier 신부가 《건축 에세이》(1769)에서 단순한 '기둥의 가구식 조합체'를 인간의 피난처로 묘사했던 '시골 오두막'에서 삼각형의 지붕 부분을 제거하고 구조적으로 더욱 단순하게 발전시켰다는 것이다(Cornelis J. M. Van de Ven, *The Space in architecture: the evolution of a new idea in the theory and history of the mordern mouvements*, Gorcum & Comp. B. V., 1987; 코르넬리스 판 드 벤, 《건축의 공간 개념: 근대건축 역사와 이론에서 진화한 새로운 개념》, 고성룡 옮김, 씨아이알, 2019, 76~77쪽).

17 르코르뷔지에, 《프레시지옹: 건축과 도시계획의 현재 상태에 관한 상세한 설명》, 61쪽. 르코르뷔지에가 만든 필로티는 저층부에 벽을 제거해 개방감을 주기 때문에 무엇보다도 가벽 설치가 가능하고 창을 넓게 낼 수 있어 '풍부한 햇빛과 눈부신 조망'을 가능하게 해 준 근대 기술의 성과이자 근대도시의 상징이다.

18 르코르뷔지에, 《프레시지옹: 건축과 도시계획의 현재 상태에 관한 상세한 설명》, 59쪽.

더 많은 빛이 유입되는 경제적 효율성도 거두게 된다.

르코르뷔지에는 근대 기계장치가 지닌 인과론적 특징인 '정확성, 순수성, 경제성'에서 정신적 산물로서의 엄밀한 속성을 강조하는 근대적 사유의 특징들을 발견한다. 나아가 건축이란 재료의 기술성, 표준화에 의한 대량생산의 효율성 같은 물질적 요소와 창작의 감동을 주는 정신적 요소로 구성된다고 보았다. 그에게 기계는 '표준화'를 대변하는 이성적인 것으로 간주된다. 표준에 따라 건설된 파르테논 신전과 표준에 따라 대량생산된 자동차의 실례에서 질서를 추구하는 평균치를 통해, 르코르뷔지에는 바람직한 표준을 정립한다. 그리고 그는 이 표준에 의해 제어되는 건축의 기능이 최대의 효율을 낸다는 사실을 강조하였다. '집은 살기 위한 기계'이고 '건물은 일을 위한 기계'[19]라는 르코르뷔지에의 정의는 무엇보다 집과 건물이 기계처럼 기능성과 효율성을 구현해야 한다는 것을 의미한다. 여기서 주목해야 할 점은 기계의 아름다움이 계산을 통해 창조되어 순수이성의 영역에 속한다는 것이며, 기술자는 계산을 수행하는 주체로서 이성의 범주 내에 위치한다는 것이다.

따라서 그의 현대 도시계획은 교통수단의 발달로 팽창한 대도시의 무질서를 기하학적 질서에 근거해 기계화 시대에 부응하는 4가지 공리[20]에 입각하여 조직한다. 산업화는 대도시로 집중되는 인구로 인해 발생한 제반 문제들을 지성적으로 통일할 수 있는 '교향곡으로서의 도시계획'을 필요로 하기 때문이다. 르코르뷔지에는 대도시에 필요한 건축으로

---

19 르코르뷔지에,《건축을 향하여》, 이관석 옮김, 동녘, 2007, 142~143쪽.

20 네 가지 공리는 '교통상 도시 중심의 혼잡 완화, 상업상 도심의 밀도 높이기, 도로의 개념을 완전히 변화시키기, 직장 생활을 위해 위생과 청결을 유지하도록 식수의 면적 늘리기'이다(르코르뷔지에,《도시계획》, 정성현 옮김, 동녘, 2003, 105~106쪽).

'효율적 기능과 생산'을 상징하는 기계처럼 4가지 물리적 요소[21]가 유기적으로 구성된 '살기 위한 기계'로서의 주택 개념을 강조한다. 요컨대 주택을 기계에 비유한 것은 주택의 사회적, 존재론적 조건이 더 이상 장식이 아니라 '효율적인 기능과 생산' 같은 경제적 가치이기 때문이다.

기계 같은 '효율적인 기능과 생산'을 위해 르코르뷔지에는 자신의 여객선 여행 경험을 통해 사람 몸을 기준으로 한 주거의 최소 단위가 "15제곱미터"[22]임을 확인하고, 이를 산업화 시대에 걸맞은 정확한 건축 구성에 적용했다. '15제곱미터'와 '도미노' 시스템은 "대량생산 주택"[23]을 저비용으로 신속히 생산할 수 있는 표준화된 골조로서 경제성을 추구한 마천루 형태로 발전하게 된다. 표준 유형을 도출하려는 르코르뷔지에가 통계자료를 중요하게 생각한 것은 인간의 욕구를 균일한 평균적

---

21 르코르뷔지에, 《프레시지옹: 건축과 도시계획의 현재 상태에 관한 상세한 설명》, 105쪽. 즉 "ⓐ 양지 바른 바닥, ⓑ 사람, 추위, 더위의 침입에서 보호, ⓒ 아파트의 서로 다른 부분들 사이에서 가장 빠른 동선, ⓓ 현시대에 알맞은 주거용 물품 선택"이다. 아카데미 회원들이 르코르뷔지에의 의견을 비판한 것은 바로 "기능, 효율, 작업, 생산을 상징하는 기계"라는 개념과 '살기 위한'이란 말이 주택의 윤리적, 사회적, 존재론적 조건을 명백하게 드러내기 때문이다.

22 르코르뷔지에, 《프레시지옹: 건축과 도시계획의 현재 상태에 관한 상세한 설명》, 106쪽. 즉, 사적 공간과 공용 서비스 공간(식당, 청소, 산책), 공중 도로와 분리된 사적 생활(침실, 샤워 시설, 커피 마시는 공간)의 최소공간(몸을 기준으로 침실은 가로 3미터 세로 3.1미터, 전체 넓이는 가로 5.25미터 세로 3미터 즉 15.75제곱미터)을 몸을 기준으로 한 주거 단위로 탐구한 것이다. "15제곱미터"는 건물의 용적률을 줄여 건설비를 절감해 줄 뿐만 아니라 마치 자동차를 조립하듯 현장에서 조립하는 "건식주택"을 생산할 수 있는 "표준화, 공업화, 경영 합리화"(르코르뷔지에, 《프레시지옹: 건축과 도시계획의 현재 상태에 관한 상세한 설명》, 109쪽)를 가능하게 해 주었다.

23 르코르뷔지에, 《프레시지옹: 건축과 도시계획의 현재 상태에 관한 상세한 설명》, 113쪽. 실제로 1928년 노동성 장관인 루셰르의 요청에 의해 사람 몸을 기준으로 한 45제곱미터의 '상자' 같이 작은 '저비용 주택 모델'을 설계하였다. 이 주택 모델은 공장에서 생산되고 기차로 배달되어 어떤 지형에도 적용해 조립할 수 있는 모델로서 표준화를 통한 대량생산이 가능해 경제성을 추구하는 마천루 형태로 발전한다. 산업화 시대 건축은 대규모 건설 능력에 의해 철과 시멘트로 대량생산되기에 이른다(이관석, 《건축: 르코르뷔지에의 정의》, 27쪽).

틀에 맞추려는 근대사회의 획일화의 특징을 드러낸다. 통계 수치에 근거한 표준화와 유형화의 기능주의는 결국 구체적이고 개별적인 상황을 추상화하는 작업으로서의 건축을 기하학적 질서로 환원시킨 것이다. 나아가 건축을 순수한 기능적 유기체로 창조해야 한다는 그의 생각은 건축을 유기적 시스템으로 조직된 기계로 간주하기 때문이다. 건축을 구성 요소들의 조직체로 이루어진 기계장치로 정의한 르코르뷔지에는 현대 도시와 주거가 모두 기능적 질서 체계에 의해 조직된다고 본 것이다.

여기서 기능적 질서는 곧 수직과 수평에 의해 단순화, 추상화된 질서를 의미한다. 이와 관련해 그는 정신이 단순성을 향해 나가는 것이 역사이고, 위대한 예술이 단순한 방법으로 창조되듯이, 건축 또한 '단순성'이 본질이라고 강조한다.

"단순성은 빈곤이 아니라 선택이자 구별이며, 순수성을 목표로 한 결정체입니다. 입방체들도 더는 마구잡이로 쌓아 방치한 현상이 아니라 조직적이며 분명히 의식적인 행위이자 정신성의 현상입니다."[24]

르코르뷔지에는 새로운 기계가 늘 새로운 정신을 형성한다고 보아 당대 산업계의 기계를 '정신을 개혁하는 근대적 현상'으로 간주한다. 그리고 그는 현대 도시문제의 해법을 기계주의 자체에서 찾는다. 기계주의가 건설과 재건에서 복잡하게 분화되었던 부분들을 하나로 연결하는 직선의 '단순성'에 의해 '건축의 통일성'을 만들기 때문이다. 이런 단순

---

24 르코르뷔지에,《프레시지옹: 건축과 도시계획의 현재 상태에 관한 상세한 설명》, 99쪽. 그러나 단순성은 효율적인 생산을 위해 경제적 가치를 목표로 한다는 점에서 다양성을 희생시키는 문제를 초래한다.

| 그림 1 | 〈3백만 거주자를 위한 현대 도시〉

성은 현대 건축과 도시계획인 〈3백만 거주자를 위한 현대 도시〉(1922
년 살롱 도톤에서 전시)(그림 1)와 〈파리를 위한 '부아쟁' 계획〉(1922)에
서 구체화된다. 그의 건축은 수학처럼 구성 요소들이 '정확한 관계의 통
일체'를 구축한다. 나아가 르코르뷔지에는 '살기 위한 기계로서 집'과
'일을 위한 기계로서의 건물'을 분리해 정의한 르코르뷔지에의 사유는
거주지와 일터의 기능적 분리, 일을 효율적으로 수행할 수 있도록 단순
하게 직선으로 통일된 도심의 고층 빌딩들에 반영된다.

"도시의 기능에는 도심으로 집중하는 시간과 주변으로 흩어지는 시간,
두 가지 시간대가 있음을 주목합니다. 또한 도시란 모든 방사형 기관이
네 지평으로부터, 방사형 체계로 제어되는 거대한 표면 곳곳으로부터 중
심지로 인도되는 거대한 바퀴라는 사실에 주목합니다."[25]

---

25   르코르뷔지에,《프레시지옹: 건축과 도시계획의 현재 상태에 관한 상세한 설명》, 163쪽.

"우리는 현대 기술을 이용해 200미터 높이까지 건설할 수 있습니다. 도심은 200미터의 높이를 가질 것입니다. 이렇게 하면 도심의 밀도를 네 배, 심지어 열 배까지 높일 수 있고, 거리는 4분의 1로 줄일 수 있습니다."[26]

도구를 잘 갖춰야만 도심의 밀도와 혼잡을 완화시킬 수 있다고 본 르코르뷔지에는 방사형과 직각 체계를 활용해서 거대한 길과 200미터 높이, 150~200미터 길이의 마천루를 400미터 간격으로 건설한 도시 규모로 경제성을 확보할 수 있다고 판단했다. 결국 〈파리를 위한 '부아쟁' 계획〉은 3백만 거주자를 위한 현대 도시 프로젝트로서 역사적인 파리지구와 업무지구를 경제적으로 조정해 수익을 창출하는 것이 목표였다.[27] 르코르뷔지에는 도시계획이 돈을 버는 것이면서도 가치 창조라고 주장한다. 말하자면 200미터 이상의 고층 건물을 건설하는 기술력이 땅에 높은 부가가치를 부여해 건설의 효율성을 초래한다는 것이다. 기념비성과 좌우대칭을 건축의 원리로 여기는 기존 아카데미즘에서 벗어나 콘크리트 입방체로 설계한 그의 현대 도시계획은 자연을 불변하는 법칙으로 해석하고 기하학적 질서로 규격화해서 조직한 것임을 확인할 수 있다.

26　르코르뷔지에, 《프레시지옹: 건축과 도시계획의 현재 상태에 관한 상세한 설명》, 168쪽.

27　"도시계획은 아름답게 만드는 것이 아닙니다. 이것은 설비입니다. 도시계획은 조경이 아니라 도구입니다"(르코르뷔지에, 《프레시지옹: 건축과 도시계획의 현재 상태에 관한 상세한 설명》, 197쪽). 사업상 설비를 잘 갖춘 대기업의 사무실들은 내부적으로 질서 잡힌 효율성과 완결성을 지니게 조직되고 200~250미터 높이의 사무실은 대지 면적에 비해 아주 높은 밀도(5퍼센트)를 지녀 95퍼센트가 통행에 할애되지만 새 건물은 쉽게 지을 수 있고 사무실이 건설되면 임대되어 새로운 인구로 채워진다는 것이다. 그러면 업무 지역은 몇 개의 가치 있는 옛 건물 빼고 나머지 건물을 철거하면 끝난다. 거주자는 네 배에서 열 배까지 늘어나고 수익도 네 배에서 열 배까지 늘어난다. 즉, 이와 같은 파리 도심의 문제와 다른 모든 도시와 연관되는데 현대도시 문제는 "분류와 가치 부여"를 통해 해결되지 "보존이나 원예 또는 미화"(르코르뷔지에, 《프레시지옹: 건축과 도시계획의 현재 상태에 관한 상세한 설명》, 206쪽)로 해결되지 않는다고 주장한다.

합리적인 기계모델: 격자형 공간의 효율성과 상품 도시

르코르뷔지에가 미국의 포드적 공업 모델과 테일러식 공장[28]을 참조해 격자형 기계모델을 근대 도시계획으로 제안한 것은 기계를 '합리적 표준화'의 대표적인 상징으로 간주하기 때문이다. 나아가 르코르뷔지에는 표준화된 유형에 근거해 다양한 요소들을 정돈하는 '관계의 통일성'[29]을 구현하는 양식을 제안한다. 여기서 통일성은 '대비에 따른 수학적 통일성', 즉 황금분할에 기초한 정돈을 의미하고 이런 정돈은 건축에 영속적인 정확성을 창조한다. 건축의 본질은 값비싼 재료에 의한 장식이 아니라 '정신에 의한 기하학적 질서와 조화'에 달려 있다는 것이다. 그에게 건축설계의 본질이자 원리는 수평선과 수직선이 만나는 직각이고, 직각은 그의 건축 핵심 원리인 "직사각형의 프리즘"[30]에 이르게 된다. 르코르뷔지에는 로마 시대의 프랑스 루앙Rouen 도시를 예로 들어 짐수레를 끄는 당나귀가 다니는 길은 구불구불한 곡선인 데 반해 인간이 다니는 길은 질서정연한 직선이었고 그 이후에도 수 세기에 걸쳐 직선으로 계획되었다고 진단한다.[31] 삶과 노동이 집약된 도시는 질서정연해야 하므로 곡선보다는 곧은 직선 길이 필요하다는 것이다.

"그런데 현대 도시는 직선에 의지하여 유지되고 있다. 건물, 하수구, 배수구, 차도, 보도 등의 건설, 교통은 직선을 필요로 한다. 직선은 도시

---

28 르코르뷔지에는 포드적 공업 모델(생산성의 극대화를 위해 표준화, 단순화, 전문화에 근거한 이동 조립 모델)과 테일러식 공장(과학적 원칙으로 조업 요소들을 일정하게 유지 관리)을 참조해 기계적 근대도시인 격자형 기계모델을 기획하였다.

29 르코르뷔지에,《프레시지옹: 건축과 도시계획의 현재 상태에 관한 상세한 설명》, 89쪽.

30 르코르뷔지에,《프레시지옹: 건축과 도시계획의 현재 상태에 관한 상세한 설명》, 96쪽.

31 르코르뷔지에,《도시계획》, 19쪽.

의 정신만큼이나 건전한 것이어야 한다. 곡선은 비용이 많이 들고 힘들며, 위험하다. 곡선이 교통을 마비시킨다. 직선은 인류의 모든 역사에, 인류의 모든 의도 속에, 인류의 모든 행위 안에 있다. 아메리카 대륙의 직선 도시를 찬미하면서 바라보는 용기를 가져야만 한다."[32]

직선은 정신의 수단이자 목적이다. 자신의 발견을 하나의 논리적인 체계나 법칙으로 인식하고 공식화하는 인간의 생각과 행동은 직선과 직각의 지배를 받는다. 즉, 자연은 인간에게 혼돈 상태의 우연적인 모습으로 드러나므로 정신이 자연에 질서를 불어넣어 자연을 인식하고 의미를 부여함으로써 자연의 카오스를 거부한다는 것이다. 따라서 인간의 정신적 질서로 자연을 측량하면서 자연의 우연적인 모습을 거부한 것이 근대 도시계획의 특징으로 나타난다. 여기서 직각은 엄밀하고 완벽한 공간을 결정해 주기 때문에 이러한 작업을 위한 필요충분조건이다.

"우리는 중력의 법칙이 힘의 충돌을 해결하고 우주를 평형상태로 유지한다고 생각한다. 그 법칙을 통해 우리는 수직선을 갖는다. 수평선상에 수평선을 그리며 불변의 선험적인 평면을 그린다. 수직선은 수평선과 함께 두 직각을 만든다. 둘 다 불변이다. 직각은 세계를 평형으로 유지하는 힘의 총체와 같다. 직각은 단 하나만 존재하지만, 다른 각들은 무수히 존재한다. 따라서 직각은 유일하고 불변한다."[33]

기하학적 정신의 부재로 파국의 상태에 놓인 도시는 직선과 직각의

---

32 르코르뷔지에, 《도시계획》, 35쪽.
33 르코르뷔지에, 《도시계획》, 49쪽.

기하학적 질서로 집과 도시를 건설하는 도시계획이 필요하다는 것이다. 균형을 이룬 감정[34]이 본능을 벗어나 수학적 정신에 근거하고, 직선과 직각이 명료한 질서를 창조한다는 점에서 르코르뷔지에는 '문화를 직각 정신의 상태'로 이해한다. 그럼에도 고층 건물은 가족생활의 안식처가 될 수 없기 때문에 도심을 생활에서 제외한 그의 도시계획 프로젝트는, 인구를 '도시 거주자들, 도시와 전원도시에서 하루를 반반씩 보내는 노동자들, 근교 공장과 전원도시에서 보내는 노동자들'[35]로 나누고 다른 공간에 배치한다. 이처럼 일터와 주거의 획일적인 공간 분리와 거리에 따른 이동 시간의 불평등은 삶의 질과 사적 시간의 불평등을 초래해서 빈곤층과 부유층의 양극화를 초래하게 된다. 요컨대 공간을 획일적으로 분화시킨 기계모델의 도시는 주민들의 다양한 생활세계의 시간들을 효율적이고 실증적으로 상품화하는 실용주의적 도시 모델이다. 결국 불평등한 위계적 공간으로 양분화해서 인간 존재와 삶의 형태를 둘로 분할하는 폐단을 야기한다.

"여가 시간을 갖는 능동적 인간(사유-앎-행위의 인간)과 노동-휴식의 쳇바퀴 속에 있는 수동적 인간(육체-무지-생존의 인간)을 맞세우는 사회적 위계, 그러니까 인간 존재를 둘로 나누고 삶의 형태를 둘로 분할하는 형태에 바탕을 둔다."[36]

---

34 문화는 결코 복제의 산물이 아니라 수 세기를 걸쳐 인간의 노력에 의해 습득된 기술적 수단에 따라 형성된다고 본 르코르뷔지에는 감정을 정신에서 나온 것으로서 '정언적인 명령'처럼 피할 수 없는 '선천적인 직관'(르코르뷔지에,《도시계획》, 47쪽)으로 간주하고 문화를 민족의 고유한 능력으로서 이런 감정의 표현이라고 이해한다.

35 르코르뷔지에,《도시계획》, 107쪽.

36 Jacques Rancière, *Modern Times: Essays on Temporality in Art and Politics*, Multimedijalni institut, 2017; 자크 랑시에르,《모던 타임스: 예술과 정치에서 시간성에 관한 시론》, 양창

근대인의 몸, 의식을 위계적으로 점유하는 공간은, 다양한 삶의 시간들을 직업·성별·연령에 따라 진보를 위해 위계화, 획일화의 시간성으로 분배한다. 랑시에르Jacques Ranciere가 주목한 것처럼, 진정한 의미의 평등은 진보에 대한 믿음에서 벗어나 시간의 분할과 나눔을 다시 다양한 시간들의 얽힘으로 공유하는 데 존재한다.

르코르뷔지에의 직선과 직각에 의한 단일한 직사각형의 기하학적 공간은 감각적인 몸의 눈이 아닌 정신의 사유에 의해서만 파악될 수 있다. 따라서 팔라스마는 건축을 시각중심주의적인 것과 촉각적인 것으로 나누고, 르코르뷔지에의 건축은 몸으로 체험하기보다 거리를 두고 바라보는 시각에만 호소하므로 '거리두기와 외면성의 도시'라고 정의한다. 외면성의 도시는 주체와 대상, 정신과 몸을 철저히 분리하는 심신이원론의 관점에서 정신의 눈으로 계측된 도시다. 즉, 사유하는 시선에 의해 질서가 부여된 외면성의 도시는 주체의 정신적 직관을 바탕으로 근대적 세계관을 정초한 데카르트 코기토cogito의 시선이 그 뿌리이다.

데카르트는 주체가 세계와 관계 맺는 재현 모델이 수학에 근거한다고 보았다. 진리에 도달하는 것은 정확한 과학적 계측에 의해 가능한데 수학이 바로 이런 연구의 모델이며, 그것은 정신의 직관에 의해 가능하다는 것이다. 따라서 근대 주체의 원형으로서 데카르트의 코기토는 사유하는 의식 주체이고, 수학적 도식을 바탕으로 사물의 세계를 대상의 세계로 변형하여 질서를 부여하고 재현한다. 데카르트의 코기토는 역사가 점진적으로 진보해 간다는 근대적 세계관을 형성했다. 이런 진보에

렬 옮김, 현실문화A, 2018, 226쪽. 랑시에르가 자신의 철학에서 '나눔partage'은 '공유이면서 배제를 내포한 분할'이란 양가적 의미를 지닌다고 주장하듯, 르코르뷔지에의 격자형 건축 공간은 기하학적 비율과 질서로 거주민의 삶과 노동을 양분화함으로써 '몫 없는 사람들'을 분리, 배제시키는 기능도 지닌다.

대한 믿음은 생산성과 효율성을 진보의 기준으로 보았다. 고대인은 자연physis에 영혼이 깃들어 있기 때문에 자연이 자발적으로 변화해 갈 수 있다고 믿었다. 반면, 데카르트는 외부에서 주어지는 힘에 의해 작동하는 기계처럼 자연을 어떤 운동력도 지니지 않는 기계 같은 순수물질로 간주한다. 인간의 정신과 행동에 의해 자연의 운동을 설명하고 변화시킬 수 있다는 것이다. 데카르트가 자연을 물질 개념으로 해석하면서 측정 가능한 자연만을 설명할 수 있다고 본 수학이 자연학의 표준 언어가 된다.

> "우리는 연장이 참된 물체인지 아니면 단지 하나의 공간일 뿐인지를 고찰함이 없이, 그것을 길이, 넓이, 깊이를 가진 것으로 이해한다. 이에 대해서는 별도의 설명이 필요할 것 같지 않다. 우리의 상상력에 의해 이보다 더 쉽게 지각되는 것은 없기 때문이다."[37]

이처럼 데카르트에게 연장이란 공간과 구별되지 않는 물질 또는 물질과 구별되지 않는 공간을 의미한다. '물질과 공간의 동일시'는 자연(물질)을 기하학, 즉 수학의 관점으로 접근한 것이다. 데카르트는 수학을 전통적인 "보편수리학mathesis universalis"의 핵심으로 보았다. 그 이유는 보편수리학이 "합리적 인식의 총체적 체계화 가능성"[38]을 지니고 확실하고 명증한 지식의 토대이기 때문이다. 수학적 인식이야말로 '합리

---

37 르네 데카르트,《방법서설》, 이현복 옮김, 문예출판사, 2019, 111쪽.
38 김상환,《근대적 세계관의 형성: 데카르트와 헤겔》, 에피파니, 2018, 79쪽. 데카르트에게 수학은 학문 일반의 토대이므로 "대수와 기하학에 더하여 천문학, 음악, 광학, 역학 및 다른 학문들도 다 같이 수학의 분과로 간주되고 있는가 하는 점이었다"(데카르트,《방법서설》, 36쪽).

적인 인식 일반의 원천'[39]이라고 강조한 데카르트에게 보편수리학은 모든 지식을 수학화하는 것이 아니라 "인간 이성 자체의 수학화"[40]를 의미한다. 여기서 데카르트는 자연과 세계가 보편적인 학문의 지식 대상이 되기 위해 '비례, 한도mensura'(측정 가능한 크기)를 통한 '체계적인 통일의 가능성'을 함축해야 한다고 보았다.

"그렇다고 통상적으로 수학으로 불리는 개별적인 학문들 모두를 배우려고 했던 것은 아니다. 그리고 이 학문들의 대상은 서로 다르지만, 여기서 발견되는 다양한 관계 혹은 비례를 고찰하고 있다는 점에서 이 학문들은 서로 일치하고 있음을 보고서, 나는 비례 일반만을 검토하고, 이 인식을 나에게 보다 쉽게 해 줄 수 있는 대상 속에서만 그런 비례를 상정하는 것이 보다 좋겠다고 생각했으며, 또 이 비례를 그 대상에게만 결부시키지 말고 이에 어울리는 다른 모든 대상에게도 나중에 더욱 잘 적용되도록 하는 것이 보다 좋겠다고 생각했다."[41]

결국 데카르트가 물질을 연장으로 정의한 것은, 자연(세계)을 보편수리학의 관점에서 물질과 공간을 동일시한 것이고, 이 공간을 수학의 기

---

39 "따라서 이 학문은 인간 이성의 제일 기초를 포함하고 있어야 하며, 모든 주제에 대해 진리를 도출할 수 있도록 그 범위가 확장되어야 한다. 솔직히 말해, 이것은 인간에게 전수된 그 어떤 인식보다 더 중요한 것이고, 다른 학문의 원천이라고 생각한다."(데카르트, 《방법서설》, 33쪽). "그리고 이 단어(마테시스)의 어원적인 의미를 추적하는 것만으로는 충분치 않다. 왜냐하면 수학이라는 말은 학문과 동일한 의미를 지니고 있고, 그러므로 기하학이 수학으로 불릴 권리 못지않게 다른 학문들도 그런 권리를 지닐 수 있기 때문이다"(데카르트, 《방법서설》, 36~37쪽).

40 김상환, 《근대적 세계관의 형성: 데카르트와 헤겔》, 81쪽.

41 데카르트, 《방법서설》, 169~170쪽.

하학적 공간으로 간주한 것이다. 아울러 그가 자연학을 기하학적 수학으로 간주한 것은, 자연의 모든 물리적 대상을 기하학의 대상처럼 취급할 수 있다는 것이다. 데카르트의 보편수리학에서 자연은 자발적인 운동 원리를 지니지 않아 기하학적인 물리적 대상이 된다. 연장으로 정의된 자연은 기존의 모든 속성이 사라지고 '공간성'만 남게 되어 기하학적 원리에 의해 계측될 뿐이라는 근대의 "기계론적 자연관"[42]이 성립된다. 기계론의 관점에서 인간 신체를 포함한 자연 내 모든 사물은 기계적 법칙에 따라 조직되고 기능한다. 그러나 데카르트는 우연한 상황에 자유롭게 대처하지 못하는 "말하는 기계"[43]를 통해, 자동기계는 물질에 속하고 인간은 정신에 속한다고 보았다. 왜냐하면 합리적인 정신만이 물질을 제어하는 능력을 지니기 때문이다. 서로 환원될 수 없는 두 실체인 정신-물질(신체)의 이원론[44]이 대두하고, 이는 근대 세계관의 핵심이 된다. 여기서 시간은 기하학적인 절대공간 속에 동질적, 양적으로 배치될 수 있어 다양한 삶의 질적인 시간들은 객관화, 정량화되어 사라진다. 양화되어 계산될 수 있는 시간은 포드주의의 생산방식과 테일러주의에 효율적 시간 운용의 틀을 가능하게 한다. 근대도시에는 시간의 효율적 활용을 위해 격자와 불평등한 위계적 공간으로 재단되는 실용주의 모델이 적용되었다. 시간을 실증적으로 공간화시키는 근대도시의 기계모

---

42 김상환,《근대적 세계관의 형성: 데카르트와 헤겔》, 94쪽. 따라서 생명체의 온갖 기능을 설명하던 식물영혼이나 동물영혼은 불필요한 범주로 전락할 수밖에 없었다. 아리스토텔레스에게서 천상계는 불멸의 세계이고 지상계는 소멸의 세계로 4원인에 따르지만 갈릴레오의 수리자연학에서 천상계와 지상계의 물체는 모두 작용인에 의거한 동일한 기계적 법칙에 따른다는 것이다.

43 데카르트,《방법서설》, 213쪽.

44 데카르트에게서 영혼은 순수정신으로 인간 내면에만 존재하기 때문에 자연은 순수물질로 남아 '순수정신'과 '순수물질'은 상반된다.

델에서 노동자들의 시간은 불평등하게 착취되었다. 기계모델은 획일적으로 분화된 기능으로 시민들의 몸과 의식을 점유하며 이질적인 삶의 시간들을 재생산의 시간으로 구속하였다.

그러나 현상학적 건축가이자 건축이론가인 팔라스마[45]는 건축이 자연을 인간의 영역으로 확장시켜 자연과 인간을 상호감각적으로 매개한다고 강조한다. 팔라스마는 르코르뷔지에의 근대 건축과 도시계획이 주체가 대상과 분리된 데카르트 식 투시도법에 의존해 건축을 감성보다는 인식의 대상으로 간주했다고 비판한다. 즉, 르코르뷔지에의 근대 도시계획은 시각중심주의 관점에서 촉각적인 경험(다감각적인 불규칙성)보다 거리를 두고 관찰하는 시각적인 "정면성"[46]의 경험을 강조했다는 것이다. 여기서 팔라스마는 건축이 거주자와 분리된 채 지성적인 눈에만 호소하는 것이 아니라, 피부의 촉각에서 확장된 눈, 코, 입, 귀의 상호작용적 경험을 통해 세계에 존재하는 실존의 현상학적 경험을 강화시킨다고 주장한다. 그렇다면 최근 프랑스의 시간정책을 고려한 콤팩트형 친환경적 스마트시티 모델을 검토해 보자. 이 모델이 근대 건축과 도시에 누락된 감성적 공동체의 공공성의 가치를 구현할 수 있는지 현상학적 관점으로 살펴보겠다.

---

[45] "건축은 본질적으로 자연의 확장이다. 자연을 인간이 만든 영역으로 확장하면서 세계를 경험하고 이해하기 위한 지평과 지각의 근거를 제공하는 것이다. 건축은 격리되거나 자기 만족적인 가공품이 아니며 우리의 관심과 실존적 경험을 더 넓은 지평으로 향하도록 이끈다. 또한 건축은 일상적 생활환경과 사회적 제도에 개념적이며 물질적인 구조를 부여한다. 건축은 한 해의 순환, 즉 태양이 지나가는 길과 낮 시간의 흐름을 구체화하여 지각할 수 있는 것으로 만들어 준다"(팔라스마, 《건축과 감각》, 61쪽).

[46] 팔라스마도 르코르뷔지에가 후기 작품(특히 롱샹 성당)에서 물질에 대한 피부의 촉각을 토대로 다감각적인 상호작용의 경험을 구현했으나 보는 사람의 시각을 중심으로 종합된 정면성을 강조했기 때문에 르코르뷔지에는 시각을 선호한다고 평가한다(팔라스마, 《건축과 감각》, 101~102쪽).

프랑스의 친환경적 스마트 콤팩트시티
: 시간정책과 감각적 공동체의 공공성

시간정책과 헤테로크로니아 hétérochronie

다국적 기업들에 의한 신자유주의의 세계화는 공간적인 도시를 자본의 논리로 상품화하는 것에도 고스란히 나타났다. 권력과 자본을 지향하는 '신자유주의 공간'이야말로 "유클리드 기하학적인 공간"[47]으로 끊임없이 재생산되는 공간이다. 프랑스에서도 산업사회의 물신숭배 속에서 일자리 때문에 몰려든 사람들로 도시는 계속 거대해지고, 집과 직장 사이의 거리는 점점 더 멀어지게 되었다. 게다가 출퇴근 시간과 노동시간의 획일적인 관리와 통제는 교통 혼잡으로 인한 에너지 낭비와 오염을 야기했다. 또한 시간 낭비로 인해 가족 및 공동체의 해체도 초래했다. 여기서 팔라스마는 건축에서 중요한 것이란 '몸과 세계와의 실존적인 관계 맺음과 그 의미'임을 강조한다.

> "건축은 우리가 세계-내-존재에 대한 경험을 분명하게 드러내고, 실재성에 대한 감각과 자아의식을 더 강하고 튼튼하게 한다. … 건물과 도시는 인간의 실존적 상황을 이해하고 마주하기 위한 지평을 제공한다. 시각적으로만 매혹적인 대상을 창조하는 대신, 건축은 의미들을 연계하고 중재하며 투사한다. 어떤 건물이라도 궁극적인 의미는 건축에 국한되지 않는다. 건축은 우리의 의식을 세계로 향하도록 다시 돌려, 우리 고유

---

47 도린 매시, 《공간을 위하여》, 박경환·이민영·이용균 옮김, 심산, 2016, 195쪽. 매시는 로컬리티가 지닌 배타성과 편협성을 넘어 장소(신뢰할 수 있는 것)와 공간(분리되고 나뉜 것)을 구별하지 않고 상호연결성과 협상을 중요하게 여기는 "관계적 지리의 입장"(매시, 《공간을 위하여》, 18쪽)으로서의 공간 개념에 대해 보다 심층적으로 연구하였다.

의 자아와 존재에 대한 감각을 체험하도록 한다."[48]

팔라스마는 메를로퐁티의 현상학적 사유에 근거해 건축은 단지 보기 위한 장식품이 아니라 건축과 나와의 '상호 얽힘, 교환'[49]이라고 주장한다. 메를로퐁티에 따르면, 세계(사물)에 대한 지각과 체험은 보는 주체와 보이는 대상이 둘로 분리된 상태에서는 성립될 수 없고 서로 감싸고 감기며 침투해야 가능하다. 보는 주체와 보이는 대상의 얽힘 관계는 친밀한 지향적 구조의 원천인 감각적 존재인 '살chair'[50]로 되어 있어 서로를 거울처럼 반영해 준다. 지각할 때 내 몸은 대상을 향해 피부를 열고 대상에 연결되고, 대상은 내게로 밀려들어 와 살이 되면서 서로 얽히고 교환하는 '키아즘chiasme'을 통해 감각적인 원초적 경험을 하게 된다는 것이다. 이처럼 우리 몸과 건축이 상호지향적으로 잠식되는 얽힘의 관계는 정신의 기하학적 질서에서 배제된 모든 감각의 통일에 기반한 촉각적인 교류를 가능하게 해 준다. 정책적으로 추동하는 도시계획은 대부분 도심을 중심축으로 놓고 계획하기 때문에 사람들 사이의 공동체적 관계를 느슨하게 만든다.

"즉 공간은 나의 봄을 목격하고 있는 사람에 의해, 또는 나의 봄을 바라보고, 외부로부터 그것을 재구성하는 기하학자와 같은 사람에 의해 보여

---

48 팔라스마,《건축과 감각》, 15~16쪽.

49 팔라스마가 강조하는 얽힘은 바로 메를로퐁티가 '살' 존재론에 대한 탐문을 통해 밝히고자 했던 나와 세계, 즉 주체/대상, 보는 것/보이는 것, 보이는 것/보이지 않는 것처럼 모든 분화와 분열 이전의 원초적(발원적) 토대로서 야생적인 존재Être의 존재론적 특징이다.

50 여기서 '살'은 물질도 정신도, 실체도 아니고 육화된 원리라는 의미로서 "원소"(Maurice Merleau-Ponty, *Le visible et l'invisible*, Paris: Gallimard, 1964a, p. 184.)지만, 개체와 관념 사이에서 주체와 대상, 보이는 것과 보이지 않는 것을 형성하는 환경이 되는 존재를 의미한다.

지고 있는 대상들 간의 관계로 엮어진 그물이 아니다. 그러한 것이라기보다 공간은 공간성의 영점 혹은 영도로서, 나로부터 출발하고 있다고 여겨지는 공간이다. 그래서 나는 그것을 그 외부의 덮개에 따라 보지 않으며 나는 내부로부터 그것 속에 살고 있다. 나는 그 속에 잠겨 있다. 결국 세계란 나를 둘러싸고 있는 모든 것이지 내 앞에 놓여 있는 것이 아니다."[51]

오늘날의 건축과 도시가 비인간적인 것은 감각적인 몸에 의한 경험을 소홀히 하고 특히 감각의 총체성이 드러나는 촉각을 무시하고, 시각만을 절대화했기 때문이다. 촉감을 염두에 두지 않은 체험은 가장 본질적이면서 주변적인 시야, 즉 '살'을 감싸지 못하기 때문에 "다양한 감각 영역들의 협력 가능성"[52]을 재고해야 한다. 건축의 경험은 외부에서 건물 디자인을 바라보거나 내부에서 창을 통해 밖을 바라보는 행위가 아니라 직접 문을 열고 닫고 하는 몸의 공감각적 행위로서 감각들의 현재, 과거, 미래가 하나로 결합되는 시간적인 종합에서 가능하다. 내 몸의 지향성은 방금 지나간 과거를 되잡고 다가올 미래를 예견하면서 두께를 지닌 현재를 생생하게 살아 있는 현재로서 분비하면서 체험한다.

"따라서 과거지향rétention과 미래지향protension이라는 이중의 지평 덕분에 나의 현재는 지속의 흐름에 이끌어 내어졌다가 없어지는 사실상의 현재이기를 중단할 수 있다. 아울러 객관적인 시간에서 확인되는 고정된 시점이기를 그칠 수 있다."[53]

---

51 Maurice Merleau-Ponty, *L'OEil et l'esprit*, Gallimard: Paris, 1964b, pp. 58-59.

52 팔라스마, 《건축과 감각》, 19쪽.

53 Maurice Merleau-Ponty, *Phénoménologie de la perception*, Paris: Galimard, 1945, p. 83.

"그래서 지평들의 종합은 가정적인 종합일 뿐이고, 지평들의 종합이 확실성과 정확성으로 작동하는 것은 오로지 대상에 인접한 주변에서만 그러하다. … 먼 주변은 더 이상 정확한 증거 내용들을 가져올 수 없는 익명적 지평이다. 실제로 지각적인 경험에서 그러하듯 먼 주변(익명적 지평)은 대상을 미완성 상태로 열려 있도록 한다. 이 열림에 의해 대상의 실체성이 흘러나온다."[54]

내 몸의 건축적 체험은 과거지향과 미래지향을 통해 고정될 수 없는 지속의 흐름 가운데 공감각적이면서 실존적인 의미를 지닐 수 있다. 그런데 여기서 촉각이 중요한 이유는 우리의 삶이 타인과 항상 몸으로 부딪치며 살아야만 한다는 것을 강조하는 것이 아니다. 시각, 즉 지성의 눈을 중심으로 한 삶보다 촉각에서 분화되는 감각들의 공감각적 행위로 사는 삶이 중요하다는 것이다. 다시 말해 신경 시스템이나 최첨단 과학기술 시스템에 근거한 자동화 기획은 이성에 의해 합리적으로 기획할 뿐 다양한 감각에 근거해 일하는 사람들의 시간성을 고려할 수 없다. 사물로서 건축의 공간적 지평은 바로 공간으로 분리될 수 없는 삶과 생활세계의 시간, 압축될 수 없는 지속의 시간, 정량화할 수 없는 질적 가치를 지닌 시간적 지평에 근거한다. 이렇게 공간을 사물과 인간, 주체와 대상, 그리고 보이는 것과 보이지 않는 것을 연결하는 '살적 지평'[55]으로

---

54 Maurice Merleau-Ponty, *Phénoménologie de la perception*, p. 84.
55 "사물의 지평은 또 다른 존재의 유형, 즉 다공질, 프레그넌스, 또는 일반성의 존재이고 거기 지평이 열리는 앞에 선 자는 이 지평에 사로잡히고 포위된다. 그의 몸과 먼 곳들은 그들 사이, 심지어 지평 넘어, 그의 피부 안쪽에 존재의 바닥까지 퍼져 있는 일반적으로 동일한 몸성 또는 동일한 가시성에 참여한다."(Maurice Merleau-Pont, *Le visible et l'invisible*, 1964a, p. 195).

볼 때 건축 공간은 물리과학적 공간 개념을 넘어선다. 결국 일, 가사, 여가생활 등을 완벽히 분리할 수 없는 시간성에 대해 생각하게 한다.

2015년 12월 이후 프랑스에서 릴Lille, 리용Lyon, 렌Rennes 등 대도시를 중심으로 시청에 개설된 '시간정책부서Bureau des temps'[56]는 다쏘시스템의 3DEXPERIENC와 같은 디지털 플랫폼을 활용해서 더욱 개인화되고 다양해진 시민들의 사적 시간을 고려해 지역의 공공시설 운용 시간 및 근무 시간 같은 사회적 시간을 조정하는 정책을 펼치고 있다. 삶의 속도가 점점 빨라지고, 일(노동)의 시간은 점점 분할될 뿐만 아니라 신기술에 의한 노동시간의 자율화가 사용자 중심으로 바뀌면서 시간의 불평등을 해소하기 위해 새로운 시간정책이 필요하기 때문이다. 게다가 고령화로 인한 삶의 변화, 가족구조의 변화, 근무 방식의 변화가 크게 달라졌다. 그러나 생산성과 효율성만을 목표로 하는 주거와 도시계획으로는 '삶의 시간이 파편화되고 비동기화'될 뿐이다. 시간정책부서의 역할은 생활과 근무 시간이 다양해진 주민 삶의 질은 물론 대도시의 지속가능하고 공평한 발전에도 영향을 미친다.[57]

---

56 현재 유럽에서는 프랑스를 비롯해 많은 국가들이 공동으로 참여해서 지역의 사회적, 환경적, 경제적 차원을 유기적으로 연결하고 공공시설 운영 시간 및 근무 시간을 조정하는 시간정책을 펼치고 있다. 특히 프랑스에서는 환경문제 해결 및 예산을 절약하기 위해 공공장소와 건물을 재정비하거나 고령층 증가와 가족구조 변화에 따라 주택 개조를 쉽게 할 수 있는 건축설계를 하고 있다. 즉, 도서관, 박물관, 공연장 등 공공시설의 사용을 시간의 관점으로 접근해서 시설의 운영 시간을 일반적으로 정해진 시간에 고정시키지 않고 유연하게 운영한다. 특히 불안전한 노동시간으로 차별받는 비정규직 또는 정규직의 노동시간을 효율적으로 조정해서 시간불평등을 줄이는 정책도 펴고 있다. 나아가 유사 업종끼리의 공유 교통시스템도 활용해 시간 및 에너지의 효율성도 높일 수 있다는 것이다. 프랑스에서는 2004년부터 '시간의 권리를 기본권으로 인정, 지역적 시간접근 방식의 공유와 협력, 시민참여형 의사 결정'을 목표로 '지역 시간 네트워크réseau Tempo Territorial'를 설립해 사회 각계각층의 사람들이 참여하고 있다(http://tempoterritorial.fr 참조).

57 Collection PROJET, *le Bureau des temps: Presentation*, MEL les éditions, 2017, pp. 2-4. 시

프랑스 도시들의 시간정책은 개인의 사적 시간과 집단의 사회적 시간을 좀 더 유연하게 조정해서 생활세계에서 체험된 불합리하고 불평등한 시간 문제들의 해결을 가능하게 해 준다. 이러한 정책은 데카르트의 기계적 세계관에 의해 과학적으로 공간화, 정량화된 시간에서 벗어나 생활세계와 개인의 다양한 실존적인 시간을 살 수 있게 해 준다. 따라서 시간정책은 스마트시티 조성에서 반드시 고려되어야 할 사항이다. 미래 도시계획은 각 도시 주민 수만큼 '다수의 다양한 시간성'을 경제적 효율성만을 위해 획일적으로 관리하는 데서 벗어나 성별, 연령, 직업, 장소에 따라 서로 다른 '생활세계의 시간성'을 최소한 배려해야 한다. 왜냐하면 우리 각자는 자신의 생활방식에 따라 자신만의 시간을 만들기 때문이다. 메를로퐁티는 다음과 같이 말한다.

"그러나 우리에게 지각의 종합은 시간적인 종합이고, 지각 차원에서 주체성은 시간성 이외에 아무것도 아니다. 이런 사실이 지각 주체에게 그 투명성과 역사성을 허용한다."[58]

"공간적인 종합과 대상의 종합은 이같은 시간의 전개에 근거한다. 매번 시선을 고정하는 운동에서 내 몸은 현재와 과거와 미래를 함께 결합

간정책부서는 개인화되는 생활방식에 따른 출퇴근, 등교와 같은 개인의 사적 시간을 관찰, 분석하고 공공기관의 개방 시간, 대중교통 운행 시간, 상점 개폐 시간처럼 지역 내 다양한 '사회적 시간'을 조정해서 정부 주도의 획일적이지 않은 공공서비스의 혁신을 추구하고 있다. 대부분의 현대인은 대도시화 때문에 더욱 멀어진 직장에 출퇴근하기 위해 하루를 보낸다. 공공기관의 운영 시간이 주민의 생활 리듬에 맞게 조직되어야 한다는 취지에서 시간정책은 '근무·이동·학교' 등에 부과된 시간의 충격을 줄이면서 시간을 조직해 각기 다른 삶의 속도에 대한 불평등을 줄이는 것을 목표로 한다.

[58] Maurice Merleau-Ponty, *Phénoménologie de la perception*, p. 276.

한다. 내 몸은 시간을 분비하거나 오히려 내 몸은 사건들이 서로를 밀쳐 내지 않고 현재의 주위에 과거와 미래의 이중적인 지평을 처음으로 투사해서 역사의 진로를 수신하는 자연의 장소가 된다. … 내 몸은 시간을 소유한다. 내 몸은 현재를 위해 과거와 미래를 존재하게 한다. 내 몸은 사물이 아니다. 내 몸은 시간을 견뎌 내는 것이 아니라 시간을 만든다."[59]

일터와 집이 격리된 격자형 도시에서 시민의 삶을 획일적, 평균적으로 관리하는 것은 결국 각기 다른 직업에 종사하는 사람들의 '몸도식 schéma corporel'[60]이 지닌 이질적인 시간의 지평들을 무시한 채 객관적인 보편적 시간성으로 표준화하는 것이다. 거주자의 몸과 의식을 점유하는 격자형 공간은 다양한 지평을 지닌 삶의 시간을 재생산의 시간으로 획일적으로 구속하고 분리하는 위계적 장소가 된다. 이를테면 다양한 생활세계의 시간들을 효율적, 실증적으로 상품화하는 실용주의적 도시 모델은 일과 삶의 형태를 양극화하고 위계화하여, 자율적인 시간 갖기에 능동적인 사람과 그로부터 배제된 수동적 사람을 창출한다. 건축과 공간에 초점을 맞춰 재생산된 시간이 아니라 각자 이질적인 삶의 시간들을 수용할 수 있는 주변적인 시선과 장소가 필요하다.

"초점을 두는 시야focused vision는 우리로 하여금 세계와 맞서게 하지만, 주변적인 시야peripheral vision는 우리를 세계의 살the flesh of the world로

---

59 Maurice Merleau-Ponty, *Phénoménologie de la perception*, p. 277.

60 Maurice Merleau-Ponty, *Phénoménologie de la perception*, p. 114. '몸도식'이란 지향호arc intentionnel에 의해 실존적 의도에 따라 몸의 각 기관들을 개인의 실존적 층위와 사회의 익명적 층위, 공간적 계기와 시간적 계기, 감성과 지성에 연결해서 세계를 하나의 의미로 드러나게 통일시키면서 고유하게 존재하는 방식을 뜻한다.

감싸 준다. 시각이 가지는 헤게모니에 대한 비평도 필요하지만, 우리는 그와 함께 시각 그 자체의 가장 중요한 본질과 다양한 감각 영역들의 협력 가능성을 재고해야 한다. … 하지만 건축적 실재성은 근본적으로 주체를 공간으로 감싸는 주변적인 시야에 의존한다."[61]

최근 도시환경이 거주하는 사람들에게 이방인처럼 느껴지게 만드는 이유는 도시가 장식적인 상품으로 활용될 수 있는 시선에 머물 뿐 거주자의 몸 전체로 경험되지 않기 때문이다. 자연환경이 보존되거나 역사를 지닌 장소는 우리의 주변적인 시선이 공감하고 그곳에 거주하게 하는 데 반해, 시선에 구경거리로 호소하는 장소는 관찰자로만 존재하게한다. 건축이 도구적 생산품이 되어 거주자들에게 스펙터클이나 무대장치로 전락하지 말아야 한다고 본 팔라스마는 세월의 깊이와 무게를 튕겨 내는 유리와 철보다 세월의 흔적을 간직하는 자연의 재료들이 건축자재로서 의미와 가치를 지닌다고 평가한다. 이를테면 반사유리와 철은 보는 사람의 시선을 튕겨 내거나 세상을 복제해 낼 뿐 물질적으로 쉽게 낡지 않아 근대 건축의 정신적 차원을 드러내는 주요 재료였다. 이처럼 낡음을 거부하는 유리와 철은 결국 죽음을 두려워하는 시간을 내포하지 않는다. 이에 반해 돌, 벽돌, 나무 같은 자연 재료들은 시간의 흔적을 간직하면서 인간의 감각적인 실존적 시간의 지속체로서 함께 살아간다.

"투명성, 무중력의 느낌, 부유감은 근대 건축이 추구한 주요 주제였다. … 이러한 새로운 감수성으로 인해, 비물질적이고, 중력이 느껴지지 않는

---

61 팔라스마, 《건축과 감각》, 18~19쪽.

과학기술적 건축 경향이 긍정적인 공간 및 장소 그리고 의미의 경험으로 바뀔 수 있는 단초가 마련되고 있다. 오늘날 시간 경험의 강도가 약해지고 있는 상황은 정신적으로 대단히 파괴적인 효과로 이어지고 있다."[62]

인간의 실존적 시간이란 과학자들이 흘러가는 시간을 공간에 동시에 연속으로 표시해서 계량할 수 있다는 의미에서의 연속체가 아니다. 그것은 과거와 미래가 현재를 지향적으로 상호침투하며 중첩되어 두께를 지닌 것이다. 얽힘으로서의 건축은 기하학적 거리가 제거된 실존의 깊이와 그 경이를 경험하게 해 준다. 인간은 단일하고 균일한 시간의 차원에 봉인될 수 없는 과거와 미래의 종합으로서만 일상의 현재에 존재하기 때문이다. 살아 있는 종합으로서 실존의 시간은 각자의 몸이 살아온 경험에서 체득한 고유한 음조를 지니므로 객관적이고 과학적인 시간 개념에 비춰 볼 때 비효율적이고 애매한 시간처럼 보인다. 그러나 그런 애매한 시간이 오히려 인간 본래의 모습을 찾을 수 있는 질적 가치를 지닌다.

최근 대도시들이 스마트시티로 변화되어 가면서 인간 일의 의미와 그 공공성의 가치가 사라질 위기에 처해 있다. 따라서 스마트시티가 의존하는 초연결적 디지털 플랫폼은 개인의 실존적 삶과 사회문화적 시간을 연결해서 기술로부터의 소외를 극복하게 하는 동시에 소통과 협력을 복원해 내야 한다. 개인의 사적 시간과 집단의 공적 시간을 조정하는 시간정책은 '공공시설의 접근성, 시간 운용의 개방성, 민관의 협의'에 의해 특히 소외된 이들이나 저소득층에게 자기 몫과 자리를 찾게 해 줄

---

62 팔라스마, 《건축과 감각》, 48~49쪽.

수 있다. 그 결과 시간정책은 거주민의 삶의 질을 높이고 시간의 불평등을 완화시켜 공공적 가치를 구현할 수 있다.

요컨대 미래 도시가 인문적 스마트시티가 되기 위해서는 인공지능 과학의 합리적 시스템으로 편익만을 추구하는 소비와 상품도시에서 벗어나야 한다. 시간정책은 서로 다른 삶의 속도와 리듬으로 살아가는 거주자들의 "헤테로(다른) 크로니아(시간)"[63]들을 지역사회에 다양하게 감각적으로 연결해 주는 교류의 개방성을 지닌다. 그 개방성은 도시가 진보와 성장이란 경제적 패러다임에서 벗어나 인문적인 질적 의미와 가치를 지니는 방향으로 나아가게 해 줄 수 있다.

콤팩트 스마트시티: 참여와 협력도시로서 감각적 공공성

거주민의 연령, 성별, 직업에 따른 삶의 시간들이 도시의 시간정책에 반영될 수 있으려면 주민의 적극적인 참여와 협력이 필요하다. 또한 이동 거리를 단축하고 접근성을 높이는 도시계획이 중요하므로, 작은 규모의 저밀도 콤팩트시티가 적합하다.

르코르뷔지에의 격자형 근대도시가 소외도시였다면, 이씨 레 물리뇨의 포르디씨(그림 2)는 주민들 사이에 감각적인 소통과 교류가 증가하도록 인구밀도는 낮지만 주거와 일터가 분리되지 않은 콤팩트시티로 구축된 참여도시라고 할 수 있다. 19세기에 군사 요새로서 문화적 가치를 지닌 성곽 내부에 조성된 마을에는 중앙광장을 중심으로 300개 이상의 공공주택을 포함한 1,600개 이상의 아파트형 주거지가 배치되었다. 각 세대는 일광을 침해받지 않도록 작은 공원과 산책길을 끼고 7층

---

63 랑시에르,《모던 타임스 : 예술과 정치에서 시간성에 관한 시론》, 239쪽.

이하의 다양하고 유연한 곡선으로 디자인되었다. 포르디씨는 친환경 소재로 지어진 학교, 디지털 문화 공간, 스포츠 센터 등의 공공시설 및 공공기관과 병원, 다양한 상업시설을 도보로 이용할 수 있게 구축되었다. 또한 스마트 교통 시스템을 통해 버스와 공유 전기자동차도 이용할 수 있다. 나아가 스마트 그리드smart grid[64]를 토대로 포르디씨는 지하로 연결된 압축공기 자동화 시스템에 의한 쓰레기와 분리수거, 100퍼센트 지열을 활용한 친환경에너지 시스템으로 오염을 줄이게 설계된 디지털 생태 구역이다. 이씨 레 물리뇨는 포르디씨 구역 외에도 시청 앞 도심에 공원을 중심으로 모든 주거와 생활시설을 연결하여 새로운 100퍼센트 보행자 전용 스마트 구역을 구축 중이다.

실제 도보로 20~30분 정도면 마을에서 일, 교육, 상업 행위 등 일상의 모든 일을 할 수 있게 자족적인 콤팩트형으로 구축된 포르디씨는 출퇴근으로 인한 교통 혼잡, 환경오염, 에너지 낭비도 현격하게 줄었다. 또한 경쟁에만 예속된 시간과 장소 망각의 위험에서 벗어나 상이한 개인들의 실존적인 경험들, 즉 일/유희, 자연/기술, 전통 문화/현대 기술, 서사적 시간/시적 시간이 대립되는 다원적 활동들을 공공적으로 엮을 수 있게 되었다. 말하자면, 포르디씨는 일/휴식, 남/녀, 자연/인간, 노년/청년 등이 격자형 도시와 달리 분리되지 않는 삶을 영위할 수 있는 시범적인 모델이다. 포르디씨는 대도시가 아닌 작은 마을 단위로 새로운 기술력에만 치중하지 않고 전통적인 문화를 보존하는 이 도시 모델에서 주민들은 직접

---

64 스마트 그리드는 공급자와 소비자가 전기의 생산, 운반, 소비 과정에 상호적으로 참여해 전력을 효율적으로 조절할 수 있게 만든 지능형 전력망 시스템이다. 따라서 필요한 만큼의 전기를 생산하고, 남는 전기는 저장하고 필요할 때마다 공급할 수 있어 스마트 그리드는 전기를 절약하는 에너지 절감 장치다(https://Ko.wiKipedia.org/wiKi/%EC%8A%A4%EB%A7%88%ED%8A%B8_%EA%B7%B8%EB%A6%AC%EB%93%9C).

| 그림 2 | 포르디씨의 과거와 현재

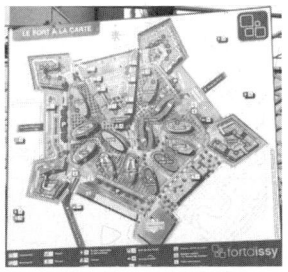

19세기 군사 요새로서 성곽도시의 흔적   자동 진공 폐기물 수집 시스템

곡선으로 디자인된 아파트   공유 채소밭

친환경 소재의 학교 건물   디지털 문화 공간

마을 정책에 협력적으로 참여하며 생활할 수 있다. 몸을 매개로 한 일상, 즉 감각적인 소통이 가능해져 삶의 질을 높일 수 있게 되었다. 이런 상호 감각적 콤팩트형 도시계획은 르코르뷔지에가 계획했던 기하학적, 기계론적 건축과 대비되는 팔라스마의 감각적인 건축론과 메를로퐁티의 감각적 현상학을 통해 그 인문적 의미와 공공적 가치를 되새겨 볼 수 있다.

"나는 도시 안에서 나 자신을 경험하고, 도시는 내 안에서 체화된 경험을 통해 존재하게 된다. 도시와 내 몸은 상대에게 부족한 것을 채워 주고, 서로를 규정한다. 나는 도시 안에, 도시는 내 안에 거주한다. 메를로 퐁티의 철학은 인간의 몸을 경험적 세계의 중심에 둔다. ··· 몸 전체를 사용하여 동시적으로 경험해야 자연스러운 지각을 얻게 되는데, 이러한 지각은 상호작용하는 감각의 세계 위에서 시작할 수 있다."[65]

도시와 내가 상호작용적 경험을 통해 서로를 감각하는 지각 주체는, 메를로퐁티에 따르면, '사유하는 의식'이 아니라, 지향적 의도를 지닌 '행동하는 몸'이다. 몸은 정신의 명령에 따라 기계적으로 움직이는 물체가 아니라 "세계로의 존재être au monde"[66]로서 열린 가능성을 지니고 세계와 감각적으로 관계를 맺으면서 세계의 의미를 단번에 드러낼 수 있는 '현상의 몸'이다. 이런 내 몸은 지향성에 의해 세계와 교류한다. 세계는 내 몸의 현재와 잠재적인 움직임들에 따라 보이고, 의미작용을 지닌다. 이 때문에 메를로퐁티는 세계란 내 몸과 분리된 채 투명하게 관찰될

---

65 팔라스마,《건축과 감각》, 60쪽.
66 Maurice Merleau-Ponty, *Phénoménologie de la perception*, VIII.

수 없는 "감각적인 것le sensible"[67]으로서만 지각된다고 강조한다. 여기서 '감각함le sentir'은 그 자체로 사물, 타인, 세계와의 소통을 가능하게 해 주므로, 세계는 지각하는 주체와 지각되는 대상이 상호지향적 관계 속에서 나타날 수 있다. 따라서 감각적 경험을 통해 도시환경과 부단히 상호작용하며 거주하는 우리 몸은 주거 장소와 공간적으로 분리될 수 없고, 건축은 그 자체로 결코 관찰될 수 없다.

그런데 보는 행위는 시각만으로 가능한 것이 아니라 행동하는 몸주체에 의해 가능하므로 시각은 다른 감각기관들과 상호작용하며 연결되어 있어 대상을 만지면서 보게 되는 것이다. 메를로퐁티에 따르면, 눈은 세계로 나아가 대상을 만지고, 만지는 시선에 감기는 촉각에서 보는 행위가 시작되므로 촉각에서 분리된 시각으로는 세계를 제대로 이해할 수 없다. 촉감이 시각과 연결되어 있어 몸에 침전된 공감각을 통해 물질적인 특성, 깊이를 보면서 이해할 수 있다는 촉각적 시선에 대한 메를로퐁티의 사유는 세잔Paul Cézanne의 회의하는 촉각적 시선에 대한 기술에서 잘 드러난다. 눈은 대상을 투명하게 밝히는 것이 아니라 대상의 깊이와 부드러움, 딱딱함을 보면서 감촉한다는 것이다. 다음 팔라스마의 글 촉각적 시선이 건축설계 경험에 응용된 것을 확인할 수 있다.

"우리는 대상들의 깊이나 부드러움, 물렁물렁함, 딱딱함을 본다. 심지어 세잔은 우리가 대상들의 냄새도 본다고 주장한다. 만약 화가가 세계

---

67 "즉, 모든 관찰에는 항상 교차가 있어, 우리는 사물 자체에 이를 수 없다. 우리가 감각적인 것이라고 부르는 것은 단지 무한한 음영만이 침전한 것이다"(Maurice Merleau-Ponty, *Le visible et l'invisible*, p. 245.). 이것은 지각하는 내 몸과 독립하거나 실존적인 삶과 무관한 순수한 객관적인 세계가 존재한다는 '항상 가설hypothèse de constance'(Maurice Merleau-Ponty, *Phénoménologie de la perception*, p. 66)을 비판하는 것이다.

를 표현하려 한다면, 색채 배열은 이처럼 분리될 수 없는 전체를 내포하고 있어야 한다. 그렇지 않으면 그의 그림은 사물을 암시할 뿐 우리에게 실재를 온전히 정의하는 데 필요한 준엄한 통합성, 존재감, 범접할 수 없는 풍요로움을 사물에 부여하지 못한다."[68]

"원시시대의 인간은 무엇인가를 만들 때 그 자신의 몸을 측량과 비례를 위한 체계로서 사용했다. 전통적인 문화에서 삶을 꾸려 가는 본질적 기술들은 촉감적 기억으로 축적된 신체 지혜에 근거하고 있다. … 그리고 이들 모두 근육 감각이나 촉각의 형식으로 축적되었다. 기술은 글이나 이론이 아니라, 일련의 전통적 동작들을 제련하고 구축함으로서 습득될 수 있었다. 몸은 알고 있다. 그리고 기억한다."[69]

이런 점에서 팔라스마는 건축을 '감각적인 것'이라고 정의한다. 따라서 건축은 세계와 나를 연결해 상호협력하게 해 주고, 지각은 이미 몸의 다른 감각기관들과 연결되어 공감각적으로 작용한다. 거주 장소의 환경은 거주자의 고유한 몸도식을 형성한다. 이에 장소의 기억은 몸에 침전되어 흘러가는 수평적인 시간과 교차하여 짜여진 개개인의 고유한 몸의 시간들을 획일적으로 분류할 수 없는 실존적인 삶 그 자체이다. 건축 또한 인간의 삶과 분리된 채 구경하고 소비되는 상품이 아니라 인간이 세계를 경험하는 데 지평을 제공한다. 건축의 경험은 단순히 시각으로만 인식될 수 없다. 즉, 그것은 내 몸의 다양한 감각들과 다른 거주자의 몸들과 횡단하며 얽힌 살적 경험을 통해 체득된 시공간의 감각으로 이루

---

68 Maurice Merleau-Ponty, *Sens et non-sens*, Paris: Nagel, 1966, p. 26.
69 팔라스마, 《건축과 감각》, 88쪽.

| 그림 3 | 상업 구역과 주거 구역이 새로운 도심 　| 그림 4 | 100퍼센트 보행자 전용 중앙광장

어진다. 일터와 집터, 자연환경과 집, 문화재와 생활세계, 공공주택과 개
인주택 등이 직각과 직선으로 서로 분리된 공간이 아닌 경계 없이 유연
한 곡선으로 기획된 포르디씨의 상호횡단적 관계를 메를로퐁티의 감각
적인 '살'의 시공간에 근거해 체험해 볼 수 있다.

　빈 광장을 중앙에 두고 일터와 집터가 도보 가능하게 건설된 포르디
씨(그림 3)와 공원을 중앙에 두고 이씨 레 물리뇨의 시청 앞에 건설 중
인 또 다른 모델(그림 4)은 보행자 중심의 마을로 조성된다. 여기서 광
장과 공원은 주민들의 상호감각적인 교류를 가능하게 해 준다. 즉, 다른

스마트시티들은 점점 거대해지
면서 첨단 인공지능 기반의 자
동화기술이 상품성의 가치를 위
해 눈에 띄게 적용된다. 이와 달
리 7층 이하의 각기 다른 곡선
형태와 색으로 다양하게 디자인
된 저층의 포르디씨의 아파트들
은 상점, 학교, 공공건물 및 시설

| 그림 5 | 이씨, 100퍼센트 연결된 도시

들에 근접해 있다. 그 결과 건축은 '세계로의 존재'로서 거주자의 실존을 구체화하고, 도시는 거주자의 정체성을 드러내 준다. 나아가 역사와 문화의 흔적이 지속되는 성벽, 참호들은 주민이 문화적 존재임을 온몸으로 느끼게 해 준다.

"우리가 시간의 연속성에 뿌리박고 있으며, 건축의 임무가 이러한 경험을 인간이 스스로 만든 세계에서 가능하게 하는 데 있다는 것을 정신적 차원에서 온전하게 이해하여야 한다. 건축은 무한히 공간을 길들이고 우리로 하여금 거주하게 한다. 동시에 건축은 끝없는 시간을 담아내고 우리가 시간 연속체에 살도록 해야 한다."[70]

건축은 단순히 생존을 위한 공간도, 자본축적을 위한 공간도 아니고 실존의 문제들이 발생하고 구체화하는 장소다. 문화와 시간의 연속체 안에 위치하는 건축의 시공간은 거주민의 삶의 지층들이 켜켜이 쌓여 추상적인 시공간으로 환원시킬 수 없는 실존의 깊이를 지니기 때문이다. 근대 르코르뷔지에의 격자형 건축과 도시계획은 감각이 결여되었다. 철근과 콘크리트의 도미노 시스템으로 넓어진 유리창을 통해 바닥까지 빛이 들어오게 된 이후 오늘날의 건축과 도시는 너무 밝고 명료해져 신비롭고 신화적인 분위기를 지닌 장소가 사라진다. 즉, "균질하게 밝은 빛으로 만들어지는 균질한 공간은 존재의 경험을 약화시키고 장소성을 지워 낸다."[71] 건축 공간에서 어둠과 밝음, 그림자와 빛의 대비가 장소의 고유한 분위기와 의미를 만든다. 팔라스마는 동시대 건축에

---

70   팔라스마,《건축과 감각》, 19~20쪽.
71   팔라스마,《건축과 감각》, 69쪽.

서 거대한 평판유리의 사용으로 인한 과도한 빛이 친밀한 감각을 사라지게 한다고 진단한다. 말하자면 '창은 빛과 그림자, 안과 밖, 닫힌 세계와 열린 세계, 개인성과 공공성'을 매개하는 존재론적 의미를 상실했기 때문에 음영과 배경을 만드는 균질하지 않은 빛의 배분이 필요하다는 것이다. 강한 조명이 사적 삶은 물론 자아의 내면도 노출시켜 상호작용적 문화를 넘어선 통제, 감시사회로 만들고, 그림자(지평, 침묵)의 가치와 의미를 상실하게 만들었다.

대량생산을 목표로 세워진 초고층 건물들은 개개인의 삶을 반영하는 친근한 소리보다 건물 사이로 바람이 통과하는 거칠고 황량한 소리를 만들어 낸다. 이에 반해 주민들이 걸어서 생활할 수 있는 콤팩트시티에서 공원, 상점들, 공공기관들의 건물들로부터 굴절되어 반향되는 다양한 소리들은 청각적 경험과 시각적 경험을 풍요롭게 해 준다. 다시 말해 사물들끼리 조응하는 소리는 서로 스며들어 경계를 지우고 감싼다. 따라서 팔라스마는 현대 건축이 너무 기능적, 지적, 사회적 요구에만 반응해서는 안 되고 몸의 감각과 기억이 축적된 몸의 지혜에 근거해야 한다고 주장한다.

"모든 도시는 고유한 울림을 가지고 있다. 그 도시의 패턴과 스케일, 그리고 주도권적인 건축 스타일과 재료에 따라 반사된 소리는 차이가 난다. 르네상스 도시의 반향은 바로크 도시와 다르다. 우리가 살고 있는 현대도시는 모든 메아리를 상실하였다. 현대도시의 넓고 개방적인 공간은 반향을 일으키지 못한다."[72]

---

72 팔라스마, 《건축과 감각》, 75쪽.

근대 건축 디자인이 시각중심적 속성에 편향되어 외부 공간에 주목했다면, 포르디씨의 콤팩트 시범 구역은 외부 공간 외에도 일상생활을 영위하는 평범하고 소소한 장소의 배치와 연결성에 주목했다. 나아가 포르디씨의 건축적 경험을 구성하는 요소들은 볼거리로 소비되는 상품에 그치지 않고 주민들이 직접 행동하는 물리적 공간의 경험 너머 그들이 함께 참여하게 될 감각적 공동체의 잠재적 행동의 경험까지도 내포한다.

인문적 스마트시티로서
프랑스 콤팩트형 스마트시티의 공공성

르코르뷔지에가 조성했던 근대 격자형 기계모델의 건축과 도시계획은 공간을 기계의 합리적 표준화에 근거해 획일적으로 주거와 일터를 분리하고 주민들의 다양한 삶의 시간들을 실증적, 효율적으로 재생산하거나 상품화한 것이다. 이것은 건축 공간을 순수 연장으로 계측될 수 있는 기하학적 공간으로 간주하는 것이다. 이런 공간에서 시간은 동질적으로 배치될 수 있기 때문에 다양한 삶의 질적 시간들은 객관적으로 정량화되어 사라진다. 기계적 도시 모델의 불평등한 위계적 공간은 인간 존재와 삶의 형태를 분할한다. 결국, 기계적 도시 모델은 질적 시간을 상품의 시간으로 재생산해서 도시를 거주자와 분리된 볼거리로 소비하거나 소유의 대상으로 만드는 실용주의적 모델임이 밝혀진다.

이에 반해 개인의 실존적 시간과 사회적 시간을 조정하고 연결하면서 친환경적 스마트시티로 조성된 프랑스 포르디씨의 콤팩트 구역은 팔라마스의 공감각적인 '촉각적 도시'[73]이다. 이 구역은 주거와 일터를 분리하지 않고 도보에 의한 접근성을 통해 건축, 주민, 자연이 몸을 매개로 상호교류하는 감각적인 '살'적 관계를 형성한다. 이 때문에 포르디씨는 더 이상 소유를 위한 도시가 될 수 없다. 즉, 포르디씨 스마트 구역의 건축적 경험은 외부에서 바라본 시각이나 중앙광장에서 바라본 시각으로 온전히 경험될 수 없다. 메를로퐁티가 강조한 것처럼, 그 구역은 광장과 저층 아파트 사이를 걷거나 작업하는 몸의 공감각적 행위 속에 과거, 미래가 생생하게 살아 있는 현재로 체험된다. 이러한 생생한 삶의 시간은 공간으로 분리될 수도, 압축될 수도, 정량화될 수도 없는 질적 의미와 가치를 지닌다. 그 결과 포르디씨는 거주자를 건축, 주변 환경에 연결하고 이웃과 협력할 수 있도록 개방하는 촉각적인 도시로서 공공적 가치를 살려 낸다는 점에서 미래 인문적 스마트시티의 모델이 될 수 있다.

그런데 COVID-19로 인한 사회적 거리두기와 격리는 일상에서 개인들을 사회로부터 고립시키는 변화를 초래했다. 촉각적인 교류와 만남보다 비접촉이 필요한 시대에 이르러 초연결적 디지털화가 초래할 비대면 사회가 COVID-19로 앞당겨졌다는 것이다. 디지털 융합기술에 의한 재택근무와 온라인교육의 가능성을 경험하면서 자발적 고립이든 사회적 고립이든 디지털 노마드의 확산은 사생활은 물론 공동체 문화에 눈

---

73 이와 같이 거주자가 건축, 자연환경과 분리되어 관찰자나 구경꾼의 시선으로 도시를 관리하거나 소비하지 않고 상호 공감각적으로 소통하고 참여하는 '촉각적 도시'는 이종관의 '심포에틱 시티Sympoieitic City'와 비교될 수 있다. 여기서 '심포에틱 시티'는 산업화의 논리로 개발되어 독특한 아우라가 사라지지 않고 '풍경, 인간, 건축이 함께 교류하며 생성하는 도시'(이종관,《공간의 현상학, 풍경 그리고 건축》, 성균관대학교출판부, 2012, 413~427쪽)를 의미하기 때문이다.

에 띄는 변화를 야기하였다. 즉, 플랫폼을 통해 공동체와 연결되면서 동시에 홈스케이프Homescape(집에서 여가 활동을 즐기는 현상) 및 홈스테이션home station이 가능해야 한다는 주장들이 미래 스마트도시의 핵심 문제로 제기되고 있다. 나아가 언컨택트가 장려되면서 집단주의적 문화보다 개인주의적 문화가 합리적이라는 주장들도 부상하고 있다.[74] 비록 감염 방지를 위한 사회적 선택이지만 언컨택트는 사람들이 직접적인 관계 맺음에서 발생하거나 요구되는 감정이 점점 사라지는 위험에 처하게 만든다. 그러나 한편에서 감염 위기 사회에서 언컨택트는 연결과 접촉을 없애는 것이 아니라 안전하고 편리한 컨택트를 위해 방식을 바꾸는 것이라는 주장도 있다.[75] 요컨대 언컨택트는 사람들과의 단절이 아니라 컨택트 사회의 단점을 보완해 플랫폼 사회로 가는 과정에서 나타나는 사회적 현상일 뿐 여전히 컨택트가 가능할 때 언컨택트한 삶도 문제가 없다는 것이다.

초연결사회가 이미 디지털 플랫폼에 의해 언컨택트 사회로 진행하고 있다면, 비대면 소통이 늘어나는 도시에서 디지털 자동화기술이 과연 사람들 간의 접촉을 온전히 보완할 수 있을까? 도시는 그 시대의 문화가

---

74 "당연했던 것이 아닌 당연하지 않게 되는 시점에 우린 선택을 해야 한다. 사람과 사람이 서로 연결되어 있는 관계가 가지는 장점은 일부 취하되, 그런 연결이 주는 부담스러움이나 복잡함은 덜어내겠다는 태도가 '느슨한 관계'를 만들어 냈다. 집단주의적 관점에서 보면 다소 이기적인 태도로도 보이지만 개인주의적 관점에서 보면 합리적이고 효율적인 태도다. 그리고 이건 개개인의 선택이 아니라 사회적 선택이다."(김용섭, 《언컨택트》, 퍼블리온, 2020, 241쪽)

75 김용섭은 "언컨택트는 서로 단절되어 고립되기 위해서가 아니라 계속 연결되기 위해서 선택된 트렌드라는 점을 이해할 필요가 있다"(김용섭, 《언컨택트》, 7쪽)고 주장한다. 즉, 언컨택트는 '단절'이 아닌 컨택트의 "진화"(김용섭, 《언컨택트》, 263쪽)로 볼 수 있다. '초연결'을 통해 컨택트 사회의 단점이 제거된 사회가 바로 언컨택트 사회라는 것이다(김용섭, 《언컨택트》, 275쪽 참조).

총체적으로 집적된 곳이다. 도시로 인구가 집중되면서 막대한 주거비용 상승, 교통 혼잡, 환경오염, 일자리 부족 같은 문제들이 발생한다. 이와 함께 소셜 네트워크로 인한 과잉 컨택트 사회에 돌연 언컨택트 사회의 필요성이 대두되는 상황에서, 프랑스의 시간정책에 기반한 친환경 콤팩트 스마트시티가 인문적 미래 도시로서 어떤 의미와 가치를 지닐까?

본문에서 살펴보았듯이, 조형적·장식적 미를 통해 시각만을 감동시키는 도시, 기하학적 비례로 기능적 효율성만을 창출하는 도시, 첨단 과학기술로 무장한 도시, 그 어떤 도시의 유형도 결코 대지, 건물, 주민들이 함께 얽혀 살아가는 장소로서 도시마다 지닌 문화적 가치와 거주자의 실존적 깊이와 의미를 드러낼 수 없다. 미래 도시가 촉각적인 만남보다 비접촉 교류가 확장될지라도 대면의 삶에 문제가 없을 때 비대면의 삶도 문제가 없다는 점에서 미래 도시로서 현재 추동되는 스마트시티는 그 설계부터 주민의 참여와 공감적인 협력이 필요하다.

"스마트시티는 능률적이어야 하지만 도시가 지니는 자생적인 측면, 계획되지 않은 뜻밖의 재미, 그리고 사람들 간의 친교sociability의 기회 또한 보전해야 한다."[76]

미래 스마트시티는 교통(자동차, 자전거, 퀵보드 등), 에너지(태양열, 지열, 풍력), 자동 쓰레기처리장 등 자생적인 공공(공유)서비스 시스템을 효율적으로 작동할 수 있는 디지털 융합기술 장치가 대도시의 문제들을 해결하는 데 큰 역할을 수행할 것이다. 그러나 '주민들 간의 감각적

---

76 앤서니 타운센드, 《스마트시티: 더 나은 도시를 만들다》, 도시이론연구모임 옮김, MID, 2018, 41쪽.

접촉'을 보전해야 도시는 자동 기계장치에서 벗어나 인간과 유기적 관계를 유지할 수 있다. 나아가 스마트시티가 감성적 교류 통한 개방적인 시민참여형 도시가 될 때 소외 계층 없이 함께 만들어 가는 포용적인 인문적 도시도 될 수 있다.

이상에서 살펴본 것처럼, 프랑스의 친환경 콤팩트시티는 스마트 그리드에 기반해 작은 마을 단위로 기획되었기 때문에 디지털 프로그램을 활용한 시간정책을 토대로 환경오염을 최소화하고 공동체와의 감성적인 공유도 가능하다. 근대 격자형 도시가 소외를 초래하는 도시인 데 반해 프랑스의 콤팩트시티는 다양한 직장들이 마을 안에 있어 도보 위주로 생활하며 참여할 수 있다. 이런 측면에서 특정 계층이 분리·소외되지 않고 참여하는 콤팩트시티는 사적 시간과 사회적 시간을 조정해서 삶의 질을 높일 수 있다. 요컨대 콤팩트형 스마트시티는 삶의 시간을 일정한 공간에 배치해서 재생산에 종속시키거나, 압축해 버리는 대신 각기 다른 리듬을 지닌 이질적인 시간들의 조절을 통해 함께 문제를 해결해 나가는 감각적 공동체의 공적 가치도 구현할 수 있다.

참고문헌

김용섭,《언컨택트》, 퍼블리온, 2020.

도린 매시,《공간을 위하여》, 박경환·이민영·이용균 옮김, 심산, 2016.

르네 데카르트,《방법서설》, 이현복 옮김, 문예출판사, 2019.

르코르뷔지에,《건축을 향하여》, 이관석 옮김, 동녘, 2007.

르코르뷔지에,《도시계획》, 정성현 옮김, 동녘, 2003.

르코르뷔지에,《프레시지옹: 건축과 도시계획의 현재 상태에 관한 상세한 설명》, 정진국·이관석 옮김, 동녘, 2004.

박화화,〈건축의 살(flesh): 유하니 팔라스마(J. Pallasmaa)의 건축적 경험의 현상학〉,《현상학과 현대철학》79, 2018.

사이언티픽 아메리칸 편,《미래의 도시: 스마트 시티는 어떻게 건설되는가?》, 김일선 옮김, 한림출판사, 2017.

손지우,《불평등이 야기한 산업혁명, 그리고 스마트시티》, 매일경제신문사, 2019.

앤서니 타운센드,《스마트시티: 더 나은 도시를 만들다》, 도시이론연구모임 옮김, MID, 2018.

이관석,《건축: 르코르뷔지에의 정의》, 동녘, 2011.

이민화·윤예지,〈자기조직화하는 스마트시티 4.0〉, 창조경제연구회(KCERN), 2018.

이재영,〈근대의 이원론과 르코르뷔지에의 사고〉,《대한건축학회 논문집》35-11, 2019.

이종관,《공간의 현상학, 풍경 그리고 건축》, 성균관대학교출판부, 2012.

자크 랑시에르,《모던 타임스: 예술과 정치에서 시간성에 관한 시론》, 양창렬 옮김, 현실문화A, 2018.

코르넬리스 판 드 벤,《건축의 공간 개념: 근대건축 역사와 이론에서 진화한 새로운 개념》, 고성룡 옮김, 씨아이알, 2019.

Juhani Pallasmaa,《건축과 감각》, 김훈 옮김, 시공문화사, 2019.

〈승효상 "세종 스마트시티, 공동체 고려 않는 도시구조 다시 검증해야"〉,《전자신문》, 2019년 7월 30일자. https://www.etnews.com/20190730000256 (접속일 2025년 12월 22일)

〈지구촌 도시화 가속…30년 후엔 10명 중 3명만 시골사람〉,《연합뉴스》, 2018년 5월 17일자. https://www.yna.co.Kr/view/AKR20180517082651009 (접속일 2025년 12월 22일)

〈지역시간네트워크 réseau Tempo Territorial〉. http://tempoterritorial.fr

〈세종5-1 생활권〉,《국토교통부 Smart City Korea》. https://smartcity.go.kr/%ed%94%84%eb%a1%9c%ec%a0%9d%ed%8a%b8/%ea%b5%ad%ea%b0%80%ec%8b%9c%eb%b2%94%eb%8f%84%ec%8b%9c/%ec%84%b8%ec%a2%85-5-1%ec%83%9d%ed%99%9c%ea%b6%8c/ (접속일 2025년 12월 22일)

《부산에코델타시티》. https://www.Kwater.or.Kr/website/ecodeltacity.do. (접속일 2025년 12월 22일)

Collection PROJET, *le Bureau des temps:Presentation*, MEL les éditions, 2017.

Bouridn, Alain. *Être métropole dans un monde incertain*, Les Conférence POPSU, 2019.

Merleau-Ponty, *Maurice, Phénoménologie de la perception*, Paris: Galimard, 1945.

Merleau-Ponty, *Maurice, Le visible et l'invisible*, Paris: Gallimard, 1964a.

Merleau-Ponty, *Maurice, L'OEil et l'esprit*, Gallimard: Paris, 1964b.

Merleau-Ponty, *Maurice, Sens et non-sens*, Paris: Nagel, 1966, Pallasmaa, J., *The Eyes of the SKin:Architecture and the Senses*, Wiley, 2005

Rancière, Jacques, *Modern Times:Essays on Temporality in Art and Politics*, Multimedijalni institute, 2017.

Van de Ven, Cornelis J. M., *The Space in architecture: the evolution of a new idea in the theory and history of the mordern mouvements*, Gorcum & Comp. B. V., 1987.

국내외 도시축소 연구의
논의 비교 및 시사점

: 언어 네트워크 분석 및 토픽 분석을 중심으로

| 홍유진 |

이 글은 《한국지리학회지》 제13권 2호(2024)에 게재된 원고를 수정·보완한 것이다.

현재 우리나라는 OECD 회원국 중 가장 낮은 출산율을 기록하면서 초고령사회 진입 속도를 더욱 앞당기고 있다. 초고령사회는 인구 중 고령자의 비율이 매우 높은 상태를 말한다. 고령화는 국가 전체의 성장률 하락뿐만 아니라, 지방에서의 경기 침체, 수요 감소, 빈집 증가 같은 여러 문제로 이어진다. 이런 상황에서 '지방소멸'이라는 용어가 학계뿐만 아니라 일반 사회에서도 많은 관심을 받는 것은 당연하다. 지방소멸은 어떤 지역의 인구가 급격히 줄어 그 지역이 사라질 위험에 처하는 현상을 뜻한다. 이를 극복하기 위해 중앙정부와 지방정부 모두 인구를 유입시키고 지역을 활성화하는 정책 마련에 집중하고 있다. 최근에는 '콤팩트시티compact city'(인구와 시설이 집중된 효율적인 도시)부터 '메가시티megacity(인구 1천만 명 이상의 거대 도시)'까지 다양한 도시 발전 전략이 논의되고 있다. 일본의 〈마스다보고서〉에서 처음 제시된 지방소멸이라는 용어가 우리에게 빠르게 받아들여진 이유는 용어가 가진 자극성과 함께, 수도권 중심의 불균형적 도시 체계를 가진 우리나라의 상황이 일본 도쿄 대도시권 중심의 극점사회Summit Society(특정 대도시에 인구와 산업이 집중되는 현상)와 유사하며 최근 고령화 속도도 일본의 그것을 추월할 만큼 빨라졌기 때문이다. 하지만 인구 감소는 비단 우리나라와 일본의 문제만은 아니다. 이미 유럽이나 미국 연구에서는 인구가 감소하면서 나타나는 전반적인 문제와 대응 방안을 지방소멸이라는 명칭 대신 도시축소를 통해서 설명해 왔다. 1980년대부터 독일 통일 후 동독 도시들에서 급격한 사회적 인구 감소를 설명하기 위해 '도시축소'라는 용어가 등장하였고 선진국을 중심으로 도시축소 개념이 확산되었다. 미국에서는 러스트벨트rust belt(산업 쇠퇴 지역)의 산업도시들에 도시쇠퇴를 넘어 도시축소 개념이 적용되었다. 이는 기존의 신자유주의에 기반한 도심 재생 위주의 개발이 2000년대 말 경제위기에 따른 새로운 투자의 중단과 함께 실패로 돌아갔고, 따라서 기존 산업시설을 철거하고 과잉 기반시설을 줄여 나갈 필요가 있었기 때문이다.[1]

우리나라는 2010년대에 들어서면서 '도시축소'라는 학술 용어를 본격적으로 사용하기 시작했다. 인구 감소와 그에 따른 쇠퇴 현상이라는 점에서 도시쇠퇴, 도시축소, 지방소멸은 크게 다르지 않아 세 용어가 명확히 구분되지 않고 혼용되는 경우도 많다. 이에 따라 용어별 개념 정리를 시도한 연구도 진행되었다. 예를 들어 이정은 등은 최근 5년간 국내 연구를 통해 세 용어의 차이를 확인했고, '한국형 축소도시'를 "인구 감소와 경제침체, 물리적 쇠퇴가 발생하고, 고령 인구 비율이 높아져 지역 생산력이 저하되고, 낙후의 고리를 벗어나지 못해 사라질 위험이 있는 도시"로 정의했다.[2] 또한 이민주·백일순은 국내외 도시축소 연구 동향을 계량서지학적 방법론(문헌을 통계적으로 분석하는 방법)으로 분석하여 도시축소 개념에 대한 이해를 넓히고 연구 주제 다변화 필요를 논의했다.[3] 하지만 아직 도시축소의 세부 쟁점이나 대응 방안에 대한 연구는 충분하지 않다.

최근 '지방소멸'이라는 용어가 대중적 관심을 받고 있지만, 용어의 확산이 오히려 도시축소 전반에 대한 심층적인 논의를 저해하는 면도 있다. 우리나라에선 초저출산 문제가 전국적으로 확산되어 수도권 외곽까지 인구가 줄고 있기 때문에, 지방 중소도시 소멸 위기에만 몰두하기보다 도시 전반의 축소를 체계적으로 관리할 방안을 마련해야 한다. 이를

---

1 Alessandro Coppola, "Projects of becoming in a right-sizing shrinking city," *Urban Geography* 40-2, 2018, pp. 237-256.

2 이정은·박윤미·김민주, 〈한국형 축소도시의 정의와 진단축소도시, 쇠퇴도시, 지방소멸 관련 문헌 고찰을 중심으로〉, 《국토연구》 119, 2023, 3~29쪽.

3 이민주·백일순, 〈지방소멸시대의 도시축소: 계량서지학적 방법론을 활용한 국내외 도시축소 연구동향 분석〉, 《한국도시지리학회지》 26-2, 2023, 17~35쪽.

위해서는 먼저 해외에서 축소 현상을 겪고 도시 관리 경험을 쌓은 선진국 연구를 면밀히 검토해야 한다.

본 글에서는 국외 도시축소 관련 다양한 쟁점과 논의를 살펴 국내 연구와 비교하면서, 해외 연구에서 얻은 시사점을 제시하는 것을 목표로 한다. 특히 주제별 연구를 분류하고, 각 주제별 주요 연구를 통해 논의 방향, 지역 간 차이, 구체적 대응 방안을 밝힌다. 이를 통해 국내에서 미처 다루지 못한 연구 주제를 새롭게 발굴하고, 앞으로 도시축소 연구 영역 확대에 기여하고자 한다. 객관성을 높이기 위해 텍스트 마이닝text mining(문서 속 단어와 주제를 컴퓨터가 자동으로 분석하는 기술)을 적용했다. 이 기법 중에서도 언어네트워크 분석language network analysis(단어들 간 관계를 시각화하는 방법)과 토픽 모델링topic modeling(문서에서 숨겨진 주제를 추출하는 기법)을 활용해 도시축소 개념을 체계적으로 설명했다. 이 같은 분석은 방대한 문헌 속 주요 개념을 찾아내고 개념 간 연결 고리를 파악하는 데에 큰 도움이 된다.

도시축소의 개념과 동향

도시축소는 도시쇠퇴나 지방소멸과 다르다. 먼저 도시축소와 도시쇠퇴의 차이를 보면, 첫째, 시간적 차원에서 도시축소는 영구적인 변화를 가정한다. 인구학적 또는 경제적 성장 경로가 일시적으로 멈추는 것이 아니라 구조적인 변화다.[4] 반면 도시쇠퇴는 도시 성장 중에 나타날 수

4　Thorsten Wiechmann and Marco Bontje, "Responding to tough times: Policy and planning strategies in shrinking cities," *European Planning Studies* 23-1, 2015, pp. 1-11.

있는 일시적인 현상이며, 회복하거나 반등할 수 있는 상태로 본다. 둘째, 공간적 측면에서 도시쇠퇴는 보통 도시 외곽 확장에 따라 낙후된 도심, 구시가지, 원도심 등에서 나타나는 반면, 도시축소는 전체 도시, 일부 지역, 대도시권 및 시골 단위에서도 나타난다.[5] 셋째, 도시축소는 도시쇠퇴에 비해 더 중립적인 개념이다.[6] 도시쇠퇴는 부정적인 현상에 중점을 두지만, 도시축소는 평가를 배제하며 오히려 새로운 기회를 제공할 수도 있다고 본다.[7]

지방소멸은 도시쇠퇴나 도시축소와 달리, 다면적 현상보다는 인구의 재생산력에 초점을 두고 있고 대상 지역 또한 '지방'에 한정하고 있다. 다만 이것이 해결이 필요한 문제적 상황으로 인식된다는 점에서는 도시쇠퇴와 유사하다. 스로카Sroka는 최근 도시쇠퇴보다 도시축소라는 용어가 더 많이 사용되고 있다면서 그 이유에 대해, "세계적으로 사회와 경제가 안정된 상황에서 인구구조의 변화를 중심으로 한 새로운 패러다임이 등장했기 때문"이라고 설명했다. 따라서 저성장 뉴노멀 시대에 축소되는 많은 도시에서 도시재생, 재활성화와 같은 성장 정책은 비현

---

5 Kimberly E. Zarecor, David J. Peters and Sara Hamideh, "Rural smart shrinkage and perceptions of quality of life in the American Midwes," *Handbook of quality of life and sustainability*, Martinez, Javier, Claudia Andrea Mikkelsen and Rhonda Phillips eds., Switzerland: Springer, 2021, pp. 395-415.

6 Annegret Haase, Dieter Rink, Katrin Grossmann, Matthias Bernt and Vlad Mykhnenko, "Conceptualizing urban shrinkage," *Environment and Planning A: Economy and Space* 46-7, 2014, pp. 1519-1534.; David J. Peters, Sara Hamideh, Kimberly Elman Zarecor and Marwan Ghandour, "Using entrepreneurial social infrastructure to understand smart shrinkage in small towns," *Journal of Rural Studies* 64, 2018, pp. 39-49.

7 Gert-Jan Hospers, "Policy responses to urban shrinkage: From growth thinking to civic engagement," *European Planning Studies* 22-7, 2014, pp. 1507-1523.

실적이고 실현 가능성이 낮다고 주장했다.[8]

도시축소의 정의를 보면, 링크Rink 등은 도시축소를 "인구 감소를 초래하는 지역 수준에서 여러 거시적 요인과 상호작용하여 나타난 경험적 현상"[9]이라고 설명한다. 축소도시는 "인구 감소와 구조적 위기, 경기 침체, 고용 감소 등의 사회경제적 문제를 겪는 도시, 도심 일부, 대도시권 또는 마을"로 정의된다.[10] 수치적으로는 실링Schilling과 로건Logan의 경우 "40년간 인구가 25퍼센트 이상 감소하고 손상된 건축물과 유휴 부동산이 문제가 되는 산업도시"[11]를 축소도시로 보며, 축소도시국제연구네트워크Shrinking Cities International Research Network: SCIRN는 "2년 이상 인구 감소 및 일부 위기 증상을 보이고, 최소 1만 명이 거주하는 밀집 도시 지역"으로 정의한다.[12]

도시축소 현상에서 가장 중요한 부분은 인구 감소이다. 하지만 도시 쇠퇴와 같이 유기되고 방치된 주택과 토지,[13] 가구 규모 축소, 실업, 범

---

8 Bartłomiej T Sroka, "Urban shrinkage as a catalyst of a transition, revolving around definitions," *Sustainability* 14, 2022.

9 Dieter Rink, Annegret Haase, Katrin Grossmann, Chris Couch and Matthew Cocks, "From long-term shrinkage to re-growth? The urban development trajectories of Liverpool and Leipzig," *Built Environment* 38-2, 2012, pp. 162-178.

10 Cristina Martinez-Fernandez, Ivonne Audirac, Sylvie Fol and Emmanuèle Cunningham-Sabot, "Shrinking cities: Urban challenges of globalization," *International Journal of Urban and Regional Research* 36-2, 2012, pp. 213-225.

11 Joseph Schilling and Jonathan Logan, "Greening the rust belt: A green infrastructure model for right sizing America's shrinking cities," *Journal of the American Planning Association* 74-4, 2008, pp. 451-466.

12 Bartłomiej T. Sroka, "Urban shrinkage as a catalyst of a transition, revolving around definitions," 2022.

13 Justin B. Hollander and Jeremy Németh, "The bounds of smart decline: A foundational theory for planning shrinking cities," *Housing Policy Debate* 21-3, 2011, pp. 349-367.

죄, 인종문제, 저소득층의 공간 분리 같은 사회경제적 문제들도 함께 나
타난다.[14] 하제Haase 등은 도시축소 현상이 다면적이고 지역별·도시별
특성이 달라 대응 방식도 다양하다고 보며, 원인·영향·반응·피드백을
포함한 경험적 접근 방식이 필요하다고 주장한다. 기존 거대 담론으로
는 설명하기 어려운 부분이 많아 여러 이론을 통합해 적용해야 한다는
것이다.[15]

　도시축소 논의는 독일 도시 변화와 밀접하다. 1980년대부터 독일에
서는 장기 인구 감소와 도시 전환에 관한 학문적 논쟁이 시작됐다. 성장
중심 도시계획을 비판하며 호이세르만Häußermann과 지벨Siebel은 인구 감
소에 맞춰 도시개발을 축소하고, 방치된 산업 지역을 재활용할 것을 주
장했다.[16] 이는 도시축소 논의의 학문적 출발점이다. 독일 통일 후 동독
도시의 과잉 주택단지 철거 문제를 둘러싼 연구가 늘었고, 초기에는 주
택 철거가 중심 이슈였다. 이 과정에서 공공자금으로 부동산 철거를 지
원하는 정책에 대한 비판, 단편적인 도시 경관 조성, 사회·공간적 분리
문제 부각 등 다양한 문제 제기가 있었다.[17] 2008년 이후에는 역사 유적
과 건축물 보존으로 사업 초점이 이동했다. 국제건축박람회IBA는 축소
도시를 '미래 도시 실험실'로 정의하며, 관련자 교육과 지역 이미지 개

14　Caterina Cortese, Annegret Haase and Katrin Grossmann, "Governing social cohesion
　　in shrinking cities: The cases of Ostrava, Genoa and Leipzig," *European Planning
　　Studies* 22(10), 2014, pp. 2050-2066.

15　Annegret Haase, Dieter Rink, Katrin Grossmann, Matthias Bernt and Vlad Mykhnenko
　　"Conceptualizing urban shrinkage," pp. 1519-1534.

16　Hartmut Häußermann and Walter Siebel, "The shrinking city and urban sociology," *Soziologische
　　Stadtforschung Jurgen Friedrichs* 29, 1988, pp. 78-94.

17　Anja Nelle, Katrin Großmann, Dagmar Haase, Sigrun Kabisch, Dieter Rink and Manuel
　　Wolff, "Urban shrinkage in Germany: An entangled web of conditions, debates and
　　policies," *Cities* 69, 2017, pp. 116-123.

선 등으로 논의를 확장했다.[18]

시간이 흐르면서 축소 현상 대응 전략과 정책은 사회적 논의와 지속 가능성으로 발전했다. 유럽연합 '슈링크 스마트Shrink Smart' 보고서는 경제개발뿐 아니라 사회적 결속을 지속가능 발전의 핵심으로 강조했다.[19] 축소도시 내 포용성 강화,[20] 시민참여 기반 대응,[21] 공공·민간 등 주체 간 공동 의사 결정 거버넌스[22] 등이 그 예다.

미국의 경우에는 탈산업화에 따른 러스트벨트 도시들의 쇠퇴와 빈집 문제, 지역재생과 관련된 문헌들이 주를 이룬다. 미국에서 도시축소는 국가적 현상이라기보다 지역적 현상이라는 지적[23]처럼 대부분 디트로이트, 버펄로, 영스타운 등 일부 지역에 집중되어 있고 국가가 아닌 시정부나 토지회사 등이 중심이 되어 해당 도시의 재생 전략과 계획을 수립, 추진한다. 그러면서 '스마트축소smart shrink' 또는 '적정규모화right-sizing'라는 개념이 등장하였고 빈집은 토지은행을 통한 리모델링 및 재

---

18 NAnja Nelle, Katrin Großmann, Dagmar Haase, Sigrun Kabisch, Dieter Rink and Manuel Wolff, "Urban shrinkage in Germany: An entangled web of conditions, debates and policies,", pp. 116-123.

19 Bernt, M., Haase, A., Großmann, K., Cocks, M., Couch, C., Cortese, C., and Krzysztofik, R., "How does(n't) urban shrinkage get onto the agenda? Experiences from Leipzig, Liverpool, Genoa and Bytom," *International Journal of Urban and Regional Research* 38-5, 2014, pp. 1749-1766.

20 Caterina Cortese, Annegret Haase, Katrin Grossmann and Iva Tichá, "Governing social cohesion in shrinking cities: The cases of Ostrava, Genoa and Leipzig," pp. 2050-2066.

21 Ayda Eraydin and Guldem Özatağan, "Pathways to a resilient future: A review of policy agendas and governance practices in shrinking cities," *Cities* 11-5, 2021, pp. 103-226.

22 Agnes Matoga, "Changing governance processes to make way for civic involvement: The case of Gebrookerbos in Heerlen, Netherlands," *Sustainability* 14-16, 2022, pp. 101-126.

23 Mallach, Alan, "What we talk about when we talk about shrinking cities: The ambiguity of discourse and policy response in the United States," *Cities* 69, 2017, pp. 109-115.

판매, 철거의 형태로 관리되었다. 지역별로 수행된 시도들에 대해서는 상반된 평가가 존재한다. 도시 내의 버려진 공간, 빈집 등의 문제를 해결하였다는 긍정적인 평가가 있는 반면, 지역 내에서 오랫동안 만연했던 사회적·경제적 불평등 문제를 해소하는 데 실패했다는 지적도 있다.[24] 특히 주택이나 과잉 인프라에 대한 철거는 공간적으로 흑인이나 저소득층 거주 지역에서 이루어지기 때문에 사회적 불평등 문제를 심화시켰다고 평가된다.[25]

한편, 일본의 도시축소 문제는 저출산 고령화라는 인구학적 특성과 지역 격차라는 문제 속에서 정의되어 왔다.[26] 2000년대 중반 이후 OECD 국가 중 가장 빠른 속도로 인구 감소와 고령화를 겪었으며, 1991년 이후 경제 거품이 붕괴되면서 중소 산업도시에서 대도시로의 인구 유출이 촉발되었다.[27] 게다가 1990년대까지 급격하게 확산, 개발된 교외 지역의 인구가 최근 빠르게 줄면서 위기감이 더해졌다. 이러한 도시축소 문제에 대응하기 위해 일본에서는 '압축도시compact city'가 도시계획의 주요한 프레임으로 자리 잡았다. 2014년부터는 '지방소멸' 문제를 해결하기 위해 중앙정부 차원에서 '입지적정화계획location normalization plan'도 시행하고 있다. 이 계획은 '도시기능유도구역urban function-induced zone'과

24 James Rhodes and John Russo, "Shrinking 'smart'?: Urban redevelopment and shrinkage in Youngstown, Ohio," *Urban Geography* 34-3, 2013, pp. 305-326.

25 Daniel Clement and Miguel Kanai, "The detroit future city: How pervasive neoliberal urbanism exacerbates racialized spatial injustice," *American Behavioral Scientist* 59(3), 2015, pp. 369-385.

26 Mallach, Alan, "What we talk about when we talk about shrinking cities: The ambiguity of discourse and policy response in the United States," pp. 109-115.

27 Sophie Buhnik, "From shrinking cities to Toshino Shukushō: Identifying patterns of urban shrinkage in the Osaka metropolitan area," *Berkeley Planning Journal* 23-1, 2010.

'거주유도구역residence-induced zone'을 설정하고 도시 기능과 주거시설을 유도 및 규제함으로써 장기간에 걸쳐 콤팩트한 도시를 형성하는 것을 목표로 한다. 또 이동성을 최적화하기 위해 대중교통 등을 통해 두 구역 간 연결을 도모하여 접근성과 주거 환경을 개선하고자 하였다. [28]

지역별로 도시축소의 원인과 대응 방식에 있어서는 매우 큰 차이를 보이고 있다. 유럽의 경우는 독일을 필두로 한 도시축소 논의가 초기 동독 도시의 과잉 인프라 철거 중심에서 거버넌스와 삶의 질에 대한 관심으로 옮겨 갔다. 특히 최근 유럽연합 차원에서 진행된 '유럽 맥락 내 수축 거버넌스Shrink SMART'는 유럽 전역의 축소도시들에 대해 인구 감소 현상에서부터 제도 및 의사 결정 과정에 이르기까지 광범위한 연구를 진행하였다. 이와 달리 미국의 경우 탈산업화에 의한 제조업 대도시의 쇠퇴 문제가 가장 주요하게 다루어져 왔다. 일본의 경우는 교외 지역과 농촌의 저출산과 고령화 문제가 도시축소 논의의 중심에 있다. 다만 미국과 일본의 경우 독일을 포함한 유럽 도시들에 비해 축소에 대응하기 위해 도시의 물리적 환경 개선에 좀 더 초점을 두고 있다.

언어네트워크 분석 및
토픽 분석 방법

도시축소를 주제로 한 국내외의 학술 논문은 국외 문헌의 경우 글로벌 학술 논문 데이터베이스 플랫폼인 Scopus를, 국내 문헌의 경우는 한국

---

28 Cheol-Jae Yoon, "Between the ideal and reality of city resizing policy: Focused on 25 cases of compact city plans in Japan," *Sustainability* 12-3, 2020, pp. 989.

학술지인용색인KCI을 통해 수집되었다. 논문의 수집 기간은 2001년 1월부터 2024년 4월까지로 하였으며 논문의 제목title, 초록abstract, 키워드keyword에 '도시축소urban shrinkage' 또는 '축소도시shrinking city'를 포함하는 경우로 하였다. 국외 문헌의 경우는 사회과학social science과 도시계획engineering, urban planning으로 주제의 범위subject area를 지정하고, 작성 언어는 영어만 한정하였다. 지역country/territory의 범위는 유럽(러시아 제외), 북미, 일본으로 설정하였는데, 그 이유는 축소되는 도시가 미국의 러스트벨트, 일본, 유럽에 모여 있고,[29] 비교적 오랜 기간 도시축소 관련 연구의 성과를 축적해 왔을 것으로 판단했기 때문이다. 논문 수집 후 축소도시 논의와 직접적인 관련이 없는 경우는 제외하여 최종적으로 국외 문헌 525편, 국내 문헌 56편을 분석하였다. 먼저 추출된 문헌들의 초록과 키워드 단어들에 대한 정제 작업을 수행하였다. 이를 위해 연구 논문에서 반복적으로 사용되는 용어들은 불용어로 지정하여 분석에서 배제하였고, 같은 의미이지만 다른 용어로 표현된 경우 대체어로 처리하였다(표 1).

정제 후 개별 단어의 출현 빈도를 확인하여 관련 연구에서 가장 중요한 개념을 도출하였다. 단어 간의 동시 출현 빈도를 통해 키워드 의미 네트워크를 구성할 수 있으며, 각 키워드의 중심성을 계산할 수 있다. 본 연구에서는 한 노드가 네트워크 내에서 얼마나 많은 연결을 가지고 있는지 보여 주는 연결중심성을 계산하였다. 연결중심성이 높을수록 네트워크 내에서 영향력이 크고, 다른 키워드와 비교했을 때 좀 더 중심적인 기능을 수행하는 것으로 이해할 수 있다.[30] 이를 시각화하면 각 키워

---

29 Thorsten Wiechmann and Marco Bontje, "Responding to tough times: Policy and planning strategies in shrinking cities," pp. 1-11.

30 김병연, 〈생태시민성에 대한 국내 연구 동향 분석: 언어네트워크 분석을 중심으로〉, 《한국

| 표 1 | 국내외 축소도시 문헌의 불용어 및 대체어 처리

불용어	
국외 문헌	Article, paper, study, research, result, purpose, focus, analyze, examine, finding, survey, explore, essay, conclusion, literature, evaluate, provide, effect, idea 등
국내 문헌	결과, 논의, 도출, 모색, 목표, 방법, 방안, 분석, 시사점, 연구, 파악, 함의, 향후, 확인, 해석 등
대체어	
국외 문헌	population loss(population decline / depopulation) vacancy(vacant lots / land / area)　　suburb(suburban /suburbanization) demolition(destruction)　　housing market(real estate market) sustainability(sustainable)　　social(socio-) participation(engagement)　　shrink(shrinking / shrinkage) (in)equality((in)equity)　　green(greening) Simulation(scenario)　　QoL(happiness, life satisfaction)
국내 문헌	공공시설(공공건축(물))　　기반시설(인프라) 빈집(공가, 유휴 부동산, 방치 부동산)　　유형화(유형) 지자체(지방자치단체)　　지역격차(지역역 간 차이(격차)) 스마트축소(축소지향, 똑똑한 수축, 현명한 축소, 계획된 축소 등)

드의 중요도(연결중심성 크기)와 키워드 간의 근접성 및 연결 정도를 한 눈에 파악하기 용이하다.

다음으로 토픽 분석 기법을 활용하여 축소도시 연구의 주제를 분류 하였다. 토픽은 함께 등장할 확률이 높고 유사한 의미를 가지는 단어들 의 집합으로, 토픽 분석은 텍스트 데이터에서 사용된 키워드들의 동시 출현 패턴을 기반으로 해당 문서를 대표하는 특정 주제나 이슈, 주제 그 룹을 추출해 준다. 가장 널리 사용되는 기법인 잠재 디리클레 할당Latent Dirichlet Allocation: LDA은 문서 내 단어들이 몇 가지 숨겨진 주제에서 나 왔다고 가정한다. 문서 속 단어들을 주제별로 그룹화하고, 각 문서가 어 떤 주제에 얼마나 포함되는지를 확률로 추정한다. 이 방법은 방대한 문

지리학회지》 12-3, 2023, 401~414쪽.

서에서 주요 주제를 자동으로 찾아내는 데 효과적이다. 이러한 방법은 연구자의 주관이나 이론적 편견이 개입할 여지를 줄여 주지만, 최적의 토픽 수를 결정하고 키워드를 통해 주제를 해석하기 위해서는 연구자가 관련 분야에 대해 충분한 배경 지식을 갖추고 있어야 한다. 또, 추가적으로 개별 문서가 각 토픽에 할당될 확률을 확인하여 중심이 되는 연구를 바탕으로 주제 분류를 할 필요가 있다. 특정 문서가 토픽별로 비슷한 확률을 나타낸다면 각각의 토픽에 대한 대표성은 떨어진다고 할 수 있다. 따라서 본 연구에서는 국외 문헌 525편과 국내 문헌 56편에 대해 토픽을 도출한 후, 특정 토픽에 개별 문헌이 포함될 확률이 50퍼센트 이상인 경우(각각 409편, 39편)만을 재검토하여 주제를 이름 붙였다.

국외 문헌의 언어네트워크 분석 및 토픽 분석의 결과

〈그림 1〉은 국외 문헌에 등장한 키워드에 대한 연결중심성 네트워크이다. 이에 따르면 '축소도시shrinkcity'와 '도시urban'의 연결중심성이 가장 큰 핵심어로 나타났다.

'축소도시'와 '도시축소urbanshrink'에 가장 인접한 단어는 '지속가능성sustainability'과 '재생regeneration'이며, '개발development', '경제economy', '계획plan', '전략strategy', 그 다음으로 '정책policy', '사회적social', '공간적spatial'으로 나타났다. 이는 다수의 연구가 지속가능성 실현을 위한 지역재생 계획과 전략, 정책을 탐구하고 특히 사회적·공간적 과제를 해결하고자 시도했음을 보여 준다. 서유럽을 시작으로 유럽 도시들 전반에서 도시축소 문제가 나타나면서 비성장 발전을 지향하는 '현명하게 축소하기shrinking

| 그림 1 | 국외 축소도시 연구 키워드의 연결중심성 네트워크

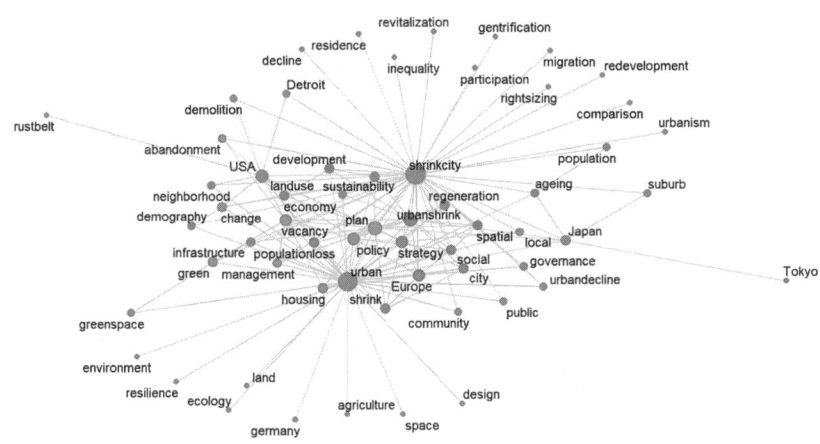

smart'[31] 또는 '현명한 쇠퇴smart decline'[32] 등이 제기되었다. 이와 함께 '적정 규모화',[33] '탈성장degrowth'이나 '계획된 축소planned shrinkage'도 같은 맥락에서 다시 주목받았다.[34] 스마트축소는 인구 및 고용 증가를 유도하기보다는 현재와 가까운 미래의 인구 특성에 부합하도록 물리적 공간의 규

31 Justin B. Hollander, Karina Pallagst, Terry Schwarz and Frank J. Popper, "Planning shrinking cities," *Progress in Planning* 72-4, 2009, pp. 223-232.

32 Justin B. Hollander and Jeremy Németh, "The bounds of smart decline: A foundational theory for planning shrinking cities," pp. 349-367.

33 Joseph Schilling,and Jonathan Logan, "Greening the rust belt: A green infrastructure model for right sizing America's shrinking cities," pp. 451-466; Galen Newman, Justin B. Hollander, Jaekyung Lee, Donghwan Gu, Boah Kim, Ryun Jung Lee, Jennifer A. Horney, Domonic Bearfield and Yuxian Li, "Smarter shrinkage: A neighborhood-scaled rightsizing strategy based on land use dynamics," *Journal of Geovisualization and Spatial Analysis* 2, 2018, pp. 1-20.

34 Béal Vincent, Sylvie Fol, Yoan Miot and Max Rousseau, "Varieties of right-sizing strategies: Comparing degrowth coalitions in French shrinking cities," *Urban Geography* 40-2, 2019, pp. 192-214.

모를 적절하게 조정하고 기존 도시 거주자의 삶의 질을 향상시키는 도시 관리 방법이다.[35] 스마트축소의 방법으로 물리적 차원의 전략이 주로 시행되었다. 즉, 토지은행을 통해 빈집이 철거되거나 리모델링 후 재판매되었으며, 과잉 인프라 및 서비스에 대해서는 축소 및 공급 중단이 이루어졌다. 또 유휴지는 녹지로 전환되었다.[36] 하지만 이러한 물리적 대응은 사회적 · 공간적 불평등의 문제를 야기하기도 했다. '인구감소population loss', '인구통계demography', '빈집 및 유휴지vacancy', '토지이용landuse' '유기abandonment'와 '변화change'가 도시축소의 공통된 현상으로 지목되었음을 알 수 있다. 유휴지는 '기반시설infrastructure', '관리management'와 연결되고, 기반시설은 다시 '녹화green' 및 '녹지greenspace'로 연결되어 유휴지 관리 방법 중 하나로 녹화에 대한 연구가 진행되어 왔음을 알 수 있다. 한편, 지역적 맥락에서 유럽과 미국, 일본에서 이루어진 도시축소의 중심 논의는 어느 정도 차이점이 있는 것으로 보이는데, 이는 키워드 간의 거리가 떨어져 있기 때문이다. 먼저 '유럽Europe'의 경우 '축소shrink', '도시urban, city', '사회적social', '전략strategy', '정책policy', '거버넌스governance'라는 키워드와 직접적으로 연결됨을 확인할 수 있다. '미국USA'의 경우 '유기abandonment', '근린neighborhood', '변화change', '토지이용landuse', '경제economy', '철거demolition', '계획plan'과 직접 연결되며 '러스트벨트rustbelt' 지역과 '디트로이트Detroit'가 주요한 연구 대상 지역으로 출현했음을 알

---

35 Alessandro Coppola, "Projects of becoming in a right-sizing shrinking city," pp. 237-256.; Galen Newman, Justin B. Hollander, Jaekyung Lee, Donghwan Gu, Boah Kim, Ryun Jung Lee, Jennifer A. Horney, Domonic Bearfield and Yuxian Li, "Smarter shrinkage: A neighborhood-scaled rightsizing strategy based on land use dynamics," pp. 1-20.

36 Justin B. Hollander, Karina Pallagst, Terry Schwarz and Frank J. Popper, "Planning shrinking cities," pp. 223-232.

수 있다. 이를 통해 미국의 축소도시 논의는 물리적 환경 측면에 대한 개선 논의가 중심을 이루고 있는 데 비해, 유럽은 사회적 측면과 거버넌스 논의가 주로 이루어졌음을 알 수 있다. '일본Japan'의 연구에서는 '도쿄 Tokyo'와 '교외 지역suburb', '고령화ageing', '지방local'에 대한 언급이 많이 이루어져 일본 도시축소의 원인으로 고령화가 지목되고 특히 도쿄 주변 교외 지역에서 축소 현상이 나타나고 있음을 보여 주고 있다. 네트워크상에서 주변부에 고립된 개념들을 살펴보면 '불평등성inequality', '젠트리피케이션gentrification', '참여participation', '공공public', '커뮤니티community', '도시쇠퇴urban decline', '재활성화revitalization', '재개발redevelopment', '이주 migration', '도시주의urbanism' 등 도시지리학이나 도시계획 연구에서 익숙하게 등장하는 개념들이다. 이와 달리 '회복력resilience', '생태학ecology', '농업agriculture'과 같은 개념들도 나타나 도시축소 논의가 매우 다양하게 확장될 수 있음을 보여 주었다. 이 중 '회복력resilience'의 경우 도시축소 연구에서 최근 주목받고 있는데, 경제적 불황이나, 환경적 위협, 사회적 변화와 같은 외부 충격에도 도시 기능을 유지할 수 있는 능력을 뜻한다.[37] 계획과 정책을 수립하기 위해 축소되는 도시의 강점과 역량을 식별하여 도시의 회복력을 평가해야 한다고 보고 있다.

다음으로 토픽 분석의 결과를 살펴보자. 525편에 대한 토픽 분석 결과 여섯 가지 토픽이 추출되었다. 다만 각 토픽에 대한 주제를 정하는데 정확성을 기하기 위해 개별 문헌이 각 토픽에 할당될 확률이 50퍼센트 이상인 409편에 대해서만 초록 및 키워드를 재검토하여 〈표 2〉와 같

---

37   Daniel Alves, Ana Paula Barreira, Maria Helena Guimarães and Thomas Panagopoulos, "Historical trajectories of currently shrinking Portuguese cities: A typology of urban shrinkage," *Cities* 52, 2016, pp. 20-29.

| 표 2 | 국외 축소도시 연구의 중심 주제 및 키워드

토픽	주제	키워드	주요 연구
I	도시축소 대응을 위한 거버넌스 과정	Governance, local, participation, economy, social, regeneration, strategy, community, policy, spatial	Cortese et al.(2014) Louali et al.(2022) Matoga(2022)
II	축소도시의 인구학적 변화 특성과 원인	Ageing, migration, demography, suburb, economy, urbanization, Japan, municipality, Europe, change	Hattori et al.(2017) Döringer al.(2020) Eva et al.(2021)
III	도시축소에 대응하는 다양한 계획	Plan, culture, housing, residence, sustainability, public, QoL(Quality of life), place, design, resource	Hollander and Popper(2011) Ryberg-Webster and Kinahan(2017)
IV	축소도시에서의 녹화 전략과 부가적 문제	Green, vacancy, sustainability, strategy, greeninfra, gentrification, social, brownfield, environment, community	Ali et al.(2020) Ehrenfeucht and Nelson(2020) Haase and Heiland(2020)
V	도시축소에 따른 사회적 불평등	Housing, change, inequality, gentrification, social, neighborhood, residence, migration, economy, regeneration	Hollander and Németh(2011) Ortiz-Moya(2020) Hohle(2024)
VI	축소도시에서의 빈집 철거 및 적정규모화	Vacancy, demolition, housing, plan, policy, rustbelt, rightsizing, urban decline, USA, abandonment	Schilling and Logan(2008) Coppola(2018)

이 주제를 명명하였다.

〈표 2〉는 토픽별로 명명한 주제와 키워드로, 키워드는 반복적으로 나타나는 도시축소urban shrinkage/shrinking city, 도시urban, 인구 감소population loss를 제외한 상위 10개를 나타낸 것이다. 먼저 토픽 I은 '도시축소 대응을 위한 거버넌스 과정'과 관련된다. 축소도시 계획에서 물리적, 환경적 재생 노력만큼 거버넌스 차원의 대응에 대한 논의가 증가하고 있다.[38] 주

---

38 Stefanie Döringer, Yuta Uchiyama, Marianne Penker and Ryo Kohsaka, "A meta-analysis of shrinking cities in Europe and Japan, Towards an integrative research agenda," *European Planning Studies* 28(9), 2020, pp. 1693-1712.

민들의 실질적인 요구를 반영하지 않은 유휴지의 용도 전환이나 재사용 사업들에 대한 비판[39]이 지속적으로 제기되어 왔고, 비슷한 상황에 놓여 있던 서로 다른 도시의 축소 여부가 거버넌스 과정에 따라 달라질 수 있기 때문이다.[40] 거버넌스는 '시민참여participation, civic engagement'를 바탕으로 하며, 참여 과정에서 형성되는 사회적 자본social capital은 도시축소로 인한 문제를 완화하고 주민의 삶의 질에 긍정적인 영향을 미친다.[41] 루알리Louali 등과 마토가Matoga는 네덜란드 헤를렌Heerlen의 예를 들어 축소도시의 재생regeneration과 재활성화revitalization 과정에서 다양한 주체actor, citizen들이 중심이 되는 하향식 거버넌스가 중요하다고 설명했다.[42]

토픽 II는 '축소도시의 인구학적 변화 특성과 원인'이라고 할 수 있다. 도시축소의 주요 현상인 인구 감소는 유럽과 일본의 경우 고령화에 기인하는 바가 크지만, 인구 이동migration은 더 중요하다. 미국의 교외화, 제조업 도시로부터의 이탈, 일본의 교외화 이후 도시 중심부로의 인구 재집중이 포함된다. 또, 동독 및 중동부 유럽 도시들의 경우에는 체제 전환 이후 지속된 서방 이주가 도시축소의 원인이 되었다.[43]

---

39 Justin B. Hollander and Jeremy Németh, "The bounds of smart decline: A foundational theory for planning shrinking cities," pp. 349-367.

40 Maxwell Hartt, and Joshua Warkentin, "The development and revitalisation of shrinking cities: A twin city comparison," *Town Planning Review* 88-1, 2017, pp. 29-41.

41 Gert-Jan Hospers, "Policy responses to urban shrinkage: From growth thinking to civic engagement," pp. 1507-1523.

42 Samira Louali, Maja Ročak and Jol Stoffers, "Social cost-benefit analysis of bottom-up spatial planning in shrinking cities: A case study in The Netherlands," *Sustainability* 14, 2022; Agnes Matoga, "Changing governance processes to make way for civic involvement: The case of Gebrookerbos in Heerlen, Netherlands," pp. 101-126.

43 Mihail Eva, Alexandra Cehan and Alexandra Lazăr, "Patterns of urban shrinkage: A systematic analysis of Romanian cities," *Sustainability* 13, 2021.

토픽 III은 '도시축소에 대응하는 다양한 계획 및 전략'과 관련된다. 지역의 역사, 문화, 예술, 건축물 자원을 활용[44]하여 지역 이미지를 쇄신하는 장소place 마케팅이나 도시 브랜딩[45] 등이 이에 해당될 수 있다. 또 장기적으로 근린 또는 커뮤니티 환경 개선을 통해 남은 주민들의 삶의 질을 높이기 위한 노력[46]들도 중요한 주제이다.

토픽 IV는 '유휴지brownfield의 녹화greening'와 관련한 논의들을 다루고 있다. 토지 이용 변화라는 측면은 도시의 물리적 환경 변화에 의한 주민들의 사회적 특성 변화와 연결된다. 예를 들어 알리Ali 등은 라이프치히의 사례를 통해 녹지 주변 재개발의 결과 중산층이 유입된 것을 '녹색 젠트리피케이션green gentrification'이라고 명명하기도 했다.[47] 이 과정에서 주택 가격이 상승하고 도시 내부에서의 사회적 이동이 촉진되고 유휴지는 공간적으로 더욱 편중되는 문제가 나타났다. 에렌포이트Ehrenfeucht와 넬슨Nelson은 젠트리피케이션에 대해 비판하면서 그동안의 축소도시계획은 결국 창조계급과 같은 신규 이주자를 유치하기 위한 도시재생 정책이었음을 비판했다.[48]

---

44 Stephanie Ryberg-Webster and Kelly L. Kinahan, "Historic preservation in declining city neighbourhoods: Analysing rehabilitation tax credit investments in six US cities," *Urban Studies* 54-7, 2017, pp. 1673-1691.

45 Capitanio, Marco, "Participatory place management in the age of shrinkage: The case of Kunitachi within Tokyo's peripheral areas," *Journal of Place Management and Development* 11-4, 2018, pp. 447-462.

46 Justin B. Hollander, "Can a city successfully shrink? Evidence from survey data on neighborhood quality," *Urban Affairs Review* 47(1), 2011, pp. 129-141.

47 Lena Ali, Annegret Haase and Stefan Heiland, "Gentrification through green regeneration? Analyzing the interaction between inner-city green space development and neighborhood change in the context of regrowth," *Land* 9-1, 2020, pp. 1-24.

48 Renia Ehrenfeucht and Marla Nelson, "Just revitalization in shrinking and shrunken cities? Observations on gentrification from New Orleans and Cincinnati," *Journal of Urban*

이 주제는 다섯 번째 토픽과도 연결되는데, 토픽 V는 '도시축소 과정의 사회적 불평등' 문제를 다루었다. 실제 다수의 연구가 도시축소는 경제적 투자 감소와 일자리 감소, 실업률 증가 등 사회적 문제들을 야기하고, 사회적·공간적 불평등이 증가함을 보여 주었다.[49] 또 축소도시의 '재생' 전략이 새로운 인구 유입을 장려하고 사회적 혼합을 유도하는 과정에서 오히려 주택시장의 차별화를 통해 사회공간적 분리를 증가시키기도 했다.[50] 따라서 스마트축소 전략을 평가하기 위해 홀랜더Hollander and와 네메트Németh는 사회정의 렌즈social justice lens가 필요하다고 설명했다.[51] 한편, 홀레Hohle는 미국 클리블렌드의 지역 활동가들이 철거 대상인 흑인 근린에 주목하여 '정원관광garden tour'이라는 대안적인 도시재생 노력으로 지역의 낙인stigma을 극복한 사례를 보여 주었다.[52]

토픽 VI은 '빈집 철거 및 적정규모화 전략'을 주제로 하고 있다. 특히 미국의 영스타운, 디트로이트 등 러스트벨트 도시들에서 빈집과 유기공간 문제를 해결하기 위해 철거, 재사용, 적정규모화와 같은 전략을 사용해 왔다.[53] 해당 주제는 토지 이용, 토지피복 키워드를 통해 공간 분석

Affairs 42(3), 2020, pp. 435-449.

49 Fernando Ortiz-Moya, "Green growth strategies in a shrinking city: Tackling urban revitalization through environmental justice in Kitakyushu City, Japan," *Journal of Urban Affairs* 42(3), 2020, pp. 312-332.

50 Myrte S., Hoekstra, Cody Hochstenbach, Marco A. Bontje and Sako Musterd, "Shrinkage and housing inequality: Policy responses to population decline and class change," *Journal of Urban Affairs* 42(3), 2020, pp. 333-350.

51 Justin B. Hollander and Jeremy Németh, "The bounds of smart decline: A foundational theory for planning shrinking cities," pp. 349-367.

52 Randolph Hohle, "A grassroots alternative to urban shrinkage? A comparative analysis of place reputational remaking in Buffalo and Cleveland," *Urban Affairs Review*, 2024, pp. 1-38.

53 Justin B. Hollander, "Can a city successfully shrink? Evidence from survey data on

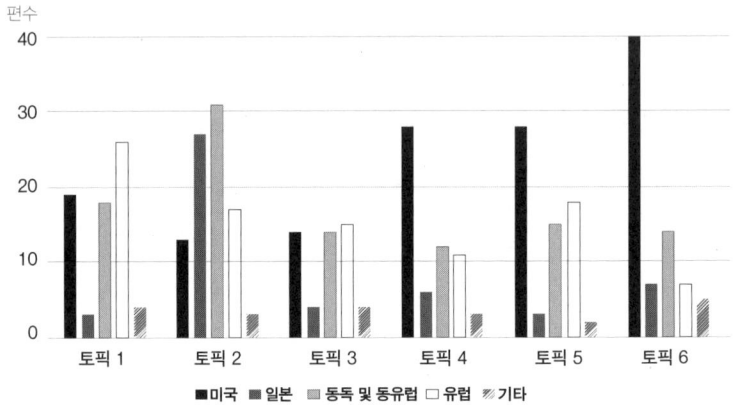

| 그림 2 | 토픽별 도시축소 문헌의 연구 지역 차이

기법cellular automata(GIS 분석 등)을 통해 도시의 형태학morphology 측면이나, 공간 패턴을 분석하거나 향후 도시의 변화를 예측simulation하고자 한 연구와도 관련된다.[54]

　추가적으로 지역에 따라 도시축소 논의의 주제에 차이가 있는가를 확인하기 위해 연구 지역에 따라 각 토픽이 어떻게 구분되는가를 살펴보았다(그림 2).

　미국의 경우 가장 많은 도시축소 연구가 진행된 가운데 대체로 주제별로 고르게 연구가 진행되었지만 토픽 IV의 수가 가장 많다. 이와 달리 일본의 경우는 인구학적 특성과 관련된 토픽 II에 집중되어 있고 다른

　neighborhood quality," pp. 129-141.

54　Nina Schwarz, Dagmar Haase and Ralf Seppelt, "Omnipresent sprawl? A review of urban simulation models with respect to urban shrinkage," *Environment and Planning B: Planning and Design* 37-2, 2010, pp. 265-283; Galen Newman, Justin B. Hollander, Jaekyung Lee, Donghwan Gu, Boah Kim, Ryun Jung Lee, Jennifer A. Horney, Domonic Bearfield and Yuxian Li, "Smarter shrinkage: A neighborhood-scaled rightsizing strategy based on land use dynamics," pp. 1-20.

주제들의 비중은 적었다. 동독 및 중동부 유럽의 경우도 토픽 II와 관련한 문헌이 가장 많은데 도시축소 연구 초기 동독에서 서독으로의 이주, 중동부 유럽 이민자들의 서방 이주에 따른 도시축소 현상을 다룬 연구가 많기 때문으로 보인다. 그 외 유럽 지역의 경우 거버넌스 차원을 다룬 토픽 I의 비중이 다른 지역에 비해 높게 나타났다. 이렇게 도시축소 논의는 지역의 다양한 상황에 따라 하위 주제 측면에서 특수성을 가짐을 확인할 수 있다. 우리나라, 대만, 호주 등이 포함된 기타 지역의 경우 도시축소 연구의 후발주자로서 연구 주제들이 비교적 고르게 나타나고 있다.

국내 문헌의 언어네트워크 분석 및 토픽 분석 결과

국내에서 도시축소를 주제로 한 연구가 본격화된 것은 2010년대 이후이다. 연구가 본격화된 이후의 기간이 짧을뿐더러 지방소멸 이슈의 부상으로 도시축소 연구는 양적으로 많지 않다. 따라서 다양한 논의를 기대하기는 어려울 것이다. 먼저 주요 키워드의 연결중심성 네트워크(그림 3)를 살펴보면 키워드 간 연결이 매우 중복되어 나타나는 것으로 보아 같은 개념들이 서로 다른 연구에서 공통적으로 사용되고 있는 것으로 보인다.

네트워크에서 가장 중심을 이루는 키워드들은 '국내', '축소', '도시', '축소도시', '도시축소', '인구', '인구 감소', '중소도시'로 나타났다. 그 다음으로 '지방', '특성', '유형화', '고령화', '정책', '사례', '전략', '도시재생', '스마트축소', '집중', '쇠퇴', '변화', '문제', '도시쇠퇴', '저출산', '지역', '대응', '산업'이 나타났다. 가장 바깥에는 '빈집', '공간적', '지표', '주택', '요인', '대도시', '대안', '지방소멸', '관리', '도시계획', '효율성', '농촌',

| 그림 3 | 국내 축소도시 연구 키워드의 연결중심성 네트워크

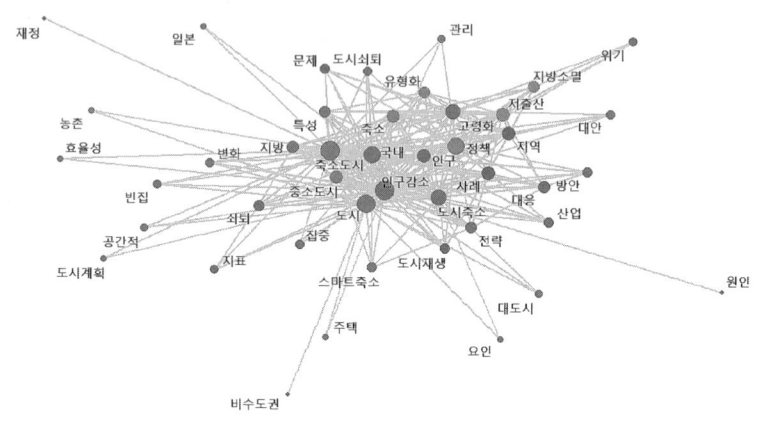

'일본', '지방소멸', '위기'라는 키워드가 나타났으며 '재정'과 '비수도권', '원인'이 고립어로 나타났다. 따라서 국내 축소도시 논의는 공간적으로 는 지방 중소도시를 다루고, 중요한 현상으로 인구 감소에 집중했음을 알 수 있다. 국내 연구 중 일부는 독일이나 미국 등 국외 사례를 통해 도 시축소 개념을 소개하고 줄어드는 인구에 맞추어 과잉 공급된 기반시 설과 주택을 현명하게 축소해야 함을 촉구했다.[55] 이와 함께 인구 및 경 제, 재정 상황 등과 관련된 지표를 기준으로 축소도시를 식별하고 축소 도시의 특성을 분석한 연구가 이루어졌다.[56] 축소도시들을 시간 변화 양

---

55 박종철, 〈인구감소시대의 축소도시계획 수립방안: 전라남도 중소도시의 도시공간구조를 중심으로〉, 《한국지역개발학회지》 23-4, 2011, 55~88쪽; 강인호·노세희, 〈인구소멸 시 대의 일본 축소도시가 추구하는 스마트 수축 전략〉, 《한국정책과학학회보》 21-3, 2017, 173~197쪽; 왕경순·이삼수, 〈축소도시에 대한 미국의 정책대응 및 시사점: 빈집과 토지 은행을 대상으로〉, 《국토계획》 54-1, 2019, 159~172쪽.

56 이삼수·전혜진·이재수, 〈축소도시의 진단 기준과 사례 분석 및 발생 요인 연구〉, 《주택도 시연구》 8-3, 2018, 83~100쪽; 김상민, 〈인구와 경제를 고려한 도시축소(urban shrinkage)

상에 따라 구분하거나[57] 축소의 특성에 따라 유형화한 연구,[58] 도시축소의 영향 요인을 규명하고자 한 연구[59]가 이루어졌다. 국외 연구에서 축소도시의 대표적인 현상으로 지적되었던 빈집 관련 연구는 국내에서는 축소도시나 지방소멸의 맥락에서보다는 빈집 자체의 논의가 주를 이룬다. 특히 수도권과 대도시에서도 빈집 문제가 심각하게 나타나고 있기 때문에 발생 원인과 공간 분포 특성, 활용 방안과 관련한 국가적 차원의 빈집 관리에 대한 연구가 이루어졌다.[60] 그래서인지 네트워크상에서도 빈집은 축소도시나 도시축소 개념으로부터 다소 떨어져 있다. 축소도시는 인구, 고령화와 저출산, 지방소멸, 위기라는 키워드와 연결되고 있어 도시축소와 지방소멸 논의가 별개가 아님을 보여 주었다. 또, 대도시로의 인구 유출은 저출산과 고령화와 함께 우리나라 도시축소의 가장 대표적인 영향 요인이다.

한편, 국내 연구들은 현상에 대해 분석하면서 이에 대한 대응책으로 스마트축소와 적정규모화, 콤팩트시티 등을 제시하였다.[61] 국내 도시들

진단 및 유형별 사회경제적 특성 분석〉, 《한국지역개발학회지》 35-5, 2023, 27~62쪽.

57 임석회, 〈인구감소도시의 유형과 지리적 특성 분석〉, 《국토지리학회지》 52-1, 2018, 65~84쪽.

58 김새힘·조미정, 〈인구구조 변화 특성을 반영한 인구감소 지역의 유형화와 도시축소 실태 분석 연구〉, 《도시재생》 5-1, 2019, 67~81쪽; 최재헌·박판기, 〈한국 축소도시의 지역적 특성과 도시정책의 방향〉, 《한국도시지리학회지》 23-2, 2020, 1~13쪽; 정광진·유석연, 〈인구이동 특성을 고려한 축소도시 유형 분석 연구〉, 《한국도시설계학회지 도시설계》 22-5, 2021, 125~140쪽.

59 이삼수·전혜진·이재수, 〈축소도시의 진단 기준과 사례 분석 및 발생 요인 연구〉, 83~100쪽; 신학철·우명제, 〈도시권 특성이 축소도시에 미치는 영향에 관한 연구〉, 《국토계획》 57-6, 2022, 25~36쪽.

60 정수영·전희정, 〈빈집 증가의 공간적 자기상관성에 대한 탐색적 연구〉, 《국토계획》 54(7), 2019, 89~102쪽.

61 장민영·김영하·서수정, 〈일본 지방중소도시의 지역활성화를 위한 통합적 공간관리 계획 체계에 관한 연구〉, 《국토계획》 55(6), 2020, 110~124쪽.

이 축소 상황에서도 여전히 계획 인구를 과다 추정하는 정책적 오류를 범하고 있다는 지적도 있다.[62] 이외에도 대도시 지역에서의 도시축소 현상을 분석하거나,[63] 도시 내부에서 공간적으로 차별화된 축소 현상을 밝히기도 했다.[64] 국내에서 농촌 지역을 대상으로 도시축소 개념을 적용한 예는 없지만, 손창희·장한두는 도농 상생과 축소도시 개념을 결합하여 발전적인 도시 관리 개념을 정립하고자 하였다.[65] 하지만 주민들의 삶의 질이나 삶의 만족도를 주제로 한 연구는 강은택과 이현정뿐이었다.[66] 국내 도시축소 연구의 토픽 분석 결과 각 토픽에 포함될 확률이 50퍼센트 이상인 문헌은 39편으로 나타났다. 토픽별 문헌을 통해 〈표 3〉과 같이 주제를 명명할 수 있으며, 도시축소 및 축소도시를 제외한 상위 10개의 키워드를 확인할 수 있다.

토픽 I의 경우 전국 도시 단위 또는 축소 현상을 나타내고 있는 도시 단위에서 인구 및 경제사회적 지표 등 특정한 기준을 적용, 유형화한 연구라고 할 수 있다. 예를 들어 최근 김상민은 전국 특광역시를 제외한 154개 시군을 대상으로 연평균 인구 및 총사업체 수 변화율을 통해 축

---

62 이채현·김감영, 〈도시계획의 이상과 현실 사이의 괴리: 축소도시 대응 방안〉, 《한국도시지리학회지》 25(1), 2022, 69~85쪽.

63 구지영, 〈지방 대도시의 도시축소 양상에 대한 연구: 광주광역시를 사례로〉, 《국토지리학회지》 57(1), 2023, 23~36쪽.

64 조대헌·이채현, 〈우리나라 도시축소의 공간적 특성 분석─인구집중구역의 변화를 중심으로〉, 《한국도시지리학회지》 26-3, 2023, 51~68쪽; 손가영·홍성조, 〈인구감소 중소도시의 공간적 축소에 관한 연구〉, 《국토연구》 119, 2023, 101~120쪽.

65 손창희·장한두, 〈도농상생을 위한 축소지향 도시관리 정책에 관한 연구〉, 《지역사회연구》, 2020, 102~125쪽.

66 강은택, 〈축소도시 주민들의 삶의 만족도에 관한 연구〉, 《대한부동산학회지》 384, 2020, 169~185쪽; 이현정, 〈축소도시의 가구 및 거주특성 변화와 지역 간 비교〉, 《한국주거학회논문집》 32-1, 2021, 59~70쪽.

| 표 3 | 국외 축소도시 연구의 중심 주제 및 키워드

토픽	주제	키워드	주요 연구
I	축소도시 유형화 및 특성 분석 연구	인구 감소, 유형화, 경제적, 국내, 요인, 정책, 특성, 지역, 사회적, 지표	임석회(2018) 최재헌·박판기(2020) 김상민(2023)
II	축소도시 및 지방소멸 관련 연구	저출산, 고령화, 지역, 인구 감소, 위기, 지방소멸, 정책, 지방, 거버넌스, 중소도시	이시형·김걸(2018) 강인호(2019)
III	축소도시의 주택 정책 및 도시계획 관련 연구	정책, 전략, 도시, 주택, 도시계획, 스마트축소, 가구, 효율성, 공공시설, 비수도권	구형수(2018) 유민·유영수(2020) 구형수·이다예(2024)
IV	일본 등 해외 도시축소 정책 관련 사례 연구	도시, 인구 감소, 건축물, 일본, 지방, 인구, 중소도시, 특성, 도시축소, 빈집, 콤팩트시티	강인호·노세희(2017) 윤병훈 등(2023)

소도시를 진단하고 축소도시의 사회·문화·복지·교육·의료 측면에 따라 몇 개의 유형으로 구분하고 특성을 분석했다.[67] 이에 앞서 임석회는 전국 84개 도시에 대해 인구 지표로 성장 및 쇠퇴 유형을 확인하고, 인구 감소 도시의 특성을 인구 및 지리적, 산업적 측면에서 분석하였다.[68] 최재헌·박판기의 경우도 229개 시·군·구를 대상으로 지속적인 인구 감소, 기반시설 노후, 재정 여건 악화 등이 나타난 축소도시를 유형화하였다.[69] 이러한 유형화 연구의 주요 목적은 지역적 특성을 반영한 맞춤형 축소도시 대응 방안의 수립에 있었다.

토픽 II는 축소도시 및 지방소멸 관련 연구로, 특히 저출산 및 고령화 및 인구 유출과 같은 인구문제를 겪는 지방 중소도시 문제, 즉 지방소멸 논의를 주요하게 다루었다. 여기에는 축소도시와 지방소멸의 개념을 비

---

67 김상민, 〈인구와 경제를 고려한 도시축소(urban shrinkage) 진단 및 유형별 사회경제적 특성 분석〉, 27~62쪽.

68 임석회, 〈인구감소도시의 유형과 지리적 특성 분석〉, 65~84쪽.

69 최재헌·박판기, 〈한국 축소도시의 지역적 특성과 도시정책의 방향〉, 1~13쪽.

교한 문헌 연구도 포함되었다. 이시형·김걸은 공주시의 인구 데이터를 이용하여 소멸 위험 지역을 도출하기 위해 미시적 격자분석을 시행하였다.[70] 인구 감소를 다루는 많은 연구에서는 도시축소와 지방(지역)소멸을 구분하지 않고 있었으며, 따라서 그에 대한 대응도 인구 감소 위기에 초점을 둔 경우가 많았다.

토픽 III은 축소도시의 주택 정책 및 도시계획 관련 연구이다. 구형수는 인구 감소가 심각한 축소도시가 다른 도시에 비해 공공시설에 대한 접근성이 취약하고 기존 시설의 유지도 어렵다고 보았다.[71] 유민·유영수는 나주시를 대상으로 적정 규모에 맞는 효율성을 추구하는 공공시설 재배치 기준을 제안하였다.[72] 또 구형수·이다예는 도시축소가 일반화된 상황에서 공공시설의 효율성을 향상시키기 위한 입지 특성 및 운영 방식을 분석하였다.[73]

마지막 토픽 IV는 일본 도시축소 정책 관련 연구로 건축물과 빈집 문제, 지방 중소도시의 축소 문제를 다루면서 그에 대한 대응책으로서 주로 일본의 콤팩트시티 개념을 설명하며 도입의 필요성을 논의했음을 보여 준다. 윤병훈 등은 지방 중소도시가 인구 감소 및 산업 유출, 빈집 증가 등 지역소멸 위기를 맞고 있다면서 위기를 극복하기 위해 도시의 규모적정화가 필요하다고 설명했다.[74] 그러면서 콤팩트-네트워크 도시를

---

70 이시형·김걸, 〈격자분석 기법을 활용한 공주시의 축소도시 사례 연구〉, 《한국도시지리학회지》 21-3, 2018, 35~46쪽.

71 구형수, 〈생활 SOC 정책의 주요 이슈와 전략적 추진방향〉, 《국토정책 Brief》, 2018, 1~8쪽.

72 유민·유영수, 〈지방 소도시의 도시축소 전략 도출을 위한 공공시설의 특성 연구-전남 나주시 공공건축물을 사례로〉, 《한국공간디자인학회 논문집》 15-7, 2020, 225~236쪽.

73 구형수·이다예, 〈공공시설의 입지 및 운영 방식별 효율성 비교: 자료포락분석(DEA)의 활용〉, 《국토연구》, 2024, 97~115쪽.

74 윤병훈·이삼수·이남현·권영환·박미규, 〈지방중소도시의 도시규모 적정화방안 연구〉,

316 | 인프라 담론과 공간 정치

실현하기 위한 방안을 제시하였다. 강인호·노세희는 대중교통의 활성화, 도시 시설의 집중, 공공시설물의 녹지화 등 콤팩트시티 전략을 소개했다.[75]

이상을 통해 살펴본 국내 도시축소 연구의 주제는 크게 도시 전체에서 축소가 나타나는 양상과 특성에 대한 분석과 해외 사례를 통한 국내 도시축소 정책에 대한 시사점으로 크게 나뉜다고 할 수 있다.

국내 도시축소 연구의
주제 다각화 필요성

국내외 도시축소 연구 주제를 비교 분석한 결과, 국내 연구에서 보완할 점을 다음과 같이 정리할 수 있다.

첫째, 도시축소 현상에 대한 다각적 분석이 필요하다. 국내 연구는 인구 감소, 경제적 쇠퇴, 빈집 문제에 집중해 왔다. 시·군·구 단위의 양적 데이터 분석으로 전반적인 도시 상황과 도시 간 비교는 가능했으나, 개별 도시 상황에 맞춘 적절한 대응 방안 도출은 부족했다. 이런 이유로 해외에서 실행된 정책을 소개하는 데 그치는 경우가 많았다. 또한, 도시축소 개념에는 저성장 시대 도시 효율성 강화와 거주민 삶의 질 향상 성격이 있으나, 인구 재생산 능력 향상을 중심으로 하는 지방소멸과 구분 없이 인구 증가 방안 마련에만 집중한다. 따라서 유휴 공간을 녹지 공간으로 전환하는 가능성, 빈집 및 유휴 기반시설 철거와 관련한 사회적 형평성, 거

《국토연구》119, 2023, 121~141쪽.

75　강인호·노세희,〈인구소멸 시대의 일본 축소도시가 추구하는 스마트 수축 전략〉, 173~197쪽.

버넌스와 주민 참여, 거주자의 삶의 질 문제 등 추가 논의가 필요하다.

둘째, 지역 특수성을 고려한 통합적 접근이 필요하다. 하제Haase 등은 거대 이론보다 좁은 의미에서 경험적 현상으로 도시축소를 다각적으로 바라봐야 한다고 강조했다.[76] 마토가Matoga는 축소 대응 조치가 모든 도시에 적용되지 않을 수 있으니, 개별 도시 축소 메커니즘 이해가 중요함을 설명했다.[77] 이를 위해 축소도시 및 도시 내 특정 지역에 대해 종합적 이해가 요구된다. 어떤 지역 문제가 인구 유출에 영향이 큰지, 인구 유입을 막거나 기존 거주자 만족도를 저해하는 요인이 무엇인지 파악해야 한다. 장석길·김태형이 경북 지역 전문가들을 인터뷰해 스마트축소 전략 중 실효성 있는 사업을 도출한 시도는 참고할 만하다.[78] 다만, 공무원과 전문가 외에 축소도시 주민에 대한 조사가 추가로 필요하다. 또 공간적 차원에서 미시적·거시적 분석이 함께 이뤄져야 한다. 조대헌·이채현은 원도심 집중 축소, 소규모 중심지 소멸 등 도시별 축소 양상 차이가 크므로 공간 변화 확인을 강조한다.[79] 거시적 차원에서는 도시권 및 인접 도시와 연계성을 고려해야 한다. 신시가지 개발이 기존 시가지 공동화 현상을 촉진하는 점은 알려져 있다. 지방소멸 방지를 위해 지자체가 경쟁적으로 추진하는 신규 산업단지, 기업체, 관광단지 유치 등이 타 지역 인구 감소를 유발할 수도 있다. 따라서 각 지자체 고유 특성 및

---

76 Annegret Haase, Dieter Rink, Katrin Grossmann, Matthias Bernt and Vlad Mykhnenko, "Conceptualizing urban shrinkage," pp. 1519-1534.

77 Agnes Matoga, "Changing governance processes to make way for civic involvement: The case of Gebrookerbos in Heerlen, Netherlands," pp. 101-126.

78 장석길·김태형, 〈경상북도 스마트축소 전략의 구성요소 분석: 전문가 심층 인터뷰를 중심으로〉, 《대구경북연구》22-2, 2023, 107~129쪽.

79 조대헌·이채현, 〈우리나라 도시축소의 공간적 특성 분석–인구집중구역의 변화를 중심으로〉, 51~68쪽.

지역별 자원 활용과 더불어, 인구 이동 양상을 반영해 지역 간 연계성이 있는 도시 관리 계획을 수립해야 한다.

셋째, 도시축소 대응책은 다양하게 제시되어야 한다. 지금까지는 일본 사례를 중심으로 적정규모화,[80] 유휴 부동산 일시 활용, 그린 인프라 및 도시 녹화[81] 등이 제안됐다.[82] 이러한 물리적 대응 전략은 가시성이 크고, 지자체가 대안을 제시해 주민 동의를 얻기 쉽다는 장점이 있다.[83] 하지만 국외 사례로부터 다양한 사회적 부작용도 확인할 수 있다. 국내 도시축소 정책은 공간 효율성에 치우쳐 형평성 고려가 부족하다고 지적된다. 스마트축소의 궁극 목표인 거주자 삶의 만족도 향상과 지속가능성 실현에 대한 평가가 같이 이루어져야 한다. 외부 인구 유입을 기대하며 외부 기업 유치나 신규 주택단지를 조성하는 것보다, 넬레Nelle 처럼 기존 주민의 교육수준 향상을 통한 도시 간 기술 격차 해소 방안도 고려해야 한다.[84] 또, 네프스Nefs 등이 제시한 녹색 은퇴 도시green retirement city 전략은 초고령사회인 우리나라에 유용한 참고가 된다.[85] 재리코

---

80 유민·유영수, 〈지방 소도시의 도시축소 전략 도출을 위한 공공시설의 특성 연구-전남 나주시 공공건축물을 사례로〉, 225~236쪽.

81 손창희·장한두, 〈도농상생을 위한 축소지향 도시관리 정책에 관한 연구〉, 102~125쪽.

82 이채현·김갑영, 〈도시계획의 이상과 현실 사이의 괴리: 축소도시 대응 방안〉, 《한국도시지리학회지》25-1, 2022, 69~85쪽.

83 Keiro Hattori, Kiyonobu Kaido and Mihoko Matsuyuki, "The development of urban shrinkage discourse and policy response in Japan," *Cities* 69, 2017, pp. 124-132.

84 Anja Nelle, "Tackling human capital loss in shrinking cities: Urban development and secondary school improvement in Eastern Germany," *European Planning Studies* 24-5, 2016, pp. 865-883.

85 Merten Nefs, Susana Alves, Ingo Zasada and Dagmar Haase, "Shrinking cities as retirement cities? Opportunities for shrinking cities as green living environments for older individuals," *Environment and Planning* A 45-6, 2013, pp. 1455-1473.

Zarecor 등은 농촌 지역 도시축소 현상을 설명하며, 삶의 질과 거주 만족도가 높은 주민은 지역 이탈 가능성이 낮으며 후에 재이주할 수도 있다고 제시해, 도시축소 방지를 위해 지역사회 복지와 열린 문화 조성이 중요함을 강조했다.[86] 호스퍼르스Hospers는 물리적 인프라 중심 하드웨어적 접근 대신, 주민 이탈 방지 및 서비스 개선 등 소프트웨어적 대응이 필요하다고 설명한다.[87] 축소 수용accepting shrinkage은 가족 지원제도 등 주민 이탈 방지에 초점 맞추고, 고령자 편의를 위한 환경 개선으로 'AIPage in place' 구현을 지원한다. 또 인구 고령화를 여가, 돌봄, 생활 서비스 개발 기회로 보고, 실버 경제silver economy 투자와 철거된 주택단지 재활용을 통한 도시농업 활성화로 축소를 활용할 수 있다고 설명한다.

따라서 지금까지 지역 주민이 참여하여 도시 내부의 문제를 해결하고자 하는 도시재생 뉴딜사업, 지역 주민의 삶의 질 향상을 도모하기 위해 기술적 관점이 강조되는 스마트시티 전략, 외부 인구 유입을 통해 지역 재활성화를 꾀하는 최근의 생활인구 사업에 이르는 다양한 방안들이 도시문제 대응 방안으로 제시되어 왔다. 따라서 이러한 다양한 노력들도 도시축소 방안으로 통합될 필요가 있다.

---

86 Kimberly E. Zarecor, David J. Peters and Sara Hamideh, "Rural smart shrinkage and perceptions of quality of life in the American Midwes," pp. 395-415.

87 Gert-Jan Hospers, "Policy responses to urban shrinkage: From growth thinking to civic engagement," *European Planning Studies* 22-7, 2014, pp. 1507-1523.

연구 성과를 반영한
도시축소 정책 마련의 필요성

축소도시 연구의 성과는 실제 정책으로 연결될 수 있어야 한다. 현재 국내에서 축소도시 계획과 정책이 시행되어 이에 대한 평가가 이루어진 사례는 매우 적다. 지금까지 도시문제 해결을 위한 초점이 구도심 또는 원도심, 구시가지 등에 대한 도심 재생과 재활성화, 재성장 정책에 있었고 최근에는 지방소멸이라는 이슈에 밀려 실제 현장에서 도시축소 논의 자체가 적었기 때문이다. 강인호는 도시축소 관련 업무를 수행하고 있는 공무원들을 대상으로 중앙정부의 인구 감소 대응 정책에 대한 인식을 조사하였는데 '모른다'는 응답이 '알고 있다'는 응답보다 높게 나타났으며, 정책의 효과성에 대해서도 부정적인 응답이 높게 나타났다고 설명했다.[88] 또 이채현·김감영은 대부분의 지자체가 도시축소 상황에도 여전히 계획 인구를 과다 추정하고 있는 문제를 보여 주었다. 이는 도시의 크기와 기능을 줄어드는 인구에 맞추어 축소해 나가야 한다는 축소도시 계획에 대한 인식의 부재를 반증한다.[89] 이와 더불어 지방 도시들의 소멸 위기를 해소하고 극복해야 한다는 사고가 바탕이 된 지방소멸 이슈가 더 주목을 받으면서 인구와 산업을 유치하겠다는 주장들에 힘이 실리고 있어 우리의 도시축소 현실과 배치된다.

현재 정부는 지방소멸에 대한 대응으로 인구감소지역 89곳을 지정하고(2021) 해당 도시들에 대해 지방소멸 대응기금(연간 1조 원, 10년간)을

---

88 강인호, 〈지방소도시의 도시축소 및 실태에 관한 실증적 연구〉,《한국지역개발학회지》31-5, 2019, 45~71쪽.

89 이채현·김감영, 〈도시계획의 이상과 현실 사이의 괴리: 축소도시 대응 방안〉, 69~85쪽.

마련하여 재정적, 제도적으로 지원하기로 하였다. 그러면서 지방정부가 자체적으로 인구 감소의 원인을 진단하고, 정책 대안을 수립할 의무를 갖는다고 명시하였는데, 이는 가이드라인이나 선행 사례가 부재한 상황에서 지방정부에게 큰 부담이 될 수 있다. 장민영 등은 인력 부족과 지역 역량에 한계가 있는 지방 중소도시는 국비 지원사업에 대한 의존도가 높을 수밖에 없고 따라서 인구 유치 전략과 지역 활성화 사업을 포기하기 힘들 것으로 평가했다.[90] 이러한 상황에서 중앙정부 차원에서 지방정부가 도시를 현명하게 축소할 수 있도록 돕는 가이드라인을 제시해야 한다. 또한 지금까지 시행되어 온 도시 관리 정책들에 대해 도시축소의 상황과 맥락에서 평가와 피드백이 이루어져야 한다.

---

90 장민영·김영하·서수정, 〈일본 지방중소도시의 지역활성화를 위한 통합적 공간관리 계획체계에 관한 연구〉, 《국토계획》 55-6, 2020, 110~124쪽.

참고문헌

강은택, 〈축소도시 주민들의 삶의 만족도에 관한 연구〉, 《대한부동산학회지》 384, 2020.

강인호, 〈지방소도시의 도시축소 및 실태에 관한 실증적 연구〉, 《한국지역개발학회지》 31-5, 2019.

강인호·노세희, 〈인구소멸 시대의 일본 축소도시가 추구하는 스마트 수축 전략〉, 《한국정책과학학회보》 21-3, 2017.

구지영, 〈지방 대도시의 도시축소 양상에 대한 연구: 광주광역시를 사례로〉, 《국토지리학회지》 57-1, 2023.

구형수, 〈생활 SOC 정책의 주요 이슈와 전략적 추진방향〉, 《국토정책 Brief》, 2018.

구형수·이다예, 〈공공시설의 입지 및 운영 방식별 효율성 비교: 자료포락분석(DEA)의 활용〉, 《국토연구》, 2024.

김병연, 〈생태시민성에 대한 국내 연구 동향 분석: 언어네트워크 분석을 중심으로〉, 《한국지리학회지》 12-3, 2023.

김상민, 〈인구와 경제를 고려한 도시축소(urban shrinkage) 진단 및 유형별 사회경제적 특성 분석〉, 《한국지역개발학회지》 35-5, 2023.

김새힘·조미정, 〈인구구조 변화 특성을 반영한 인구감소 지역의 유형화와 도시축소 실태 분석 연구〉, 《도시재생》 5-1, 2019.

박종철, 〈인구감소시대의 축소도시계획 수립방안: 전라남도 중소도시의 도시공간구조를 중심으로〉, 《한국지역개발학회지》 23-4, 2011.

서준교, 〈도시쇠퇴(urban decline)와 수축(shrinkage)의 원인과 대응전략 연구: 리버풀(Liverpool)과 라이프치히(Leipzig)의 사례를 중심으로〉, 《한국지방자치학회보》 26-1, 2014.

손가영·홍성조, 〈인구감소 중소도시의 공간적 축소에 관한 연구〉, 《국토연구》 119, 2023.

손창희·장한두, 〈도농상생을 위한 축소지향 도시관리 정책에 관한 연구〉, 《지역사회연구》, 2020.

신학철·우명제, 〈도시권 특성이 축소도시에 미치는 영향에 관한 연구〉, 《국토계획》

57-6, 2022.

왕경순 · 이삼수, 〈축소도시에 대한 미국의 정책대응 및 시사점: 빈집과 토지은행을 대상으로〉,《국토계획》54-1, 2019.

유민 · 유영수, 〈지방 소도시의 도시축소 전략 도출을 위한 공공시설의 특성 연구 – 전남 나주시 공공건축물을 사례로〉,《한국공간디자인학회 논문집》15-7, 2020.

윤병훈 · 이삼수 · 이남현 · 권영환 · 박미규, 〈지방중소도시의 도시규모 적정화방안 연구〉,《국토연구》119, 2023.

이민주 · 백일순, 〈지방소멸시대의 도시축소: 계량서지학적 방법론을 활용한 국내외 도시축소 연구동향 분석〉,《한국도시지리학회지》26-2, 2023.

이삼수 · 전혜진 · 이재수, 〈축소도시의 진단 기준과 사례 분석 및 발생 요인 연구〉,《주택도시연구》8-3, 2018.

이시형 · 김걸, 〈격자분석 기법을 활용한 공주시의 축소도시 사례 연구〉,《한국도시지리학회지》21-3, 2018.

이정은 · 박윤미 · 김민주, 〈한국형 축소도시의 정의와 진단축소도시, 쇠퇴도시, 지방소멸 관련 문헌 고찰을 중심으로〉,《국토연구》119, 2023.

이채현 · 김감영, 〈도시계획의 이상과 현실 사이의 괴리: 축소도시 대응 방안〉,《한국도시지리학회지》25-1, 2022.

이현정, 〈축소도시의 가구 및 거주특성 변화와 지역 간 비교〉,《한국주거학회논문집》32-1, 2021.

임석회, 〈인구감소도시의 유형과 지리적 특성 분석〉,《국토지리학회지》52-1, 2018.

장민영 · 김영하 · 서수정, 〈일본 지방중소도시의 지역활성화를 위한 통합적 공간관리 계획체계에 관한 연구〉,《국토계획》55-6, 2020.

장석길 · 김태형, 〈경상북도 스마트축소 전략의 구성요소 분석: 전문가 심층 인터뷰를 중심으로〉,《대구경북연구》22-2, 2023.

정광진 · 유석연, 〈인구이동 특성을 고려한 축소도시 유형 분석 연구〉,《한국도시설계학회지 도시설계》22-5, 2021.

정수영 · 전희정, 〈빈집 증가의 공간적 자기상관성에 대한 탐색적 연구〉,《국토계획》54-7, 2019.

조대헌 · 이채현, 〈우리나라 도시축소의 공간적 특성 분석인구집중구역의 변화를 중심으로〉,《한국도시지리학회지》26-3, 2023.

최재헌 · 박판기, 〈한국 축소도시의 지역적 특성과 도시정책의 방향〉,《한국도시지리학회지》23-2, 2020.

Ali, Lena, Annegret Haase and Stefan Heiland, "Gentrification through green regeneration? Analyzing the interaction between inner-city green space development and neighborhood change in the context of regrowth," *Land* 9-1, 2020, pp. 24.

Alves, Daniel, Ana Paula Barreira, Maria Helena Guimarães and Thomas Panagopoulos, "Historical trajectories of currently shrinking Portuguese cities: A typology of urban shrinkage," *Cities* 52, 2016, pp. 20-29.

Berglund, Lisa, "Critiques of the shrinking cities literature from an urban political economy framework," *Journal of Planning Literature* 35-4, 2020, pp. 423-439.

Bernt, Matthias, Annegret Haase, Katrin Großmann, Matthew Cocks, Chris Couch, Caterina Cortese and Robert Krzysztofik, "How does(n't) urban shrinkage get onto the agenda? Experiences from Leipzig, Liverpool, Genoa and Bytom," *International Journal of Urban and Regional Research* 38-5, 2014, pp. 1749-1766.

Buhnik, Sophie, "From shrinking cities to Toshino Shukushō: Identifying patterns of urban shrinkage in the Osaka metropolitan area," *Berkeley Planning Journal* 23-1, 2010.

Capitanio, Marco, "Participatory place management in the age of shrinkage: The case of Kunitachi within Tokyo's peripheral areas," *Journal of Place Management and Development* 11-4, 2018, pp. 447-462.

Clement, Daniel and Miguel Kanai, "The detroit future city: How pervasive neoliberal urbanism exacerbates racialized spatial injustice," *American Behavioral Scientist* 59-3, 2015, pp. 369-385.

Coppola, Alessandro, "Projects of becoming in a right-sizing shrinking city," *Urban Geography* 40-2, 2018, pp. 237-256.

Cortese, Caterina, Annegret Haase, Katrin Grossmann and Iva Tichá, "Governing social cohesion in shrinking cities: The cases of Ostrava, Genoa and Leipzig," *European Planning Studies* 22-10, 2014, pp. 2050-2066.

Döringer, Stefanie, Yuta Uchiyama, Marianne Penker and Ryo Kohsaka, "A meta-analysis of shrinking cities in Europe and Japan, Towards an integrative research agenda," *European Planning Studies* 28-9, 2020, pp. 1693-1712.

Ehrenfeucht, Renia and Marla Nelson, "Just revitalization in shrinking and shrunken cities? Observations on gentrification from New Orleans and Cincinnati," *Journal of Urban Affairs* 42-3, 2020, pp. 435-449.

Eraydin, Ayda and Guldem Özatağan, "Pathways to a resilient future: A review of policy agendas and governance practices in shrinking cities," *Cities* 11-5, 2021, pp. 103-226.

Eva, Mihail, Alexandra Cehan and Alexandra Lazăr, "Patterns of urban shrinkage: A systematic analysis of Romanian cities," *Sustainability* 13, 2021.

Großmann, Katrin, T. Arndt, A. Haase, D. Rink and A. Steinführer, "The influence of housing oversupply on residential segregation: Exploring the post-socialist city of Leipzig," *Urban Geography* 36-4, 2015, pp. 550-577.

Haase, Ali, Stefan Heiland and Annegret Haase, "Gentrification through green regeneration? Analyzing the interaction between inner-city green space development and neighborhood change in the context of regrowth: The case of Lene-Voigt-Park in Leipzig, Eastern Germany," *Land* 91, 2020, pp. 1-24.

Haase, Annegret, Dieter Rink, Katrin Grossmann, Matthias Bernt and Vlad Mykhnenko, "Conceptualizing urban shrinkage," *Environment and Planning A: Economy and Space* 46-7, 2014, pp. 1519-1534.

Hartt, Maxwell and Joshua Warkentin, "The development and revitalisation of shrinking cities: A twin city comparison," *Town Planning Review* 88-1, 2017, pp. 29-41.

Hattori, Keiro, Kiyonobu Kaido and Mihoko Matsuyuki, "The development of urban shrinkage discourse and policy response in Japan," *Cities* 69, 2017, pp. 124-132.

Häußermann, Hartmut and Walter Siebel, "The shrinking city and urban sociology," *Soziologische Stadtforschung Jurgen Friedrichs* 29, 1988, pp. 78-94.

Hoekstra, Myrte S., Cody Hochstenbach, Marco A. Bontje and Sako Musterd, "Shrinkage and housing inequality: Policy responses to population decline and class change," *Journal of Urban Affairs* 42-3, 2020, pp. 333-350.

Hohle, Randolph, "A grassroots alternative to urban shrinkage? A comparative analysis of place reputational remaking in Buffalo and Cleveland," *Urban Affairs Review*, 2024, pp. 1-38.

Hollander, Justin B. and Jeremy Németh, "The bounds of smart decline: A foundational theory for planning shrinking cities," *Housing Policy Debate* 21-3, 2011, pp. 349-367.

Hollander, Justin B., "Can a city successfully shrink? Evidence from survey data on neighborhood quality," *Urban Affairs Review* 47-1, 2011, pp. 129-141.

Hollander, Justin B., Karina Pallagst, Terry Schwarz and Frank J. Popper, "Planning shrinking cities," *Progress in Planning* 72-4, 2009, pp. 223-232.

Hospers, Gert-Jan, "Policy responses to urban shrinkage: From growth thinking to civic engagement," *European Planning Studies* 22-7, 2014, pp. 1507-1523.

Louali, Samira, Maja Ročak and Jol Stoffers, "Social cost-benefit analysis of bottom-up spatial planning in shrinking cities: A case study in The Netherlands," *Sustaina bility* 14, 2022.

Mallach, Alan, "What we talk about when we talk about shrinking cities: The ambiguity of discourse and policy response in the United States," *Cities* 69, 2017, pp. 109-115.

Martinez-Fernandez, Cristina, Ivonne Audirac, Sylvie Fol and Emmanuèle Cunningham-Sabot, "Shrinking cities: Urban challenges of globalization," *International Journal of Urban and Regional Research* 36-2, 2012, pp. 213-225.

Matoga, Agnes, "Changing governance processes to make way for civic involvement: The case of Gebrookerbos in Heerlen, Netherlands," *Sustainability* 14-16, 2022, pp. 101-126.

Nefs, Merten, Susana Alves, Ingo Zasada and Dagmar Haase, "Shrinking cities as retirement cities? Opportunities for shrinking cities as green living environments for older individuals," *Environment and Planning A* 45-6, 2013, pp. 1455-1473.

Nelle, Anja, "Tackling human capital loss in shrinking cities: Urban development and secondary school improvement in Eastern Germany," *European Planning Studies* 24-5, 2016, pp. 865-883.

Nelle, Anja, Katrin Großmann, Dagmar Haase, Sigrun Kabisch, Dieter Rink and Manuel Wolff, "Urban shrinkage in Germany: An entangled web of conditions, debates and policies," *Cities* 69, 2017, pp. 116-123.

Newman, Galen, Justin B. Hollander, Jaekyung Lee, Donghwan Gu, Boah Kim, Ryun Jung Lee, Jennifer A. Horney, Domonic Bearfield and Yuxian Li, "Smarter shrinkage: A neighborhood-scaled rightsizing strategy based on land use dynamics," *Journal of Geovisualization and Spatial Analysis* 2, 2018, pp. 1-20.

Ortiz-Moya, Fernando, "Green growth strategies in a shrinking city: Tackling urban revitalization through environmental justice in Kitakyushu City, Japan," *Journal of Urban Affairs* 42-3, 2020, pp. 312-332.

Peters, David J., Sara Hamideh, Kimberly Elman Zarecor and Marwan Ghandour, "Using entrepreneurial social infrastructure to understand smart shrinkage in small towns," *Journal of Rural Studies* 64, 2018, pp. 39-49.

Rhodes, James and John Russo, "Shrinking 'smart'?: Urban redevelopment and shrinkage in Youngstown, Ohio," *Urban Geography* 34-3, 2013, pp. 305-326.

Rink, Dieter, Annegret Haase, Katrin Grossmann, Chris Couch and Matthew Cocks, "From long-term shrinkage to re-growth? The urban development trajectories of Liverpool and Leipzig," *Built Environment* 38-2, 2012, pp. 162-178.

Ryberg-Webster, Stephanie and Kelly L. Kinahan, "Historic preservation in declining city neighbourhoods: Analysing rehabilitation tax credit investments in six US cities," *Urban Studies* 54-7, 2017, pp. 1673-1691.

Schilling, Joseph and Jonathan Logan, "Greening the rust belt: A green infrastructure model for right sizing America's shrinking cities," *Journal of the American Planning Association* 74-4, 2008, pp. 451-466.

Schwarz, Nina, Dagmar Haase and Ralf Seppelt, "Omnipresent sprawl? A review of urban simulation models with respect to urban shrinkage," *Environment and Planning B: Planning and Design* 37-2, 2010, pp. 265-283.

Sroka, Bartłomiej T., "Urban shrinkage as a catalyst of a transition, revolving around definitions," *Sustainability* 14, 2022.

Béal, Vincent, Sylvie Fol, Yoan Miot and Max Rousseau, "Varieties of right-sizing strategies: Comparing degrowth coalitions in French shrinking cities," *Urban Geography* 40-2, 2019, pp. 192-214.

Wiechmann, Thorsten and Marco Bontje, "Responding to tough times: Policy and planning strategies in shrinking cities," *European Planning Studies* 23-1, 2015, pp. 1-11.

Yoon, Cheol-Jae, "Between the ideal and reality of city resizing policy: Focused on 25 cases of compact city plans in Japan," *Sustainability* 12-3, 2020, pp. 989.

Zarecor, Kimberly E., David J. Peters and Sara Hamideh, "Rural smart shrinkage and perceptions of quality of life in the American Midwes," *Handbook of quality of life and sustainability*, Martinez, Javier, Claudia Andrea Mikkelsen and Rhonda Phillips eds., Switzerland: Springer, 2021, pp. 395-415.

일본 동물원의 제도적 위상과
인프라적 의미
: 「박물관법」의 제·개정사를 중심으로

| 임보미 |

이 글은 《한국과 세계》 제7권 6호(2025. 11.)에 게재된 원고를 수정·보완한 것이다.

동물원은 근대 이후 인류가 자연과 맺어 온 관계를 압축적으로 보여 주는 제도적 장치이다. 오락·전시·교육·종 보전이라는 명분 속에서 동물원의 존재는 정당화되어 왔지만, 실제로는 인간중심적 질서와 감각 체계 속에서 동물을 전시 가능한 대상으로 위치 짓는 구조를 벗어나지 못한 채 유지되어 왔다. 동물의 임모빌리티immobility를 중심으로 작동하는 동물원의 구조는, 동물복지와 윤리 담론의 확산과 함께 그 정당성이 꾸준히 재검토되어 왔다.

한편, 일본의 경우, 동물원은 「박물관법」 체계 안에서 이해되어 왔다. 1951년 제정된 이 법은 동물원을 박물관의 일종으로 포섭하면서 현재까지 그 틀을 벗어나지 않고 있다. 이 글은 이러한 제도적 틀이 동물복지와 권리를 보장하기보다는 교육 인프라의 하위 요소로 고정하는 구조를 고착화한다는 문제의식 아래 일본의 동물원이 「박물관법」하에서 어떻게 제도적 위상을 획득하고 유지해 왔는지를 인프라 인문학적 관점에서 분석한다.

지금까지 동물원 연구는 주로 윤리철학이나 동물권 논의의 차원에서 그 정당성이 다루어져 왔다. 그러나 동물원이 사회적·제도적 조건 속에서 어떻게 고착화되어 왔는지를 분석하는 연구는 상대적으로 부족하다. 인프라 인문학의 관점은 동물원을 단순히 시설이나 기관으로 보는 것을 넘어, 그것이 제도적으로 어떻게 가능하게 되었는지, 또 어떠한 사회적·공간적 효과를 산출하는지를 드러내는 데 유용하다. 이 글은 일본의 근현대사와 입법 과정에 주목하여, 동물원이 감금·전시 중심의 인프라로 고정될 수 있었던 제도적·공간적 조건을 밝히는 데 목적이 있다.

이를 위해 먼저 동물원을 둘러싼 기존 윤리학적 논의와 한계를 검토하고, 인프라적 접근이 갖는 의의를 설명한다. 이어서 독일·영국·한국·일본의 법제 비교를 통해 동물원의 법적 위상이 국가마다 어떻게 달리 규정되는지를 살펴봄으로써 일본의 입법적 특수성을 드러낸다. 그 다음으로 일본 「박물관법」의 제정 과정과 동물원 편입 과정을 역사적으로 고찰하면서, 제도 설계자들의 인식과 가치관이 동물원의 법적 지위를 어떻게 형성했는지를 분석한다. 또한 현대 담론에서 일본동물원수족관협회JAZA: Japanese Association of Zoos and Aquariums의 활동과 「박물관법」 개정 논의를 검토하여, 동물원이 여전히 교육과 종 보전이라는 프레임 안에서 존속을 정당화하는 구조적 한계를 보여 주고 있음을 밝힌다.

궁극적으로 이 글은 동물원이 인간중심적 전시 인프라로 제도화된 과정을 비판적으로 해명하고, 이를 넘어 동물원이 존속의 정당성을 획득하기 위해 필요한 조건과 과제를 탐색하고자 한다. 일본의 사례는 동물원 제도의 법적 기반이 어떻게 사회적 인프라로 고착되는지를 보여 주는 동시에, 그 구조적 한계가 무엇인지를 드러내는 중요한 분석 틀이 될 것이다.

동물원 연구와
인프라 인문학

동물원 윤리에 관한 선행 연구와 한계

동물과 에토스에 관한 기존 연구는 주로 환경윤리, 동물복지, 동물권리론 또는 동물해방론의 관점에서 이루어져 왔다. 1975년 피터 싱어 Peter Singer의 저서 《동물해방Animal Liberation》 출간을 계기로 촉발된 동물권 논쟁은, 이후 톰 레건Tom Regan으로 대표되는 동물권리론으로 확장되었다. 최근에는 역량중심주의를 바탕으로 동물 정의론을 전개한 마사 너스바움Matha Nussbaum의 논의[1]와, 정치철학적 관점에서 인간-동물의 관계를 재구성한 수 도널드슨Sue Donaldson과 윌 킴리카Will Kymlicka의 "Zoopolis" 개념[2] 등이 주목받고 있다.

이들 논의는 동물의 생명과 복지를 둘러싼 도덕적 쟁점을 철학적으로 조명하며, 동물 관련 연구의 이론적 기반 형성에 기여해 왔다. 동물원 제도 자체를 직접적 주제로 다룬 연구는 많지 않지만, 위에서 언급한 담론들은 동물원의 윤리적 정당성을 가늠해 볼 수 있는 이론적 토대를 제공해 주고 있다.

싱어는 어떤 존재가 쾌고감수능력sentience을 가지고 있다면 그 고통을 고려하지 않는 것은 도덕적으로 정당화될 수 없다고 주장한다.[3] 이때 쾌고감수능력을 가지고 있는 존재의 이익은 사람의 이익과 동일한 무게로 다루어져야 한다고 본다. 그러나 싱어는 벤담식 공리주의를 기반으로 하기 때문에, 그의 견해에 따르면 동물의 이익이 침해되더라도 그로 인해 획득할 수 있는 인간의 이익이 현저히 크고 중대하다면 일정한 조건 아래 정당화될 수 있다.[4]

이러한 관점에서 동물원의 정당성을 평가하려면, 먼저 고려되어야 할 것은 동물에게 이동의 자유를 제한하는 조건에서 인간이 얻는 이익의 성격과 크기이다. 그리고 그 이익이 동물에게 가해지는 극단적 임모빌리티의 고통을 넘어서는가, 즉 동물의 고통보다 더 큰 총체적 쾌락이나 유익을 인류에게 제공하는가가 핵심적인 기준이 될 것이다. 결국, 동물

---

1 마사 너스바움, 《동물을 위한 정의》, 이영래 옮김, 알레, 2024 참조.

2 Sue Donaldson and Will Kymlicka, *Zoopolis: A Political Theory of Animal Rights*, Oxford: Oxford University Press, 2011 참조.

3 피터 싱어, 《우리 시대의 동물 해방》, 김성한 옮김, 연암서가, 2024, 29쪽.

4 최훈, 《동물 윤리 대논쟁》, 사월의책, 2019, 35쪽.

원이라는 제도는 동물원이 인간에게 제공하는 즐거움이나 교육적·정
서적 가치 등의 총합이 그 안에서 고통받는 동물의 손해를 상쇄하거나
초과하는 경우에 한해 공리주의적 맥락에서 정당화될 수 있다.

한편, 동물의 권리 확보를 궁극적 목표로 하는 레건의 이론에 따르면,
동물 역시 인간과 마찬가지로 삶의 주체로서 고유한 "본래적 가치inherent
value"를 지닌 존재이며, 타인의 목적을 위한 수단이 되어서는 안 된다.
레건은 동물이 인간에게 큰 이익을 제공할 수 있는 상황일지라도, 그 이
익의 크기나 중요성과 무관하게 동물을 도구화하는 행위는 비도덕적이
라고 본다.[5] 이러한 관점에서 그는 육식, 동물실험, 스포츠 사냥 등 동물
의 수단화를 전제로 한 관행 전반에 대해 반대 입장을 취한다.

그의 윤리 이론에 비추어 보면 동물원 역시 도덕적으로 정당화되기
어렵다. 설령 동물원이 '종 보전'이나 '교육'과 같은 공익적 기능 수행으
로 그 존재 목적을 전환한다 하더라도, 그 자체가 동물을 인간의 제도적
목적에 종속시키는 구조를 유지하는 한, 동물의 본래적 가치는 훼손될
수밖에 없기 때문이다. 따라서 동물을 감금하는 것이 해당 동물에게 최
선의 이익이 되는 경우를 제외하고는 동물원이 도덕적 정당성을 획득
하기란 거의 불가능하다고 할 수 있다.[6]

이처럼 기존 윤리학자의 이론을 통해서도 동물원이 동물의 자율성과
자기 보존 능력을 제약하는 구조를 벗어나지 않는 한, 윤리적으로 정당
화되기 어렵다는 점을 확인할 수 있다. 그러나 윤리적 정당성 문제가 끊

---

5 톰 레건,《동물권 옹호》, 김성한·최훈 옮김, 아카넷, 2023 참조.

6 Tom Regen, "Are Zoos Morally Defensible?" Bryan G. Norton, Michael Hutchins, Elizabeth
   F. Stevens and Terry L. Maple eds., *Ethics on the Arks: Zoos, Animal Welfare, and Wildlife
   Conservation*, Washington: Smithsonian Institution Press, 1995, pp. 38–51.

임없이 제기되고 있음에도 불구하고 동물원은 여전히 세계 곳곳에서 보편적 시설로 유지되고 있으며, 다수 사회에서 공공시설로서의 위상을 갖고 있다. 오늘날의 동물원은 오히려 '종 보전species conservation'이라는 새로운 명분을 내세우며[7] 전통적인 전시 중심 시설에서 보존과 교육 중심 공간으로 기능의 전환을 시도하고 있다.[8]

기존의 윤리학적 접근은 반복적으로 제기되는 윤리적 비판에도 불구하고 동물원이 여전히 존속하는 이유는 무엇인가라는 질문에 대해 충분한 설명을 제공하지 못하고 있다. 이 지점에서 우리는 동물원을 단지 '동물을 가두는 공간'으로서가 아니라, 인간중심 사회의 도시 인프라로서 접근할 필요가 있다. 인프라를 세계의 형성과 재형성에 능동적으로 참여하는 행위자로 이해한다면,[9] 동물원 역시 사회적 관계와 제도적 의미망 속에서 작동하는 하나의 인프라라고 볼 수 있다. 동물원이 지속되는 이유는 그것이 하나의 제도적 질서, 사회적 감각 체계, 그리고 법적·행정적 운영 구조의 일부로 기능하기 때문이다. 따라서 동물원의 윤리적 문제와 기능 전환 논의는 이 제도적 인프라로서의 성격을 충분히 반영하여 이뤄져야 할 것이다.

이러한 문제의식을 바탕으로, 동물원을 분석하기 위한 개념적 도구로

---

7 전 세계 400여 개의 기관과 조직을 회원으로 하는 세계 동물원 및 수족관 협회 WAZA: World Association of Zoos and Aquariums는 "동물 보호와 복지, 환경 교육, 지구 차원의 보전 활동"을 목적으로 표방하고 있다.

8 동물원은 과거 부를 과시하는 상징으로 기능했던 미내저리menagerie 시대부터 오락을 중심으로 "쇼케이스 역할"을 담당하다가 1960년대부터 보전, 교육, 연구 등을 기관의 목적으로 새롭게 정의하는 모습을 보이기 시작했다. Rafael Miranda, Nora Escribano, María Casas, Andrea Pino-Del-Carpio and Ana Villarroya, "The Role of Zoos and Aquariums in a Changing World," *Annual Review of Animal Biosciences* 11, 2023, pp. 288-289.

9 이진형, 〈인프라 인문학과 인프라 텍스트 연구 시론〉, 《International Journal of Diaspora & Cultural Criticism》 25-2, 2025, 105쪽.

서 '인프라적 접근'의 필요성을 제기한다. 기존의 윤리적, 정치적 비판이 담아내지 못했던 동물원의 공간적·제도적·역사적 중층성을 이해하기 위해서는, 동물원이 어떠한 사회적 조건 속에서 제도화되고 유지되어 왔는지를 분석하는 틀이 요구된다. '인프라 인문학'은 바로 이러한 문제를 다루는 새로운 연구 흐름이다. 이는 전통적인 기술 인프라 분석을 넘어서, 사회적 삶을 구성하고 유지하는 보이지 않는 조건들을 문화적·역사적·물질적 맥락에서 조명하는 학제적 시도이다.[10]

인프라와 인프라적 접근의 의미

인프라스트럭처infrastructure는 하부를 뜻하는 'infra'와 구조를 뜻하는 'structure'가 결합된 말로 19세기 프랑스 철도 공학 분야에서 처음 사용된 것으로 알려져 있다. 당시 프랑스 철도 정책에서는 레일과 차량 등 직접적으로 열차가 운행되는 부분을 상부구조superstructure로, 선로를 지지하는 토공 등 기반시설은 하부구조infrastructure로 구분하여, 상부구조는 민간기업 투자에 의해, 하부구조는 프랑스 정부로부터 자금을 조달하는 방식을 취했다. 즉, 상부구조나 하부구조와 같은 용어는 애초에 기술적 전문용어라기보다는 행정적 개념에서 출발했고, 따라서 오늘날 인문사회학적 개념으로 포섭될 수 있는 잠재력을 당시부터 내포하고 있었다.[11]

이 용어는 20세기에 미국으로 유입된 후 1950년대 냉전의 시대적 상황과 맞물려 군사적 의미에서 널리 확산되었고,[12] 이후 보건, 교육, 사회

---

10   김태희, 〈인류세의 기후-인프라: 인프라 인문학의 관점에서〉, 《International Journal of Diaspora & Cultural Criticism》 25-2, 2025, 14쪽.

11   Guillermo Guajardo Soto, "What is Infrastructure? Origins, Turns and Continuities of the Concept," *ARQ* 114, 2023, p. 7.

12   William Batt, "Infrastructure: Etymology and Import," *Journal of Professional Issues in*

복지 영역처럼 정부의 적극적 개입이 요구되는 모든 핵심 기반 영역을 설명하는 용어로 자리 잡게 되었다. 이처럼 물리적 설비를 의미하는 말로서 출발한 인프라는 최근 들어 정치, 역사, 법, 매체, 도시 공간 등 다양한 인문사회과학 분야에서 분석 대상이자 분석 방법으로 부상하고 있다. 브리지스Bridges는 이러한 흐름을 "인프라적 전환Infrastructural Turn"이라 명명하며, 인프라가 이제는 "역사적 변화를 이해하고 상호연결성을 분석하기 위한 강력한 개념적 틀"로 작동하고 있다고 평가한다.[13] 그러면 이러한 개념적 틀로서의 인프라적 접근이 기존 관점과 갖는 차별성과 유용성은 어디에 있는가? 인프라는 '구조structure'의 개념을 토대로 한다. 마이어Meyer는 구조가 "겉으로 드러나는 현상들을 인과적으로 결정짓는" 것이라면, 인프라는 우리가 전제하고 받아들였던 것의 존재가 "지속적으로 구성되고 생성되는 과정에 주목"하게 한다고 설명한다. 이로써 현상들이 주어진 것이 아니라 "성취된 것"으로 이해할 수 있게 된다는 차이가 있다는 것이다.[14] 여기서 인프라는 정태적인 구조가 아닌, 동태적인 생성과 작동의 장치로 이해되며, 이를 통해 우리는 사회적 현상이나 제도적 실천을 주어진 실체로 전제하기보다 구성된 결과 또는 구성되어 가는 과정으로서 분석할 수 있게 된다. 따라서 우리는 특정한 제도나 공간, 기술이 어떻게 사회적으로 '자연스럽다'고 받아들여지게 되었는지를 질문할 수 있는 이론적 여지를 확보하게 된다.

    Engineering 110-1, 1984, p. 2.

13 Mary Bridges, "The Infrastructural Turn in Historical Scholarship," *Modern American History* 6-1, 2023, p. 104.

14 Christian Meyer, "From Structure to Infrastructure," *Rethinking Infrastructure Across the Humanities*, Aaron Pinnix, Axel Volmar, Fernando Esposito, and Nora Binder eds., Bielefeld: transcript Verlag, 2023, p. 48.

이러한 관점에서 이 글은 동물원이 법과 제도를 통해 고정된 사회적 인프라라는 점에 주목하고자 한다. 인프라 인문학적 관점을 동물원 문제에 적용하면, 동물원을 둘러싼 제도적·공간적·물질적 구성 요소들이 어떻게 상호작용하며 인간중심 사회의 질서 속에 편입되어 왔는지를 다층적으로 분석할 수 있다. 이러한 접근은 동물원을 윤리적 비판의 대상으로 한정하지 않고, 그 형성과 지속을 가능하게 하는 사회적·기술적 조건의 총체로 파악하게 한다. 나아가 현상적 비판을 넘어 동물원의 제도적 구조와 사회적 역할을 재구성할 수 있는 실천적 대안을 모색하는 데 이론적 기반을 제공한다.

특히 일본의 경우, 동물원이 「박물관법」의 하위 유형으로 제도화되어 있으며, 이는 동물원이 문화적·교육적 장치로서 '전시 가능한 생명'을 구성하고 유지하는 제도적 틀에 속한다는 점을 의미한다. 여기서 주목해야 할 것은, 법률적 정의가 특정 존재의 사회적 위상을 어떻게 고정하고, 어떤 존재론적 위계를 만들어 내는가이다. 동물원이 「박물관법」에 따라 '박물관의 하나'로 규정되는 순간, 동물은 생명적 주체라기보다 교육과 감상의 대상으로 승인된다. 이 글은 이러한 법적 규정이 어떠한 역사적·법적 맥락 속에서 형성되고 고착되었는지를 일본 「박물관법」의 제정과 개정 과정의 분석을 통해 규명하고자 한다.

동물원 관련 법체계에 관한 비교법적 검토

법은 오랜 시간에 걸쳐 축적된 사회적 경험과 각 국가의 고유한 문화적 맥락 위에서 형성된 산물이다.[15] 따라서 동물과 인간의 관계를 한 사회가 어떻게 인식하고 제도화하는지는, 해당 국가의 법체계 안에서 동물 관련 규율이 어떤 위상과 구조를 가지는지를 통해 가늠할 수 있다.[16]

이러한 문제의식 아래 독일, 영국, 한국, 일본의 법체계를 비교함으로써 각국이 동물원을 어떻게 규정하고 통제하고 있는지를 검토하려 한다. 비교 대상 국가는 복지 중심의 유럽 모델(독일·영국), 시민사회의 참여를 기반으로 한 신흥 입법 모델(한국)로서, 이들 국가는 박물관 제도 속에 동물원을 위치시킨 일본의 특수한 법체계를 대조적으로 드러낸다.

독일

독일에서 동물원의 설치 및 운영에 적용되는 주요 법률로는 「동물보호법TierSchG」과 「연방자연보호법BNatSchG」이 있다. 「동물보호법」은 동물의 복지와 보호를 목적으로 모든 동물에 대하여 보편적으로 적용되는 동물 관련 일반법의 지위를 지닌다. 따라서 동물원의 동물 역시 이 법에 따라 학대, 잔혹한 훈련 등이 금지되며(제3조 이하) 종 특성에 맞는 영양, 운동, 의료 등을 제공받는 대상이 된다(제2조). 특히 이 법은 제11조를 통해 동물원 또는 기타 동물 전시시설에서 동물을 사육하는 경우 관할 당국의 허가를 받도록 명시하고 있어, 동물원에 대해서도 별도의 규율을 적용하고 있다.

동물원의 설립과 운영 전반에 관한 좀 더 구체적이고 엄격한 요건은 「연방자연보호법」이 규율한다. 이 법은 제42조를 통해 동물원이 갖추어야 할 법적 기준과 요건을 상세히 명시하고 있으며, 이는 유럽연합의

---

15 양천수·이동형, 〈문화와 법체계 그리고 비교법학〉, 《민족문화논총》 28, 2007, 123쪽.

16 靑木人志, 《日本の動物法》, 東京大学出版会, 2018, p. 6.

「동물원 지침Directive 1999/22/EC」[17]을 국내법으로 이행한 결과이기도 하다. 제42조는 동물원을 "살아 있는 동물을 1년에 최소 7일 이상 전시하기 위해 사육하는 상시적 시설"로 정의한다(제1항). 또한 동물원의 설립과 운영에 관한 세부 요건을 규정하고 있는데, 종별 개체 수 관리, 대중교육, 종 보전 연구 참여라는 공적 책무에 더해 사육 환경의 적합성, 건강관리 프로그램, 안전조치 등을 포함하여 동물원 운영 전반이 동물복지 원칙과 엄격한 규율 아래 놓이도록 하고 있다(제2항~제7항).

이와 같은 법적 기조는 독일의 동물 관련 전체 법체계와도 긴밀하게 연관된다. 독일은 이미 1933년에 제정된 「제국동물보호법Reichstierschutzgesetz」을 기점으로 동물 보호에 대한 법제적 논의를 시작하였으며, 1972년 전면 개정된 「동물보호법」을 통해 현대적 동물복지법의 기틀을 마련하였다. 특히 1986년 개정에서는 "인간과 함께 살아가는 생명체Mitgeschöpf"라는 인식이 제1조에 명시되면서, 동물을 단순히 환경보존의 대상으로 보던 기존 관점을 넘어, 도덕적·법적 고려의 대상으로 자리매김시키는 전환이 이루어졌다.[18] 이어 1990년 「민법」 개정에서는 "동물은 물건이 아니다"라는 규정(제90a조)이 신설되어, 민사법적 차원에서도 동물의 독자적인 법적 지위를 인정하는 흐름이 강화되었고, 2002년에는 "동물 보호"를 국가의 의무 안에 포함하는 「기본법Grundgesetz」 개정이 이루어졌다. 독일 「기본법」 제20a조는 국가가 미래 세대를 위한 책임의 일환으로 자연적 생활 기반과 함께 동물을 보호해야 함을 규정하고 있으며,

---

[17] 유럽연합의 입법 체계 중 하나로, 회원국은 유럽연합이 지침을 통해 제시한 내용을 국내법으로 입법화할 의무를 부담한다.

[18] 한민지, 〈동물의 법적 지위에 대한 민법 개정논의에 즈음하여 보는 동물보호법제 발전방향〉, 《환경법과 정책》 28, 2022, 90쪽.

이는 단순한 선언에 그치는 것이 아니라 입법자에게 실질적인 입법 의무를 부과하는 규범적 효력을 갖는다.[19] 따라서 독일의 동물 보호 체계는 헌법, 민법, 행정법에 이르기까지 다층적인 법률적 기반 위에서 형성된 것으로, 특히 헌법적 차원에서 동물을 사회 구성의 한 요소로 규정함으로써 그 지위를 법적으로 공고히 하고 있다.

영국

영국 역시 유럽연합의 「동물원 지침」에 따라, 국내법 개정을 통해 해당 내용을 국내법으로 이행하였다. 그러나 영국은 이미 1981년 동물원 허가제를 도입하는 것을 골자로 동물원 설립과 운영에 관한 독자적인 법률인 「동물원면허법Zoo Licensing Act 1981」을 제정하여 시행하고 있었다.

「동물원면허법」은 종전의 「동물보호법Protection of Animal Act 1911」이 포획된 야생동물 보호에 충분하지 않다는 문제의식과, 1960년대부터 지속적으로 제기되어 온 동물원에 대한 규제 및 감독의 필요성에 대응하여 제정되었다.[20] 이후 2003년 유럽연합 지침을 계기로 「동물원면허법」을 개정하면서 스스로 관리 체계와 동물복지 기준을 법적으로 강화하는 조치를 취했다.[21]

한편 영국은 동물복지에 관한 일반법으로서 「동물복지법Animal Welfare Act 2006」을 두고 있다. 이 법 제2조는 "보호 동물"의 범주에 "영구적이든

---

19   홍완식, 〈독일의 동물보호법제에 관한 고찰〉, 《유럽헌법연구》 25, 2017, 530쪽.

20   Chris Draper, "The Zoo Licensing Act 1981 and the Welfare of Animals in UK Zoos," *Journal of Animal Welfare Law*, 2011, pp. 20-21.

21   주요 개정 내용으로는 ① 동물원 폐쇄 시 동물의 복지 보장 절차의 도입(Section 16E), ② 검사 체계의 확립(Section 10), ③ 면허 조건의 집행과 폐원 제재의 구체화(Section 16A~C) 등이 있다. 보다 자세한 내용은 유선봉, 〈동물원 동물의 보호를 위한 입법적 제언 – 영국의 동물면허법을 중심으로〉, 《외법논집》 38-3, 2014, 15~34쪽 참조.

일시적이든 인간의 통제하에 있는 동물", "야생 상태에서 살고 있지 않은 동물"을 포함하고 있어, 동물원 동물 역시 이 법의 적용 대상에 해당한다. 이에 따라 동물원 동물에게도 적절한 환경과 균형 잡힌 식단이 제공되어야 하며, 정상적인 행동의 수행과 사회적 관계를 형성할 수 있는 조건이 보장되어야 하고, 통증, 고통, 질병으로부터 보호받아야 함은 물론이다(Section 9).

이처럼 영국의 동물원 관련 법체계는 구체적 기준을 제시하여 동물복지가 윤리적 지향에 그치지 않고 제도적으로 실현될 수 있도록 한다. 특히 동물원의 설립과 운영을 개별 허가의 대상으로 규정하고, 허가 요건을 복지 활동의 실질적 수행 여부와 연계시킨 점은 주목할 만하다. 이러한 규율 구조 속에서 동물은 일시적인 보호의 대상이 아니라, 법적 의무와 공공 책임의 구조 안에서 지속적으로 점검되고 갱신되는 존재로서 위치 지어지는 것이다.

한국

한국은 2016년 「동물원·수족관의 관리에 관한 법률」(이하 「동물원수족관법」)을 제정(2017년 5월 30일 시행)함으로써 동물원과 수족관을 포괄적으로 규율할 수 있는 법적 근거를 마련하였다.

그러나 제정법은 동물원 등록제의 채택, 관리·감독 체계의 미비, 서식 환경 및 관리 기준의 부재 등이 문제점으로 지적되면서[22] "동물복지

---

22 자세한 내용은 이형주, 〈전시동물 복지 실태와 개선을 위한 입법 방향〉, 《동물원수족관법 개정을 위한 국회 토론회 자료집》, 더불어민주당 이용득 의원실 · 환경부 · (사)동물복지문제연구소 어웨어, 2019 참조.

가 빠져 있는 부실한 입법"이라는 평가를 받았다.[23] 특히 2020년 코로나 19 팬데믹으로 동물원 동물이 방치되거나 폐사하는 사례가 사회적 문제로 부각되면서, 동물원과 수족관 동물의 복지와 관리 강화를 요구하는 여론이 높아지게 되었다.

이러한 흐름 속에서 제정법이 시행된 지 5년이 지나지 않아 기존 법률을 전면 개정하기에 이르렀는데(2022. 12. 13. 전부개정, 법률 제19086호), 개정법은 동물복지에 관한 다양한 조항을 신설하고, 동물원의 관리 체계를 재정비함으로써 전시 동물의 복지를 위한 입법적 기반을 구축했다.[24]

아울러 한국 역시 다른 나라와 마찬가지로 동물의 보호 및 복지를 위한 일반법으로서 「동물보호법」을 두고 있다. 이 법은 동물원 동물을 별도로 명시하고 있지는 않지만, 제2조 제1호에서 정의하는 "동물"에 동물원 동물 또한 보호의 대상에 속함은 물론이다.

한국의 동물원 관련 법제는 비교적 최근에 이르러서야 독립적인 입법 구조를 갖추었으며, 시행 초기에는 등록제 중심의 느슨한 규율로 인해 동물복지의 실질적 보장이 어려웠다는 비판을 받아 왔다. 그러나 2022년의 전면 개정을 통해 전시나 체험 중심의 상업적 운영에 제도적 제동을 걸고 관리 주체의 의무와 책임을 명확히 했다는 점에서, 동물원

---

23 함태성, 〈동물 전시의 윤리적·법적 문제와 동물원의 현대적 과제에 대한 법적 고찰－스와질랜드 일레븐 사건(Born Free USA v. Norton case)을 글감으로 하여－〉, 《환경법연구》 39-3, 2017, 454쪽. 한편, 제정 「동물원수족관법」의 개요와 문제점에 관한 자세한 내용은 이소영, 〈동물원 및 수족관 관리제도 도입에 관한 소고－「동물원 및 수족관의 관리에 관한 법률」의 제정에 부쳐－〉, 《환경법과 정책》 17, 2014, 61~84쪽 참조.

24 주요 내용으로는 ① 동물원·수족관 설립을 기존 등록제에서 허가제로 전환(제8조), ② 동물원·수족관 허가와 관리 상태를 전문적으로 평가할 수 있는 전문 검사관제 도입(제12조), ③ 동물원·수족관 관리 강화(제16조~제23조), ④ 이동전시, 체험 등 금지 행위 신설과 고래류와 같은 전시 부적합 종의 신규 보유 금지(제15조) 등이 있다.

의 존재를 조건부로 승인하는 법적 구조로의 이행이 이루어졌다고 평가할 수 있다.

일본

일본에서는 동물원의 운영과 관리·보호가 여러 법률의 산재한 조항들에 근거해 이루어진다. 이 가운데 동물원의 법적 성격은 주로 「박물관법」 체계 속에서 이해되어 왔다.

일본 「박물관법」은 1951년에 제정되어 여러 차례 개정을 거쳐 왔다. 동법 제2조는 박물관의 정의를 규정하고 있으나 여기에 동물원을 명시적으로 언급하고 있지는 않다. 다만, 「박물관법」에 따라 1973년 제정된 문부성 고시 제164호 〈공립박물관의 설치 및 운영에 관한 기준公立博物館の設置及び運営に関する基準〉은 박물관을 종합·인문계·자연계 박물관으로 구분하면서, 동물원을 자연계 박물관 중 살아 있는 동물을 취급하는 박물관으로 정의하였다(제2조 3호 및 제4조 제3항).[25] 이처럼 문부성 고시에 의하여 동물원이 박물관의 일종으로 명시되어 있었다. 그러나 2003년 「박물관법」이 개정된 이후 현재까지 기존 고시가 새로 제·개정되는 과정을 거치게 되었는데, 2011년 제정된 현행 문부과학성 고시 제165호 〈박물관의 설치 및 운영에 있어서 바람직한 기준博物館の設置及び

---

25 第2条 三「自然系博物館」とは, 自然界を構成している事物若しくはその変遷に関する資料又は科学技術の基本原理若しくはその歴史に関する資料若しくは科学技術に関する最新の成果を示す資料を扱う博物館をいう.
第4条 3 動物園(自然系博物館のうち, 生きた動物を扱う博物館で, その飼育する動物が65種以上のものをいう. 以下同じ.) (이하 생략) 해당 원문은 일본 문화청 박물관 종합 데이터 포털에서 확인할 수 있다. https://museum.bunka.go.jp/wp-content/uploads/2024/03/h_01-4.pdf 59페이지 이하.

運営上の望ましい基準〉에서는 이러한 정의가 존재하지 않는다.[26] 따라서 현재의 법령 체계에서는 동물원을 명시적으로 규정하는 조항을 찾아볼 수 없다. 그럼에도 불구하고 일본에서는 여전히 동물원을 박물관의 일종으로 이해하고 있으며 이에 대한 별다른 인식의 변화도 보이지 않는다.

한편, 일본 「도시공원법都市公園法」 제2조 제2항은 "이 법률에 따른 '공원 시설'이란, 도시공원의 효용을 다하기 위하여 해당 도시공원에 설치되는 다음에 열거하는 시설을 말한다"고 규정한 뒤, 제6호에서 그러한 시설의 하나로 동물원을 들고 있다.

이외에 동물원은 「동물의 애호 및 관리에 관한 법률動物の愛護及び管理に関する法律」 제10조에서 말하는 "제1종 동물 취급업체"로서 동물원 운영자는 전시 동물의 사육, 건강관리, 시설의 구조, 안전관리 등에 대하여 이 법 및 환경성 장관이 정하는 기준을 준수해야 할 의무가 있다. 그러나 이 법은 반려동물을 포함한 모든 사육 동물에 대한 이념법으로서 동물원이라는 시설과 사육 환경이라는 특수성을 반영한 조항을 별도로 두고 있는 것은 아니다.[27]

요컨대, 일본의 법체계에서는 동물원이 여러 개별 법령에 의해 박물관이나 도시공원 등 다른 제도의 일부로 간주되고 있다. 동물원은 생명체를 직접적으로 다루는 전문 시설이라기보다는 도시 공간 속 공원 시설의 일부이거나 시민의 여가 공간으로 위치 지어지며, 동물원의 설치 및 운영, 규제, 지도 감독, 보호 및 육성에 관한 종합적 제도 정비도 아직

---

26 현행 문부과학성 고시 165호는 일본 문부과학성 홈페이지 https://www.mext.go.jp/a_menu/01_l/08052911/1282457.htm 참조.

27 오히려 실제로는 이 법이 실험동물, 산업동물 등 별도의 특별한 법적, 윤리적 기준이 필요한 동물들에 대해 오히려 차별적으로 적용되지 않는다는 지적이 있다. 青木人志, 《日本の動物法》, p. 79.

충분히 이루어지지 않은 상태라고 할 수 있다.[28]

「박물관법」 제정과
동물원의 법적·제도적 위상

여기서는 일본 「박물관법」의 제정과 개정 과정을 분석하여, 박물관 제도가 어떤 구조 속에서 형성되었으며 그 안에서 동물원이 어떻게 제도적 지위를 부여받았는지를 밝히고자 한다. 시대적 배경과 입안자의 가치관이 제도 설계에 미친 영향, 「박물관법」 속 동물원의 법적 위치, 그리고 그 결과 드러난 현대적 담론의 한계를 살펴봄으로써, 동물원이 전시 인프라로 고착된 과정을 비판적으로 해명한다.

박물관 제도 도입의 문화적·정치적 배경

일본의 박물관 설립과 「박물관법」 제정 과정은 문화시설의 법적 정비라는 의미를 넘어, 일본 사회가 새로운 국가 정체성과 사회 인프라를 구성하는 과정에서 이루어진 하나의 제도적 전환이라고 할 수 있다. 이하에서는 근대국가 형성과 제국주의의 확장, 군국주의 체제와 전후 국가 재건에 이르기까지, 일본이 구상한 박물관의 위상이 입법 과정에 어떠한 방식으로 반영되었는지를 고찰하고자 한다.

---

28 打越綾子,《日本の動物政策》, ナカニシヤ出版, 2019, p. 171.

일본 근대화 시기

근대 일본 박물관의 맹아는 막부 시대까지 거슬러 올라가며, 이는 일본의 근대화 과정과 맥을 같이한다. 에도막부는 19세기 중반부터 서양서적의 번역과 교육기관 설치 및 증설 등 서양의 과학기술을 수용하기위한 적극적인 정책을 추진하였는데,[29] 막부 말기에 이르러서는 서구에사절단을 빈번하게 파견하기도 하였다.

1860년에 미국에 파견된 사절단은 특허국Patent Office, 스미소니언 연구소Smithsonian Institute 등을 견학했다. 사절단은 과학기술 발명품, 동물, 미라 등이 전시되거나 실험을 할 수 있는 이들 기관을 "박물소博物所", "백물관百物館" 등으로 칭하며 박물관에 대한 개념을 다져 나갔고, 이듬해 이어진 유럽 방문과 견학을 통해 박물관이라는 용어를 정착시켰다.[30]

뒤이어 수립된 메이지 정부에서는 서양 문물을 수용하는 것에서 나아가 신학문과 문물 등을 정부가 주도하여 제도화하는 작업이 적극적으로 수행되었다.[31] 메이지 정부는 종래 종합 교육기관인 개성소開成所를 개편하여 대학남교大学南校를 설치하였는데,[32] 이곳에 물산국을 두고각지의 물산을 수집하게 했다. 1871년 물산국에서 수집된 자료를 집대성하여 일본 최초의 박람회가 개최되었으며, 이 박람회를 계기로 '박물관'이라는 용어가 공식 명칭으로 처음 사용되었다.[33]

---

29 清藤一順, 〈我が国における博物館の変遷と課題〉, 《千葉県立中央博物館研究報告》 9-2, 2006, p. 53.

30 박물관이라는 용어의 기원과 정착 과정에 관한 자세한 내용은 後藤純郎, 〈万延元年遣米使節と博物館, 図書館の見聞〉, 《教育学雑誌》 24, 1990, pp. 1-14 참조.

31 세끼 히데오, 《일본 근대 국립박물관 탄생의 드라마》, 최석영 옮김, 민속원, 2008, 45~48쪽.

32 메이지유신 이후 개성학교로 재편된 이 기관은 현재 도쿄대학교 법학부, 이학부, 문학부의 전신으로 알려져 있다.

33 清藤一順, 〈我が国における博物館の変遷と課題〉, p. 52.

이처럼 박람회를 기점으로 시작된 박물관 활동은 이후 정기적인 박람회 개최로 이어지며 제도적 기반을 갖추게 되었고,[34] 이는 일본 근대 박물관 제도의 형성 과정에서 중요한 전환점이 되었다. 즉, 일본의 근대적 박물관은 서구 문물의 수용과 식산흥업 정책의 일환으로 탄생한 시설로서,[35] 산업과 문명의 진흥을 위한 계몽적 도구의 역할을 수행했다. 이처럼 식산흥업을 목적으로 장려된 박물관은 교육, 관광, 민중 오락 등의 목적과 결부되어 다양한 정책적 과제를 수행하는 장치로 기능하게 되었다. 따라서 박물관이 포섭하는 대상 영역은 지극히 다양해질 수밖에 없게 되었으며 그 개념 또한 학술, 예술, 자연사, 생물의 전시까지 아우르는 방식으로 확산되었다.[36]

이러한 흐름 속에서, 당시 동물원은 박물관의 한 유형으로 인식되었다. 후쿠자와 유키치福沢諭吉는 1866년 발간한 《서양사정西洋事情》에서 박물관을 "전 세계의 산물, 오래된 물건, 진귀한 물건을 모아 사람들에게 보여 줌으로써 견문을 넓히기 위해 세운 것"으로 정의하면서, 이를 광물학 박물관, 동물학 박물관, 동물원, 식물원, 의학 박물관 등으로 분류하였다.[37] 즉, 동물원 또한 지식의 수집과 보급이라는 목적 아래 박물관 범주에 포함된 것으로 이해한 것이다. 실제로 일본의 초기 근대 동물원인 우에노동물원, 교토동물원 등은 이 시기에 활발하게 개최된 박람회를 기반으로 한 것이었다. 다수의 박람회에서 미내저리Menagerie 형태의 동물 전시가 포함되어 있었고, 이중 일부는 박람회가 끝난 뒤 박람회 부지가 동

---

34 清藤一順, 〈我が国における博物館の変遷と課題〉, pp. 52-53.

35 사토 유우카, 〈일본 박물관 교육 역사 개관〉, 《박물관교육연구》 26, 2021, 4쪽.

36 가네코 아쓰시, 《박물관의 정치학》, 박광현 외 옮김, 논형, 2009, 22쪽.

37 후쿠자와 유키치, 《서양사정》, 송경호 외 옮김, 여문책, 2021, 60~62쪽.

물원 부지로 전용되어 활용되는 등, 박람회는 동물원 태동의 바탕이 되었다.[38] 이처럼 동물원이 박물관의 하위 유형으로 간주된 인식 배경에는 동물원 자체를 서구 근대의 제도이자 과학 기반 시설로 받아들였던 당시 일본 사회의 문화적 수용 태도가 반영되어 있다고 할 수 있다.[39]

교육 시설의 국가적 통제와 박물관협회의 법제화 운동

일본의 근대 박물관은 식산흥업을 계기로 시작되었지만 학교교육과도 긴밀한 관련 속에 제도적으로 정착하게 되었다. 일본이 근대화를 추진하는 과정에서 산업과 국방력의 강화뿐 아니라 근대 교육제도의 확립과 정비를 국가적 과제로 삼았기 때문이다.

특히 제1차 세계대전 종전 이후 일본 정부는 이른바 '국민 사상의 악화'를 억제하기 위해 사회교육과 학교교육을 통해 사상 선도를 추진하고자 했으며, 1930년대에는 전쟁 수행을 위한 물적 준비뿐 아니라 '국민 의식의 선동과 교화'가 국가적 과제로 부상하였다. 이 시기에 박물관은 학교교육과 연계되어 정부의 사상 선도 정책을 실현하는 데 유효한 장치로 기능하였다.[40] 이러한 국가 통제 강화의 맥락에서 박물관의 교육적 기능은 더욱 중시되었고, 국가는 박물관을 국민 교화와 황국사관 전파의 도구로 활용하고자 했다.

이러한 가운데 1928년 창설된 박물관사업촉진회가 1931년 일본박물

---

38 Ken Kawata, "Zoological Gardens of Japan," *Zoo and Aquarium History*, Vernon N. Kisling, Jr. ed., Boca Raton · London · New York · Washington D.C.: CRC Press, 2001, p. 298.

39 佐々木時雄, 《動物園の歴史: 日本における動物園の成立》, 西田書店, 1979, pp. 31-32: 서태정, 〈대한제국기 일제의 동물원 설립과 그 성격〉, 《한국근현대사연구》 68, 2014, 11쪽에서 재인용.

40 辻夏奈子, 〈日本における博物館教育研究史—博物館教育概念の確立期における研究傾向の変遷と日本教育〉, 《博物館學紀要》 34, 國學院大學博物館学研究室, 2009, p. 81.

관협회로 명칭을 변경하면서 1937년 무렵까지 박물관의 법제화를 추진하려는 분위기가 급물살을 타게 되었다.[41] 1932년 6월 도쿄과학박물관에서 개최된 제4회 박물관대회에서 일본박물관협회는 문부성의 자문 요청에 대한 답신으로 〈박물관령〉 제정에 있어 유의할 점들을 제시하였다. 그 내용 중 일부를 살펴보면, 박물관의 목적을 "학예에 관한 자료를 수집·보관·전시·연구하여, 일반의 교양 및 학술 연구에 이바지하는 것"으로 규정하고, 이러한 목적을 달성하기 위한 구체적 사업을 예로 들었다. 또한 〈박물관령〉에 문부성 소관 외의 박물관도 포함할 수 있도록 입안할 것, 중앙 및 지방 박물관의 연계 및 통제에 관한 조직을 규정할 것, 〈박물관령〉에 의하지 않은 시설은 '박물관'이라 칭할 수 없도록 규정할 것 등을 제시하였다.[42]

이러한 입법 운동은 제2차 세계대전 발발과 함께 중단되었고, 1940년 문부성이 준비한 〈박물관령〉 제정안도 전시체제하에서 실현되지 못한 채 좌절되었다. 그러나 이 내용들은 제정 「박물관법」 및 현행법의 핵심을 이루는 것으로, 당시 박물관사업촉진회의 제안을 문부성이 수용하고 제도화함으로써, 이후 일본 박물관 제도의 기본 골격이 형성되는 데 중요한 기초가 되었다.

이때 다나하시 겐타로棚橋源太郎(1869~1961)[43]를 중심으로 한 일본박물관협회는 동물원과 식물원, 수족관을 박물관의 범주에 포함시키려는 일

---

41 牛田昌之, 〈博物館法をめぐる古くて新しい課題〉, 《日本の博物館のこれからⅢ》, 大阪市立自然史博物館, 2022, pp. 12-13.

42 牛田昌之, 〈博物館法をめぐる古くて新しい課題〉, p. 12.

43 다나하시는 일본 근대 박물관학의 아버지로 불리는 인물로, 도쿄고등사범학교 박물학과 출신의 이과 교육자였으며, 자연사 분야에 대한 깊은 관심과 교육철학을 바탕으로 동물원을 박물관의 일종으로 인식하는 박물관관을 형성하게 되었다. 이러한 다나하시의 개인적 사상과 가치관이 「박물관법」 제정에 어떤 영향을 미쳤는지에 대해서는 후술하기로 한다.

관된 노력을 기울였다. 이는 이들 시설이 가진 교육적 잠재력을 국가의 교육정책과 연계시키려는 전략적 판단에 기반한 것이라 할 수 있다. 이렇듯 박물관이 국가 교육정책과 긴밀히 결합하며 교육 시설로서의 위상을 다져 나가는 과정에서 동물원이 박물관의 한 유형으로 편입되었으며, 이는 훗날 「박물관법」 제정 과정에서 동물원의 제도적 성격이 교육과 조사 연구 기능을 중심으로 구체화될 것임을 시사하는 장면이라 할 수 있다.

교육법제 속 「박물관법」 제정 과정

메이지 시대 때부터 지속되어 온 「박물관법」 제정 운동은 1951년에 이르러 법률 제285호(12월 1일 공포)로 결실을 맺게 되었다. 그러나 이 법은 독자적인 근거 위에 수립된 것이 아니라, 「헌법」–「교육기본법」–「사회교육법」으로 이어지는 일련의 교육법적 체계 속에서 자리매김하였다는 점을 주목할 필요가 있다. 박물관의 제도화는 문화정책의 독립적 틀로서가 아니라 사회교육 인프라의 한 축으로 구성되었으며, 이러한 맥락은 이후 동물원과 수족관을 포함한 박물관 제도의 성격을 규정하는 토대가 되었다.

전후 일본에서 사회교육을 최초로 본격적으로 규정한 법률은 1947년에 제정된 「교육기본법」이었다. 동법 제7조는 사회교육을 "가정교육 및 근로 현장 기타 사회에서 이루어지는 교육"으로 정의하고, 국가와 지방자치단체로 하여금 이를 장려할 책무를 명시하였다. 특히 제2항에서는 도서관·박물관·공민관 같은 사회교육 시설의 설치나 학교 시설 개방 등을 통해 사회교육의 목적 실현에 적극적으로 노력해야 한다고 규정하였는데,[44] 이는 일본 법제상 박물관이 교육 시설로 위치 지어진 첫 사례라 할 수 있다.

뒤이어 1949년 제정된 「사회교육법」은 제9조에서 "박물관은 사회교육을 위한 기관"임을 명확히 규정하였다.[45] 이로써 1947년 「교육기본법」, 1949년 「사회교육법」, 1950년 「도서관법」이 잇따라 공포되면서 「박물관법」은 결과적으로 가장 마지막까지 남겨진 법률이 되었다. 이미 선행 입법을 통해 교육기관으로 위치 지어진 박물관은 이러한 법제적 연속성 속에서 사회교육 시설의 한 축으로 제도화되었으며, 이 과정은 「박물관법」의 성격을 규정하는 데 중요한 영향을 미쳤다.[46]

한편, 1950년 5월 30일 공포된 「문화재보호법」은 국립박물관을 문화재보호위원회의 부속기관으로 규정하였는데, 이는 앞서 「교육기본법」과 「사회교육법」이 박물관을 교육기관으로 규정해 온 흐름과는 다소 어긋나는 조치였다. 그러나 이 법은 역설적으로 「박물관법」 제정의 필요성을 촉구하는 계기가 되었다. 같은 해 2월 국립박물관 다카하시 세이이치로高橋誠一郎 관장이 참의원 문교위원장에게 제출한 〈박물관법 제정을 시급히 요구하는 이유〉에서도, 새로운 교육제도 아래 실물·실험 중심 교육이 강조됨에 따라 박물관과 동·식물원의 활용 필요성이 학교교육과 직결된다는 점이 지적되었다.[47]

---

44 辻夏奈子, 〈日本における博物館教育研究史—博物館教育概念の確立期における研究傾向の変遷と日本教育〉, p. 83.

45 高田浩二, 〈博物館としての動物園水族館の在り方〉, 《日本の博物館のこれからⅡ－博物館の在り方と博物館法を考える－》, 2018~2020年度 日本学術振興会 科学研究費助成事業 研究成果報告書(1), 2020, p. 49.

46 半田昌之, 〈博物館法をめぐる古くて新しい課題〉, p. 15.

47 半田昌之, 〈博物館法をめぐる古くて新しい課題〉, p. 18.

수 차례의 진통과 이해관계의 충돌 속에서 1951년 12월 「박물관법」은 교육법적 틀 속에 편입되며 성립하였고, 결과적으로 박물관은 학술 연구나 문화재 관리의 중심 기관이라기보다 사회교육을 위한 인프라의 일부로 제도적 성격이 규정되었고, 동물원과 수족관 또한 이러한 법적 맥락 속에서 '살아 있는 자연 자료'를 활용하는 교육 시설로 위치 지어지게 되었다.

다나하시 겐타로의 구상과 동물원의 편입

동물원이 「박물관법」의 범주 안에 위치하게 된 배경에는 흔히 "일본 박물관의 아버지"로 불리는 다나하시 겐타로의 관점이 크게 작용하였다. 그는 독일과 미국 연수(1909~1911)를 통해 박물관을 교육기관으로 인식하고, 귀국 후 학교교육과의 연계를 강조하였다.[48] 그의 시각 속에서 동물원은 박물관의 한 유형으로, 그는 양자의 차이란 전시물이 살아 있는지 아닌지에 불과하다고 하였다.[49]

또한 이시카와 치요마쓰石川千代松(1861~1935)와 같은 동물학자도 「박물관법」 제정 과정에 관여하였다. 그는 동경제실박물관 천산부장과 우에노동물원 감독을 겸임하며 《우에노 동물원 안내》를 집필하는 등 동물원 행정에 참여하였고, 박물관사업촉진회 이사로 활동하며 동물원의 박물관 편입을 지지하였다. 즉, 다나하시뿐 아니라 동물원에 개인적 관심을 가진 학자들의 참여가 제도 설계에 일정한 영향을 미칠 수 있었음을

---

48 斎藤修啓・鈴木一義, 〈棚橋源太郎資料について－棚橋資料目録－〉, *Bulletin of the National Museum of Nature and Science Series E, Physical Sciences & Engineering* 21, 1998, p. 10.

49 瀧端真理子, 〈日本の動物園・水…族館は博物館ではないのか？－博物館法制定時までの議論を中心に－〉, 《追手門学院大学心理学部紀要》 8, 2014, p. 40.

시사하는 대목이라 할 수 있다.[50]

또한 당시 박물관사업촉진회가 발간하는 학술지《박물관연구》는 초기 간행물 상당 부분을 동물원·수족관 논의에 할애했는데, 이때 기자명으로 발표된 글 상당수가 다나하시의 집필로 알려져 있다.[51] 이를 통해 동물원은 오락 시설이 아니라 교육·연구 기능을 수행하는 박물관의 일종으로 인식되었고, 이러한 관점은 이후 제도화 논의의 중요한 근거가 되었다.

이 논의는 1940년 〈박물관령〉 초안에서 제도적으로 구체화되었다. 동 칙령안은 "본령의 규정에 준하지 않는 것은 박물관·미술관·동물원·수족관이라 칭할 수 없다"고 명시하여 동물원을 법적으로 박물관 범주에 포함시킨 것이었다.[52] 이 칙령은 비록 전시체제하에서 시행되지는 못했지만, 전후에도 같은 구도가 이어졌다.

전후 1946년 일본박물관협회는 〈박물관 및 유사시설에 관한 법률안 요강博物館並類似施設に関する法律案要綱〉을 마련하며 동물원을 '박물관 유사시설'로 규정하였고, 다나하시 자신도 1950년 〈박물관동식물원법博物館動植物園法〉 초안을 기초하여 동물원과 박물관을 동일 범주로 다루어야 한다고 주장했다.[53]

그러나 이러한 구상에 모두가 동조한 것은 아니었다. 일본동물원수족

50 高田浩二, 〈博物館としての動物園水族館の在り方〉, p. 50.

51 瀧端真理子, 〈日本の動物園・水…族館は博物館ではないのか? −博物館法制定時までの議論を中心に−〉, pp. 37−38頁.

52 伊藤寿朗, 〈博物館法の成立とその時代 −博物館法成立過程の研究−〉, 《博物館学雑誌》1(1), 1975, p. 29.

53 瀧端真理子, 〈日本の動物園・水…族館は博物館ではないのか? −博物館法制定時までの議論を中心に−〉, pp. 41−42.

관협회는 동물원의 교육위원회 소관을 내용으로 하는 입법에 반대하는 입장을 보였고,[54] 동물원은 본래 후생시설厚生施設의 일종으로 교육기관과 동일한 지위에 두는 것은 적절하지 않다는 주장에도 맞서야 했다.[55] 그럼에도 불구하고 1951년 제정된 「박물관법」은 "박물관이란 역사, 예술, 민속, 산업, 자연과학 등에 관한 자료를 수집하고, 보관(육성을 포함한다)하고, 전시하여 교육적 배려하에 일반 공중의 이용에 제공하고, 그 교양, 조사 연구, 레크리에이션 등에 이바지하게 하는 것을 목적으로 하는 기관"(제2조)이라는 포괄적 정의를 채택함으로써 동물원을 포함할 수 있는 길을 열어 두었다. 이로써 다나하시가 일관되게 주장한 구상이 상당 부분 제도적으로 관철되었다고 평가할 수 있다.[56]

　지금까지 일본 「박물관법」 제정 과정과 그 속에서 동물원이 어떻게 박물관의 한 유형으로 편입되었는지를 살펴보았다. 이하에서는 이러한 제도적 구도가 형성한 교육 인프라로서의 동물원이 지니는 윤리적 한계를 검토하고자 한다.

54　川崎繁, 〈博物館法制定時の事情〉, 《博物館学雑誌》 34-1, 2008, p. 90.

55　瀧端真理子, 〈日本の動物園・水…族館は博物館ではないのか？－博物館法制定時までの議論を中心に－〉, p. 40.

56　瀧端真理子, 〈日本の動物園・水…族館は博物館ではないのか？－博物館法制定時までの議論を中心に－〉, p. 46; 高田浩二, 〈博物館としての動物園水族館の在り方〉, p. 50.

교육 인프라로서의 동물원과
윤리적 한계

동물원의 박물관적 속성과 전시 오브제로서의 동물

존 버거John Berger는 동물원이 제국주의의 확장과 더불어 등장했으며, 당초에는 시민의 지식을 넓히고 계도하기 위한 박물관의 일종이라는 명분 속에서 정당화되었고, 이후 교육과 연구라는 이름 아래 그 성격이 더욱 구체화되었다고 지적한다.[57]

그의 표현에 따르면 "관람객들은 … 화랑을 찾은 관람객들이 한 점의 그림 앞에서 멈췄다가 곁에 있는 그림, 또는 그 다음다음 그림으로 이동하는 것과 별반 다르지 않게 우리에서 우리로 옮아 간다."[58] 버거는 또한 동물들이 처한 "고립은 (대개) 표본으로서의 그것들의 긴 수명을 보증하고, 그것들을 분류학적으로 정리하기에 용이하도록 만들게 된다"면서, 오히려 동물원을 인간과 오랜 시간 교감하며 공존하던 동물들과의 시선을 단절시키는 장치로 이해한다.[59]

또한 키콕 리Keekok Lee의 분석은 동물원이라는 장치가 어떻게 동물을 '탈맥락화'하고 다시 '재맥락화'하는지를 잘 보여 준다. 본래의 서식지를 벗어나 전혀 다른 환경에 갇힌 동물들은 스스로의 삶을 상실하고 인간이 부여한 구조와 목적의 일부로 편입된다. 이러한 점에서 리는 동물원을 박물관과 유사한 인간중심의 사회제도로 파악한다.

---

57 존 버거,《본다는 것의 의미》, 박범수 옮김, 동문선, 2020, 34~35쪽.

58 존 버거,《본다는 것의 의미》, 38쪽.

59 존 버거,《본다는 것의 의미》, 40쪽.

동물원의 동물은 박물관의 오브제처럼 "수집"되고 "전시"되며,[60] 오브제로 환원된 동물들은 교육이나 연구의 대상이자 동시에 인간의 오락을 위한 수단으로 대체된다. 전시된 동물은 "인간에게 보여지기 위한 것"으로 치환되고,[61] 사람들에게 보이기 위해 설계된 시간과 공간 안에 놓이면서 그 삶은 전시적 기능으로 환원된다.

여기서 버거와 리가 동물원의 제도적 성격을 비판적으로 드러내기 위한 장치로 박물관을 사용하고 있음을 주목할 필요가 있다. 박물관은 동물원이 지닌 인간중심적 속성을 드러내는 비판적 은유이며 동물의 생명 주체성이 도외시되고 전시와 교육을 위한 오브제로 환원된다는 점을 부각하는 역할을 하고 있다.

이렇듯 동물원의 박물관적 속성은 본질적으로 윤리적 문제의식을 불러일으킨다. 법 규정의 여하를 불문하고 다수의 동물원이 사실상 박물관적 속성을 지니고 있다는 점은 부인하기 어렵다. 그러나 이를 법 제도의 형식 속에 박물관의 한 범주로 편입하는 것 자체가 동물의 존재를 단순화하고 인간중심적 시각을 제도적으로 고착시키는 것으로, 그 결과 윤리적 논의의 폭을 제한한다는 점에서 더 근본적인 문제를 야기한다.

이토 토시아키伊藤寿朗는 법이 형식을 통해 제도의 기반을 마련하고, 시민사회는 이를 합리적 판단으로 승인한다고 지적한 바 있다.[62] 이러한 관점에서 보면, 일본 「박물관법」이 동물원을 공식적으로 제도화한 것은 법적 형식을 매개로 동물원에 사회적 정당성을 부여하는 과정으로 이해할 수 있다. 특히 일본에서는 1951년 「박물관법」 제정 이래 단 한 차례의

---

60 Keekok Lee, *Zoos: A Philosophical Tour*, New York: Palgrave MacMillan, 2005, pp. 31-33.

61 Keekok Lee, *Zoos: A Philosophical Tour*, pp. 33-34.

62 伊藤寿朗,〈博物館法の成立とその時代－博物館法成立過程の研究－〉, p. 26.

이탈도 없이 동물원이 박물관의 범주 속에 위치해 왔다는 점에서, 이러한 제도적 고착은 더욱 뚜렷하게 드러난다.

법적 승인과 행정적 유지에 의해 공고화된 질서 속에서는 동물원이 스스로 윤리적 쟁점을 극복하는 데 구조적 한계를 노정할 수밖에 없다. 특히 앞에서 살펴본 바와 같이 박물관의 교육적 기능과 사회적 역할의 강조와 결부되면 문제는 더욱 심각해진다.

박물관으로서의 동물원이 담당하는 교육적 기능은 동물복지의 실질적 향상과 직접적으로 연결되지 않는다. 실제로 동물원에서의 교육은 대체로 관람객의 인지적 구도에 맞추어 관람이나 체험 프로그램과 긴밀히 연계되어 운영되고 있다.[63]

나아가 교육 담론은 동물원에 대한 비판을 박물관 제도 내부로 흡수하는 효과를 낳는다. 그 결과 동물을 생명의 주체로 인정하거나 동물원의 존폐 여부를 근본적으로 성찰하는 방향으로 나아가는 것을 저지하고, 동물원 담론은 다시 인간중심적 인프라로서 박물관의 기능적 문제로 축소되면서 동물원의 존속과 제도적 정당성을 재생산해 낸다.

이하에서는 실제로 「박물관법」 개정 과정에서 드러난 동물원 관련 논의들을 검토함으로써, 이러한 구조적 한계가 어떻게 재현되고 있는지를 살펴보고자 한다.

전시 인프라로서의 고착화와 윤리적 전환의 한계

「박물관법」 제정 과정을 통해 살펴본 역사적·법적 맥락은 오늘날 담론에도 여전히 영향을 미치고 있다. 「박물관법」을 중심으로 한 동물원

---

63   橋川央, 〈動物園動物の存在と動物園がやっていること〉, 《人と動物の関係を考える》, 打越綾子 編, ナカニシヤ出版, 2018, pp. 163-164.

담론은 동물복지나 생명체로서의 존엄을 고려하고 이를 제도적으로 보장하는 차원으로까지 확장되지 못한 채, 여전히 교육적 기능과 종 보전이라는 기존의 틀에 머무르고 있는 한계를 안고 있다.

「박물관법」은 제정 이후 여러 차례 개정을 거쳐 왔는데, 특히 2018년과 2022년 개정은 제도 전반에 대한 구조적 재검토가 수반된 중요한 전환점으로 평가된다. 이 과정에서 일본에서의 동물원 정체성과 역할에 관한 담론을 주도해 온 주체는 공익사단법인 일본동물원수족관협회(이하 'JAZA')라 할 수 있다.[64]

JAZA는 2008년 개정에 앞서 〈향후 과제 – 동물원·수족관의 바람직한 모습〉이라는 제언서를 작성하여 문부과학성에 제출한 바 있다.[65] JAZA는 이 제언서에서 동물원이 멸종 위기에 처해 있는 야생동물을 보전하는 기능을 수행할 수 있음을 강조하는 한편, 동물의 생태, 행동, 복지 등을 충분히 고려한 사육 환경을 조성하는 것이 필요하다고 제안하면서 「박물관법」에 동물원의 역할을 명시해 줄 것을 요구하였다.[66] 그러나 2008년에는 이러한 요구가 반영되지 않은 채 「박물관법」이 개정되었다.

이를 계기로 JAZA는 2013년부터 독립적인 '동물원·수족관법' 제정 운동을 주도하는 한편, 대외적으로 협회의 입장을 명확히 하기 위해 '일본 동물원·수족관의 10년 비전'을 수립하였다. JAZA는 여기서 동물원·

64　JAZA는 2025년 8월 말 현재 일본 전국의 동물원 91개소와 수족관 49개소를 비롯하여 이들의 활동을 지원하는 기업과 단체들로 구성되어 있다.

65　陳曦, 〈博物館としての動物園のあり方 – 日本の法制度から見る動物園の社會的役割 –〉, 《北海道大学大学院文学院研究論集》 23, 2024, p. 144.

66　日本動物園水族館協會, 《日本の動物園水族館協総合報告書》, 小竹印刷株式會社, 2008, pp. 69-70: 陳曦, 〈博物館としての動物園のあり方 – 日本の法制度から見る動物園の社會的役割 –〉, p. 145에서 재인용.

수족관을 '생명의 박물生の博物'로 규정하고, 아동교육, 동물복지 배려를 전제로 한 환경교육, 종 보전 연구, 지역사회 협력 등을 주요 과제로 내세웠다.[67]

비슷한 시기 일본 환경성도 '동식물원 등 공적 기능 추진 방안의 방향성에 관한 검토회'(이하 '검토회')를 설치하여 JAZA의 의견을 청취하였다. JAZA는 이 자리에서 동물원 입장객 수의 감소를 이유로 운영의 어려움을 호소하는 한편, 동물원·수족관을 "생명의 박물관"으로 전환해야 하며 이와 더불어 '동물원·수족관법'을 추진해야 한다고 주장하였다.[68]

2013년부터 2015년까지 일본 환경성과 JAZA가 진행한 검토회는 동물원 자체의 존속을 위협하는 종·개체 수 감소 문제를 강조하면서 동식물원의 공적 기능, 특히 생물다양성 보전과 환경교육의 필요성을 주장하였다. JAZA는 고령화와 개체 수 급감으로 인해 일본 동물원이 "사라지기 직전의 위기"에 처해 있음을 지적하며, 생물다양성 보전을 동물원의 존립을 위한 최우선 과제로 제시하였다.[69]

요컨대, 검토회에서 논의된 공적 기능은 동물복지의 제도적 보장이나 동물을 생명적 주체로 인정하는 방향으로 나아가지 못한 채, 동물원의 존속을 정당화하는 명분으로 작동하였다. 그 결과 「박물관법」 개정 담론에서 드러난 JAZA의 주장은 공적 기능을 내세우면서도 결국 박물관 제도 안에서 동물원의 지위를 강화하는 논리로 수렴되었다.

67 日本動物園水族館協會, 〈JAZA将来構想2025〉, 2025, p. 1. https://www.jaza.jp/assets/document/about-jaza/document/future/2025JAZA-Future-Vision_v7_20240706_soan.pdf (접속일 2025년 9월 5일)

68 環境省, 〈第1回 動植物園等の公的機能推進方策のあり方檢討会 議事録〉, 2014, p. 16. https://www.env.go.jp/nature/report/h26-01/mat1_2.pdf (접속일 2025년 9월 5일)

69 陳曦, 〈博物館としての動物園のあり方－日本の法制度から見る動物園の社会的役割－〉, pp. 148-152.

박물관으로서 제도화된 동물원은 비판 가능성을 해당 제도 내부로 흡수함으로써, 동물원의 폐지를 고려하거나 탈脫전시를 지향하는 '언주 Unzoo'와 같은 역발상적 시도를 가로막는다. 예를 들어 오스트레일리아의 '태즈메이니아데빌 언주'는 전시 동물을 우리에 가두어 보여 주는 방식에서 벗어나, 관람객이 직접 야생 서식지와 유사한 환경 속으로 들어가 동물을 만나는 방식을 구현한 새로운 형태의 동물원이다.[70] 자연 서식지형 공간을 조성하여 동물의 본래적 습성에 따른 자율적 행동을 보장하기 때문에, 언주를 방문하더라도 동물을 만나지 못할 수도 있다. 이러한 점에서 언주는 관람의 공간이 아니라 인간과 동물이 공유하는 공존의 인프라로 기능한다고 볼 수 있다.

비슷한 예로 스웨덴의 스코네동물원Skånes Djurpark은 토착 동물의 원래 서식지와 가까운 환경을 조성하여 동물의 생태적 특성을 존중하고 있으며, 영국 요크셔동물원Yorkshire Wildlife Park 역시 전시 위주의 기법에서 벗어나 야생에서의 삶을 재현하는 방식을 도입하고 있다. 이러한 시도들은 모두 인간중심적 전시 체제에서 벗어나 동물의 생태적·윤리적 가치를 존중하고자 하는 탈전시형 운영 철학을 공유한다.

이에 비해 일본의 동물원은 「박물관법」 체계 아래에서 '교육'과 '종 보전'이라는 명분 속에 여전히 박물관의 한 유형으로 자리매김하고 있으며, 동물원학 역시 박물관학의 하위 분야로 간주되어 왔다.[71] 「박물관법」에 의해 동물원이 전시를 전제로 인간의 교육에 기여하는 기관으로 규

---

70 Susan Mya Çaksın, Farid Behjati Hoseini and Peyman Gorgestani, "Unzoo: Trailing Design Principles and Rethinking Animal Welfare," *International Journal of Science Academic Research* 5-2, 2024, p. 7068.

71 佐渡友陽一, 〈日本の動物園の教育機能ならびにガバナンスの改善に関する研究〉, 東京大学大学院農学生命科学研究科博士論文, 2022, p. 1.

정되어 있는 한, 위와 같은 탈전시형 대안 모델은 실현되기 어렵다. 이러한 제도적 고착은 일본의 동물원 담론이 동물의 생명 주체성을 사유할 여지를 근본적으로 제약하고 있음을 보여 준다.

또한 종 보전을 중심으로 한 기능적 전환이 동물복지와 반드시 정합적인 관계를 맺는 것은 아니라는 점도 문제다. 종 보전을 명분으로 내세운 정책이나 조치가 오히려 개별 동물의 복지를 훼손하는 결과를 초래하는 경우가 존재한다. 한국에서도 유사한 문제가 드러난 바 있는데, 서울대공원은 미국 동물원수족관협회의 인증을 추진하는 과정에서 알락꼬리여우원숭이 서식 환경이 지적되자 이를 개선하는 대신 열악한 실내 체험형 동물원으로 개체를 양도한 사실이 보고되었고,[72] 2022년에는 복지 수준이 열악한 해외 동물원으로 침팬지 두 마리를 반출하려는 시도도 있었다.[73] 유럽에서도 2014년 코펜하겐동물원이 기린과 사자를 도살하고 이를 교육적 명분으로 설명한 사건이 있었다.[74] 이러한 사례들은 종 보전이라는 명분 자체가 동물복지 증진과 충돌하는 상황을 낳을 수 있음을 보여 준다. 따라서 동물원이 종 보전을 최우선 공적 기능으로 설정하고 이를 기관 존립의 근거로 정당화하는 것은, 동물복지의 독자적 가치 향상을 저해함과 동시에 동물원을 둘러싼 윤리적 문제에 대한 본질적 반성을 가로막는 한계로 작용할 우려가 있다.

---

72 (사)동물복지문제연구소어웨어, 〈쇼핑몰 실내체험동물원으로 알락꼬리여우원숭이 양도한 서울대공원에 동물 회수와 공영동물원으로서의 사회적 책임을 요구한다〉, 2020. https://aware.kr/bbs/board.php?bo_table=B09&wr_id=22 (접속일 2025년 9월 5일)

73 김지숙, 〈'학대' 체험 동물원 넘어갈 위기, 침팬지 광복·관순이 '반출 철회'〉, 2021. https://www.hani.co.kr/arti/animalpeople/human_animal/1054365.html (접속일 2025년 8월 20일)

74 Lesley Dickie, "Why Copenhagen Zoo was Right to Cull Giraffe," 2014. https://edition.cnn.com/2014/02/10/opinion/giraffe-cull-argument-for (접속일 2025년 8월 20일)

한국 역시 동물원 담론에서 종 보전의 중요성이 반복적으로 강조되어 왔으나, 입법 과정에서는 다소 다른 흐름이 나타났다. 2016년에 제정된 「동물원·수족관법」은 동물복지의 필요성에 대한 사회적 관심과 시민사회의 요구에서 출발하였으며, 국회의원의 입법안 또한 이러한 시민적 요구를 반영하는 방향으로 진화했다.[75] 특히 제정 및 이후 개정 과정에서 동물복지 단체들이 법안의 내용에 적극적으로 관여하였고, 체험형 전시, 해외 반출, 부적절한 사육 환경 등에 대한 문제 제기를 통해 복지 중심의 논의가 제도화되는 데 중요한 역할을 하였다.

흥미로운 사실은 한국 동물원수족관협회는 오히려 동물원의 경영 독립성 훼손을 이유로 이 법안 제정에 반대하는 의견서를 제출했다는 점이다.[76] 그러나 한국 동물원수족관협회의 반대에도 불구하고 국회 논의 속에서 복지적 관점이 반영되었고, 제정 5년 만에 단행된 전면 개정 역시 허가제 전환, 체험 행위 금지, 이동 전시 금지 등 복지 향상을 직접적으로 겨냥한 조항들로 이루어졌다.

그 결과, 한국의 「동물원·수족관법」은 동물 사육 환경이나 복지 향상과 같은 물리적·제도적 조건에는 상대적으로 많은 규정을 두고 있는 반면, 동물원의 교육적 기능이나 종 보전 기능에 대해서는 뚜렷하게 강조하지 않는 경향을 보인다.[77] 이는 동물원·수족관을 교육이나 종 보전의 틀에 고착시키기보다, 동물복지를 제도 설계의 출발점으로 삼으려는

---

75 강성구, 〈동물원법 입법과정에서 이해당사자간 상호작용과 협상〉, 《환경정책》 24-4, 2016, 54~55쪽.

76 이철호, 〈[어떻게 생각하십니까] 3년째 국회 계류 동물원법〉, 2015. https://ichannela.com/news/main/news_detailPage.do?publishId=75156623-2 (접속일 2025년 9월 5일)

77 Xi Chen, "The Educational Role of the Zoo : from Laws, Strategies, and Standards," *Journal of the Faculty of Humanities and Human Sciences* 19, 2024, p. 18.

방향성을 보여 주는 사례라 할 수 있으며, 그 배경에는 일본처럼 동물원을 박물관으로 강하게 위치 짓는 제도적 시각이 지배적이지 않았다는 특수성이 일정 부분 작용했다고 볼 수 있다.

종합하면, 일본의 동물원 담론은 「박물관법」 제정 과정에서 형성된 역사적·법적 맥락에 깊이 뿌리내리고 있으며, 오늘날까지도 교육과 종 보전이라는 기존의 틀을 중심으로 전개되고 있다. 이러한 구조 속에서 JAZA와 환경성의 논의는 공적 기능을 강조하면서도 동물복지의 제도적 보장이나 동물을 생명적 주체로 인정하는 방향으로까지는 확장되지 못했다. 오히려 동물원 존속의 정당성을 강화하는 논리로 수렴되면서, 윤리적 전환 가능성을 제약하는 한계가 드러났다.

일본 동물원의 제도적 위상은 박물관이라는 틀 안에서 공고히 유지되어 왔지만, 그 과정에서 동물의 복지와 생명적 존엄은 충분히 반영되지 못했다. 앞으로의 과제는 동물원을 교육·전시의 장으로 보는 관점을 넘어, 동물을 생태적 주체로 인정하면서 복지와 권리를 제도적으로 보장할 수 있는 새로운 인프라적 틀을 모색하는 데 있다고 할 수 있다.

결론

본 논문은 일본 동물원이 「박물관법」하에서 제도화된 과정을 추적함으로써, 동물원의 법적·제도적 위상이 교육 인프라의 하위 구조 속에서 형성되고 고착된 양상을 규명하고자 하였다. 이를 위해 인프라 인문학적 관점을 토대로 동물원을 사회적·법적 장치로 파악하고 일본의 「박물관법」 제정 및 개정 과정을 중심으로 분석을 진행하였다.

연구는 먼저 기존 동물원 연구의 한계를 지적하고 이에 대한 인프라적 접근의 필요를 제안하며 그 개념을 살폈다. 이를 바탕으로 근대 일본에서 박물관 제도가 서구 문물의 수용과 식산흥업 정책 속에서 도입된 이후, 전후 교육법제와 결합하여 사회교육 시설로 정착하는 과정을 검토하였다. 이러한 역사적·법제적 분석을 통해, 동물원이 박물관의 하위 범주로 편입되어 '전시 가능한 생명'을 구성하는 제도적 틀 속에 위치하게 되었음을 밝혔다. 또한 「박물관법」 제정 과정에서 다나하시 겐타로와 일본박물관협회, 현대의 일본동물원수족관협회가 주도한 논의가 동물원의 법적 성격을 교육과 전시 중심으로 고착시켰음을 확인하였다. 이로써 일본의 동물원은 제도 설계 초기부터 비인간 생명에 대한 윤리적 고려를 배제한 채 전시 중심 인프라로 자리 잡았으며, 그 구조는 오늘날까지 지속되고 있다.

이 연구는 일본 동물원이 「박물관법」이라는 제도적 틀 안에서 존립한다는 점이 동물복지의 실현 가능성을 구조적으로 제한한다는 사실을 보여 준다. 이에 따라 향후 일본의 동물원 제도는 「박물관법」 내 관련 조항의 윤리적 재구성 혹은 동물복지를 중심으로 한 독립법 제정을 통해, 동물을 '전시 가능한 지식 자료'가 아니라 생태적 권리와 윤리적 고려를 지닌 존재로 재위치시키는 법적 전환이 필요하다. 동물원 동물을 생태적 권리와 윤리적 고려를 갖는 존재로 규정하는 법적 전환이 이루어질 때, 동물원은 비로소 인간과 비인간이 공존하는 인프라로 자리매김하며 존치의 정당성을 새롭게 확보할 수 있을 것이다.

다만 본 연구는 일본을 중심으로 한 법제사적 분석에 초점을 두었기 때문에, 실제 제도 운영 현장이나 사회적 담론 변화까지 포괄하지는 못했다는 한계를 가진다. 향후 연구에서는 동물원의 윤리적 전환이 법적 개정뿐 아니라 시민사회, 교육, 문화 정책 등 다양한 영역의 상호작용 속에서 어떻게 가능할지를 좀 더 폭넓게 탐구할 필요가 있다.

참고문헌

가네코 아쓰시, 《박물관의 정치학》, 박광현 외 옮김, 논형, 2009.

강성구, 〈동물원법 입법과정에서 이해당사자간 상호작용과 협상〉, 《환경정책》 24-4, 2016.

김지숙, 〈'학대' 체험 동물원 넘어갈 위기, 침팬지 광복·관순이 '반출 철회'〉, 2021. https://www.hani.co.kr/arti/animalpeople/human_animal/1054365.html (접속일 2025년 8월 20일)

김태희, 〈인류세의 기후-인프라: 인프라 인문학의 관점에서〉, 《International Journal of Diaspora & Cultural Criticism》 25-2, 2025.

마사 너스바움, 《동물을 위한 정의》, 이영래 옮김, 알레, 2024.

사토 유우카, 〈일본 박물관 교육 역사 개관〉, 《박물관교육연구》 26, 2021.

서태정, 〈대한제국기 일제의 동물원 설립과 그 성격〉, 《한국근현대사연구》 68, 2014.

세끼 히데오, 《일본 근대 국립박물관 탄생의 드라마》, 최석영 옮김, 민속원, 2008.

양천수·이동형, 〈문화와 법체계 그리고 비교법학〉, 《민족문화논총》 28, 2007.

유선봉, 〈동물원 동물의 보호를 위한 입법적 제언-영국의 동물면허법을 중심으로〉, 《외법논집》 38-3, 2014.

이소영, 〈동물원 및 수족관 관리제도 도입에 관한 소고-「동물원 및 수족관의 관리에 관한 법률」의 제정에 부쳐-〉, 《환경법과 정책》 17, 2014.

이진형, 〈인프라 인문학과 인프라 텍스트 연구 시론〉, 《International Journal of Diaspora & Cultural Criticism》 25-2, 2025.

이철호, 〈[어떻게 생각하십니까] 3년째 국회 계류 동물원법〉, 2015. https://ichannela.com/news/main/news_detailPage.do?publishId=75156623-2 (접속일 2025년 9월 5일)

이형주, 〈전시동물 복지 실태와 개선을 위한 입법 방향〉, 《동물원수족관법 개정을 위한 국회 토론회 자료집》, 더불어민주당 이용득 의원실·환경부·(사)동물복지문제연구소 어웨어, 2019.

존 버거, 《본다는 것의 의미》, 박범수 옮김, 동문선, 2020.

최훈, 《동물 윤리 대논쟁》, 사월의책, 2019.

톰 레건, 《동물권 옹호》, 김성한 · 최훈 옮김, 아카넷, 2023.

피터 싱어, 《우리 시대의 동물 해방》, 김성한 옮김, 연암서가, 2024.

한민지, 〈동물의 법적 지위에 대한 민법 개정논의에 즈음하여 보는 동물보호법제 발전방향〉, 《환경법과 정책》 28, 2022.

함태성, 〈동물 전시의 윤리적 · 법적 문제와 동물원의 현대적 과제에 대한 법적 고찰 — 스와질랜드 일레븐 사건(Born Free USA v. Norton case)을 글감으로 하여 — 〉, 《환경법연구》 39-3, 2017.

홍완식, 〈독일의 동물보호법제에 관한 고찰〉, 《유럽헌법연구》 25, 2017.

후쿠자와 유키치, 《서양사정》, 송경호 외 옮김, 여문책, 2021.

(사)동물복지문제연구소어웨어, 〈쇼핑몰 실내체험동물원으로 알락꼬리여우원숭이 양도한 서울대공원에 동물 회수와 공영동물원으로서의 사회적 책임을 요구한다〉, 2020. https://aware.kr/bbs/board.php?bo_table=B09&wr_id=22 (접속일 2025년 9월 5일)

Batt, William, "Infrastructure: Etymology and Import," *Journal of Professional Issues in Engineering* 110-1, 1984, pp. 1-6.

Bridges, Mary, "The Infrastructural Turn in Historical Scholarship," *Modern American History* 6-1, 2023, pp. 103-120.

Çaksın, Susan Mya, Farid Behjati Hoseini and Peyman Gorgestani, "Unzoo: Trailing Design Principles and Rethinking Animal Welfare," *International Journal of Science Academic Research* 5-2, 2024, pp. 7066-7069.

Chen, Xi, "The Educational Role of the Zoo: from Laws, Strategies, and Standards," *Journal of the Faculty of Humanities and Human Sciences* 19, 2024, pp. 15-21.

Dickie, Lesley, "Why Copenhagen Zoo was Right to Cull Giraffe," 2014. https://edition.cnn.com/2014/02/10/opinion/giraffe-cull-argument-for (접속일 2025년 8월 20일)

Donaldson, Sue and Will Kymlicka, *Zoopolis: A Political Theory of Animal Rights*, Oxford: Oxford University Press, 2011.

Draper, Chris, "The Zoo Licensing Act 1981 and the Welfare of Animals in UK Zoos," *Journal of Animal Welfare Law*, 2011, pp. 20-21.

Kawata, Ken, "Zoological Gardens of Japan," *Zoo and Aquarium History*, Kisling,

Jr, Vernon N. ed., Boca Raton · London · New York · Washington D.C.: CRC Press, 2001.

Lee, Keekok, *Zoos: A Philosophical Tour*, New York: Palgrave MacMillan, 2005.

Meyer, Christian, "From Structure to Infrastructure," *Rethinking Infrastructure Across the Humanities,* Pinnix, Aaron, Axel Volmar, Fernando Esposito, and Nora Binder eds., Bielefeld: transcript Verlag, 2023.

Miranda, Rafael, Nora Escribano, María Casas, Andrea Pino-Del-Carpio and Ana Villarroya, "The Role of Zoos and Aquariums in a Changing World," *Annual Review of Animal Biosciences* 11, 2023, pp. 287-306.

Regen, Tom, "Are Zoos Morally Defensible?," *Ethics on the Arks: Zoos, Animal Welfare, and Wildlife Conservation*, Norton, Bryan G., Michael Hutchins, Elizabeth F. Stevens and Terry L. Maple eds., Washington: Smithsonian Institution Press, 1995.

Soto, Guillermo Guajardo, "What is Infrastructure? Origins, Turns and Continuities of the Concept," *ARQ* 114, 2023, pp. 5-15.

青木人志,《日本の動物法》, 東京大学出版会, 2018.

打越綾子,《日本の動物政策》, ナカニシヤ出版, 2019.

佐々木時雄,《動物園の歴史: 日本における動物園の成立》, 西田書店, 1979.

日本動物園水族館協會,《日本の動物園水族館協総合報告書》, 小竹印刷株式會社, 2008.

橋川央,〈動物園動物の存在と動物園がやっていること〉,《人と動物の関係を考える》, 打越綾子 編, ナカニシヤ出版, 2018.

半田昌之,〈博物館法をめぐる古くて新しい課題〉,《日本の博物館のこれからⅢ》, 大阪市立自然史博物館, 2022.

伊藤寿朗,〈博物館法の成立とその時代−博物館法成立過程の研究−〉,《博物館学雑誌》1-1, 1975.

川崎繁,〈博物館法制定時の事情〉,《博物館学雑誌》34-1, 2008.

清藤一順,〈我が国における博物館の変遷と課題〉,《千葉県立中央博物館研究報告》9-2, 2006.

後藤純郎,〈万延元年遣米使節と博物館, 図書館の見聞〉,《教育学雑誌》24, 1990.

斎藤修啓・鈴木一義,〈棚橋源太郎資料について −棚橋資料目録−〉, Bulletin of the National Museum of Nature and Science Series E, *Physical Sciences & Engineering* 21, 1998.

陳曦,〈博物館としての動物園のあり方−日本の法制度から見る動物園の社会的役割−〉,《北海道大学大学院文学院研究論集》23, 2024.

瀧端真理子,〈日本の動物園・水…族館は博物館ではないのか？−博物館法制定時までの議論を中心に−〉,《追手門学院大学心理学部紀要》8, 2014.

環境省,〈第1回 動植物園等の公的機能推進方策のあり方検討会 議事録〉, 2014. https://www.env.go.jp/nature/report/h26-01/mat1_2.pdf (접속일 2025년 9월 5일)

佐渡友陽一,〈日本の動物園の教育機能ならびにガバナンスの改善に関する研究〉, 東京大学大学院農学生命科学研究科博士論文, 2022.

高田浩二,〈博物館としての動物園水族館の在り方〉,《日本の博物館のこれからⅡ−博物館の在り方と博物館法を考える−》, 2018~2020年度 日本学術振興会 科学研究費助成事業 研究成果報告書(1), 2020.

辻夏奈子,〈日本における博物館教育研究史―博物館教育概念の確立期における研究傾向の変遷と日本教育〉,《博物館學紀要》34, 國學院大學博物館学研究室, 2009.

日本動物園水族館協會,〈JAZA将来構想2025〉, 2025. https://www.jaza.jp/assets/document/about-jaza/document/future/2025JAZA-Future-Vision_v7_20240706_soan.pdf (접속일 2025년 9월 5일)

인프라 담론과
공간 정치

2025년 12월 31일   초판 1쇄 발행

지은이 | 이진형 이 정 배상희 허유선 이미애
        구동현 김화자 홍유진 임보미
펴낸이 | 노경인 · 김주영

펴낸곳 | 도서출판 앨피   출판등록 | 2004년 11월 23일
주소 | (01545) 경기도 고양시 덕양구 향동로 218(향동동, 현대테라타워DMC) B동 942호
전화 | 02-710-5526   팩스 | 0505-115-0525   블로그 | blog.naver.com/lpbook12
전자우편 | lpbook12@naver.com

ISBN 979-11-92647-78-4